古典文獻研究輯刊

三四編

潘美月・杜潔祥 主編

第 50 冊

春風瑤草盡文章
——幽溪傳燈遺文釋論與校箋

黃啟江 著

國家圖書館出版品預行編目資料

春風瑤草盡文章——幽溪傳燈遺文釋論與校箋／黃啟江 著 --
初版 -- 新北市：花木蘭文化事業有限公司，2022〔民 111〕
序 4+ 目 2+292 面；19×26 公分
（古典文獻研究輯刊 三四編；第 50 冊）
ISBN 978-986-518-905-1（精裝）
1.CST：（明）釋傳燈 2.CST：學術思想 3.CST：研究考訂
011.08   110022692

ISBN-978-986-518-905-1

9 789865 189051

古典文獻研究輯刊
三四編 第五十冊 ISBN：978-986-518-905-1

春風瑤草盡文章
——幽溪傳燈遺文釋論與校箋

作　　者	黃啟江
主　　編	潘美月、杜潔祥
總 編 輯	杜潔祥
副總編輯	楊嘉樂
編輯主任	許郁翎
編　　輯	張雅淋、潘玟靜、劉子瑄　美術編輯　陳逸婷
出　　版	花木蘭文化事業有限公司
發 行 人	高小娟
聯絡地址	235 新北市中和區中安街七二號十三樓
	電話：02-2923-1455／傳真：02-2923-1452
網　　址	http://www.huamulan.tw 信箱 service@huamulans.com
印　　刷	普羅文化出版廣告事業
初　　版	2022 年 3 月
定　　價	三四編 51 冊（精裝）台幣 130,000 元

春風瑤草盡文章
——幽溪傳燈遺文釋論與校箋

黃啟江　著

作者簡介

黃啟江，美國紐約州 Hobart and William Smith Colleges 教授。台大歷史系學士，歷史研究所碩士，美國亞歷桑那大學（University of Arizona）博士。學術研究領域：中國佛教歷史與文學、兩宋佛教史、明代詩僧及僧詩研究等等。中文著作有《北宋佛教史論稿》、《一味禪與江湖詩》、《無文印的迷思與解讀》、《靜倚晴窗笑此生》（以上商務印書館）；《因果、淨土與往生》、《泗州大聖與松雪道人》、《南宋六文學僧紀年錄》、《北宋黃龍慧南禪師三鑰：宗傳、書尺與年譜》（以上學生書局）；《文學僧藏叟善珍與南宋末世的禪文化》、《孤明獨照無盡燈：幽溪傳燈遺詩校箋》（新文豐出版公司）。另有中、英文論文甚多，不一一臚列。

提　要

　　本書是明代佛教天台宗大師幽溪傳燈（1554～1628）在其《幽溪別志》內各種自撰文體之整理、析論和校注。這些遺文雖然只是他所有著作之少部分，但見微知著，可藉以略窺傳燈之學力和文字涵養之功夫。傳燈之文多深粹而典正，雅馴而有法，與其遺詩一樣，足以見其多才與博識。本書析論傳燈遺文之內涵與特色，指出他兼擅古文及四六文，於後者尤情有獨鍾。其文筆相當洗鍊，風格也很高雅，其堅實的文學素養及遣詞用句之技巧，昭然可見。對他來說，山水泉石、春風瑤草既是他的知音，也是他撰文之源頭活水，所以其沈辭儷句都不待雕琢，而渾然天成，可以成家。

自　序

　　本書是幽溪傳燈所編著《幽溪別志》內各種自撰文體之整理、析論和校註。在傳燈的許多遺作中，《幽溪別志》是屬於地理書或山志類作品，其所含的傳燈遺文，是其經、疏、論一類著作之外，較為淺近易讀的非理論性作品。這些遺文，也許只佔他所編寫的四種地理志或山寺志的十之二、三，〔註1〕但見微知著，可藉以略窺傳燈之學力和文字涵養之功夫。與筆者在《孤明獨照無盡燈：幽溪傳燈遺詩校箋》一書中討論的傳燈遺詩一樣，研讀傳燈遺文，實有助於進一步認識傳燈在文學辭章方面之興趣與造詣，理解傳燈在窮研內典、外學中所經歷的心路旅程。

　　《幽溪別志》所含傳燈之遺文與其遺詩，大致都深粹而典正，雅馴而有法。其遺詩八十餘篇之校註與析論，〔註2〕已見於上述筆者專書。本書則聚焦於箋註不同文類之遺文，可視為前書之續篇。其實除了《幽溪別志》之外，傳燈之遺文，亦見於其《幽溪文集》。據《幽溪別志》卷十四〈著述考序〉之「事實」部分所說，該文集有二十卷。喻長霖（1587～1940）在《民國續修臺州府志》也說有二十卷，見於《幽溪別志》中，但「今未見」。〔註3〕可知該書應

〔註1〕見本書「導論」部分對《幽溪別志》內容的介紹。這四種山志，只《天台山方外志》仍保留全璧，而《幽溪別志》雖卷數有缺，仍存百分之九十以上。

〔註2〕筆者最近又發現其〈和斗潭八詠〉，使傳燈遺詩增至約九十首。惜〈和斗潭八詠〉究竟是與何人唱和而作，暫時無考。因斗潭在衢州常山縣北，疑是傳燈未出家前所作。

〔註3〕喻長霖，字志韶，是浙江黃巖縣人，光緒二十一年乙未（1895）榜眼，授翰林院編修，國史館協修，及武英殿和功臣館纂修。著有《惺諟齋存稿》。見《清德宗景皇帝實錄》（臺北：華文書局，1964）卷三六六，頁22a；《道咸同光四朝詩史乙集》（上海：上海古籍出版社，《續修四庫全書》本，2002）卷六，頁29a。

有二十卷，實傳燈法孫文心受教（生卒年不詳）增補而成。但喻長霖未曾經眼其書，可知不甚流傳。〔註4〕金壇人蔣鳴玉（崇禎十年〔1637〕進士）在其〈有門大師塔銘〉中則說是三十卷，疑「三十」是「二十」之誤刻。筆者所見之《幽溪文集》有十二卷，收於《衢州文獻集成》中，〔註5〕也見藏於國家圖書館，顯為受教增補以前之原本。〔註6〕書中收錄傳燈所著其他山志中各卷「考序」之文，與筆者本書有若干重疊之處，可用作校刊之用。據曾堯民教授告知，他去年發現《幽溪文集》之另兩種版本，一藏京都大學圖書館，一藏南開大學圖書館。前者與《衢州文獻集成》本大同小異，既缺卷九，其他各卷亦有若干缺頁不等。後者則有十二卷，當即藏於高明寺原版所刊印成者，亦有若干缺頁，但不似他本缺漏之多，可以補《衢州文獻集成》及國家圖書館藏本之不足。〔註7〕惜筆者無緣一睹其書，故本書所標示重疊之文，恐亦有漏。幸曾教授已將《幽溪文集》點校完成，不久可望出版，信必有助於擴大和加深傳燈遺文之認識、鑑賞與討論。

以上簡單說明本書所謂「傳燈遺文」之所出，這些遺文從《幽溪別志》抽出析論，實有其必要，因為《幽溪別志》中還含有不同時代士人、居士和傳燈弟子文心受教及其友人之詩文，所涉人物事件甚為繁雜，不少與傳燈個人無多大關係，校箋全書，恐勞而少功，不如專注於傳燈之遺作，將它們重新編次箋註，更有意義。

除本篇自序外，本書含「導論」一篇，分三節，其一介紹《幽溪別志》之大概內容，以明傳燈個人作品所佔之篇幅和份量；其二討論《幽溪別志》中傳燈和高明寺之主要外護，以這些外護之文字亦佔《幽溪別志》中不少篇幅，

〔註4〕《民國續修臺州府志》（臺北：成文出版社影印本，1970）卷八十，頁21a。
〔註5〕黃靈庚、諸葛慧艷主編《衢州文獻集成》（2015）第177冊，為清光緒十九年（1893）天台山真覺寺刻本，但缺卷九。且卷一、卷六都有缺頁，卷七、卷十、卷十一和卷十二缺頁及漫漶處尤多，實非完本。
〔註6〕此本是德國柏林國家圖書館之影本，刻書時間、地點與《衢州文獻集成》本同，顯為同本。
〔註7〕據曾教授言，南開圖書館本之封面有此題識：「板藏高明寺，已兩經兵燹，幸而未毀。光緒乙未（光緒二十一年，1895），真覺寺僧敏曦見而惜之，雇匠刷印，缺者空之，以冀傳世。分贈山陰張君哲甫者。」按此題識者不詳何人，張哲甫之身分亦不明。僧敏曦是台州黃巖人，《民國吳縣志》（臺北：成文出版社影印本，1970）卷七十七上（頁37a~38a）有傳。敏曦為智者大師四十世孫，住佛隴真覺寺數十年，刻《智者大師別傳》一卷及《天台山方外志》三十卷，九年始成。光緒二十四年（1898）示寂。

復與傳燈本人息息相關之故；弄清傳燈與其人之關係，可了解傳燈所處之時代與歷史背景；其三析論傳燈遺文之內涵與特色，指出他兼擅古文及四六文，尤其於後者似情有獨鍾。另有「遺文校註」部分，按文體分成六節，其一為《幽溪別志》各卷之「考序」和「事實」；其二為傳燈之「著述」和「序跋」；其三為其「疏文」和「書尺」，其四繼之以「記銘」；其五為「論說」、「雜文」；其六為「偈贊」等。其中卷六「宗乘考」的「事實」部分，多襲志磐《佛祖統紀》論天台祖師之文，實非傳燈本人之著作，因而略去不錄。卷八〈人物考〉之「事實」部分，有全抄或節錄《佛祖統紀》之文者。其全抄者不錄，節錄者酌採之，以稍顯傳燈刪訂原文之勞。

　　本書對傳燈遺文之析論和註釋，信有助於更進一步理解方外僧人無盡傳燈於傳統詩賦以外的文學成就。大致來說，傳燈各體文章之文筆相當洗鍊，風格也很高雅，實得力於他堅實的文學素養及遣詞用句之技巧。對他來說，山水泉石、春風瑤草既是他的知音，也是他撰文之源頭活水，所以其沈辭儷句都不待雕琢，而渾然天成。其四六文甚多，不乏用典、暗喻之處，也都是意到筆隨，有如宿構。因多涉及釋典或儒道古籍之掌故，須解析闡釋，寓意方明。限於學力，本書之論述或箋註，或有疏漏及欠深入處，還祈方家不吝賜正。書成之後，不無感想，爰作七律一首記之：

　　　　幽溪隱遯寓仙鄉，探賾台山陟四方。
　　　　碧水閑雲皆錦繡，春風瑤草盡文章。
　　　　筌蹄自可隨時忘，魚兔還當永世將。
　　　　無盡沈辭和儷句，姑容釋論并傳揚。

二〇二一年五月十日母親節
黃啟江誌於美國紐約州日內瓦城困知樓自宅

目

次

導　論

一、《幽溪別志》內容綜覽〔註1〕

（一）幽溪山寺專史

本書既是傳燈大師（1554～1628）所著《幽溪別志》所含遺文之釋論與校註，在釋論之前，須先介紹傳燈之身分及《幽溪別志》之內容。傳燈之生平事蹟，筆者在《孤明獨照無盡燈》一書已有詳論，不須辭費。不過該書是就傳燈的遺詩來討論其生平，本書則擬從他的遺文中來觀察傳燈生平之另一面相。由於傳燈的遺文甚多，但多見於《幽溪別志》一書中，所以須對《幽溪別志》之所由作及其內容，本著筆者個人對傳燈之特殊印象來作一番簡單的介紹。

幽溪傳燈又名無盡傳燈，素來被視為明代中興天台教觀之大功臣。清康熙朝學者潘耒（1646～1708）描述高明寺時，曾說：「明萬曆中，無盡法師以大辨才中興台教，恢復此寺……」〔註2〕清康熙朝比丘真銘（生卒年不詳）亦

〔註1〕 按：本書所徵引之佛典，多出 CBETA 2018 之《電子佛典集成》，不另註明其出版社及出版時間，以節省篇幅。徵引《大正藏》及少數不見於《電子佛典集成》之佛典時，則註明出版資訊。教外典籍則僅於首次徵引時註明版本及時間，亦偶有再次徵引時酌情註明版本及時間之處。

〔註2〕 潘耒，〈遊天台記〉，《遂初堂集》（上海：上海古籍出版社，《續修四庫全書》本，2002）卷十三，頁 10a。按：潘耒，字次耕，長於羣經諸史，九流之書無不讀，詩賦古文辭無不能。性好山水，往遊燕趙，因與一時名人交相，討論題詠。康熙十七年（1678）以博學鴻詞徵試，除翰林院檢討，纂修明史。見〔清〕沈彤〈檢討潘先生耒傳〉，《果堂集》（臺北：台灣商務印書館，影印《文淵閣四庫全書》，1983～1986）卷十，頁 11a～b。又潘耒是顧炎武門人，曾為其《日知錄》寫序。見《日知錄》（臺北：台灣商務印書館，影印《文淵閣四庫全書》，1983～1986）原序。

說：「幽溪大師中興天台教觀。」〔註3〕乾隆朝學者王昶（1724～1806）更說：「無盡特起興闍黎（無盡禪師中興天台教），剷苔剔蘚露角節……」〔註4〕這些印象，應該是至今他被公認為明代中興天台教觀之因，可說明他頗有挽狂瀾於既倒，救天台宗傳於不絕如線之功。也就是說，傳燈在南宋天台宗欲振乏力之三百年後，重新確立天台的歷史地位，當是不爭的事實。不過，傳燈在佛教史上兼具山寺志作者之身分，是一位相當認真的天台史家，但這種角色並未受到注意。此外，他除了是天台義學、講家之外，也是個內外學兼習的判教者、文學僧、詩文作者、詩評家等，不但博覽多識，富於文辭，而且深通文墨，擅長撰述，著作之多，雖未必為晚明僧人之第一，也可說是名列前茅。其能受當代文人居士之敬仰，號稱大師，應當之無愧。

做為一位天台史家，傳燈曾撰寫至少三種山寺志，包括《四明延慶寺志》、《天台山方外志》及本書所據之《幽溪別志》，並校訂《阿育王山寺志》。《四明延慶寺志》已經遺失，但其各卷之序文大致仍存於傳燈法孫文心受教所編的《幽溪文集》中。《阿育王山寺志》雖存，但作者一直被誤認為是曾任右副都御史、貴州巡撫而以平播州楊土司名稱於世的有明儒將郭子章（1543～1618）。其原書之總序，仍見於《幽溪文集》中，但總序作者是傳燈，與現存《阿育王山寺志》之總序大同小異，但後者之署名作者是郭子章，全以郭子章之口吻寫成，實際作者則應是傳燈。《幽溪別志》知者甚少，遠不如《天台山方外志》流傳之廣，可以說目前傳燈最著名的山寺志，就是《天台山方外志》了。

《天台山方外志》有三十卷，是傳燈所撰的第一種山寺志，撰述時間是萬曆二十九年（1601）年他四十八歲之年。此書是一部相當重要的天台僧史之作，為研究天台歷史所不能缺。但歷來有關傳燈之專著，都聚焦於他於天台、楞嚴、淨名及淨土法門之論述，對他在義學方面之著作多有著墨，如其天台學、性善惡論、淨土生無生論等。而於《天台山方外志》則僅當參考資料用，忽視其為「僧史」著作之事實，更遑論注意到他在詩文辭章之長處，以至於對傳燈之生平與為人，缺乏全面認識，不能見其人情、感性之素質，更難理解他為何要費時費力撰述山寺志了。吾人若視《天台山方外志》三十卷為

〔註3〕比丘真銘，〈跋《淨土生無生論親聞記》〉卷二，頁871a。
〔註4〕王昶，〈楞嚴壇詩百韻〉，《湖海詩傳》（上海：上海古籍出版社，《續修四庫全書》本，2002）卷二十七，頁5a～7b。

天台山寺的通史，則《幽溪別志》十六卷，應可視為天台山高明寺的專史。由
於明代高明寺之為天台教寺，顯然取代了同為天台教之天台國清寺於隋唐時
期的頂尖地位，也取代了四明延慶寺在宋代的甲剎地位，故欲了解天台教史，
《幽溪別志》就當然是必讀之書。而傳燈為何撰寫此書，也就具有特別重大
之意義了。

（二）天台山志續編

　　傳燈在《天台山方外志》成書後二十三年，於明熹宗天啟四年甲子（1624）
撰成《幽溪別志》。當年他七十一歲，雖自知已入耄老之年，但撰述之志並未
為之稍減。他在此書自序中，頗表現了《幽溪別志》之作「捨我其誰」之氣概：

> 余業已撰《天台方外志》，紀一山之常變矣。先此辛丑（1601），或
> 亦麤備，自爾之後，或陵谷之變遷，宮室之興廢，人事之推移，文
> 章之新出，以余耄耋之年，而濟勝之具不能勝不借矣；蒐羅之具不
> 能勝秋泉矣；墨兵之具不能勝不律矣。續修之職，繫余駑鈍，則烏
> 乎當？第幽溪居東南之一偏，以當時觀之，形勝則居然乎草昧，人
> 事則居然乎顓蒙，文章則居然乎魯朴，乃今則鑿之、新之、開之、
> 文之，似宜別有一志，猶家之譜乘，然責在厥躬，不遑我恤，故復
> 有是述焉。〔註5〕

此段序文有幾層意思。其一、對於他辛丑年撰寫記錄「一山之常變」的《天
台山方外志》，他覺得可以說是大體粗備，似乎頗為得意。其二、自辛丑年後
的二十餘年間，包括「陵谷之變遷」、「宮室之興廢」、「人事之推移」、「文章
之新出」等構成歷史之人事時地物等要素之丕變，使他的《天台山方外志》
已嫌過時，有續修之需要。其三、以他年逾七十，身體孱弱，既乏登山涉水
之力，亦無旁搜博訪之能；而文章詞賦之才力思維，更大不如前。以此駑鈍
之質，欲於三十卷《天台山方外志》的基礎上續修其書，豈是其力所能及？
其四、雖然續修《天台山方外志》，他可能力有未逮，但撰述幽溪高明寺的歷
史，他還是可以一試的。畢竟幽溪處於東南一偏之地，地理、民俗、人文各
方面，大略可以草昧、愚黯、魯朴等詞來形容，宜另立一志，如記一家之譜
乘，以說明其歷史沿革及發展變新。對他來說，這是義不容辭，責在其躬之
事，不能不做。

〔註5〕見傳燈《幽溪別志》自序。

　　傳燈序文所言撰述《幽溪別志》之由，顯示他是位非常有歷史使命感之作者。其實他的《天台山方外志》，就是以治僧史之心情與態度去編著的。在《天台山方外志》的自序中，他曾說：

　　　　夫志，猶史也，亦傳也。有天下之史，一國之史、一縣之史、一家
　　　　之史；有僧史、儒史、高士之史、名山之史。〔註6〕

這是闡明「志」即是「史」的一種說法，而他的天台山志，即屬於諸多史籍中的「名山之史」。

　　在同書〈高僧考序〉中，他也說：

　　　　台山之僧，自晉迄今千有餘年，何翅數千百人？然高而不名者，既
　　　　潛光而弗聞；名而不高者，又寡德而不志。矧不高不名，何可紀極？
　　　　故知僧史之取材，良難乎其人也。今編採諸書名德俱著者共若干人，
　　　　或台教之雲仍，或禪宗之子弟，皆足光表法門，規模後學，信無愧
　　　　於山靈者也。〔註7〕

此序說明他的山志不僅是名山之史，也跟過去的僧史一樣。在天台歷史人物的選錄上，特別措意於那些「高而不名」而具有「潛光而弗聞」者。然而他的目標是選出諸書所錄名德俱著者，包括天台教之子子孫孫，禪宗之各代弟子，不分禪教，都予記錄表揚。他也知道過去的僧史在人物之選錄上，取材甚難，他自然也會碰到同樣的問題，但職責所在，他也不能知難而退。

　　同樣地，在該書的〈靈異考序〉，傳燈亦說：

　　　　今之所錄，有稽僧史，事確理實，請無惑焉。〔註8〕

可見傳燈天台山志的主要資料來源是「僧史」，雖然當時「僧史」的定義甚寬，不能算是嚴格意義的歷史，但他依據僧史來撰寫山志使成山史的初衷是相當堅定的。也就是說，僧史、山志與山史，對他來說是可合為一的，故必須用撰寫國史、家乘的筆法為之，才能完備。是以他刪訂《四明阿育王山志》之因，就是對所謂的「舊志」不甚滿意之故。在為自己新刪訂的《四明阿育王山志》的總序中，他就說：

　　　　自晉太康歷六朝、唐、五代、宋、元至我明萬曆壬子（1612），千三
　　　　百四十九年，其間靈異事蹟、國朝典故、士庶投誠、文人翰墨，使

　　〔註6〕見傳燈《天台山方外志》自序。
　　〔註7〕《天台山方外志》卷八，頁295。
　　〔註8〕《天台山方外志》卷十二，頁478。

如國之有史，家之有乘，日錄而年編之，不啻汗牛充棟已也。乃舊
志不過錄之碑碣，抄之藏典，僅得十餘萬言。至於名公唱和，又皆
取實於小師，考信於野錄，不無亥豕魚魯之訛。大司馬閱斯文，置
卷太息……。〔註9〕

此段引文顯示傳燈頗埋怨「舊志」之缺漏，原因在其所用史料之不足及不妥。
此舊志原為其弟子秘藏正理（生卒年不詳）所作。正理任四明阿育王山住持
時，在修繕該寺之後，有意於山志之作而成其稿，後持此稿，透過郭子章之
二公子上呈給郭子章。郭子章讀後，頗不滿意，因曾覽傳燈之《天台山方外
志》，印象頗佳，遂命傳燈重訂其書，傳燈雅知此稿（即所云「舊志」）之缺
點，遂應承編訂之責。

　　《四明阿育王山志》的總序也可以看出傳燈視山志為山史，故他修山
志，是秉著修史的原則去做的。同樣地，他在所撰的《四明延慶寺》總序中
也說：

若曰志猶史也，必寓筆於褒貶賞罰。褒之賞之既如此，貶之罰之將
如何？〔註10〕

此說法表現了他模擬史書，用《春秋》褒貶之筆法來撰寫其山志，歷史意識
頗深。對褒貶筆法，他在《四明延慶寺》的〈後慶通塞考序〉中曾如此申論：

陰誅自有護伽藍神、閻羅天子，種種苦治，慘惡百端。若陽罰，
金湯氏既所不能治，苟不借董狐之筆，假史魚氏之楮而戕之、錄
之，將使今之效昔，後之效今，肆無忌憚，淪於不可振而後已也。

〔註11〕

《幽溪別志》就是在這種充滿自覺、富有歷史意識的心態下編寫成的。而他
為續《天台山方外志》一「山史」而寫的另一「山史」之用意，也是他的讀者
所認知的。譬如蘭陵張師繹（克雋）在序《幽溪別志》時就說其書為續其「山
史」之作：

東南開士無盡大師纂《天台方外志》，虞司勳氏序之，既紙高雒市，
望震雞林，海內顯然稱為山史，不敢以志蓋也。……一旦賈其餘勇

<hr>

〔註9〕傳燈，〈《四明阿育王山志》總序〉，《幽溪文集》（《衢州文獻文獻集成》第177
　　　　冊）卷四，頁225～226。
〔註10〕《幽溪文集》卷四，頁250。
〔註11〕傳燈，〈後慶通塞考序〉，《幽溪文集》卷四，頁303。

沉默而志幽溪；幽溪者，師晏坐經行處也。〔註12〕

張師繹序文指出傳燈的《天台山方外志》其實是山史，不能以普通的山志待之。而《幽溪別志》既是他賈其餘勇之續作，自然也不例外。

傳燈之撰述《幽溪別志》還有一個更迫切的理由，因為他認為幽溪有高明寺，是智者大師古道場，即智者在天台山最早的傳法之處。他說：

本寺古稱幽溪道場，從土著以受稱也，又名唐溪。《釋籤》云：「智者赴陳宣帝請，入京弘定慧法門，謝遣徒眾歸隱華頂佛隴，唐溪即此地也。字體偏傍或從水或從谷，一以溪流幽清得名，一以山谷幽深受稱。〔註13〕

由於高明寺是智者道場，對他來說，有其特殊歷史意義：

然而既名幽溪矣，而寺又稱為高明，不知者為法門隱語反說，知之者實名正而理順。正以幽溪居於萬八千丈山之半，周遭青蓮花，峯頂銳而足闊，道場主之，若處範金陽燧之中。而日月二曜，常照臨於其下，聚而不散，故高而大明，以故幽溪雖居於萬山之中，而絕無纖毫陰氣者，以此寺稱高明，信高明也。〔註14〕

這個具有特殊歷史意義且「高而大明」的高明寺，就是傳燈撰述其《幽溪別志》的中心目標，其書中各卷所含諸種形式和體裁之詩文辭章，都是環繞著

〔註12〕張師繹，〈《天台山幽溪別志》序〉，天啟四年甲子（1624）撰。張師繹是《幽溪別志》裏經常出現的人物，與傳燈有相當深的交誼，曾為傳燈校讎《幽溪別志》，並為其書寫序。此外還與傳燈互通書尺，時相唱和。他字夢澤。武進人，萬曆二十六年（1598）賜同進士出身，萬曆三十三年（1605）知山東東明縣。後知江西新喻縣，湖北武陵（常德）知府。後仕至福建提刑按察司副使、浙江提刑按察使司副使、江西按察使。著有《蘇米譚史》二卷。見《乾隆東明縣志》（臺北：成文出版社，1976）卷四，頁6a；《乾隆武進縣志》（北京：中國書店景印本，1992）卷十四，頁33a。《道光福建通志》（臺北：成文出版社影印本，1983）卷六十一，頁17b。《湖州府志》（臺北：成文出版社影印本，1970）卷5，頁3a。《道光武陵縣志》（臺北：成文出版社影印本，2010）卷二十八，頁22a。《湖南通志》（上海：上海古籍出版社，《續修四庫全書》本，2002）卷一〇〇，頁24a。《光緒江西通志》（北京：北京圖書館出版社，2004）卷六十七，頁17a。《康熙浙江通志》（上海：上海古籍出版社，清康熙二十三年刻本，1684）卷一一八，頁38a。《千頃堂書目》（臺北：臺灣商務印書館，影印《文淵閣四庫全書》本，1983～1986）卷十二，頁54a。虞司勳氏是虞淳熙，其生平事迹見下文。

〔註13〕見下文「形勝考·事實」。

〔註14〕見下文「形勝考·事實」。

高明寺所寫。他興建高明寺的苦心孤詣，是細心閱讀《幽溪別志》的讀者必能夠體會到的。筆者在最近的一篇討論傳燈興建高明寺的英文論文，就是以此為出發點而寫的。〔註15〕欲了解傳燈中興天台教觀的職志與成就，必須理解他興建高明寺的用心及努力。

（三）祖堂卅祖統緒

《幽溪別志》十六卷既是天台幽溪高明寺之專史，雖與做為天台通史的《天台山方外志》有不少重複之處，但增加許多傳燈個人習教、傳法及著作生涯的資訊，錄有豐富之傳燈個人資料、詩文、交遊、書尺等資料。大體上來說，全書內容依傳燈自己的品類分目有：一、形勝三卷，含形勝、泉石、古蹟；二、宮室四卷，含開山、沿革、重興、規制；三、人事六卷，含宗乘、人物、金湯、檀度、福田、塔墓；四、文章三卷，含著述、贈遺、學餘。與《天台山方外志》、《明州阿育王山志》、《四明延慶寺志》相同，各卷首皆有考史之文，冠以「考序」之名。其不同之處，則在各卷都有「事實」及「藝文」部分，非其他山志所有。後者視需要而有前代作者所撰之文，但仍以明人之著述為多。同類的著述，在《天台山方外志》都匯集於下文所說的「文章考」內。以下圖表為《幽溪別志》與其他三種山寺志之各卷考序之比較，以見《幽溪別志》內容之大概：〔註16〕

傳燈所編著四山志卷數及內容大略表

書／卷名	幽溪別志 十六卷	天台山方外志 三十卷	明州阿育王山志 十卷	四明延慶寺志 十三卷〔註17〕
卷首	總序	總序	總序	總序
卷一	形勝考序	山名、山源、山體考 序〔註18〕	地輿融結	海國鍾靈考序
卷二	開山考序	形勝考序	舍利緣起	日湖降神考序

〔註15〕此文即筆者在《孤明獨照無盡燈》一書所說的"Youxi Chuandeng and the Construction of the Gaoming Monastery in the Tiantai Mountains"一文，收入 *Buddhism and Taoism on the Holy Mountains of China* 一書，已列入比利時魯汶大學 Peeters 出版社的 Melanges Chinois et Bouddhiques 佛教系列，2021年十二月出版。

〔註16〕書中各卷「考序」之順序與傳燈所分之品目先後有異。

〔註17〕此書已不傳，卷數得自《幽溪文集》所錄各卷之考序。

〔註18〕此二「考序」皆在同一卷中。《天台山方外志》中有數卷皆含「考序」二至四種。

卷三	沿革考序	形勝考〔註19〕	塔廟規製序	遠溯教源考序
卷四	重興考序	山寺考序	王臣崇事考序	中興教觀考序
卷五	規制考序	聖僧考序	神明效靈考序	天朝寵錫考序
卷六	宗乘考序	祖師考序	瑞應難思考序	奕葉流芳考序
卷七	泉石考序	台教考序	福田常住考序	四方傳教考序
卷八	人物考序	高僧考序	高僧傳法考序	精藍創置考序
卷九	金湯考序	神仙考序	提唱宗乘考序	神邀檀度考序
卷十	檀度考序	隱士、神明考序	玉几社詠考序	戒誓不磨考序
卷十一	福田考序	金湯考序		感通靈異考序
卷十二	塔墓考序	盛典、靈異考序		迦陵餘音考序
卷十三	古蹟考序	塔廟、古蹟、碑刻、異產考序		後慶通塞考序
卷十四	著述考序	文章考序〔註20〕		
卷十五	贈遺考序	文章考—書		
卷十六	學餘考序	文章考—書		
卷十七		文章考—書		
卷十八		文章考—疏		
卷十九		文章考—序		
卷廿		文章考—記		
卷廿一		文章考—記		
卷廿二		文章考—記		
卷廿三		文章考—碑		
卷廿四		文章考—銘		
卷廿五		文章考—贊		
卷廿六		文章考—賦		
卷廿七		文章考—詩		
卷廿八		文章考—詩		
卷廿九		文章考—詩		
卷卅		文章考—寄贈、跋		

此表顯示《幽溪別志》雖卷數少於《天台山方外志》，但從卷十四〈著述

〔註19〕此為續上卷形勝考，無別序。
〔註20〕此為本書「文章考第二十」，含〈文章考序〉。此後數卷俱為文章考之延續。

考〉至卷十六的〈學餘考〉與《天台山方外志》從十四卷到三十卷的〈文章考〉都屬類似的辭章詩文，都含各種不同的文體。卷十四含傳燈友人所寫的書序、書跋和疏文。卷十五含傳燈友人所撰的講經記、壽序、記、頌、謠、偈、吟、詩、和賦等。卷十六則含傳燈自己所寫的書序、疏文、記、跋、論、詩、偈等等，不一而足。此三卷與《天台山方外志》〈文章考〉、《明州阿育王山志》之〈玉几社詠考序〉及《四明延慶寺志》之〈迦陵餘音考序〉所收之著述，都屬同一範疇，但最大不同之處，是前者含傳燈自己的作品，而後三者中，《明州阿育王山志》收傳燈之詩十一首並文兩篇。〔註21〕至於其他各卷，《幽溪別志》之各卷題名較為簡明可識；《天台山方外志》亦然，但分類甚細。其餘二志各卷題名則用語甚文，但大致仍可看出內容相近之處。譬如，形勝考卷與《天台山方外志》的〈山名〉、〈山源〉、〈山體〉、〈形勝〉考等各卷類似，與《明州阿育王山志》的〈地輿融結〉考之卷，和《四明延慶寺志》的〈海國鍾靈考〉之卷都屬同一範疇。其餘各卷，與三志之題名或同或異，內容或互有此詳彼略之處，但也可辨出其範疇之相同。

　　《幽溪別志》既然是山史，那麼除了後三卷的〈著述考〉、〈贈遺考〉和〈學餘考〉收錄的各體詩文外，其他十三卷都含有考史、述史、辨史及論史之作。而凡涉及佛教史之敘述，多半有其史源。譬如以卷六〈宗乘考〉之「事實」一節來說，先述天台僧史，以天台一家遙宗龍樹，遠稟釋迦，做為高明寺僧史的根據，列有「幽溪祖堂三十祖」並重新釐定其諡號。此三十祖中，從始祖迦葉尊者至第十三祖龍樹尊者，就是志磐在《佛祖統紀》中所列的「西天十三祖」。傳燈還根據《佛祖統紀》承認「西天祖師，金口所記，共二十四世」之說，仍以龍樹、北齊、南嶽而下以為正傳，視所謂的西天十四世而下為傍出，確立了傳燈一支天台宗傳的正統。

　　所以說傳燈所認定的天台僧史，基本上是西天十三祖暨龍樹、北齊、南嶽以下至百松計十七世的天台僧史。這些祖師，若以龍樹為東土初祖算，則東土六至八祖并十祖至十五祖，傳燈皆不錄其傳略。其中除十五祖螺溪羲寂外，皆無著述流傳。而所錄諸祖傳略及其著述，除十八祖百松尊者外，大率皆節錄《佛祖統紀》諸祖之傳文。可以說，〈宗乘考〉之「事實」部分，主要資料來源是《佛祖統紀》。而第十八祖百松尊者，亦即「幽溪祖堂」之第三十

〔註21〕《四明延慶寺志》已佚失，故是否收有傳燈之著述已無法確知。但根據各卷序的內容看，幾可認定無傳燈之著述。

祖,是傳燈之師,故其傳略是傳燈自作,見於其所撰的〈百松大師塔〉及〈百松尊者記〉,〔註22〕皆是為表示不忘本之作。

這個「三十祖」之天台統緒,無疑地間接認可了傳燈為天台第三十一祖之身分,同時,也賦予他界定百松以下師弟傳承的資格。他在為高明寺所寫的〈天台祖堂小宗題名記〉對自己所扮演的角色,與百松師資的歷史延續,也表達了相當程度憂心,希望借他的史筆留下這些師資弟子的傳法記錄,達到「紀前人之勞,勗後進之勤」的目標:

> 祖堂小宗題名者,入賢能尊入大宗,由大宗以尊入祖位也。天台名家傳跡以教,傳本以心,本跡兼暢,斯繼祖以傳燈,否則無聞,僧史不錄。迄乎近世,此道懸絕,問教觀莫知誰何,言本跡將為影響。蓋傳心者無教可憑,一齊於暗證;傳教者無本可據,一流於孟浪。矧出此入彼,如多岐亡羊;離淳合漓,若喪家窮子。落身草莽,孤露可言;縮首叢林,悲悽何已!

> 我大導師百松尊者,妙慧天挺,兼以博學,一覽性具,有若鳳聞。以法智為宗師,蹟類慧文;以妙宗為心印,事同中論。倔起講肆之中,十餘年間,東征西討,召募後學,意念勤矣。屬而和之者,當是時有象先清師、晦谷某師、紹覺某師。應募而從事法座者,蓋三十二人。燈時預末席,不二、三年而退席者居半,苗而不秀者又居半,與夫秀而不實者又居半焉。自先師示寂,起而弘法者三人──燈與介山傳如、千如傳芳。如居昭慶,芳居南湖,似有鼎足之勢。數十年後,同門者漸以興起,繼後者亦漸以興起;天台講香,殆遍海內,修四種三昧者,亦藉藉有人。即興隆教院,輔弼教化,有功於法門者,亦復不少。苟不為其記錄,將使沒世無聞,何以紀前人之勞,勗後進之勤乎?〔註23〕

再如卷三〈沿革考〉之「事實」一節,基本上是講述高明寺的發展變遷史。雖然其史源無可考,且十之八九是傳燈自己的「想像歷史」(imaginary history),〔註24〕但頗能反映傳燈考史及述史的初衷。對他來說,高明寺的歷史沿革,

---

〔註22〕後者見《幽溪別志》卷八之〈百松法師〉傳。

〔註23〕傳燈,〈天台祖堂小宗題名記〉,《幽溪別志》卷五,頁20b～21b。

〔註24〕見上引筆者論文"Youxi Chuandeng and the Construction of the Gaoming Monastery in the Tiantai Mountains."

可約略分期簡述如下：

1. 陳隋之世號幽溪道場。
2. 唐天祐七年（按：即梁開平元年 910）改高明寺。
3. 五代後唐清泰三年（936）復名幽溪道場。
4. 晉天福間（936～943）更名幽溪禪院。
5. 宋祥符元年（1008）改為淨名寺。
6. 明朝復名高明寺。嘉靖初年，猶為盛剎，佛殿法堂甲於鄰封。後由國清取代，因為住持無僧行，田產入國清，大殿損而不修，法堂毀而不理。傳燈重興之後，幽溪禪院、淨名寺、高明寺三名俱存。亦即：山門之額則扁以智者幽溪道場，大殿之前則扁以高明楞嚴講寺，以所宗所講者《首楞嚴經》之故。講堂為淨名講堂。

（四）高明盛剎沿革

　　據傳燈之說法，明初高明寺的情況如何不詳，但如同上述，他也說在嘉靖初年「猶為盛剎」。既然是「猶為盛剎」，則明初也呈現「盛剎」的狀況，所以一直都是「佛殿法堂甲於鄰封」。雖然如此，由於「住持累葉攝於僧籙，因國清寺僧回禮之後，乃夾籙而歸本寺。僧行既無精進之風，復忘泉石之好，且難於金地嶺登陟，由是而身寄國清，田攝本寺。在當時門戶，名雖不移，而田產之實，皆移入國清矣。始則遣一二近事男侍奉香火，末則近事男亦變為庄客。大殿損而不修，法堂毀而不理，日就月將，漸致崩圯，而化為烏有。相傳住持逋粮三十金，欲以法堂抵之，令公命糧官拆移以為縣學明倫堂……」〔註25〕也就是說傳燈在「重興」高明寺之前，高明寺在無能住持的領導下，只是個空殼子，只有門戶，而無田產；泉石之勝既都毀棄，寺院大殿、法堂亦皆崩壞失修，幾為縣官命令拆移而改為縣學之用，而化為烏有。

　　由於傳燈頗勇於建立自己心目中所認定的「高明寺史」，對失修崩圯而化為烏有的高明寺現狀難以接受，所以他的《幽溪別志》就圍繞著高明寺的興建大做文章。從個人發現與辨認高明寺的遺址，發心買下遺址周邊的土地，募款進行階段性地興建，至於整個殿院、堂壇、像設等興建工程之完工，傳燈都有非常詳細的記載，連協助他四處講經、募化以完成建築工程之官宦、

〔註25〕《幽溪別志》卷四，〈事實〉部分，頁 1b～2a。本文引用《幽溪別志》，皆依原書之頁碼，不依四庫存目本或他本之新編頁碼，以便於翻檢也。

士人、居士等外護的勸募文字都蒐羅殆盡，充分說明其編寫《幽溪別志》的努力與用心。

官宦、士人、居士等外護協助傳燈勸募和籲請高級官員護法的文字，也就是所謂的「募緣疏」和「勸請護法書」，遂成了《幽溪別志》內容相當重要的一部分。從屠隆於萬曆二十六年戊戌（1598）孟冬所寫的〈建高明寺天台祖庭募緣疏〉開始，也就是傳燈四十五歲之年，他們寫了不下三、四十篇的「募緣疏」和「勸請護法書」，篇篇都表達了作者強力擁護並支持高明寺興建的熱誠。就前者來說，屠隆的〈建高明寺天台祖庭募緣疏〉有這麼一段：

> 燈師近欲於本寺建造祖師堂，裝塑諸祖聖像，虔六時之香火，垂萬劫之師模，俾教觀流通而不窮，大法永久而無斁。甚盛心也，匪假檀波，曷繇奏績？伏惟諸仁者各隨願力，樂助善緣。上機者仗祖德冥加，結現生之道果；下中者積福田今日，亦植來世之佛因。〔註26〕

屠隆此疏勸募之目的是興建高明寺天台祖庭，其募緣對象，顯然是四方信眾，而非特定的高官顯宦；所謂「諸仁者」、「上機者」和「下中（機）者」，都是泛言僧俗四眾。所以他的勸募範圍是相當廣泛的。此外，他在疏文之末的署名，是「禮部儀制司郎中、宗天台教觀菩薩戒弟子」，這是在其官銜之外，自承是傳燈之弟子。以此身分所撰寫之「募緣疏」，應該是有相當份量及影響的。

當然，「募緣疏」的寫法未必全然相同，如署名「宗天台教觀菩薩戒弟子、台兵使者靜長鄒嘉生」所撰的〈重脩高明講寺大殿并脩楞嚴壇殿疏〉，幾乎全部表達他篤信仰天台教之意，而由於此熱誠，乃有皈依三寶，走向覺路，支持修建佛寺大殿及楞嚴壇，並「自逼」以「逼人」做功德之心：

> 且夫地靈人傑，緣合道隆，台水、台山豈是人間帝王、師相、兒女、眷屬所可蹂踐之域？而有瞿曇正覺振鐸于前，龍象宗支紹隆于後。然而猿啼虎嘯，亦傷遊客之魂；巖臥冰飡，遂遁精修之跡。則夫琳宮碧宇，緝飾巍峩，用以筏渡末流，燈輝漆室，人天覺路，生死分場，凡諸有情，誰曰可吝？余嘗謂佛教止一「逼」字：輪廻逼生，淨土逼死，究竟貪癡二種亦是慈航。今舉筆作疏，乃集台山、台水、台僧于胸中，併不能置患難兵火於度外。余心自逼，豈待文心？還

遍人心，功德無量。〔註27〕

由於楞嚴壇及壇內佛像是傳燈建造高明寺中的一大工程，所以有關建造楞嚴
壇及及其中像設的勸募疏就成了許多疏文中的主題。譬如，廣陵芬陀居士倪
啟祚（萬曆四十七年［1619］）進士翰林為它所撰的〈募造楞嚴壇佛像疏〉即
是其例。〔註28〕此疏之募化對象是「宰官檀越」，故在疏文中，倪啟祚大事讚
揚傳燈及其弟子營造壇像之努力，希望「宰官檀越」見其真心實行，亦來「共
助勝緣」：

> 無盡燈公，屬百松高足，益發宏願，期為山靈重煥道場，與天壤不
> 朽，此楞嚴壇之所由創也。壇既具，即依楞嚴法造功德四十八尊，
> 為滿壇供養。第虞屋宇儻深巖邃谷間，嵐陰霧氣侵射，無間伏臘，
> 恐圖繪絹帛所就者，逾年必致浥爛。師迺聚族而謀，更以脫沙為之。
> 其外護以丹漆，飾以黃金。上在千里之外，亦可輕舉；旬月之餘，
> 亦可竣事。甚盛役也！其徒正識，不憚跋涉，勇猛承當，而一段真
> 實心、真實行，元可繼述師志。余更欽讚之，敢代宣告於十方宰官
> 檀越，以期共助勝緣。我固知名山有靈，當雲集而響酬矣，焉用余
> 贅之辭，此第為燈公師弟表其願力云爾。〔註29〕

就「勸請護法書」來說，其目的及勸請對象與上述疏文稍有不同，它幾乎都
是針對特定的官員或士人而作，或直接勸請他們做護法金湯，或間接呼籲他
們疏通高級官員給予支持。它與上述勸募或募緣疏文，都是居士、外護盡其
「護法」之力的表現，為構成《幽溪別志》內容的重要素材。譬如，袁世振
（萬曆二十六年［1598］進士）疏理撰有此類「勸請護法書」六篇，〔註30〕
雖然勸請的官員不同，但勸請書的內容則大同小異。其中〈與台州陸郡伯為

〔註27〕鄒嘉生，〈重修高明講寺大殿并修楞嚴壇殿疏〉，《幽溪別志》卷四，頁 8b。
按：鄒嘉生武進人，萬曆朝進士。重氣節，有操守，不肯附人。崇禎初任山
西按察使。見《雍正山西通志》（臺北：臺灣商務印書館，影印《四庫全書》
本，1983～1986）卷八十六，頁 16b。
〔註28〕倪啟祚字允昌，江都人，萬曆四十七年己未（1619）進士，後政庶吉士，授
編修，與姚希孟、顧錫疇同館。見《雍正揚州府志》（臺北：成文出版社，1975）
卷二十九，頁 a，引《康熙府志》。
〔註29〕倪啟祚，〈募造楞嚴壇佛像疏〉，《幽溪別志》卷五，頁 25a。
〔註30〕袁世振字滄孺，又字仲建，湖廣蘄州衛人，萬曆戊戌（1598）進士。萬曆中，
以兩淮財賦饒，其官必假以風憲，特設疏理道，故稱疏理。世振首膺是選。
一時弊政，釐剔殆盡。見《兩淮鹽法志》（上海：上海古籍出版社，《續修四
庫全書》本，2002）卷一三七，頁 17b。

幽溪護法書〉有以下一段，[註31]可代表其所見：

> 見在有無盡禪師者，本宗龍象，規矩高曾。所著有《楞嚴圓通疏》、
> 《法華珠影》、《金剛大意》、《心經梗槩》、《修行捷徑》、《法門會要》、
> 《幽溪文集》及《楞嚴玄義》、《前茅》、《海印》數百卷行於世，皆
> 台教開闢啓鑰之書[註32]。而《楞嚴義疏》一部，則尤以佛口所宣，
> 與大師所說心地法門吻合為一，不但本宗之功臣，抑亦如來之信史，
> 弟心師之久矣。嚮者薄遊寶婺，曾叩玄室。茲至維揚，載弘圓觀，
> 恨不相隨入山，共修楞嚴壇法。而業繫不容遽斷，則不得不以佛法
> 金湯仰望翁臺之加念焉。蓋楞嚴壇法，繫無盡師，依經創立，令精
> 修行人，赳期取證，而不佞弟之所助緣而成者也。伏懇慈悲，密垂
> 護佑。俾來盡入圓通，而功德則歸檀越矣。又佛朧處乃智者大師發
> 蹟之所，其山門地，近被俗僧租佃。弟備原價取贖，稍加修茸，欲
> 使靈山勝蹟，不致終湮，弟之願也；而非翁臺，弗愉快也。統為垂
> 照，破格留神。[註33]

袁世振此書不但與上述疏文一樣，先極力讚揚傳燈為天台龍象，而且還臚列
傳燈之著作。雖然自稱無法入天台與傳燈共修楞嚴壇法，但仍不忘強調楞嚴
壇之完成，也是自己「助緣而成」的結果。此外他還供獻資金，原價贖回高明
寺之山門地，俾使進行修茸，恢復傳燈所宣揚的靈山勝蹟，不使湮滅無聞。

　　袁世振的「勸請護法書」是請台州知府出面做傳燈之護法金湯，以助成
楞嚴壇法之完成。但這只是多種護法的方式之一，還有勸請地方官推薦傳燈
講《楞嚴經》或止觀法門及請地方官免除高明寺之供餉等之護法書。前者如
張師繹的〈與李愚公節推為講《摩訶止觀》於東甌魚潭寺護法書〉，[註34]後

〔註31〕明代知府亦稱郡伯，惟此陸郡伯身分不明，但非傳燈之兩位姓陸之友人：陸
　　　　光祖與陸寶。
〔註32〕按：《法門會要》之全名為《法門會要志》。《前茅》之全名為《楞嚴經圓通疏
　　　　前茅》。《海印》之全名為《楞嚴海印三昧儀》。
〔註33〕袁世振，〈與台州陸郡伯為幽溪護法書〉，《幽溪別志》卷九，頁 14ab。
〔註34〕張師繹，〈與李愚公節推為講《摩訶止觀》於東甌魚潭寺護法書〉，《幽溪別志》
　　　　卷九，頁 18b～19a。李愚公即李若愚（萬曆四十七年〔1619〕進士）。他字知
　　　　白，愚公為其號。曾任溫州推官，故稱節推。見陳國儒，《康熙漢陽府志》（武
　　　　漢：湖北人民出版社，2014）卷九，頁 22ab；張行簡，《光緒漢陽縣志》（臺
　　　　北：成文出版社影印本，1975）卷三，頁 14a；鄭康侯等，《民國淮陽縣志》
　　　　（臺北：成文出版社影印本，1976）卷二十，頁 18a。

者如陳仁錫的〈為免充餉與本道張兵憲書〉。〔註35〕張師繹之書有此一段：

> 今以貴治善知識開立講壇，敦請唱導；自度度人，人天眼目，東南
> 海邦，定生青蓮花。聞台丈篤志熏修，欲□謁掌。固且不佞之意，
> 欲乞台丈為佛金湯，嘉與護持。不特法寶不致凌夷，而人天永存瞻
> 仰，亦一快事也，不知可否？〔註36〕

此是寫給溫州推官李若愚之書尺，雖然也是請他出面，為佛法金湯，但是更
希望他能在傳燈入魚潭寺宣講《摩訶止觀》一事上給予護持。也就是說，請
他提供方便與保護，玉成傳燈講論天台止觀之事。

　　陳仁錫的勸請護法書是寫給張師繹的，書寫此信時他還是舉人，所以《幽
溪別志》稱他為「春元」，是「大春元」的簡稱。此書涉及萬曆朝礦稅的問題，
由於礦稅及其他苛捐雜稅也侵漁了高明寺之僧人及田產，傳燈頗為所苦，多方
請求地方官之助，以免除其寺遭脅迫而須捐納之稅餉。他曾書請張師繹幫忙，
而張師繹也一口答應，故陳仁錫書中有「高明無盡師以台僧二十載礦餉偏累之
苦，發憤一言，聽然莫逆，拜明賜矣」數句，還稱讚張師繹公忠體國，奏請皇
帝廢止無名之稅。此書進一步請求張師繹設法免除高明寺之供餉。故曰：

> 年丈現毫端之剎，證果不難，自金沙于先生仁心為質，止蹋其半，
> 豈盡長吏不愛民有私為度田蟊蜮者，即長吏亦不使聞？夫蟊蜮於
> 民，何愛乎？……無盡大師亟為眾僧已申此請，弟亦為盡師又開此
> 口，不負一來。乃年丈自稔此弊，初不因弟一語，始終不敢貪為己
> 力，但願推廣此意，凡一切可查可汰者，悉與更新。〔註37〕

此書要求張師繹把「一切可查可汰」、強立名目之稅捐全部更新，而張師繹也
深知其積弊已久，且有權獨斷處理此事，自然首肯。

　　當然，以上所舉諸例並非暗示所有的「募緣疏」和「勸請護法書」都是
傳燈的友人或出身士人的俗家弟子所為。傳燈自己其實也親自寫了不少「募
緣疏」，充分表現他募緣之積極與勤快。譬如，他分別以四六文及古文寫了〈募

〔註35〕陳仁錫字明卿，常州人，天啟二年（1622）進士，為著名史家。天啟五年（1625）
　　　　以刻《資治通鑑》上呈熹宗名於世。著有《京口三山志》、《全吳籌患預防錄》、
　　　　《明紀略鼎臠》、《壬午書》、《無夢園集》等。編有《皇明二祖十四宗增補標
　　　　題評斷實記》、《皇明世法錄》、《潛確類書》等書。「本道張兵憲」即是張師繹。
〔註36〕張師繹，〈與李愚公節推為講摩訶止觀於東甌魚潭寺護法書〉，《幽溪別志》卷
　　　　九，頁18b～19a。「謁掌」前一字缺漏，疑為「親」字。
〔註37〕陳仁錫，〈為免充餉與本道張兵憲書〉，《幽溪別志》卷九，頁17ab。

造鐵佛疏〉、〈募造栴檀香佛疏〉、〈募造禪堂疏〉、〈募造栴檀香佛成發願文疏〉、
〈募造藏經疏〉、〈募化大殿磚瓦疏〉等疏，都是為高明寺所寫，而〈妙山鑄鐘
募緣疏〉、〈祇園菴買地闢路募緣疏〉、〈北禪寺齋僧募緣疏〉和〈杭州長明寺
募造放生池疏〉等疏，都是為其他庵寺所寫。值得注意的是，這些疏文多以
四六文為之，文辭優美，顯然書寫對象都是高級官員和知識分子。譬如〈募
造鐵佛疏〉一疏，全文如下：

> 夫天台山高明寺者，地臨瀛海，山應三台。樓臺薄霄漢，依然霧棟
> 雲窗；景物自天成，宛爾霞城雪瀑。僧居寂寞，佛界清涼。了無三
> 伏之炎，頻雨六花之瑞。是以莊嚴佛像，須異他山。栴檀易水解，
> 空勞倣像優填；堆塑快泥洹，豈可邀功匠石。遍禮朱門清信士，何
> 當惠我金剛軀。人心似生鐵，遇爐冶都成不壞之身；誰面不黃金，
> 事揩磨便現滿月之相。休分生佛，莫論自他。最宜直下承當，莫教
> 當面錯過。〔註38〕

此疏文字熟練簡約，對仗自然工整；既有風景之素描，又有直截之說理。抑
揚頓挫，含意深厚。雖勸人輸財，而不亢不卑，其功效是不難預期的。傳燈的
疏文大都如此，數量雖或不算多，但與書中其他募緣疏和護法書合計，都是
構成《幽溪別志》及傳燈遺文之重要元素。

傳燈的疏文及其他文字，將於後節討論。由於不同文字書寫對象多為他
和高明寺的外護，也就是一般所謂的佛法「金湯」，以下先介紹這些外護的生
平事蹟。

二、傳燈和高明寺之主要外護

《幽溪別志》也提供了傳燈個人生涯史最完整的記錄，涵蓋其生活環境、
時代背景、社會活動和人際關係等內容。除了蔣鳴玉居士所寫的〈有門大師
塔銘〉對傳燈生平行業有一扼要的敘述之外，他與明萬曆朝及其前後的社會
與人際互動等種種經歷，《幽溪別志》的各卷都含重要的資訊。其第九卷之〈金
湯考〉，除錄有上文所談的種種「護法書」，也含不少「講經邀請書」。這些不
同文字的作者，都是傳燈及高明寺的外護，是高明寺興建伊始至完成的重要
因素。傳燈的《幽溪別志》既以記錄傳燈自創的高明寺歷史為宗旨，他與這

〔註38〕傳燈，〈募造鐵佛疏〉，《幽溪別志》卷五，頁 21b～22a。此疏之詳註，見遺文
校箋部分。

些外護的私人關係，以及相關涉的各種社會問題，就都成了這些文字的主要內容，與傳燈之遺文，息息相關。

　　傳燈於萬曆十四年（1586）初夏入住幽溪，時年三十三歲，自此時起至他六十五歲時，完成高明寺的全部興建工程，前後歷三十餘年。〔註39〕他的友人兼外護多人，在這段時間，就與傳燈及高明寺結下了不解之緣。從高明寺興建伊始，就有「檇李馮夢禎創緣，樂邑趙海南居士買地建之」，自此之後，接二連三的外護資金陸續湧進高明寺，激發並加強了信士、檀越護持之力，終能排除萬難，讓傳燈完成建造高明寺的理想，在佛教的寺院籌建史上，可說是相當特殊的一件大事。

　　傳燈是萬曆朝前後許多官員、士庶、及佛教居士之方外友。雖然這些道友護法的方式和程度都不一樣，但是與傳燈之交情都相當深厚，也都以不同方式扮演「金湯」或「檀越」的角色。一般來說，他們或參禮傳燈，尊之為師；或拜其門下，為其弟子；或親自獻金供養，支助傳燈興建高明寺；或協助勸募，呼籲官員信士之護法；或安排講經，發動地方百姓施財。否則即是以撰寫詩文書信之方式，翊贊傳燈之傳法，或祝賀其生辰。若以廣義的「外護」視之，人數不下百餘人，而加上只參加與傳燈相關涉之活動，而未撰寫書函或詩文者，人數更超過之。為節省篇幅，不擬臚列所有外護之姓名，僅提出幾點值得注意之處：（一）傳燈所交之百餘人中，上自達官貴人，下至州縣庠生，多慕其名而欲聆其法教者，亦多志願為其外護者。（二）不少為其外護之朝官和地方官，亦終生師事之而稱弟子。（三）「護法書」是以尺牘之形式所寫，或四六文，或古文，頗能表現作者對傳燈之敬慕。（四）為數不少的「護法書」之書寫，表現了「書尺文化」對傳燈興建高明寺與中興天台教觀有相當大的裨益。上文所舉的「護法書」已可略窺其一斑，此節再進一步詳論。

　　若以「與傳燈相涉著述」之多寡來衡量這百餘位外護與傳燈關係之深淺，當算以下這十位與傳燈關係最為密切：張師繹（1575～1632）、何白（1562～1642）、韓敬（1580～？）、馮夢禎（1553～1621）、林國材（1593～1613）、屠隆（1543～1605）、虞淳熙（1553～1621）、王立轂（1580～1631）、聞龍（1551～1631）和袁世振（1598年進士）等。這些人之中除了何白、聞龍和王立轂之外，都是進士出身，也都曾任中央或地方官，且官職不小，有一定的影響力。但這並不意味「與傳燈相涉著述」相對較少的外護，與傳燈之關係便不

<hr>

〔註39〕馮夢禎，〈幽溪護伽藍記〉，《幽溪別志》卷二，頁3ab。

夠深。茲先說何白等三人和張師繹等七人究竟是何許人，然後就前者與後者與傳燈之關係分別舉例說明。

（一）何白、聞龍、王立轂

1. 何白

何白字无咎，樂清丹霞白人，自號丹邱生，雪鴻居士，又號鶴溪老漁。他性孝友，淹通羣籍，工詩古文辭，曾自謂：「余少孤露，年十六、七輒能操筆為詩歌，刻燭累千餘言，淋漓自喜。」〔註40〕他又善書畫，山水得元畫家方方壺筆意。〔註41〕他曾客游金陵，與吳國倫（明卿，1524～1593）、王世貞（元美，1526～1590）、陳繼儒（仲醇，1558～1639）迭主文壇牛耳。〔註42〕鄭汝璧（崑巖，1546～1607）開府三邊時，延為幕賓，為陳國家大計，悉中機權。〔註43〕鄭甚重之，欲為推轂，而何白拂衣不受，歸而卜築珠浦，與一時名流邵建章（生卒年不詳）等唱和。〔註44〕晚歲潛心理學，有〈座右〉、〈鞭心〉二銘，「諸鉅卿干旌貴門，不得一瞻風範，咸稱為丹霞先生。」〔註45〕清代學者朱彝尊（1629～1709）在其《靜志居詩話》中曾說：「何白起於側微，事容有之。第考萬曆庚辰履歷，龍君御初，授徽州府推官。鑴級，改溫州府學教授，入圍國子博士，未嘗任溫州司李也。」〔註46〕可見他曾任過地方官，只是職級不

〔註40〕見何白序明柯榮撰《歌宜室集》，〔清〕張寶琳等《光緒永嘉縣志》（上海：上海古籍出版社，1995）卷二十九，頁21a。

〔註41〕方方壺是元、明間道士、詩人和書畫家方從義（約 1302～1393）。江西貴溪人，字無隅，號方壺子。又號不芒道人、金門羽客，鬼谷山人等。善書法。古隸草皆精，畫尤冠絕一時。寫山水極瀟灑，性之所至，雖不問姓名亦慢與之，否則雖一筆不輕得。見〔清〕楊長傑等《同治貴溪縣志》（南京：江蘇古籍出版社，1996）卷八之十，頁2b。

〔註42〕吳明卿與王元美為明「後七子」。陳仲醇即陳眉公，三人皆是明代著名文學家。

〔註43〕鄭汝璧，字良玉，一字崑巖，處州縉雲人，隆慶二年戊辰（1568）進士。授刑部主事，歷遷井陘兵備副使，改赤城參政。晉河南左參政，遷榆林中路按察使、山東右布政使，累擢至僉都巡撫青州。〔清〕嵇曾筠《雍正浙江通志》（臺北：臺灣商務印書館，影印《文淵閣四庫全書》本，1983～1986）卷一七四，頁39a。鄭汝璧為佛教居士，與傳燈及憨山德清結為方外之友。

〔註44〕邵建章，字少文，號青門，永嘉諸生。著有《咫聞錄》和《續咫聞錄》。見《光緒永嘉縣志》卷二十七，頁31a。

〔註45〕〔清〕李登雲等，《光緒樂清縣志》（臺北：成文出版社影印本，1983）卷十六，頁38a。

〔註46〕朱彝尊，〈何白字无咎有汲古堂集〉，《靜志居詩話》（上海：上海古籍出版社，《續修四庫全書》本，2002）卷十八，頁9a。

高。朱彝尊稱他為布衣，當是以布衣身分任官之故。博山雪關和尚智誾禪師
（1585～1637）〔註47〕曾有七言古詩一首描述他，其中有如下數句：

> 維摩昔日誰為爻，文殊普賢稱最厚。君今辨才如瀉缾，吸盡西江無
> 出右。
> 曾聞落筆走波濤，妙解入廛看花柳。想是雙林再出來，還疑永嘉親
> 世久。
> 雖然墮落此風塵，一點靈光不辜有。翻笑龐公兒女癡，說甚無生話
> 太醜。
> 年來金屑眼中空，惟餘奪命符懸肘。江南俊彥足如雲，幾個藏身依
> 北斗。〔註48〕

雪關智誾此詩是與何白唱和之作，詩中對他讚賞有加，稱他辯才無礙、落筆
生花，有如雙林傅大士再世。又稱江南俊彥甚多，但像他「藏身依北斗」的
能有幾人？此句「藏身依北斗」是否指他入天台與傳燈為方外交一事，值得
玩味。他的〈寄贈（幽溪）兼懷朗初〉有以下數句，可為註腳：「繩牀相對
發清機，佛火熒熒掩深閣。香積伊蒲弟子俱，紫筍朱英和露爵。薰習宗雷不
曾過，襟期惠肇差堪託。吾師振錫向四明，談空趺坐楞伽石。白法元知不住
施，指揮更見鬘陀落。彷彿容輝不可攀，問訊幾從南海泊。前日沙門江上
來，還枉徽音慰寂寞。」〔註49〕詩中的宗雷指參加東晉慧遠（334～416）
在廬山建白蓮社期修西方的一百二十三位僧俗中的宗炳（375～443）與雷次
宗（386～448）。惠肇應該指慧（惠）遠和僧肇。何白的意思應該是傳燈不
僅薰習出勝於宗炳、雷次宗等人的弟子，而且心期他們能成為慧遠與僧肇
一樣的人物，可受他託付所傳之法。末兩句意謂他正在問訊傳燈所乘之船
何時能停泊於永嘉南邊之甌江岸，〔註50〕屆時他便聽聞江上沙門傳來慰藉
他寂寞的德音。不用說，江上的沙門一定是傳燈之弟子，而「徽音」正是傳

〔註47〕智誾是博山無異元來禪師（1576～1630）大弟子，信州（江西上饒）人，參博
　　　　山（在今江西信州上饒市）無異元來後，閉關六年，後出住瀍山（在今浙江遂
　　　　安縣），後繼席博山。見《同治廣豐縣志》（臺北：成文出版社，1975）卷十之
　　　　一，頁4b～5a。又見曹學佺〈博山雪關智誾禪師傳〉及黃端伯撰〈信州博山能
　　　　仁寺雪關大師塔銘〉，《雪關禪師語錄》（「嘉興藏」版）卷十三，頁532a～b。
〔註48〕智誾，〈次韻寄永嘉何山人無咨〉，《雪關和尚語錄》（「嘉興藏」版）卷六，頁
　　　　559b。
〔註49〕何白，〈寄贈（幽溪）兼懷朗初〉，《天台山方外志》卷三十，頁1001。
〔註50〕按：永嘉在甌江下游北岸，故詩中的「江上來」一句，應指甌江。

燈南來永嘉的佳訊。

何白在他的〈同臨海王伯無從金地嶺過幽溪高明講寺，過訪僧燈，寺在嶺下〉一詩有句云：「蕭客蔭茅菴，山椒斂斜景。道契目擊餘，冥心緬沉省。玄對兩無言，齋鐘送微暝」。〔註51〕這是描寫傳燈見何白與王立轂於金地嶺下，三人目擊道存，冥心相契而無用多言的禪定情境，可見三人傾蓋如故，相知之深。他又有〈登華頂，僧燈前導送至百松嶺，共探佛隴遺跡而別〉一詩，有此數句：「開士矯前登，憑風自凌厲。層巖聞杖聲，笠影在天際。鏡機入纖毫，稍窮蟠曲勢。趺坐澹忘歸，流雲出衣袂。一嘯各分岐，悁悁獨含意。」〔註52〕可以想像到他與傳燈一前一後，在凌厲的風中杖屨而登佛隴遺蹟之情景。登上佛隴之後，他們便在流雲飄衣的氛圍中趺坐冥想，澹然忘歸。人與景交融，意與意相通，非深交者何能臻此？所以何白在其〈請（幽溪）魚潭講經書〉如此表白：

> 不覩慈容，忽歷年所，每驤首西嚮霞標，不啻瞻禮摩羅頂耳。茲聞數座魚潭，大地震動，種種瑞相，又得侍御公為晨夕，何異淨名、善逝同在法會；慧渥、甘露徧灑人天。毛道凡夫若春蠶吐絲自縛，未知得三繞猊座否也？尚圖嘉平月走候，乞香海一滴，以洗從前塵垢也。〔註53〕

這顯然是與傳燈相別後數年而寫，大概思念之餘，聞說傳燈將在永嘉的魚潭講經，也希望能親聆法音。蓋魚潭講經，為傳燈巡迴講經之一件大事，翹首企望傳燈來講之地方官、僧俗、居士頗多，何白說「又得侍御公為晨夕」，顯示當過御史的林國材正在永嘉，也說明了何正法、馬一騰等永嘉兩序庠生（秀才）三番兩次邀請林國材入魚潭主持傳燈講經之緣由。

何白還寫過〈寄答幽溪書〉，顯示傳燈與他曾通書尺。故在此書之首，有

〔註51〕何白，〈同臨海王伯無從金地嶺過幽溪高明謁寺過訪僧燈寺在嶺下〉，《幽溪別志》卷一，頁5b。「齋鐘」是報齋時鳴大鐘，原誤作「齋鍾」。按：《重雕補註禪苑清規》卷六（頁539b）：「齋前聞三下版鳴者，眾僧下鉢也。次鳴大鐘者，報齋時也（城隍先齋鐘後三下（版鳴），山林先三下（版鳴）後齋鐘）。自餘長版魚鼓，堂前小鐘，維那打槌，食畢下堂。」

〔註52〕何白，〈登華頂，僧燈前導送至百松嶺，共探佛隴遺跡而別〉，《幽溪別志》卷一，頁5b～6a。按：「天際」原作「天嗓」。「嗓」是小語、小聲之意。「笠影在天嗓」不通，且韻亦不對。疑「嗓」為「際」之誤刻。

〔註53〕何白，〈請（幽溪）魚潭講經書〉，《幽溪別志》卷九，頁26a。「侍御公」指的是林國材。

此數句：

> 文心儼然過山中，手捧吾師戔函及疏論二種。寶光旁溢，六種震動，
> 白歡喜無量。既而發讀尊教，語語法要，字字摩尼，信如吾師所謂
> 「手作無利益書，口說無義味語」，波波汲汲，浪過一生，大可憐笑。
> 然非吾師慈願功德海，同一子想，疇能輕於發藥審痛札錐耶？敢不
> 頂禮，奉以書紳。〔註54〕

書中此段所言，是指傳燈之法孫文心受教攜來傳燈戔函及疏論二種，而函中
有箴砭之語，要他勿「手作無利益書，口說無義味語」。何白感念傳燈的關心，
對他的藥石之言只有銘記在心。他接著說：

> 至若壇碑之委，未敢聞命。何則？竊謂台嶽道場，以吾師堅固力持
> 之，即劫火洞然，當不與世界銷寶明甚。矧楞嚴寶壇，如法建立。
> 自大佛頂流入東土，即有能行之者，未若今日之盛。十方菩薩，同
> 一擁護；八部鬼神，同一撝訶。必得智慧、道行足信不朽者，為之
> 贊歎，庶可垂之永久。白何人斯？而當斯舉？雖然，重以嚴命，敢
> 不勉圖，議擬其草，上答尊慈接引至意；即無所可用，固知愛憫無
> 二也。自發願，當於夏月，躬繞猊座，并就石書表法。第惡箚深恨
> 不能為法寶莊嚴耳。〔註55〕

此段文之前半，自謙碑記之作，非己所當為，所以他不敢遵傳燈之命為他新
建的楞嚴壇寫碑記；且楞嚴寶壇是傳燈如法建立，其建築之超勝壯觀，為前
所未有，必須得「智慧、道行足信、不朽者」來為它作碑記，才能垂之永久，
而自己實非其人，自不能當斯舉之任。文之後半，表示因為傳燈「重以嚴命」，
再三敦請，不敢不勉力為之。而所作碑文，即令傳燈不予採用，對傳燈一貫
呵護他的愛憫之心，他仍是知之甚深，感念無限的。

　　何白尚有其他致傳燈之書尺，都表達他的敬仰與愛戴，也充分顯示他與
傳燈相交之深，有師弟子之誼，昭然可見。他的暱友香光居士王立轂（伯無）
亦然。上文提及何白的〈同臨海王伯無從金地嶺過幽溪高明講寺過訪僧燈〉，
可見一斑；從何白在〈壽僧燈住山五十序〉說「萬曆歲在攝提上巳日，余倡臨

〔註54〕何白，〈寄答幽溪書〉，《幽溪別志》卷九，頁37b。按：「疇能」是「誰能」之
　　　　意。杜甫〈九日寄岑參〉詩有句云：「安得誅雲師，疇能補天漏？」見〔南宋〕
　　　　郭知達，《九家集杜詩》（臺北：台灣商務印書館，影印《文淵閣四庫全書》，
　　　　1983～1986）卷一，頁44a～b。
〔註55〕何白，〈寄答幽溪書〉，《幽溪別志》卷九，頁37b～38a。

海王伯無入天台，從金地嶺訪無盡師於高明講寺。」亦約略可見王、何二人與傳燈相交之深。

2. 聞龍

聞龍字隱鱗，又字仲連，亦稱繼龍，四明人。據說他五歲喪母，哭聲感路人。又事父定省中禮，當授產時，悉讓其兄。又父老病累年，因習岐黃、釋氏之書，並茹素，以父暮年非醫餌不扶；而母早世，惟唄讚可資冥福也。因工醫術。每晨興察色切脉，夜寢則伺其喘息以為常。奉養三十年，父歿，哀毀過禮。他性愛山水，以父在，所出未嘗踰百里，當世重其名，每羔幣及門，輒謝不見。幽貞之操，稟於夙成，孤高淡泊，不求人知，而世愈重其為人。年八十有一卒。〔註56〕曾作《茶箋》一書。論茶之炒制，收藏諸法。又曾校《明州阿育王山志‧卷第十》。聞龍善詩，有《幽貞廬遺草》、《聞隱鱗詩》、《行藥吟》等著作。〔註57〕當然，做為傳燈的大金湯之一，他還為傳燈的《法華玄義輯略》、《楞嚴玄義》及《淨土生無生論》等著作寫序，對三書之內容，做一番提綱挈領的摘要。尤其《淨土生無生論》之作，實由聞龍發起，旨在希望毛道凡夫，生今之世，能獲睹其書，知「猛省求生」，〔註58〕修行淨土。這些都充分顯示聞龍翊贊傳燈宣揚佛法之熱誠。

聞龍是函請傳燈講經的多位外護之一，他不止一次地致書傳燈，或請他到四明講經，或建議他移駕他寺演法，態度甚為誠懇。譬如，他的〈請講《楞嚴經》書〉，表示傳燈既應四明海會寺住持育公之邀，去「演《首楞嚴》了義」令他覺得歡喜無量，也希望傳燈能發慈悲，蒞臨其所住的鄉里去講《首楞嚴經》，以滿足「四眾不任翹勤渴仰之至」之誠。〔註59〕聞龍所說的海會寺講經，雖發生在書寫此函之前，但該次講經，根據屠隆之記錄，其實是住持育公請屠隆和聞龍詒書邀請而成〔註60〕。講經時間，從萬曆二十三年乙未（1595）二月五日至四月八日，為期兩個月零三天，時間不短。而出席講筵聽法之「宰官」有楊太史德政（叔向）、張少卿邦伊（孺覺）、徐侍御金星（紫庭）等。居

〔註56〕《雍正寧波府志》（臺北：成文出版社影印本，1974）卷二十四，頁21a。
〔註57〕《雍正寧波府志》卷三十五上，頁7a；《光緒樂清縣志》卷二十二，頁34a。
〔註58〕此語實「猛省求生西方」之意，似為聞龍所創。後來清人周克復在其〈三界六道輪迴本末〉一文中就用此語說：「業報可畏如此，曷不猛省求生西方。」見《淨土晨鐘》（《卍續藏經》第62冊）卷一，頁42b。
〔註59〕聞龍，〈請講楞嚴經書〉，《幽溪別志》卷九，頁3a。
〔註60〕屠隆，〈四明海會寺講《楞嚴經》記〉，《幽溪別志》卷十五，頁2b。

士則有沈明臣（嘉則）、聞繼龍（仲連）、張邦侗（孺愿）、張邦岱（孺宗）、張子魚（公魯）、張子序（因仲）、張應崧（永年）、李麟（次公）、李驥（次德），楊德啟（翼少）、沈雲冲（士安）、沈泰鴻（有熊）、沈泰淳（孟還），及屠隆的伯氏屠侎（雲江）。〔註61〕當然還有許多知名沙門，也都出席此次講會。傳燈於此次講經結束之後，立即返回天台，四眾留他未果，遂請聞龍於講完之日，寫成〈四明海會寺講《楞嚴經》解期歸天台序〉讚述其事，序中他也表示此次講經是「海會育公徽惠於屠儀部遺書勸請」而促成，〔註62〕而傳燈欣然應允，故聞龍說：「師普大慈，儼然至止。遂開筵精舍，捉麈華座。冠蓋如雨，若赴華陰之墟；瓢笠如雲，宛謁靈山之會。莫不屏氣傾耳，聞所未聞。」〔註63〕可以說是盛況空前。他還為此寫了〈送歸天台幽溪〉一詩云：「浮杯方渡海，飛錫又還山，雪裏尋樵徑，雲中閉竹關。十方傳妙義，三界慕慈顏。住處名香谷，崔巍不可攀。」〔註64〕對傳燈的解講歸天台而再難聆其教法，不無所憾。所以他想再次邀請傳燈赴鄞縣講經，多半是因為躬逢此場盛會之後，經過一段時間，忽悟「不沾法乳，又八閱朔」，而有「沈淪苦海，何當盲龜」之感。故希望傳燈再發慈悲，枉臨其邑，以酬平生。傳燈不辭辛勞，又赴四明甬江菴宣講，聞龍喜出望外，又寫了〈志喜幽溪於四明甬江菴講《楞嚴經》有賦〉一首記其所見所感，詩云：「累劫沈痾苦未央，此生何幸遇醫王。窺林盡是清涼藥，入室惟聞功德香。分別昔為心所礙，圓通今悟耳根長。法身不歷僧祇獲，頓息無因演若狂。」〔註65〕

　　在另一〈與幽溪書〉裏，聞龍還請傳燈把原訂於四明仗錫山和雪竇山之間的《妙宗鈔》之講演，〔註66〕改到鄞縣城內的南湖延慶寺。因為《妙宗鈔》是四明知禮在延慶寺所造，其地點不像仗錫、雪竇偏遠難行，且「大眾咸得與聞」，較為方便。為了爭取傳燈答應赴延慶寺講演，他還在書中祈求傳燈「俯從眾心，得賜許可，使龍待斃之年復聞往生奧義，庶不至虛生浪死，真千載

〔註61〕屠隆，〈四明海會寺講《楞嚴經》記〉，《幽溪別志》卷十五，頁2b。依屠隆列名之方式，凡姓氏相同者，只書首位之姓，其餘不重書。故子魚、子序、應崧等人應該都姓張。

〔註62〕「徽惠」請求加惠、求取恩賜之意。

〔註63〕聞龍，〈四明海會寺講《楞嚴經》解期歸天台序〉，《幽溪別志》卷十五，頁5b。

〔註64〕聞龍，〈送歸天台幽溪〉，《幽溪別志》卷十五，頁25b。

〔註65〕聞龍，〈志喜幽溪於四明甬江菴講《楞嚴經》有賦〉，《幽溪別志》卷十五，頁29a。

〔註66〕原名《觀無量壽佛經疏妙宗鈔》。

一時也。『從佛口生，從法化生』，豈虛語哉？」〔註67〕也就是說，聞龍相信若能聞傳燈所說之往生奧義，就如同《法華經》上所說，得以「從佛口生，從法化生。」其崇信傳燈之真切，可見一斑。

3. 王立轂

王立轂是《幽溪別志》裏的王伯無及壁如正鎬法師，〈壁如正鎬法師傳〉說他是王太初（王士性）長子，其實他是王士琦（1551～1618）之長子。〔註68〕他別號紫芝，又號香光居士。其後為僧，法號壁如廣鎬或正鎬，與蕅益智旭（1599～1655）為友，兩人頗有書信來往。〔註69〕智旭在其《絕餘編》中曾為他及惺谷禪師寫了〈壁如、惺古二友合傳〉，略云他「弱冠時即有出世之志，禮雲棲蓮大師。取法名，受五戒。」〔註70〕萬曆三十三年丙午（1606）他舉孝廉，後越兩大試皆不第，「遂慨然就選，蓋以世為廉宦，家業甚薄，而仰事俯育之累未完，急欲完之，以圖出世也。令新淦，愛民如子，民皆感恩頌德。」後「告病歸鄉，就台山高明寺傍築室閒居。」此當是他師事傳燈之時，所以智旭在〈寄如壁兄〉一書中說：「兄雲棲法系，曾事幽谿。雲棲教律兼修，幽谿教觀並舉。斯並津梁，寧非直指？特人心不了，願不大耳。」〔註71〕是則他既為雲棲祩宏（1535～1615）門下，又為傳燈弟子。傳燈法孫文心受教在〈壁如正鎬法師傳〉中，對他與傳燈之關係有較詳細之記載，大略說：「壬子北上，至嘉禾二塔，遇幽溪和尚，求受菩薩戒，更名正鎬。課《大悲呪》八萬四千。癸丑八月，入幽溪，邀十比丘同修《大悲懺法》七七日，遂學天台教觀，究楞嚴宗旨，礩椎相叩，有《教義楞嚴二十六問答》梓行。結茅寺西圓伊菴，往來棲止十載。一日祈為祝髮，和尚曰：『出家乃大丈夫事，非將相之所能為。然須遠塵離俗，不宜近桑梓。』脫身所着千針衲付之。遂往博山從無異

〔註67〕聞龍，〈與幽溪書〉，《幽溪別志》卷九，頁40ab。「從佛口生，從法化生」一語，早見於《雜阿含經》卷十八所謂：「若正說佛子從佛口生，從法化生，得佛法分者，則我身是也。」聞龍說是《法華經》所云，可能是讀《法華經‧譬喻品第三》「今日乃知真是佛子，從佛口生，從法化生，得佛法分」之句所得之印象。

〔註68〕諸地方志，如《民國續修臺州府志》卷九十一，都誤說他是王士性子。

〔註69〕按：《幽溪別志》增補部分之〈壁如正鎬法師傳〉，說他是「中丞太初公長子」，也就是王士性長子，與智旭所作傳相違，疑受教增補之傳不若智旭所作之傳得其實。見《幽溪別志》卷八，頁258。

〔註70〕以下有關王立轂事蹟，凡無註釋者，多根據上引〈壁如惺古二友合傳〉。

〔註71〕智旭，〈寄壁如兄〉，《靈峰蕅益大師宗論》（《嘉興藏》本）卷五，頁335a。

師剃落。母夫人望之歸，和尚寄示四偈諷之。三年後還，和尚已化。先來天台掃塔畢，謁母夫人，別居郊外，未百日，知入滅時至，即辭去武林之蓮居菴，示疾而化。」〔註72〕

　　按：萬曆壬子，是萬曆四十年（1612），其年王立轂二十三歲。次年即癸丑年，實萬曆四十一年（1613），他二十四歲。往來棲止高明寺西之圓伊菴十載，則是從二十四歲至三十四歲天啟二年（1622）之間。可見他習天台教觀之時間甚長，於傳燈之教法必有深切之領悟。智旭說其母「篤信三寶，每率其媳及女孫晨昏課誦，魚磬琅琅，恍若禪宇。遊僧過其門，必設蔬供，無空過者。」且對因子出家而悲泣之父母必笑之曰：「出家乃第一好事，應須慶幸，何悲泣為？設吾子出家，吾決不作此態也。」因此，王立轂得「安心遠遁，剃染楚中。單身行腳，備嘗諸苦。」並且「既登戒品，掩關閱律，并書華嚴大法。次從楚地遊歷匡廬峰頂諸處，徐到博山，隨眾參禪，人無知者。」此說是因他「適同歸一送惺谷至博山剃髮。」而王立轂「昔為居士之時，住高明靜室，曾與歸師交。今雖現比丘相，歸師猶彷彿其形。一日在眾中執其手曰：『公是台山高明寺回生王伯無否？』師不容自諱，為歷敘所以出家狀。」也就是說，王立轂在高明寺時，與傳燈弟子名歸一者相交，雖現已出家為僧，歸一還識其形貌，知他是王伯無。所說「回生」，應該是他雙目失明後唸「《金剛般若》并《大悲心咒行法》」之故。其後，智旭「出《毘尼集要》示之」，王「亟讀亟賞，歎未曾有。」智旭「遂與盟千古交」，並說「若同行善知識，生平止得一人，壁如鎬兄是也。」〔註73〕所以後來在惺谷道壽（1583～1631）禪師與王立轂先後辭世之後，智旭寄書予陳旻昭居士表示哀痛，並云：「一月奪二碩交，皆法門梁棟也，痛哉！」可見智旭看重他之深。〔註74〕

　　身為傳燈的主要外護之一，王立轂當然也是「護法書」的作者之一，他有〈與邵叔獻進士、何叔堅春元為幽溪護法書〉一文，雖自承「少為儒贅，老作佛奴」，但懇切希望兩位在永嘉的友人，在傳燈赴甌江演化佛法之時，勉為

〔註72〕前引〈壁如正鎬法師傳〉，《幽溪別志》卷八，頁 9ab。
〔註73〕《靈峰蕅益大師宗論》卷六，〈贈純如兄序〉，頁 357c～358b。
〔註74〕《靈峰蕅益大師宗論》卷五，〈寄陳旻昭二書〉，頁 335c。智旭與壁如廣鎬關係之深，頗值得注意。因非關本導論大旨，僅稍及之。按：陳旻昭，江寧人。原從佛，法號道昕。事親孝，交遊廣，善書畫，與蕅益智旭、無異元來及覺浪道盛等為方外友。是崇禎十六年癸未（1643）溧陽進士。清順治五年（1648），同兩江總督于成龍等人，修建棲霞寺，築紫峯閣，延請覺浪道盛禪師（1592～1659）在此說法。

「佛法棟梁，使有門大師性具一宗廣宣流布。」〔註75〕他自己對「性具」一宗之認識，深受傳燈之影響，知天台宗旨，對於人性兼具善惡之說，別有見地，故他卜居於幽溪附近的圓伊室時，得傳燈所贈新著《性善惡論》之後，立即勤讀一過，並為之作序，大力提倡其說，申論「不有性具法門，雙融善惡，何由知十界之同如，悟眾生之即佛」之意涵，〔註76〕可以說是深知傳燈者。

　　王立轂還為傳燈之「幽溪講堂蓮社」撰序，指出世人知有廬山念佛，而不知有傳燈所倡導的「天台念佛」，並說他傚慧遠六時蓮漏之遺，啟建蓮社，是「欲普為眾生種毒鼓緣，令無邊剎土中皆三心圓明，同登上品耳。」〔註77〕這是再次昭示傳燈之慈悲深重，大力宣揚幽溪講堂蓮社直承慧遠廬山結社的事實。他的壽傳燈六秩生辰十五韻末數句有云：「溪幽新鳥合，洞古老猿知。入賞年年異，隨緣處處宜。星周花甲易，刮數拂衣遲。何日金臺迓，眾生度盡時。」〔註78〕這幾句若加以引伸，可知「新鳥」應是指來幽溪參訪的新知、居士，而「老猿」則是指傳燈自己。故其意為：新知與傳燈相聚於幽溪，是因為他們景慕傳燈之道。高明寺址有圓通洞等處石洞，洞壑幽靜，傳燈寫高明寺歷史，深知其古老有年，雖然隨季節之變遷，觀賞其景，覺得年年皆異，但傳燈隨緣而往，任情而止，自覺處處皆宜。他從三十三歲入住幽溪，星移斗轉，轉眼已是花甲之年，雖欲幽居山谷，卻不得不開門納交，或振錫市廛，應邀講經，廣接信眾，在盛名遠馳，僧俗翹望之時，想拂衣深隱，已經嫌遲，這應該是他的劫數。但是傳燈宣揚西方淨土，欲度化眾生，所以當他王立轂見金臺來迎之日，就是傳燈度盡眾生之時。詩中的「入賞年年異」一句，說明王立轂經常往來幽溪之間，其〈與幽溪書〉之一就表示住幽溪近兩個月，除了「叨常住四事供給」之外，還得傳燈「種種妙法熏心，如拔大火宅中引置清涼地。」對他來說真是「此恩此德，何時可忘！」〔註79〕

　　以上三人，何白的學術傾向，在一般的史料裏，除了善詩畫之外，只有「晚歲潛心理學」之說，並無他與佛教相關涉之記錄。聞龍及王立轂則很明顯尚佛。《幽溪別志》提供讀者第一手之史料，讓三人與傳燈之相知與相交，

〔註75〕王立轂，〈與邵叔獻進士、何叔堅春元為幽溪護法書〉，《幽溪別志》卷九，頁22b。
〔註76〕王立轂，〈《性善惡論》序〉，《幽溪別志》卷十四，頁17b。
〔註77〕王立轂，〈幽溪講堂蓮社序〉，《幽溪別志》卷五，頁27b～28a。
〔註78〕王立轂，〈壽（傳燈）六秩十五韻〉，《幽溪別志》卷十五，頁23a。
〔註79〕王立轂，〈與幽溪書〉，《幽溪別志》卷九，頁36a。

多方表露。他們都是詩文名家，與傳燈相交，自不能無詩文之酬唱和書尺之往返，見證了傳燈周圍「書尺文化」（epistolary culture）之形成與作用。

（二）馮夢禎、屠隆、虞淳熙

其他七位外護，應以馮夢禎（1548～1605）、屠隆（1453～1605）與虞淳熙（1553～1621）最早與傳燈為方外交，所以他們與傳燈維持了相當長久之關係，於「護法」方面的力道也最強。以下就《幽溪別志》對三人護法之實情詳加闡述：

1. 馮夢禎

馮夢禎字開之，號具區，又號真實居士，浙江秀水（今嘉興）人。萬曆五年（1577）進士，官編修，與沈懋學（君典，1539～1582）、屠隆以氣節相尚。後因得罪宰相張居正（1525～1582），被外謫廣德州判，又累遷南國子監祭酒，三年後被劾罷官，遂不復出。移家杭州，築室于孤山之麓。因家藏王羲之《快雪時晴帖》，遂以此名其堂為「快雪」。馮夢禎為人高曠，好讀書，好獎掖後學。詩文疏朗通脫，不事刻鏤。著有《快雪堂集》六十四卷、《快雪堂漫錄》一卷、《歷代貢舉志》等。他在與傳燈交往之前，已與妙峰真覺大師相過從，視之為師，因為這層關係而與傳燈相善，有師兄弟之誼。〔註80〕他曾說：「余之信台宗也，妙峯師實啟之。時盛夏掩關拙園，從淨侶課西資之業，師扁舟見訪，深談一心三觀之旨，灑然契合，不自知其膝之前矣。……師之高足弟子曰傳燈、傳如，俱與余善……」〔註81〕他致力於天台教之普及化，始終認為其所處的朝代，懂天台教者已不多，與宋代士大夫普遍知天台教之盛況相去以道理計，因而說：「宋時天台之教盛行，無論僧徒，即號為士大夫者，類能言之。」〔註82〕他舉宋學者陳瓘（1057～1124）為例，說他所作的〈三千有門頌〉，言約而義辨，是宋人熟知天台教觀之代表。他又說該頌文「今相去僅四、五百年，而海內緇流無能舉天台一字一言者，況士夫乎？」〔註83〕他希望能將百松真覺之《有門頌略解》推廣於世，以「聳動今之士大夫」，改變明代士人不詳天台教觀之「窘狀」。

〔註80〕馮夢禎在其〈與王都諫書〉說「妙峯法師宏法天台，一振智者宗風，禎之師也。」

〔註81〕馮夢禎，〈百松祖師塔銘〉，《幽溪別志》卷十二，頁 7a。

〔註82〕馮夢禎，〈《有門頌略解》序〉，《幽溪別志》卷六，頁 30a。

〔註83〕馮夢禎，〈《有門頌略解》序〉，《幽溪別志》卷六，頁 30a。

在傳燈的認知中，馮夢禎是第一位支持他興建高明寺之金湯。在《幽溪別志》的〈金湯考〉卷，傳燈表示：「本寺金湯，實始於橋李馮司成開之捐金贖田為大檀越主，次則臨海王中丞恒叔，又次則四明屠儀部長卿，又次則黃巖林侍御澄淵。此四人者，皆是同年莫逆之友。高明護法互相表裏，又其次則吳興韓會狀求仲、本縣張司空太素……」〔註84〕此語中的「四位同年莫逆之友」，依次為馮夢禎、王士性、屠隆和林國材。另外兩位「又其次」的金湯，是韓敬與張文郁（1578～1655）。〔註85〕而馮夢禎所以排首位是因為他最先「捐金贖田為大檀越主」，為興建高明寺之奠基者。

馮夢禎未留下與傳燈交往之書函，但他與傳燈見面頗頻繁。他的〈幽溪護伽藍記〉一文，就是應傳燈之求而作。萬曆十四年（1586）夏，傳燈將入住幽溪之前，曾訪馮夢禎，告以入幽溪事，馮夢禎除捐金助喜外，並與傳燈談及「幽溪之護伽藍神，威靈赫奕若為之兆者」，而為之作記。〔註86〕因為他與傳燈情同師兄弟，傳燈若遇困難，必問詢於他。譬如，高明寺之廢址并田八十畝、地三十畝、山百畝，雖經馮夢禎之助得以贖回，施為塔院焚修之供，且由傳燈主之。但後來開礦事起，當事者查廢寺田產膳費，欲割高明田產三分之二，造成高明寺僧惴惴不能安，並擔心智者之塔終當掬為茂草。傳燈身為住持，無以申訴，遂赴馮夢禎處告急。馮夢禎遠在秀水，自忖無能為力，遂作〈與王方伯書〉和〈與王都諫書〉，請臨海王士琦（1551～1618）及王士昌（1561～1626）兄弟幫忙。〔註87〕王士琦是萬曆十一年癸未（1583）科進士，他於萬曆三十六年（1609），任湖廣右參政。後升任山東右布政、山西左布政，官居從二品。萬曆四十四年（1616），他擔任右副都御史、巡撫大同。王士昌是萬曆十四年丙戌（1586）科進士，於萬曆四十六年（1618）正月，升正四品都察院右僉都御史，〔註88〕故稱都諫。他未第時，嘗隨其父王宗沐（1524～1592）避暑於萬年

〔註84〕傳燈，〈金湯考・事實〉，《幽溪別志》卷九，頁1b。亦見〈檀度考・事實〉，卷十，頁1b。

〔註85〕按：司空張太素是張文郁（1578～1655），天臺茅園（今莪園）村人，官至工部尚書。他曾為傳燈寫〈為魚潭楞嚴講席與永嘉戴邑侯書〉及〈為魚潭楞嚴講席與邵金門進士書〉。見《幽溪別志》卷九，頁46ab。

〔註86〕馮夢禎，〈幽溪護伽藍記〉，《幽溪別志》卷二，頁3a。

〔註87〕馮夢禎，〈與王都諫書〉和〈與王方伯書〉，《幽溪別志》卷九，頁21ab。王都諫即是王士昌，王方伯即是王士琦，見下文。

〔註88〕見談遷，《國榷》（上海：上海古籍出版社，《續修四庫全書》本，2002）卷六十五，頁碼不詳。

寺，當時即與傳燈訂泉石交。自萬曆壬午（1582）至癸亥（1623）傳燈七十歲生日時，與傳燈已有四十一年之交誼，自認為「台南知師者莫余若。」〔註89〕礦稅之事大約在萬曆四十二、三年（1614～1615）開始波及高明寺，而王氏兄弟地位日高，又為傳燈舊識，對於前輩馮夢禎來書為傳燈求助之事，自覺義不容辭。兄弟兩人於是聯名作〈與天台張邑侯書〉，請天台縣令張弘代處理高明寺礦稅之事，書中略云：「天台諸寺產充礦稅者，或屬寒家，檀越知必蒙老父母曲庇。惟高明寺無盡大師，以太史具區馮公因緣，卓錫誅茅于此數年矣，有田不及一頃，僅足供旅缽，聞亦在充額中。馮公藉年家誼千里走柬，屬愚兄弟為介郵尺一于典籤者，萬惟垂念查豁，是法門厚幸，即地主榮施也。」〔註90〕

礦稅之徵，影響到高明寺塔院之存廢問題，馮夢禎有鑒於此，也寫了〈與王伯無春元書〉，請王立轂協助，書中云：「天台護法實賴尊公，今塔院有難，無盡大師遣僧告援。僕遠人，何能為？今以書達二王先生，乞為扶護，惟足下不泯先公之意，一為指引。」〔註91〕書中之「尊公」是王立轂之父王士琦（1551～1618），「二王」就是王士琦、王士昌兄弟。顯然，馮夢禎於致書「二王」之後，又請王立轂催促其父及其叔協助，可謂用心良苦。

上文述及「二王」之王士昌，因年輕時隨其父避暑於萬年寺，早與傳燈為方外交，自認為「台南知師者莫余若」。且說因傳燈之法孫文心受教「又與吾侄立程、立轂有法門契，則習知師履歷者亦莫余若。」〔註92〕所以傳燈七十歲時，他為傳燈寫了篇壽序，以其生平所作十種「不朽之業」為壽，對傳燈讚不絕口。文末還說他「居名山四十餘年，以耄耋之僧臘，精神鑱鑠。年來為節應對之煩，不剪鬚髮，居然鶴髮童顏，步履若飛仙，像貌若處子，視吾輩碌碌，會棋全局未了，真若仙凡之隔。」〔註93〕

王士昌與傳燈關係如此密切，但《幽溪別志》中並未見他與傳燈有書尺往來，令人納悶。但他有位從兄弟王士性（1547～1598）是傳燈的四位莫逆交之一，有尺牘三通錄於《幽溪別志》中。其第一書是直接敬告傳燈其護法之意，先表達他在天台山中養病，原「擬造蘭若，一聽玄談」，但因淫雨如注十

〔註89〕王士昌，〈壽僧燈七秩序〉，《幽溪別志》卷十五，頁 11a。

〔註90〕王士琦、王士昌，〈與天台張邑侯書〉，《幽溪別志》卷九，頁 22a。

〔註91〕馮夢禎，〈與王伯無春元書〉，《幽溪別志》卷九，頁 21b。

〔註92〕王士昌，〈壽僧燈七秩序〉，《幽溪別志》卷十五，頁 11a。

〔註93〕王士昌，〈壽僧燈七秩序〉，《幽溪別志》卷十五，頁 11a。

日，未能造訪，錯過傳燈之登壇說法。又說他辱接傳燈手翰，深感如「跫然空谷」，而獲其所賜《宗鏡錄》，更倍感其慈意。及讀其《楞嚴玄義》，則對傳燈之「傳佛心印，以救迷情」之努力，深感「韞藉不可思議」，並覺其所積之功德，「亦不可思議」。〔註94〕其第二書，仍強調傳燈在紫雲、聖水之間「登壇說法，開悟迷途眾生」之舉，實是「功德無算」，他要為當地的黎民百姓感到慶幸。〔註95〕他自己因為忙於百事，連半粒粗米之供都無能為力，反而拜領傳燈所賜之禮物，感到愧不敢當。希望傳燈於其講壇下，能得一、二解縛之人，推介給他。〔註96〕其第三通信，顯示他到天台山中訪傳燈，不獲一晤，後又聞傳燈正在閉關，而他又西行履新，未卜相見何日。同時又謝傳燈所賜禮物，並問其師百松笁泠之立，定於何時；他為此還書小銜篆額贈之。兩人關係之深，昭然可見。〔註97〕

2. 屠隆

《幽溪別志》中著述關涉傳燈最多之外護是屠隆（1543～1605）。屠隆字長卿，一字緯真，號赤水，別號由拳山人，浙江鄞縣人，萬曆五年（1577年）進士，與上文的王士性及下文的馮夢禎、楊德政為同年。〔註98〕先任穎上、青浦知縣，離開青浦時，招名士飲酒賦詩，游九峰三泖，以仙令自許。當地士民數百人尾隨送別至太倉。為人所詰，改任禮部主事、郎中等官職，後罷官回鄉，道經青浦，父老為斂田千畝請徙居，屠隆不許，歡飲三日謝去，歸益縱情詩酒。他生有異才，好賓客，賣文為生。又好游歷，有博學之名，尤其精通

〔註94〕王士性，〈致天台幽溪護法書〉，《幽溪別志》卷九，頁2a。

〔註95〕按：王士性書中所說的「山海諸橫」，應指天台鄰近的山陬海澨之地的黎民眾生。「諸橫」一詞，見於《楞嚴經》所云：「大小諸橫，同時解脫」之語。依宋僧懷遠之《楞嚴經義疏釋要》卷六（頁153a）引《灌頂經》云：「大橫有九，小橫無數。」又宋僧可度《楞嚴經箋》云：「大橫乃至死亡，小橫落於公途。」則「諸橫」含大、小橫，應是眾生所遇之大小苦難、災禍之意。可泛指黎民百姓。

〔註96〕王士性，〈又致謝幽溪書〉，《幽溪別志》卷九，頁2ab。

〔註97〕王士性，〈又謝幽溪書〉，《幽溪別志》卷九，頁2b。

〔註98〕王士性於萬曆五年（1577）登丁丑科進士第三甲第一百六十九名，馮夢禎登同年進士二甲第三名，楊德政二甲第七名，屠隆三甲第一百一十名。見〔明〕張朝瑞《皇明貢舉考》（臺北：中研院傅斯年圖書館藏，明萬曆元年刊本，1574）卷八，頁58b、59a、63a、64b。屠隆曾於〈致黃少府為幽溪道場護法書〉中說：「敝同年王太初數貽書招不佞為台蕩之遊，摹結名山，樂觀德化，神飛可知。」見《幽溪別志》卷九，頁4b～5a。

曲藝。《明史》載其「好賓客，賣文為活。詩文率不經意，一揮數紙。」又「嘗戲命兩人對案拈二題，各賦百韵，咄嗟之間二章并就。又與人對弈，口誦詩文，命人書之，書不逮誦也。」〔註99〕題詩無數，也見於《南屏淨慈寺志》及其他山志。他還善於鑑賞古畫，有〈論畫〉、〈論學畫〉等文。

屠隆不但寫戲編戲，還演戲，曾養戲班於其府上，還斥資延聘名角演出。其戲曲之作主張「針線連絡，血脉貫通」、「不用隱僻學問，艱深字眼」。他甚至編導過整齣戲不配唱曲，賓白演出，類似話劇的雛形，頗受歡迎。他著作甚多，有《冥寥子》二卷、《鴻苞》四十八卷、《曇花記》、《修文記》、《彩毫記》、《鴻苞集》、《白榆集》二十卷、《由拳集》二十三卷、《栖真館集》三十卷、《娑羅館清言》、《考槃餘事》、《茶說》、《讀易便解》四卷、《義士傳》二卷，編《漢魏叢書》六十卷等。又著有《佛法金湯編》，發明「聖教淵微之理，品題當世師友之英」，故佛教史書說他是「金城湯池，為外護嚴矣。」〔註100〕

屠隆在萬曆三十三年乙巳（1605），曾為傳燈的《天台山方外志》寫序，序中說：

> 邇者法師無盡燈公以上智夙德為百松妙峯師高足，遠紹台宗，卓錫佛隴，愛此山秀拔神奇，遂抽靈心、發藻思，作《天台山志》，志佛蹟仙蹤。名區勝壤，亦既囊括臚列，纖悉靡遺；且氣格森嚴，辭華宛暢。掩文人之筆，奪秋林之采，而又發明宗教，究極旨歸。上繼佛隴之風，下振百松之緒。作人天之耳目，為道俗之津梁。旁及仙宗，研討同異；歸趨寶所，羽翼台傳。不知者以為名山之志，知者謂是教觀之文。自古山經地志多出文士之手，彼其止習辭華，罔究大道，文藻雖盛，玄風蔑如。乃至淨衲高緇，非不精通佛理；或長於講演、短於筆札。惟師禪觀既深，文心復邑，粲然鴻麗，成一家言，文章家取而藏之名山，佛門中且取而度之函部也。〔註101〕

屠隆對傳燈之形容與讚語，應是出自肺腑，也反映同輩友人對傳燈之看法。下文虞淳熙之讚語可以為證。此外，屠隆之序寫於《幽溪別志》付梓前約二十年，證明在此之前他與傳燈相識相交時日已久。所以他在序文之末有云：

〔註99〕　《明史》（北京：中華書局點校本，1974）卷二八八，頁7388～7389。

〔註100〕《釋氏稽古略續集》卷三，頁952b。

〔註101〕屠隆，〈天台山方外志序〉，《天台山方外志》卷一，頁35～36。《幽溪別志》卷十四，頁29b～30a。

「志成，問序於余。余夙稟教盡老，得聞五時八教之旨，夢寐名山，託之神遊之日久，烏得無言？要以附志青雲而不朽，匪特山神首肯，亦或如來之所印可也。」〔註102〕

《幽溪別志》錄有多篇屠隆為傳燈所寫之募緣疏及護法書，其中〈建高明寺天台祖庭募緣疏〉竭力宣揚傳燈紹述天台宗統之努力與壯圖，是篇重要文獻，疏文曰：

> 天台高明寺無盡法師，深明教觀，圓悟一心，函經廣說，善逗羣機，講席累登，妙發宗旨，真可謂金口木舌，振瞶啟聾，眼目人天，指南沙界者也。台教諸祖自摩訶迦葉以至四明法智，或結集經典，或講明教觀，並台宗之正印，咸佛祖之元功。盡師近欲於本寺建造祖師堂，裝塑諸祖聖像，虔六時之香火，垂萬劫之師模，俾教觀流通而不窮，大法永久而無斁，甚盛心也。匪假檀波，曷緜奏績？伏惟諸仁者各隨願力，樂助善緣；上機者仗祖德冥加，結現生之道果；下中者積福田，今日亦植來世之佛因。〔註103〕

此疏寫於萬曆戊戌（1598）孟冬，也是傳燈始建高明寺後的第十三年，其間，屠隆對高明寺之興建，時時縈記於心，常積極主動支持其擴展。相信其勸募之力，必有相當大之收穫。四年之後，天台祖庭建完，屠隆又撰〈建天台祖庭記〉一篇，記祖庭諸祖之祀位如下：

> 無盡師近於佛隴建天台祖庭，中供釋迦教主，東侍文殊，西侍彌勒，蓋以台教宗於《法華》，即采經首如來入定、彌勒騰疑質於文殊之意，與他寺位置不同。座下東侍梵王，西侍金剛力士，蓋取庶母二弟發願，一願為梵王啟請，一願為力士護法，助嫡母千兄賢劫成佛轉法輪之意。兩旁設二十九祖，始於迦葉，終於法智，而末設百松先師像陪位焉，則將來者燈師之位又何可不增？蓋有待耳。……無盡師即高明故基刱祖庭新宇，上弘祖法，下爍羣蒙。登蓮華之寶座，則嶽瀆趨蹕，龍天圍遶，若抉翳而震聾；宣貝葉之妙音，則香雲馥郁，花雨繽紛，咸潤枯而蘇槁。以應時之宿德，住振古之名藍，道德既極其崇高，山川復當其秀朗。若無盡師者，安知非天台應化、

〔註102〕屠隆，〈天台山方外志序〉，《天台山方外志》卷一，頁38。《幽溪別志》卷十四，頁30b。
〔註103〕屠隆，〈建高明寺天台祖庭募緣疏〉，《幽溪別志》卷四，頁4b～5a。

四明再來也？茲地也，始為檀越者，宰官秀水馮太史夢禎、臨海王

中丞士性……〔註104〕

此段記文顯示屠隆不僅認定百松真覺為繼法智知禮後之天台第三十祖，而且預期傳燈將成為天台之第三十一祖。他認為傳燈繼百松之後，不僅中興天台教觀，而且崇重天台祖庭，可以說是天台智者之應化，四明知禮之再生。記文中他還不忘推譽高明寺最初之檀越馮夢禎及王士性，為高明寺始建時之檀施做一最具體之見證。

　　屠隆之護法書，有不少是為請宰官為傳燈之金湯而作，譬如〈致平湖陸太宰為幽溪護法薦書〉，是寫給濬縣（在今河南）縣令陸光祖（1527～1597）者。陸光祖字與繩，浙江平湖縣人，嘉靖二十六年（1547）進士，出任濬縣縣令，官至工部尚書、吏部尚書。他為官正直，力持清議。「推轂豪俊，不遺疏賤，人望翕然歸之。亦因是為忌者所中，屢退閒家居。究心佛乘，發宏護之願，不以毀譽易心。嘗為文募刻《五燈會元》。」〔註105〕於禪宗直指之道，頗有會心，與馮夢禎皆為佛法中人，以五台居士名於世，深為僧俗所敬。屠隆在〈致平湖陸太宰為幽溪護法薦書〉請他為傳燈之佛法金湯，對傳燈頗盡推獎之能事：

天台無盡法師者，嗣智者大師法衣，傳天台四儀教觀，無理不詮，無義不了。叩之如弘鐘，探之如巨海，蓋夙慧既明，藏教復熟，真燭昏之寶炬，抉瞖之金鎞也。東浙遠邇屢登講席，靈蠢咸獲利益，龍象無不皈依，獨於吳中似未有緣法。隆念明公人倫師模、道門宗匠，豈可不知當世有此明德沙門哉？今幸其以緣事出遊，特秉虔心，推轂門下，惟立進而與之語，倘道法果精，鄙言不妄，可作興都講，開示有情，廣利人天，同除垢陰，明公之功德不淺矣！師居天台佛隴，即智師傳法道場，名山儼然，靈蹟猶在，向無大殿崇奉聖師，今欲募化人緣，創此勝事。明公為法，幸作檀波，勸化一言，其誰不信？〔註106〕

屠隆之作此書，應在萬曆二十四年（1596）傳燈建高明寺大殿之前，所以他

〔註104〕屠隆，〈建天台祖庭記〉，《幽溪別志》卷五，頁17b～19b。按：此文亦見於《天台山方外志》卷二十二，頁816。「蘇槁」原作「蘇稿」，當為誤刻。
〔註105〕彭際清，〈陸與繩〉，《居士傳》卷四十，頁254a。
〔註106〕屠隆，〈致平湖陸太宰為幽溪護法薦書〉，《幽溪別志》卷九，頁3a～b。

說傳燈「居天台佛隴，即智師傳法道場，名山儼然，靈蹟猶在，向無大殿崇奉聖師，今欲募化人緣，創此勝事。」此時陸光祖已卸任太宰，也就是從吏部尚書之職閒退家居。〔註107〕既然他於佛法頗有深究，屠隆認為他不應不知當世有明德沙門如傳燈者。此外，明代吏部尚書官居正二品，地位甚高，影響力甚大，若能為傳燈之佛法金湯，對傳燈之建成高明寺大殿，自有裨益。

《幽溪別志》並未錄有陸光祖答覆屠隆之請，陸光祖是否有覆函也不得而知。但觀屠隆《栖真館集》中致陸光祖之數通書尺，有陸光祖捐月俸給屠隆之九十歲老母，可知屠隆對他心目中的忘年交及「佛門白眉，人天眼目」〔註108〕有多大的期待，相信陸光祖當欣然答應其請。至少，他在另一場合，曾致傳燈〈請講《楞嚴經》書〉，其書甚短，但表現出他於傳燈已有所認識，未嘗不是屠隆為之延譽的結果。

> 往年僕與蛟門沈公、赤水屠公等共募建舍利殿，今將落成，住持無漏上人擬講《楞嚴》妙經以報答諸檀越。伏聞師道行純備，內典精通，敢請飛錫育王，登壇講演，緇俗不勝仰望之至！〔註109〕

此書之署名為菩薩戒居士，與屠隆及馮夢禎等人作護法書時一樣。書中之赤水屠公自然是屠隆，蛟門沈公則是沈一貫（1531～1615），鄞縣人，是上述出席傳燈於四明講《首楞嚴經》之詩人沈明臣（1518～1596）從子。沈一貫於萬曆朝張居正去位後獨居相位約五年（1601～1606），在萬曆朝之政壇，扮演相當重要之角色。書中說沈一貫與屠隆等「共募建舍利殿」一事，發生於萬曆三十七年（1609）沈一貫去相位三年之後。〔註110〕是年，沈一貫撰〈重脩四明阿育王山舍利塔殿募緣疏〉，疏中說：

> 歲萬曆丁丑（1577），平湖陸太宰目覩吉祥，為檀越倡；王司寇躬逢殊勝，作功德主。吾鄞屠儀部及不佞，啟六度慈門，樹三寶赤幟；總為能仁之砥柱，佛法之金湯。敢請無漏律師鼎建塔殿伽藍。丹碧榱題，輝映乎玉几；虹霓薨棟，洸漾於金沙。彷彿鷲峰，依稀鹿苑。

〔註107〕陸光祖約於萬曆二十年壬辰（1592）後不久辭官歸里，二十五年丁酉（1597）得疾，危坐而瞑。屠隆之書，應在陸光祖去世前不久寫成，其時他已辭官約四年。參看〔明〕徐象梅《兩浙名賢錄》（上海：上海古籍出版社，《續修四庫全書》本，2002）卷二十，〈吏部尚書陸與繩光祖〉，頁30ab。

〔註108〕屠隆，〈與陸與繩司寇〉，《栖真館集》卷十九，頁14b～15b。按：陸光祖長屠隆十六歲，兩人可說是忘年交。

〔註109〕陸光祖，〈請講《楞嚴經》書〉，《幽溪別志》卷九，頁3b～4a。

〔註110〕《明史》卷二一八，〈沈一貫傳〉，頁5759。

上以祝釐聖壽，下則奠安海邦。狩歟盛矣！〔註111〕

所以，上文陸光祖書中所講的舍利殿，其實是四明阿育王寺的舍利塔殿。沈疏中說重修此殿的檀越主是陸光祖，正可證明陸光祖對寺院興造之熱心。疏中功德主王司寇應該是上文的王士琦、士昌兄弟的父親王宗沐，因為他以刑部侍郎之職致仕，其職也就是俗稱之小司寇。又「屠儀部及不佞」就是屠隆及沈一貫自己。無漏上人或無漏律師是妙峰真覺之弟子傳瓶（1555～1614），為傳燈之師兄弟。全疏所述之事，可與陸光祖請傳燈講《楞嚴經》書相印證。沈疏先說明先前舍利塔殿之建，然後解釋其重修之由如下：

> 夫何頻年以來，不無摧朽。積累冰霜，瓦石為之圮坼；飄搖風雨，
> 橑桷因而傾頹。頂蓮華寶蓋以淋漓，翻貝葉經文而滴瀝。本住沙門，
> 安得據蒲團而修淨業？十方雲衲，無從憩瓢笠而面慈尊。於是住持
> 僧秘藏理公矢心重葺，乏布地之金，徵疏於予，乞寰區之施。夫巍
> 峩寶殿，剏固甚難；而老大工程，脩亦不易。自非廣作津梁，焉能
> 亟新輪奐？所願宰官長者、居士善信，共興隨喜，大作檀波。則一
> 念功德，植善根於福田；即三生勝緣，超道筏於彼岸者矣！〔註112〕

可見舍利殿因年久朽壞，屋瓦崩圮，住持秘藏理公矢心重葺，所以找沈一貫為募緣疏。秘藏理公是秘藏正理（生卒年不詳），雖為傳瓶之法嗣，也是傳燈之高徒。傳燈在《四明阿育王山志總序》曾說：「當是時，余徒秘藏正理為住持，通名理、諳教相，勗眾精修，莊嚴淨土。」〔註113〕大致言秘藏重修阿育王塔殿之事。此次重修為四明一件大事，萬曆十五年丁亥（1587）春，陸光祖曾撰〈育王寺重建塔殿募緣序〉記其事，傳燈也於萬曆四十二年甲寅（1614）撰〈重建塔殿緣起〉一文再詳言之。陸光祖之序，說他少時覽閱圖記，見明州阿育王寺有釋迦佛真身舍利寶塔從地湧出，甚慕異之。萬曆四年丙子（1576），他居父喪畢，上鄮山禮寶塔，冀為其先父資冥福，後觀寺僧塔檜所藏之佛舍利，形容所見如下：「余初見如珠，其大如芡實，已如彈丸，已加大如瓜，如車輪。五色變幻，光彩射日，不可迫而視矣。」〔註114〕因目睹此佛舍利，陸

〔註111〕沈一貫，〈重修四明阿育王山舍利塔殿募緣疏〉，《明州阿育王山志》卷四，頁280。

〔註112〕沈一貫，〈重修四明阿育王山舍利塔殿募緣疏〉，《明州阿育王山志》卷四，頁280。

〔註113〕傳燈，〈《四明阿育王山志》總序〉，《幽溪文集》卷四，頁225。

〔註114〕陸光祖，〈育王寺重建塔殿募緣序〉，《明州阿育王山志》卷四，頁249。

光祖歡喜踊躍，自念凡夫淺薄，無以感受大聖人瑞應若是，而認為是其先父「德善神超之應」，於是復周覽遺蹟，憮然興嘆。〔註115〕因此於其募緣序之後段，解釋募緣之由如下：

> 夫舍利為天人師累劫薰修所成，飛空湧地，神化不測。人既易褻之矣，安知其不焂然轉而之他世界耶？於是謀之有守巡、巡海太守諸公暨四明賢士大夫，重建塔殿，殿下立石浮圖而藏塔于中。〔註116〕

陸光祖熱心於阿育王寺舍利塔殿之重建，當時有許多人證，傳燈之外護蚤休居士太史楊德政（萬曆五年丁丑［1577］進士）即是其中之一。他在萬曆十九年辛卯（1591）所撰的〈阿育王寺重修大殿募緣敘〉就曾說：「丙子之歲，今司寇平湖陸公來游茲山，瞻禮舍利，目覩五色變幻，因為檀施，稍葺舊址，建樓樹塔。三數年來，舍利殿已煥然一新，而大殿則猶未之及也。」〔註117〕十五年後，傳燈的〈重建塔殿緣起〉對舍利塔殿之重建，也歸功陸光祖之發心。其文中除略述陸光祖瞻禮育王寺舍利之情景外，並說他「謀之司府四明士夫，命本山僧法悟重建塔殿。下立石浮屠高二丈許，規製倣寶塔，而藏寶塔於其中。工未半而法悟歿。公復謀諸沈相公、屠儀部，訪延台教沙門傳瓶繼董其事。……瓶公歿，弟子正理奉箚住持，加護守成，亦稟師範。」〔註118〕凡此細節，與上引沈一貫之疏文若合符契，都可支持陸光祖必慨允屠隆之所請，為傳燈之佛法金湯。而他應允發函請傳燈入育王講《首楞嚴經》，也就順理成章了。

屠隆的另一護法書為〈致黃少府為幽溪道場護法書〉。他在書中表示從傳燈游而知他「精通三藏，力修教觀，嗣智師之法衣，弘台宗之絕響」，〔註119〕而自己從事佛門，多賴傳燈提誨。現逢傳燈赴黃巖方山之淨名寺講佛法，屠隆擔心該地「時有魔事，闡提無賴或有澗撓，非得宰官弘護講席不安」，〔註120〕

〔註115〕陸光祖，〈育王寺重建塔殿募緣序〉，《明州阿育王山志》卷四，頁249。

〔註116〕陸光祖，〈育王寺重建塔殿募緣序〉，《明州阿育王山志》卷四，頁249。

〔註117〕楊德政，〈阿育王寺重修大殿募緣敘〉，《明州阿育王山志》卷四，頁264。

〔註118〕傳燈，〈重建塔殿緣起〉，《明州阿育王山志》卷二，頁101，《幽溪文集》卷四，頁242～245。

〔註119〕屠隆，〈致黃少府為幽溪道場護法書〉，《幽溪別志》卷九，頁4b～5a。

〔註120〕屠隆，〈致黃少府為幽溪道場護法書〉，《幽溪別志》卷九，頁4b～5a。「魔事」云云，較廣義地說，凡涉及地方惡勢力、邪教或外道之干擾皆是。較狹義地說，就是《瑜珈論》所云：「魔事者，若於利養、恭敬、稱譽、心樂趣入；或放逸、慳悋、廣大希欲、不知喜足。忿恨、惱覆、矯詐等，皆是魔事。」《釋氏要覽》卷二，頁238b。

所以請黃少府將他的意思轉告署理黃巖地方事的官員，以使傳燈入黃巖說法之善緣可以順利完成。黃少府之身分不確定，明代是縣尉之別稱，可以代黃巖縣令節制其僚屬，制止任何阻礙或干擾傳燈傳法的惡事發生。屠隆致書黃少府而非縣令，或有其特殊原因，難知其詳。類似的護法書，他也發給姓周的台州通判，及姓劉的黃巖縣的劉司理。〔註121〕

　　屠隆是鄞縣人，自然也會為四明佛寺邀請傳燈講經。他的〈為四明海會寺請講《楞嚴經》護法書〉，即是一例。與聞龍一樣，他也希望藉傳燈的演法之力使「有情無情、人非人等均沾法旨，並證真如。」〔註122〕他自己也因為「得入蓮華座，領會上妙義」，感到「三生至幸」。但因往探視女兒分娩，自覺因曾在其臥房而「體受穢惡，恐為韋馱所訶，不敢潤入法壇」，深感遺憾。〔註123〕

　　除了撰寫不同的「護法書」之外，屠隆也為傳燈的重要著作寫序文。《天台山方外志》固不在話下，其他發揮天台義理的論著如《楞嚴玄義》，他也毫不吝惜筆墨，為之作序。序中解釋《首楞嚴經》之所由作，並視其有「指明暗色空，拈陰入處界，會通如來識性，明示常住真心，無非為眾生脫粘解縛、破妄歸真」之功能。又說「諸家註疏，各有發明，然皆逐句成箋、臨文生解，至於綱領旨趣，尚未盡融。天台無盡法師乃為提大綱而摽其義趣，縣名相而剖入玄微。……列時味而融通於天台，立判攝而會歸於方等。是為五重玄義，辭繁而理約，事博而旨精，既盡發智師之台宗，又不背覺皇之心印。」〔註124〕這段話中所說的《首楞嚴經》諸家註疏，當然是傳燈以前或同時的作品，從北宋長水子璿（965～1038）的《首楞嚴義疏注經》及其弟子長水懷遠（生卒年不詳）的《楞嚴經義疏釋要鈔》，南宋桐洲懷坦（生卒年不詳）的《楞嚴集註》，至元代天如惟則（生卒年不詳）的《楞嚴經會解》，明朝交光真鑑（生卒年不詳）的《楞嚴經正脈疏》等不下十家。注者宗派立場不同，義解亦殊。屠隆是天台信徒，傳燈私淑弟子，自然認定傳燈之《玄義》為其冠，以其能「既盡發智師之台宗，又不背覺皇之心印。」

　　總之，屠隆從為高明寺建天台祖庭撰募緣疏起，就作護法書邀傳燈入四

〔註121〕屠隆，〈致劉司理為幽溪道場護法書〉、〈致周判府為幽溪道場護法書〉，《幽溪別志》卷九，頁5a～6a。

〔註122〕屠隆，〈為四明海會寺請講《楞嚴經》護法書〉，《幽溪別志》卷九，頁2b。

〔註123〕屠隆，〈為四明海會寺請講《楞嚴經》護法書，又致偈書〉，《幽溪別志》卷九，頁2b～3a。

〔註124〕屠隆，〈《楞嚴玄義》序〉，《幽溪別志》卷十四，頁5b～6a。

明講《首楞嚴經》並致函地方官為之護法，以至於為傳燈之著作寫序，宣揚
其闡揚天台教觀及贊美其辭章，可謂盡心盡力，是傳燈最有力的外護之一，
實不容忽視。

3. 虞淳熙

虞淳熙以其官銜虞司勳聞名於晚明佛教圈。他字長孺，錢塘人。據說生
而長臥不瞑。三歲時，唱佛號不絕口，至蓮華寶樹，現於室中，以告祖母。祖
母以為西方瑞相，因教其習定之法，遂時時垂目端坐。此類記載，多少有點
誇張之處。他與其弟淳貞（字僧孺），少而相得，居母喪，共習天台止觀。及
長，為里中師，教群兒習鼻觀。後中鄉舉，授徒毗山，與同社友誦《梁皇懺》，
據說至次日，雲光入櫺，甘露沾壁，天雨金粟、玄黍、沈水香。而時值冬季，
萬花盡吐，淳熙感其靈異，習定益堅，遂能前知。雲棲袾宏（1535～1615）聞
而呵之曰「虞生墮魔網矣。」〔註125〕萬曆十一年（1583），他與臨海王士昌同
舉進士第，然以父喪歸，廬墓三年，受戒於雲棲袾宏。居山日，以羹飯施諸獐
兔，虎來輒叱去。服除，起職方司主事。未幾，復告歸，上天目山，坐高峰原
妙（1238～1295）死關前，晝夜策厲。〔註126〕至三七日而倦甚，欲就枕時，
忽見高峰禪師斬其左臂，豁然有省，馳證雲棲。袾宏告知曰：「凡寐而覺者，
不巾櫛，而復依衾枕，必復寐矣。迷而悟者，不莊嚴，而復親穢濁，必復迷
矣。火蓮易萎，新筍易折，子自為計。毋以一隙之光，自阻進修之路。」因勸
令回向淨土，以續前因。淳熙遂終身行之。或有不信念佛者，則告之曰：「自
覺覺他，覺滿曰佛。念佛者，念覺也，念念不常覺，而念念常迷，可乎？民止
邦畿，鳥止丘隅，不止至善之地，而止不善之地，可乎？」或問如何念佛。則
曰：「提醒正念，相續不斷而已。百千方便，只一知字。念念無量光，何不可
入佛知見。學人修道，專求出離生死。念念無量壽，有何生死可出離？」其後
還官，遷主客司員外郎，改司勳。復乞歸，與淳貞日游湖上。時袾宏方坐南屏
淨慈演《圓覺經》，募錢贖萬工池，立放生社；緇白數萬，伽陀之音，震動川
谷。一時清節之士，多與其會，實淳熙倡率之。又復三潭放生池，築堤架閣，

〔註125〕〔清〕彭希涑《淨土聖賢錄》卷七，頁290a。〔清〕彭際清，《居士傳》卷四
　　　　十二，頁258b。

〔註126〕按：「死關」是高峰原妙避入西天目之師子巖在石洞所營丈許小室之名。見
　　　　眉山家之巽撰〈高峰原妙塔銘〉及直翁洪喬祖所撰〈行狀〉。見《高峰原妙
　　　　禪師語錄》卷二，頁698c～701b。

縱諸魚鳥。〔註127〕後入南屏山不出，然其間為傳燈護法，不遺餘力。又曾勸西洋傳教士利瑪竇多讀佛書，曾隱居於回峰。著有《虞德園集》三十三卷、《孝經集靈》一卷和《勝蓮社約》等書。

　　虞淳熙曾協助傳燈蒐集道教史事，助他完成《天台山方外志》，並為其撰山志序。序中稱：

> 有大導師燈公者，天宮蜚譽，婺宿開祥，枚引百松，葉榮雙樹。光幢繼日，寺翳景而高明；德瓶注雲，溪伏流而幽隱。眾仰足行經藏，人呼皮裏法華。太末道賓，愈方袍之平叔；勝果淨梵，兼鍮鉢之言公。遠得智者膏腴，近住神僊窟宅。〔註128〕

此段序文中之平叔是三國時期的玄學家「傅粉何郎」何晏（？～249）之字，「方袍之平叔」一語，出自東晉隱士劉程之（又稱劉遺民，352～410）稱讚僧肇之語。據說劉遺民隱於廬山時，見僧肇所著《般若無知論》兩千言，嘆其不凡，乃曰：「不意方袍復有平叔」，意謂：想不到衣方袍服的釋氏之徒中竟有此等像何晏一般的奇才。虞淳熙如此稱讚傳燈，可見他對傳燈之重視，而他願傾力贊助傳燈，也就不在話下了。

　　《幽溪別志》錄有虞淳熙的護法文書甚多，其中〈請修法華三昧書〉最長，多半見《虞德園先生文集》中之〈與無盡修法華三昧書十五首〉。〔註129〕其中屢見問候起居、閒話家常之語，且多涉及友人與時事，語調或輕鬆詼諧，或嚴肅直截，間有建議和勸勉，顯示他與傳燈關係之密切，最值得注意。譬如，書中屢提及「台志」，實指傳燈所撰之《天台山方外志》。虞淳熙對該志之評價甚高，於書中云「台志若紺螺髻，不容尸作花冠」，似視其為珍寶，非尋常作品，又謂「師志縱橫奔瀉，如石梁懸瀑，飛流千丈。西京咸陽乃有此體，不慧不敢步趨其間，直作徐陵以後人語。」〔註130〕自謙不敢步趨傳燈之文，僅能作徐陵以後人語，恐有負傳燈之期望。書中他勸傳燈說：「《台志》中，一神求入，神名周凱，幸識之。」又說：「檢得仙人神人事略二紙，俱燈下錄，

<hr />

〔註127〕《居士傳》卷四十二，頁258b～259a。

〔註128〕虞淳熙，〈天台山方外志序〉，《幽溪別志》卷十四，頁27a～29a。

〔註129〕虞淳熙，〈與無盡修法華三昧書十五首〉，《虞德園先生文集》卷二十四，頁12a～18a。按：文集中之十五首皆見於《幽溪別志》中，但缺錄六首，沒有《幽溪別志》所收完整。

〔註130〕此兩段引文皆出虞淳熙，〈請修《法華三昧》書〉，《幽溪別志》卷九，頁9b～10a。

不能楷而又不敢草，匆匆不成字，煩史譯耳。大抵師志中已有之，獨桐栢一派為正一教，與智者分途而騁，皆天台之靈所護也。欲得其詳，當覓本傳錄之。」又說「病中錄得仙人神人二紙，想多重出。至於司馬子微一派，仙傳極詳，而舊志寥寥。」〔註131〕又有「翻得展簞臥檢書，又檢出仙人及隱淪士，繼進求益。仙人何必王霄降神？即颷車倏經，亦當列於方外。若呂巖之黃鶴樓、演福寺，何嘗久停鶴駒乎？至今吳楚之乘，不能遺也，不慧所以求益矣」及「檢得仙傳四冊，奉書史分錄之。二書多佚，無使為不全之物也。正一派是田盧應至閭丘方遠為一家……」之說，〔註132〕皆為補足傳燈於《天台山方外志》中所錄之歷代神仙傳略。蓋虞淳熙旁搜博覽，有傳燈所未見者，時而抄供傳燈閱覽，以充實其書內容。函中也提及馮夢禎數次，如「開之先生定勸請終法華之講，與不慧同心，寧忍半提，令額珠不全現乎？」表示希望傳燈在四明時務必講完《法華經》，勿僅講其半。

由於修法華三昧是一種懺儀，而最先是由馮夢禎函請大材梓公請傳燈主持，故虞淳熙函中屢提及梓公。根據傳燈寫的〈聖果寺大材梓公隨東征李總戎入朝鮮募藏經歸賦贈〉一詩看，大材梓公雖生卒年及事蹟不詳，但他曾隨李總戎入朝鮮募藏經，而此李總戎應即是於萬曆二十年（1592）冬十月奉命出任「提督薊、遼、保定、山東軍務，充防海禦倭總兵官，救朝鮮」〔註133〕之名將李如松（1549～1598）。而大材梓公入朝鮮除為募藏經外，亦為重建杭州聖果寺之法華懺堂。根據虞淳熙為該懺堂所寫的疏文，大材梓公入朝鮮後不久，「其國方慶全勝，施以多金。李總戎緹致之，集諸勝流，成此勝事。」〔註134〕也就是李如松援朝鮮獲勝後，朝鮮國人為慶全勝，〔註135〕「供金三

〔註131〕虞淳熙，〈請修《法華三昧》書〉，《幽溪別志》卷九，頁10b～11a。
〔註132〕虞淳熙，〈請修《法華三昧》書〉，《幽溪別志》卷九，頁12ab。
〔註133〕《明史》卷二十，頁275。
〔註134〕虞淳熙，〈重建法華懺堂疏〉，《鳳凰山聖果寺志》頁68。按：鳳凰山聖果寺，亦稱勝果寺。虞淳熙有〈午月聖果寺懺畢，法華講撤，暫送歸天台三絕〉，又有〈為僧燈勝果寺罷講，賦送天台幽溪小詩，簡金元玉先生勸請護幽溪道場〉及〈錢塘勝果山修懺還天台〉，既稱聖果寺又稱勝果寺。周錫圭（生卒年不詳）有贈傳燈〈錢塘勝果寺講經還天台〉一詩，稱勝果寺。見《天台山方外志》。虞淳熙還為聖果寺法華懺堂之重建寫募緣疏，見〈募建勝果寺懺堂疏〉。
〔註135〕李如松援朝鮮與侵朝鮮倭寇之戰，是十六世紀末期東亞最大戰役，而李如松雖先勝後敗，但最終仍以優勢逼日寇訂了城下之盟，尤為膾炙人口之事。近十年來，西方對此役相當重視，英文方面的研究成果有 Samuel Hawley 的 *The Imjin War*, Kenneth Swope 的 *A Dragon's Head and a Serpent's Tail* 及 James

百餘」，其舉令李如松大為感動，遂「以鄉曲誼，乃為囊金歸寺，重建法華懺堂。」〔註136〕馮夢禎與虞淳熙致函傳燈「修懺講經於聖果寺」〔註137〕當是在此法華懺堂建成之後。也就是因此次之修懺講經後，虞淳熙作〈午月聖果寺懺畢，法華講撤，暫送歸天台三絕〉〔註138〕，周錫圭孝廉作〈聖果寺解講送還天台幽溪〉〔註139〕，陳謙益孝廉作〈過聖果寺聽天台幽溪講《法華經》有賦〉〔註140〕。陳謙益提供了修懺講經之實錄，頗值得注意。其詩曰：

> 師本天台宗，具足菩薩行。三昧轉法華，一乘得究竟。
>
> 舌相出廣長，道場肅嚴淨。能於四眾中，演說令諦聽。
>
> 法音乍雷鳴，妙義如泉迸。寶花雨繽紛，甘露灑霑映。
>
> 聞師說無生，天樂空中應。而此諸經王，護念悉賢聖。
>
> 智慧被已深，功德浩難並。我默無學人，靈山共參證。
>
> 願言錫牛車，拔我離火穽。

此詩從「師本天台宗」至「甘露灑霑映」等句，意思很清楚，無非是說傳燈是天台宗師，道行兼備，能運廣長之舌，發揮止觀之勝義，法音震動如雷鳴，妙義不斷似泉湧。似繽紛之寶花如雨而下，類遍灑之甘露四眾均霑。其次的「聞師說無生，天樂空中應」兩句，指傳燈於明萬曆甲辰（1604）在剡縣（今浙江嵊縣西南）之南明山寶相寺無梁寶殿說「淨土生無生論」時所發生的奇蹟。據其門人正寂說傳燈「每陞座豎義，則天樂競發，如是者半月。四眾弟子咸云聞所未聞、見所不見。」〔註141〕也就是說親自聞見者甚多，都奔走相告。所以林國材說：「客有從剡溪來者，譚無盡法師說『淨土生無生論』於南明山百尺彌勒像前。每據猊揮塵，則巖穴中樂聲競奏，四眾咸聞，得未

B. Lewis 的 *The East Asian War, 1592-1598: International Relations, Violence, and Memory*，都值得注意。Kenneth Swope 有 "Ming Grand Strategy and the Intervention in Korea" 一文收錄於 *The East Asian War, 1592-1598: International Relations, Violence, and Memory* 一書，文中大讚明萬曆朝對壬辰倭亂助朝鮮抵抗日軍的成功策略。

〔註136〕虞淳熙，〈重建法華懺堂疏〉，《鳳凰山聖果寺志》頁 68。

〔註137〕此語為傳燈在〈幽溪道場鐵佛功德紀〉一文所說。《幽溪別志》卷五，頁 29b。

〔註138〕虞淳熙作〈午月聖果寺懺畢，法華講撤，暫送歸天台三絕〉，《幽溪別志》卷十五，頁 23b。

〔註139〕周錫圭，〈聖果寺解講送還天台幽溪〉，《幽溪別志》卷十五，頁 25b～26a。

〔註140〕陳謙益，〈過聖果寺聽天台幽溪講《法華經》有賦〉，《幽溪別志》卷十五，頁 29ab。

〔註141〕正寂，〈南明天樂賦有序〉，《幽溪別志》卷十五，頁 15a。

曾有。」〔註142〕王立轂也說：「甲辰歲，南明無梁殿成，講「無生論」於洞中，天樂鳴空，大眾普聞，得未曾有。意此時靈山一會當儼然在和尚目中，然和尚夷然若不聞也。屠長卿先生語次，見訪輒秘而不宣，是以海內無咏歌其事者。諸上足各記瑞祥詩、銘、讚、頌，凡若干種，用廣厥傳。」〔註143〕王立轂也響應諸人之所作而賦十一韻以贊之，詩之前半還說：「信衣傳佛隴，法席啟東林。獅子推雄吼，頻伽協妙音。天龍同讚歎，伎樂偏浮沈。忽逗羣機耳，冷然古洞陰。曉風吹不散，杲日照難尋。飄曳疑鈴鐸，幽清問瑟琴。」〔註144〕他形容天樂飄曳如鈴鐸之響，而其幽清又似瑟琴，令人感到難以名狀。而幼安居士劉康社（生卒年不詳）在其〈天樂謠〉一詩中則說：「我生有耳同聾聵　得聆天樂知何時。」〔註145〕遺憾未能親聞。傳燈之友畫家李麟（1558～？）亦為之傳此消息而說：「嘗造《生無生論》，於新昌大佛像前敷演，感天樂鳴空半月。」〔註146〕新昌大佛像即是新昌古寺寶相寺的彌勒佛像，所以道樹林戒居士陳繼疇（萬曆十一年癸未［1583］進士）在其〈天樂頌〉序文中說，南明山有彌勒百尺像，守菴和尚於寶相寺石殿（按：即無梁殿）落成後，迎傳燈講「淨土生無生論」，乃有「天樂盈空」之現象。他認為：「夫石城既彌勒化境，淨土又彌陀化法，有門大師者，不過借彌陀廣長舌，現彌勒兜率境，代宣法音，允協天樂。是樂也，安知非二佛之所隨喜乎？彌勒以無生降，彌陀以無生來，諸天以無生聽，山水知音，不謀而合，……」〔註147〕，這大約可代表當時親聞「天樂」者心中的想法。此「天樂盈空」或「天樂鳴空」之奇蹟，在當時的剡中為一件膾炙人口之大事，多位居士撰寫詩文吟頌歌謠讚之。譬如符禺道人喬時英（生卒年不詳）就寫了一首〈天樂吟〉說：「空中天樂本來空，只在吾師偓促中。忽聽度林穿碧靄，旋驚入漢起秋鴻。禪山昔日飄仙梵，石室當年響素桐。從此禪心無住著，耳根一派自圓通。」〔註148〕詩前序說：「余在吳門時，會陳子房年丈嘗談天台

〔註142〕林國材，〈天樂偈〉，《幽溪別志》卷十五，頁19ab。

〔註143〕王立轂，〈天樂謠有序〉，《幽溪別志》卷十五，頁18ab。

〔註144〕王立轂，〈天樂謠有序〉，《幽溪別志》卷十五，頁18ab。「問」字原文不明，依字形及詩意推之。

〔註145〕劉康社，〈天樂謠〉，《幽溪別志》卷十五，頁19a。「幼安」原作「幻安」，與劉康社之表字不符，疑為誤刻，詳見下文。

〔註146〕李麟，〈為幽溪請藏與吳文學書〉，《幽溪別志》卷九，頁36b～37a。

〔註147〕陳繼疇，〈天樂頌〉，《幽溪別志》卷十五，頁17b～18a。

〔註148〕喬時英，〈天樂吟〉，《幽溪別志》卷十五，頁21b。

教主無盡大師講「無生論」於新昌之石佛寺，天樂盈空，四方響應，遐邇具聞，莫不驚異。」〔註149〕寶蓋居士陳朝輔（萬曆四十四年〔1616〕進士）也有詩曰：「久嚮天台第一僧，却來印土演圓乘。金繩一縷開迷徑，別奏宮商入化城。楞嚴密諦三乘上，斷續仙音六合中。悟語博將天籟爽，西風一夜薜蘿空。幽溪行處說無生，影響偏多天樂鳴。萬里蒲團曾聽受，非金非石亦非鈴。石梁奚似法梁高，梵唄空中徹海濤。何用武夷登慢頂，共誇金地領雲璈。」〔註150〕他在〈贈僧燈七十壽序〉如此說：「即新昌古寺豎講「淨土生無生論」，有天樂鳴空之異。時以點頭之石為千秋兩絕，四方學士大夫咸視方丈為選佛塲云。」〔註151〕其他讚詩甚多，不一一詳述。不管如何，「天樂呈祥」之瑞應已深入人心，加深了天台信眾對傳燈的敬佩，劉康祉甚至把南明「淨土生無生論」之講會與其他講經一併讚揚而謂無盡大師「天授神詣，洞契無上，舍易趨難，舍偏就全。其圓了諸門，兼總條貫，固不藉文言而徑造者也；而深經奧典瞥目觸手，了如夙習，箋釋詮疏無不洞心，如《圓覺》、《楞嚴》諸經，默符智者懸記，且擬了智者所未竟。諄諄善誘，開導為宗，環海內外，悉趨講席，羣生悲仰，天樂呈祥。於是天台微旨燦然中興，天下欣欣，如值智者之世矣。」〔註152〕

虞淳熙還撰有《楞嚴圓通疏》序和《楞嚴玄義》序，闡明傳燈發揮楞嚴之義的旨趣，而謂：「山家無盡燈師證其能集大成，行焉名《圓通疏》。非惟經之圓通，庶幾進十人於二十五圓通之品。蓋身為金城，身為湯池，千秋不壞，而又於時味理行間，崇赤城之堞，亘錢池之坊，細書密旨，經緯縱橫，斯殆菩薩所示第二十六圓通者乎？」〔註153〕《法華》與《楞嚴》本可互相發明，故袁世振（萬曆二十八年戊戌〔1598〕進士）說：「於西教獲秉天台大師之宗，因台宗而悟明《首楞嚴經》旨。」〔註154〕而聞龍也說：「此經言言有則，語語歸宗。洞古佛之真心，發當人之妙用，誠所謂以佛心印佛心，即《楞嚴》釋《楞嚴》者矣。」〔註155〕

〔註149〕喬時英，〈天樂吟〉，《幽溪別志》卷十五，頁21b。
〔註150〕陳朝輔，〈天樂吟〉，《幽溪別志》卷十五，頁21a。
〔註151〕陳朝輔，〈贈僧燈七十壽序〉，《幽溪別志》卷十五，頁14a。
〔註152〕劉康祉，〈贈僧燈六秩壽言〉，《幽溪別志》卷十五，頁9ab。
〔註153〕虞淳熙，〈《楞嚴圓通疏》序〉，《幽溪別志》卷十四，頁9b。
〔註154〕袁世振，〈《楞嚴圓通疏》序〉，《幽溪別志》卷十四，頁7b。
〔註155〕聞龍，〈《楞嚴玄義》序〉，《幽溪別志》卷十四，頁4b。

以上討論了屠隆、馮夢禎、和虞淳熙等進士文人積極為傳燈護法的大致情況，當然只是選樣做為許多金湯外護的代表罷了。其他如袁世振、張師繹、韓敬、林國材等人都有類似的護法事蹟，表現於不同的文化脈絡間，可略加析論如下。

（三）其他外護

《幽溪別志》中除了外護金湯所撰的致宰官護法之書和勸請傳燈講經之書外，還有不少他們寄贈傳燈私人的書牘，這些書牘多以四六文為之，間或以古文為之，多多少少可以看出他們與傳燈之間藉通書尺以抒懷抱之大概。唯《幽溪別志》收錄傳燈私人之酬答書尺甚少，但卻不乏其酬答詩。詩作方面，筆者已於《孤明獨照無盡燈——幽溪傳燈遺詩校箋》論析頗詳，不再贅述。

傳燈之交遊甚廣，不少文人雅士都與他為方外交，其中雖無品位甚高、位極人臣者，但多居清要之職，為時所稱。這些友人中，上文提到的王立轂與傳燈之關係最近，故與傳燈有數次同登天台勝景之經驗。王立轂與其從伯王士性（1547～1598）一樣，〔註156〕都曾作書為傳燈護法。上文已說王立轂有〈與邵叔獻進士、何叔堅春元為幽溪護法書〉，表達他書勸邵叔獻（生卒年不詳）與何叔堅（生卒年不詳）兩位舉人勉力為傳燈護法之意：「二兄勉為佛法棟梁，使有門大師性具一宗廣宣流布。」〔註157〕這時候他或在台州或在天台，而邵叔獻與何叔堅在溫州，所以他接著說：「是弟之在台猶在甌，而甌之無弟猶有弟也。」〔註158〕

上文已說王立轂在高明寺附近築茅舍住了近十年，又師事傳燈，他與傳燈間之師徒關係，非一般人可比。所以傳燈有〈同臨海王伯無居士遊赤城山夜宿玉京洞漫興十絕〉詩，記他與王立轂遊赤城山夜宿玉京洞之經歷，已見於《孤明獨照無盡燈——幽溪傳燈遺詩校箋》一書。以下談其他主要外護林國材、張師繹、陳仁錫、袁世振和焦竑。

〔註156〕王士性是王士琦之父王宗沐的姪兒，故於王士琦為從兄，為王立轂之從伯。前引〈壁如正鎬法師傳〉誤說他是王士性之長子。

〔註157〕王立轂，〈與邵叔獻進士、何叔堅春元為幽溪護法書〉，《幽溪別志》卷十四，頁350～51。

〔註158〕王立轂，〈與邵叔獻進士、何叔堅春元為幽溪護法書〉，《幽溪別志》卷十四，頁350～51。

1. 林國材（林澄淵）

林國材是《幽溪別志》中屢屢出現的林侍御及林澄淵。他自號澄洲居士，是傳燈弟子文心受教的從祖，年齡較傳燈大十五歲，是傳燈之前輩。他不但與傳燈同遊，而且與傳燈是交情甚密的詩友及文友。他當過御史，所以在與傳燈的書信往返中，常自署「友人」。偶而也署「不慧佛弟子」。他七十五歲時，曾應其從孫文心受教之請，為傳燈寫〈贈燈六十壽序〉，表示「獨於師有夙緣，常所來往，願修彭澤廬山之雅，時相晤言，庶幾哉稱觴奉壽，博一飲焉。」〔註159〕文中還說：「竊謂汝之大宗師無盡燈公，別號有門者，既生此世間，自有出世間法。惟是即師言師，其生有因，其為教也無生。惟其洊無生也，而後能生眾生。眾生生，則自利利他，其生也有涯，其生眾生也無涯。歷河沙度萬劫，其生生而生斯世，而師表人天也。夫豈偶然哉？」〔註160〕「師表人天」之譽，自非虛語。

林國材所撰壽序，雖充滿友人揄揚之詞，正也表示他與傳燈關係之不尋常。也正因這層關係，他成了傳燈的最重要外護之一。傳燈曾說：「本寺金湯，實始於橋李馮司成開之捐金贖田為大檀越主，次則臨海王中丞恒叔，又次則四明屠儀部長卿，又次則黃巖林侍御澄淵。此四人者，皆是同年莫逆之友，高明護法互相表裏。」〔註161〕從林國材所撰的護法書看來，這的確是實錄。譬如說，他曾作書請傳燈赴其家鄉黃巖新蓋的瑞相禪寺講經。此新禪院在黃巖雙雲塔峯之側，規模不小，林國材雖然是應寺僧之請而作書，但在書中說：「倘蒙慈允肯來開席，不慧當為護持，則紫阜、雙雲之浮圖數級，將拔地柱天，即瑞相一古佛堂，未必不與祇園太子爭勝也。」〔註162〕其期望傳燈講經之殷，也大略可見。

林國材也為高明寺寫了一篇〈高明寺觀世音靈應記〉，敘述原高明寺觀音法堂曾被地方官拆除。拆除之前，據說天台主簿某，夢「一女儼居，綽約如上真，莊嚴如天女，而瓔珞離披，眉眼愁慼」，不解其義。次日晨起，獲命拆堂，入堂之後，見觀音像即夢中女子，戚然心動，不忍拆堂。但寺僧反而願意讓拆，謂不拆堂則無以抵付所謂「逋糧」，法堂遂被拆除，並改名為明倫堂。後

〔註159〕林國材，〈贈燈六十壽序〉，《幽溪別志》卷十五，頁7a～8b。
〔註160〕林國材，〈贈燈六十壽序〉，《幽溪別志》卷十五，頁7a～8b。
〔註161〕《幽溪別志》卷九，〈金湯考〉「事實」，頁1b。按：如上文所言，此四人都是萬曆五年（1577）丁丑科沈懋學（1539～1582）榜進士，故曰「同年」。同年進士還有楊德政（1547～？），都是傳燈之外護。
〔註162〕林國材，〈請講經書〉，《幽溪別志》卷九，頁4b。

二十年，文心受教出任高明寺住持，過國清寺見法堂之舊觀音相在其寺內，
乃奉歸高明。故林國材於文中說：「菩薩現夢糧衙而不救其毀，所以伏高明重
興之案也；遊化他剎而終還本土，所以啟道場大興之兆也。」以因果關係說
明高明寺興建之由，並於記文之後，讚曰：

> 菩薩種種身，遊化十方土。一身在幽溪，幽溪身無數。
>
> 剎壞而不壞，像去而不去。相好極莊嚴，八部常擁護。
>
> 願住無央劫，不離于此處。〔註163〕

此外，他曾致函天台縣令張弘代，〔註164〕請他免掉高明寺田糧之稅，對高明
寺幫助甚大。其書有云：

> 茲有薦聞貴治高明寺，此三台山中古剎也，其廢久矣。近緣敝同年
> 馮具區大興復之，又訪戒行高僧無盡師者，立梵修之約付之而贖回
> 田土。糧差則住持僧傳衣領略，近被國清寺僧扳累。據開手本，則
> 十九、二十等年俱以完納，若有欠數，則在國清而不在高明，必難
> 逃尊臺鏡明也。第馮大遠莫為理，生以年籍曾與知其由。謹肅此，
> 并原付手卷及本僧所開情節，伏賜裁察而審豁焉。庶方外道人俱沾
> 王澤，頂福星功德，可思議乎？幸荷！〔註165〕

關於高明寺的「逋稅」問題，是高明寺建造過程中所遭遇的一大麻煩，傳燈
請託了好幾位達官貴人協助，希望縣令主持公道，接受其已繳納「逋稅」的
事實，而林國材即是幾位為傳燈護法而疏通天台縣衙者之一。在其書中，林
國材除了重申高明寺主傳燈已付所欠之稅額，並無「逋稅」外，並附上其寺
之原請願書，以其中所根據之簿籍證明真正該繳稅者是國清寺，因為國清寺
吞佔其寺田時未曾繳稅，故補繳「逋稅」之責在國清寺，不在高明寺。張弘
代接獲林國材此書，立即覆函表示已經按林國材之意裁決其事。其書略云：

> 高明無盡大師固是法門龍象，第未及一晤，其充餉事已如命。茲
> 復辱手書一，惟諭是尊。謹此以復，敬藉使奉覽，統祈崇炤，不
> 宣。〔註166〕

〔註163〕以上引文皆見林國材〈高明寺觀世音靈應記〉，《幽溪別志》卷三，頁2a～3b。

〔註164〕林國材，〈與天台縣張邑侯書〉，《幽溪別志》卷九，頁20a。按：「邑侯」是
縣令別稱。張邑侯即是張弘代。他於萬曆二十二年（1594）任天台縣令。見
《雍正浙江通志》卷一五四，頁25a。

〔註165〕林國材，〈與天台縣張邑侯書〉，《幽溪別志》卷九，頁20a。馮具區即馮夢禎。

〔註166〕張弘代，〈復林侍御書〉，《幽溪別志》卷九，頁20b。

此函顯示張弘代亦知傳燈是「法門龍象」，只是還無緣晤面，但他所要求免稅充餉之事已經處理。所以林國材之書，確有其效。

　　林國材有致傳燈私函數通，其中有謝傳燈餽贈，而酬以書扇為回禮者，譬如：

> 望高明勝地，奚啻萬八千丈上哉！惟是萱花蕨粉之惠，則香積妙蓮在按，一切世味坐忘矣。即習靜小樓，跬步不出，皆公教也。謝謝外，舊作書扇一柄奉寄，幸慧照一笑。〔註167〕

此書顯示傳燈曾贈林國材「萱花蕨粉」，似都為作藥材之用。所以林國材也投桃報李，在其小樓習靜作書扇贈之。繼此書後，他接到傳燈門弟子雲漢之書，知傳燈已從四明杖錫山返天台，本想乘間走訪，實踐他與傳燈的石梁之約，但事與願違，未能履約，乃於信中說：

> 又緣感恙，倦于展履。豈山靈厭我凡夫而尼之耶？茲承翰惠，幸徼清福，為感良多。志草已成，梓完，希以副本寄教何如？〔註168〕

也就是說，他因生病而疲累無力，無法踐石梁之約，但仍期待傳燈能將他《天台山方外志》的書稿，在梓行之後，能惠賜他一冊。

　　由於林國材與傳燈之關係甚密，永嘉兩庠諸生遂請文心受教攜書邀請他到永嘉，約期做為法門金湯，贊助即將來其地講經之傳燈。但林國材在答書中，很委婉地以「樗櫟之散」、「筋力之既衰」等原因，表示不堪其任。他還強調雖身如「有髮頭陀，無官御史」，但畢竟只是俗間居士，一旦出現於講經會中，必有「滿堂不厭，添俗為多」之尷尬，所以只能力辭。所云「滿堂不厭，添俗為多」是唐簡州南巖勝（生卒年不詳）禪師之語，他有頌古一首云：「行者失却眼，南泉破却鍋。滿堂僧不厭，一簡俗人多。」〔註169〕林國材顯然讀過《禪宗頌古聯珠通集》，不願因出席傳燈之講經會而被視為局外人。

　　雖然如此，他曾為其家鄉黃巖五峙寺的住持靈達法師寄書請傳燈講經，原因似乎是因為靈達雖獲傳燈之慨允，願來五峙寺講經，但靈達察知有人從中作梗，欲阻止傳燈赴約，恐自己思慮有不週之處，遂請林國材作書向傳燈說明，並慶幸傳燈並未受到閒言之眩惑，仍訂期負講經之約。林國材並表示他「願竭筋力以從事，振策大眾以皈依，至期率靈達等預掃紫阜之雲。」且要

〔註167〕林國材，〈（致傳燈）書〉，《幽溪別志》卷九，頁7b～8a。
〔註168〕林國材，〈復書（致傳燈）〉，《幽溪別志》卷九，頁8b。
〔註169〕〔宋〕法應，《禪宗頌古聯珠通集》，卷十七，頁575b。

「恭侯杖錫儼臨，豈勝瞻禮。」〔註170〕

　　林國材對傳燈的活動與著作相當熟悉，曾經屬和傳燈的〈幽溪十六景〉并〈石丈人居四首〉，也寫了相當長的一首〈天樂偈〉，讚頌傳燈在剡縣南明山彌勒像前講《淨土生無生論》時，「巖穴中樂聲競奏，四眾咸聞」的奇蹟。〔註171〕他在〈天樂偈〉的序文說，傳燈在南明山講《淨土生無生論》時，他「與師結方外交僅二紀，愧不與斯嘉會，深聆玄音。」可見傳燈二十八歲仍在佛隴百松門下之時，兩人已經相交。雖已二十四年之久，但仍覺得時間不夠長，無緣參加其講會，未能聽聞天樂。隨後聽其從孫受教之詳細說明，更覺得「令人頓洗塵心，益堅信海。」因而作〈天樂偈〉，讓「天樂競奏」之事，廣為流傳。其中描寫傳燈個人及其威儀有句云：「燈公天人師，菩薩重示現。妙解契佛心，威儀如皎月。」描寫他闡述淨土無生論而天樂忽降有云：「淨土闡十門，直示無生義。四眾咸諦聽，諸天雲來集。妓樂種種陳，忽爾出巖穴。」描寫天樂的超凡有云：「非竹非金石，八音非所擬。潮音雜梵音，緊那羅絃音。種種微妙音，一切時普聞。」描寫天樂發聲之時則云：「如是半月餘，隨講隨間發。」最後描寫此天樂實世間有耳有眼者皆可聽聞、觀想其音，而他自己則欲「合掌生渴仰，廣布諸眾生。同入法性流，增長菩薩心。」可以說林國材對天樂之深信不移，也很虔誠地以它之存在來解說「我聞解無生」之效益。

　　林國材與傳燈為方外交之密切關係，也可以從兩人結伴郊遊及傳燈之贈詩見其大概。傳燈之贈詩包括〈與林侍御先生遊桃源戲贈二絕詩〉、〈冬旱與林侍御祈雨感應志喜〉、〈留別林侍御、蔡儀部、柯孝廉諸公，分得蘿字〉及〈寄林澄洲侍御先生兼謝楊楚亭方伯〉，已見於筆者《孤明獨照無盡燈》一書。

　　2. 張師繹

　　張師繹是《幽溪別志》作序者之一。他於明熹宗天啟四年甲子（1624）初秋，入幽溪高明寺訪傳燈，傳燈正好寫成《幽溪別志》，遂請他寫序。序成，自署「嘉平，蘭陵友人張師繹克雋」。顯示他是在當年嘉平月（臘月）寫完序。蘭陵是其籍里，江蘇武進（今常州）之舊稱。〔註172〕克雋是其字，另字夢澤。

〔註170〕林國材，〈請五峙講經書〉，《幽溪別志》卷九，頁26ab。

〔註171〕林國材，〈天樂偈〉，《幽溪別志》卷十五，頁19a～20a。

〔註172〕東晉元帝太興元年（318）於武進僑立蘭陵郡，是蘭陵始名。見〔清〕王祖肅等《乾隆武進縣志》（北京：中國書店景印本，1992）卷一，頁2a。或說他是江蘇無錫人，疑誤。見《同治臨江府志》（臺北：成文出版社，1970）卷十七，頁14b。

他是萬曆二十六年（1598）賜同進士出身，與下文的袁世振為同年。萬曆三十三年（1605）知山東東明縣。後知江西新喻縣，湖北武陵（常德）知府。歷官至福建提刑按察司副使、浙江提刑按察使司副使、江西按察使。因為他曾任按察司副使，名義上是兵備道之兵備官，又稱兵憲、兵備副使、兵備僉事。故《幽溪別志》中所稱之張兵憲即是對他的敬稱。在江西任內，因為宦官勢力方燄，豫章正士半罹黨禍，師繹加意拯護，幾嬰其害，乃拂袖歸里，〔註173〕杜門著書。有《讀史》一編，《月鹿堂集》及《蘇米譚史》二卷。

　　張師繹在《幽溪別志》序中稱：「東南開士無盡大師纂《天台方外志》，虞司勳氏序之，既紙高雒市，望震雞林，海內顯然稱為山史，不敢以志蓋也。」這是說傳燈的《天台方外志》有虞淳熙為之序，其書流傳甚廣，至於朝鮮，可謂洛陽紙貴。接著又說：

> 一旦，賈其餘勇，沉默而志幽溪。幽溪者，師晏坐經行處也。甲子初秋，予訪師溪上，一蠡之水，無不旋紺走碧，淙泓作佛響；一拳之石，無不含烟欲霧，晶瑩放佛光。一草一木、一鳥一獸、一螺飛蠕動，無不點頭會意含佛性。師於其間，仰觀俯察，格物致知，於諸佛為嫡派，於叢林為金湯，於聖賢為直諒之友，於波旬為摧鋒陷陣之元戎。而後，發諸著述，煥乎文章；修短穠纖，各他其職；謝華啓秀，各得其情；變化錯綜，各極其韻；莊嚴微妙，各治其官。此志既成，流傳中外。於秫苑為偏方小記，於閫城為繡譜金鍼，於天台為佛隴支分，於高明為開山老祖。偉矣！大矣！難名狀矣！

這段文字敘述他至幽溪訪傳燈，對幽溪之山水、泉石、草木和鳥獸等景致之極佳印象，同時也對傳燈之長文短篇，委曲情事，活潑變化，大表讚賞。《幽溪別志》還錄有數通張師繹致幽溪書及他為傳燈寫給江浙地方官之護法書。其致幽溪書都自署「友弟張師繹」，由第一通書至第五通，顯示兩人關係之日益密切。第一通書略言：

> 天台為震旦第一蓮邦，大師為佛門第一龍象。不佞承乏，未得承緒風而請指月，〔註174〕得大師所示諸書，時提性靈，贊揚宗教。而已

〔註173〕〔清〕于琨修等，《康熙常州府志》（南京：江蘇古籍出版社，《中國地方志集成》本，1991）卷二十四，頁30a。

〔註174〕「緒風」，即餘風。《楚辭》（上海：上海商務印書館，《四部叢刊初編》本，1929）卷四，〈九章‧惜誦〉（頁10b）：「乘鄂渚而反顧兮，欸秋冬之緒風。」洪興祖補注：「緒，餘也。」

受事，拮据日力，苦不足，無能一通姓名。大師坐萬八千華頂，普
視眾生，種種帶角披毛，披枷帶鎖，作何解脫？亦有頭出頭沒苦海
浪中，無休無歇者，作何拯援？不佞其一人也。不腆聊供伊蒲，惟
痛賜針箚，是望是禱。有間當乞函丈片席跪參。草勒不莊不備，唯
師鑒在。

此書多客套語，大意不外是說收到傳燈所寄書函，教以佛理，贊揚佛教。但
因自己已接下繁忙之軍務，實無法赴天台拜訪傳燈。此外，他自承是屬於那
種日日為瑣事羈絆，無暇休歇之人，恐非傳燈所能救出苦海之庸碌者。不過，
他還是願意備伊蒲齋饌之供，並請傳燈賜教，希望得暇之時，能拜於傳燈片
席之前，跪參其教。

　　張師繹致幽溪第二書略云：

郵符如老師命填去，省城有院主裁有道專轄，〔註175〕自能倒屣，無
庸多喙也。募鹽緣、墾荒，無邊功德，當即印行。但二事皆守海道
所屬，守道將齎捧，此時不須即行，少徐之，并延慶書俱可發也。
時節因緣，自是老師法語，俗吏尤一步爭先不得，可笑如此。張子
韶、張無盡二先生，皆以儒修證佛，有著述，幸老師一一檢出為暗
室炬。〔註176〕虞德園文稿在老師處者，希令掌記者，用貝葉錄示。
虞集將印，此時尚可補入成全書也。草草布復，不一。〔註177〕

此書提到「延慶書」，應指送至四明延慶院之書。而所謂之「郵符」，是供來往
旅客至驛站食宿及安置車馬之憑證。張師繹之意是此憑證以備好送去給傳燈，
他一旦到四明省城，延慶院之住持名裁有道者必會倒屣相迎，無庸他置喙。
至於傳燈之募鹽緣及墾荒之疏，所言皆是無邊功德之事，當可立即行文。但
因此事屬守海疆之將管轄，他已持有其疏，不須急著發送，等些時日，併延
慶院之行文一起發送。凡此之事，全靠傳燈老師之法語指示，俗吏不應爭先
為之。書中還提到傳燈檢出宋代佛教外護張九成（子韶，1092～1159）及張商
英（無盡，1043～1122）以「儒修證佛」之著述為其慧炬。又請傳燈令其書記
抄錄其所藏之虞淳熙文稿寄示，俾併入即將印行的虞淳熙先生文集。虞淳熙

〔註175〕裁有道當為寺院住持之名。
〔註176〕按：張九成參大慧宗杲，著作思想雜儒釋，但並無專著討論佛教。張商英著
　　　　有《護法論》一卷，駁斥韓愈（768～824）、歐陽修（1007～1072）等人之
　　　　反佛論。
〔註177〕《幽溪別志》卷九，頁28b～29a。

是萬曆十一年（1583）癸未科進士，與傳燈的友人周應賓（1554～1626）、陳
繼疇（生卒年不詳）是同年，都是張師繹的前輩。張在為《虞德園先生文集》
所寫的序文中，曾形容虞淳熙學問之淵博為「氾瀾瞿曇，沉酣經史百家。訪
靈文於緇笠黃冠，問奇字於方聞耆宿。」而其文之廣泛流傳為「通於禹甸，貴
重於雞林」、高明傑出為「登虎冠而據猊床，挽天河而攪酪。日下無雙，彌天
獨運」，且更能「總持二氏，故能奔走二氏，不為二氏之忠臣；至能用二氏，
而一洗溝猶朕篋之陋……」〔註178〕對虞淳熙之文，可謂讚不絕口。由此書，
我們可以看出傳燈與晚明知識分子之間水乳交融之密切關係。

　　張師繹致傳燈之第三書略云：

　　　　大師何日自甌返天台乎？杖屨所經，不知救度多少苦厄，恨繹未參
　　　　法席耳。所委《別志》序久脫稿，今方繕寫呈上，不能闡揚宗旨，
　　　　塞白潦草，奈何！塵世波波急急，無一是處，乞大師下一轉語，以
　　　　為鉗錘。〔註179〕不腆充伊蒲一日供耳，勿哂其涼，幸甚！〔註180〕

此書顯然是答傳燈求賜《幽溪別志》序文之請而作，一邊為他無法參其法席
表示遺憾，一方面告訴傳燈他所作序文早已脫稿，遲至書函當日才有時間繕
寫寄呈。當然，他還不忘請傳燈為他下一轉語，釋迷解惑，以為鉗錘，表達了
信嚮佛法之意，對傳燈似更仰慕，可以從他致傳燈之第四書略見端倪：

　　　　不佞數年於台海得老師金篦之導，〔註181〕海有安瀾，戎無伏莽，
　　　　〔註182〕民間始享緩帶垂紳，生人之樂，而不佞亦沾丐芳潤，善後以
　　　　行。江右濫竽，雖行藏未定，而較之攢眉蹙額，調兵料餉，寢食不
　　　　遑，面目黧瘠有間矣。又得徘徊子舍，省侍衰慈，少展烏私，暫安

〔註178〕見《虞德園先生文集》（臺北：國家圖書館藏明天啟三年癸亥，錢塘虞氏館
　　　　刊本，1623）卷首，張師繹序。
〔註179〕「一轉語」為禪林用語，助人轉迷開悟之語句。通常由禪師驀然用機，為參
　　　　禪者說一語句，翻轉其思，釋迷解惑，使學者豁然無疑。
〔註180〕《幽溪別志》卷九，頁29b～30a。
〔註181〕古人以「金篦」治眼疾，其形如箭頭，用以刮眼膜，使盲者復明。故以金篦
　　　　為藥石之象徵。杜甫〈謁文公上方〉詩云：「願聞第一義，迴向心地初。金
　　　　篦刮眼膜，價重百車渠。無生有汲引。茲理儻吹噓。」大略謂杜甫希望文公
　　　　以無上教開發其性，使悟無生之法。見《分門集註杜工部詩》（上海：上海
　　　　商務印書館，《四部叢刊初編》本，1929）卷八，頁12a。
〔註182〕按：「戎無伏莽」一詞，本《易經‧同人》：「伏戎于莽，升其高陵，三歲不
　　　　興。」見《日講易經解義》（臺北：台灣商務印書館，影印《文淵閣四庫全
　　　　書》本，1983～1986）卷四，頁38a～b。

鵬息。此固上賴佛恩，而老師再頌、再籲，願力深重，造就不佞弘矣、侈矣！老師筆能扛鼎，采可蒸霞，今日天人領袖，岱華東南，[註183] 不得有二。甌江瞥袂，遂不得一望威儀。不佞行矣，丹誠依戀，曷維其已。[註184] 送役自蘭陵返，附八行陳謝。餘俟少完俗冗，再披瀝也。山川非遙，時望指教。臨緘不盡。[註185]

張師繹因曾任浙江提刑按察使司副使，負兵憲官守衛台州沿海之責。在職期間，保境安民，卓有成效，故云「海有安瀾，戎無伏莽，民間始享緩帶垂紳，生人之樂」，並將其成就歸功於傳燈似良醫之指導。又因處於遷調期間，得以回家省親，探望慈母，暫歇仕途。雖然是上賴佛恩，實也是傳燈老師不斷揄揚勉勵之結果。他稱讚傳燈「筆能扛鼎，采可蒸霞」，在泰山、華山及東南各地，無人可比。又言在昔有溫州之偶遇，而今因遷調履新，則無緣再見一面，但依戀不止，故趁返蘭陵送役兵期間，抽空書問，向傳燈致謝。其餘待他把俗事做完之後，再向傳燈詳細陳說。書中所云，較前三通書更為誠懇，可見他與傳燈交情之日篤。

張師繹致傳燈之第五書是〈請校《幽溪文集》書〉，顧名思義，是主動請求校讎《幽溪文集》。其詞如下：

數載霞城，仗老師佛力，得奠危疆而成樂土，[註186] 慰駭波為安瀾，僕幸甚；且以其間沐浴文心，闡揚宗旨，使僕學得死心之法，所謂心如墻壁，可以學道。去夏抵豫章，衣冠大獄，層見狎至，流言訛語，如炎如冰，僕曾不少震動。第恐此是頑定，非真定也。認賊作子，更費驅除耳。老師何以教之？

師東南人天眼目，近益精研勞久，有義疏傳通中外乎？犬子都留家塾，僕子居空署，景仰高風，無緣親覯。犬子去秋曾云師有大覩，下及寒門老母，益堅道業，不勝皇愧。山中靜侶如文心者，必多解

〔註183〕「岱華」指泰山與華山。

〔註184〕「曷維其已」是「雖欲自止，何時能止」之意。按：《毛詩》（上海：上海商務印書館，《四部叢刊初編》本，1929）卷二（頁2b），〈國風・柏舟〉有句云：「綠兮衣兮，綠衣黃裏。心之憂矣，曷維其已！」

〔註185〕《幽溪別志》卷九，頁30b～31a。

〔註186〕「危疆」原誤作「危彊」。錢謙益〈孫承宗行狀〉，孫承宗言張鳳翼：「工於投時，巧於避患，誤入危疆，一籌莫展。」見《錢牧齋全集》（上海：上海古籍出版社，2003），卷四十七，頁1191。

語。師生平著述，此時正可收拾。僕雖困於簿領，尚可承當較讐之
役。江右一片土為理學酸餡，〔註187〕甕中淹殺間，有一二摽竊漢，
拾我牙慧，文其固陋耳，於真正法門，千里可歎也。〔註188〕

此書先說他在浙江任兵備道官之時，幸得傳燈「佛力」之助，得以使海濱危疆
變成平安樂土。此外，他還得以閱讀傳燈之著作，沐浴於其闡揚天台宗旨之「文
心」中，學得「死心」之法，而體會學道之真諦。「去夏抵豫章」，是指他轉任
江西按察使之時，其間屢見朝廷興大獄，士人連續被關押，內心為之震動。他
不願屈服於閹黨勢力，為虎作倀，希望傳燈能夠教他自處之道。書之第二段表
示傳燈是「東南人天眼目」，也就是東南人、天界一切眾生之眼目，是佛教大導
師，精研天台學良久，必有義疏流通中外。他因住在公署，雖景仰傳燈高風，
但無由親見。但據留在家塾之兒子說，去年秋天，傳燈曾賜贈大禮，連其老母
都受惠不少，而更加奉持佛教，自己覺得不勝慚愧。他知傳燈有弟子文心受教，
深得其傳，建議傳燈讓他將平生著述收拾整理，裒集成書。他雖然困於官府簿
領文書之勞，還可以權當校讎之任。書末張師繹還批評當時江浙若干理學之徒，
說他們摽竊佛書，拾人牙慧，來掩飾其知識淺陋、見聞不廣之病。

　　張師繹在寄此五通書予傳燈之間，也曾為傳燈撰〈與李愚公節推為講《摩
訶止觀》於東甌魚潭寺護法書〉及〈與金衢道米公為幽溪道塲護法書〉。都是
向地方官推薦傳燈，請他們做佛法金湯，協助傳燈在東南各地講經，推廣天
台教觀。前者說傳燈「隱於天台，為天台重；不特為天台重，且為兩浙重；不
特為兩浙重，即上自宮禁，下至幽巖，無不想聞其珠霧之唾咳者。」如今魚潭
寺善知識「開立講壇，敦請唱導，自度度人，人天眼目，東南海邦定生青蓮
花。」〔註189〕後者更說「無盡大師自台飛錫入衢，弟叩其首參，則慕台翁彌
天之蓋願，從門者孰領潮音？此老連綺雲席，情智傲岸，著述如林，久不出
山。茲謁台翁，便省梓里。弟因其便羽，一候興起，知台翁一晤此師，乳水相
投，針芥自合，另有一番唱酬，弟拭目洗耳以俟矣。」〔註190〕兩書合觀，可
以見張師繹不但為天台所重，為兩浙重，且為朝廷、幽巖所重，與他晤面，必
有一拍即合、針芥相投之感，推崇傳燈，可謂不遺餘力。

〔註187〕原文「酸餡」當為「酸餡」之誤刻，蓋「餡」有「過甘」之意，而「餡」指
　　　　菜包子。
〔註188〕《幽溪別志》卷九，頁32a。
〔註189〕《幽溪別志》卷九，頁18b～19a。
〔註190〕《幽溪別志》卷九，頁19a～b。

3. 陳仁錫

陳仁錫字明卿，號芝臺，又號澹退居士。江蘇長洲人，天啟二年（1622）進士，入為翰林院編修。天啟五年（1625）以刻《資治通鑑》上呈熹宗名於世。著有《籌邊圖說》、《京口三山志》、《全吳籌患預防錄》、《明紀略鼎臠》、《壬午書》及《無夢園集》等。編有《皇明二祖十四宗增補標題評斷實記》、《皇明世法錄》、《潛確類書》、《啟禎兩朝疑詩》（一名《忠節錄》）等書，為著名史家。萬曆朝他還是舉人，故在《幽溪別志》裏，他被稱為陳春元。一般史傳多無陳仁錫與佛教人物相關涉之記錄。但《幽溪別志》裏顯示他跟傳燈關係匪淺，是傳燈外護。他與張師繹也交情不錯，雖是晚輩，但時通音問，以年弟自稱。

陳仁錫曾為協助高明寺蠲免納稅充餉事致書張師繹，其書甚長，除了寒暄問候之外，還表達了他訪高明寺與傳燈晤面之感覺說：「弟雨中再遊高明，與無盡大師宣鬯仁風，如拍洪濤。弟吐舌底之蓮，空花奚褥；年丈現毫端之剎，證果不難。」〔註191〕餘書力請張師繹幫忙完成蠲免高明寺之所有非法之稅，包括已停徵之礦稅、櫓兵稅、廢田稅及其他苛捐雜稅。書中還說，傳燈已於先前致書張師繹言及此事，如今他「為盡師又開此口」，實知張師繹已願協助，不過請他推廣蠲免範圍，希望能把所有稅悉數革除。另外，他還請張師繹代轉傳燈寄呈天台縣令張弘代及別駕趙應旗之書，請他們敦促下屬單位執行蠲免之命。〔註192〕書中還表示他會在紹興新昌大佛寺過端午，並於初十在紹興候駕，陪張師繹巡行。

陳仁錫有致傳燈書一通，自署「友人」，大致是告訴傳燈充餉事他已疏通張師繹，而張也相信充餉之苦。最後仍要取決於傳燈，趁此時機，急往張之府邸一訪。他也有書束一封，請傳燈之童行和同來之釋子帶回面呈張師繹，順便轉告他已於紹興相候。另外，他也有書簡寄給僧官，言及七厘充餉事，並說「做得一件是一件，不但為地方亦為朋友耳。」〔註193〕足見陳仁

〔註191〕陳仁錫〈為免充餉與本道張兵憲書〉，《幽溪別志》卷九，頁 17a～18b。
〔註192〕陳仁錫〈為免充餉與本道張兵憲書〉，《幽溪別志》卷九，頁 17a～18b。書中之張邑侯是張弘代，天台縣令。趙別駕是趙應旗，即陳仁錫於〈天台祠記〉一文中所說之南昌趙公。趙應旗曾任常州靖江縣令，頗有治聲，後陞台州府通判，生平事蹟見〔清〕許應鑅等《同治南昌府志》（南京：江蘇古籍出版社，《中國地方志集成》本，1996）卷四十一，頁 63a。按宋代開始以「別駕」為通判雅稱，後世襲之。別駕原為秦漢郡守佐官，與官職與通判相近，故以別駕代稱通判。
〔註193〕《幽溪別志》卷九，頁 40b。

錫視傳燈為友，為協助傳燈蠲免高明寺之賦稅頗為費心。後來傳燈在〈太平寺後三天祠記〉細說張師繹、陳仁錫和趙應旗三人解天台賦稅之苦，有免天台僧受厄之慘，所言「以公（按：即張師繹）之為政，若陽春之充塞乎宇宙然，唯患萬物之無生意爾。苟或有之，孰不芬芳而各遂其性哉。然而非陳春元（按：即陳仁錫）神漬以灌溉之，趙別駕（按：即趙應旗）鋼鑺以鋤植之，則台僧曷遂其生，以被公煦煦熙熙之和風甘雨哉？」此類記錄，都可從陳仁錫和張師繹的護法書及兩人致傳燈的私函中看得真切，略可說明傳燈得道多助之結果。

4. 袁世振

袁世振（生卒年不詳），字抑之，又字滄孺，湖廣蘄州衛人。萬曆二十六年（1598）登戊戌科進士，與張師繹為同年。他曾任江西臨川縣知縣，有惠政，於萬曆三十四年（1606）擢升浙江金華府同知，萬曆三十七年（1609）再升南京應天府治中。〔註194〕萬曆四十五年（1617）朝廷以兩淮財賦饒，其官必假以風憲，特設疏理道。世振首膺是選，故《幽溪別志》稱袁世振為袁疏理。其在疏理任內，一時弊政，釐剔殆盡。而所行之綱鹽法，取代原開中法，卓有成效。然為閹黨誣陷其縱子通賄，由兩淮鹽商代為繳納贓款，削職還鄉。著有《兩淮鹽政疏理成編》十五卷。〔註195〕

袁世振曾為傳燈之《楞嚴圓通疏》寫序，序之開頭便說：「余生平有三不幸，而獲三大幸焉。生為楚人而乏楚才，一不幸也。宦途多鈍置，二不幸也。以直道交人，而措遭誣謗，三不幸也。然而因之獲聞西來大教，於西教獲秉天台大師之宗，因台宗而悟明《首楞嚴經》旨，豈非三不幸中而獲三大幸歟！」可見他傾向學佛。〔註196〕他還說原來並不悟《首楞嚴經》，都是因「側聞先達，構以心師，發為八難。今悟之矣，而翻然更為八易，此又不幸中之大幸也。」對悟解《首楞嚴經》之旨態度相當認真。既言《首楞嚴經》

〔註194〕按：「治中」一職，始置於西漢元帝朝。全稱「治中從事史」，亦稱「治中從事」，為州刺史之佐官，主眾曹文書，位僅次於別駕，同副州長。元代置大都路都總管有治中之職。明清二朝，惟京府（如順天府和應天府）置治中。治中為正五品，為處理各項庶務之中級官員，與通判共同參理府事。

〔註195〕《乾隆江都縣志》（南京：江蘇古籍出版社，《中國地方志集成》本，1991）卷三十，頁11b；《光緒黃州府志》（南京：江蘇古籍出版社，《中國地方志集成》本，2001）卷二十，頁59b～60a。《無夢園初集》（上海：上海古籍出版社，《續修四庫全書》本，2002）勞集二，頁19b、21b、28b。

〔註196〕《幽溪別志》卷十四，頁7a。

有「八難」和「八易」，其序文之大略就是對此二名稱所作的闡釋。其中最重要者，就是指出《首楞嚴經》在「疏解」和「應讖」之難。也就是他所說的：

> 自唐天寶十年，西京惟愨法師始作疏解，相沿至今，凡十數名家，孰不謂深契佛心，得骨得髓？至於關鍵大意，修性境觀，展卷，則滿目陳言；反照，則修途罔措，非疏解之難乎？昔天台大師嘗西望此經一十八載，既而入滅期迫，不獲寓目，乃預識譯人懸記，釋者謂當有菩薩、宰官以文章翻譯，復有肉身比丘以吾教判此經，歸於中道。余遍觀諸疏，皆無足以應聖讖。惟今大師之《圓通疏》獨可當之，非應讖之難乎？〔註197〕

袁世振對傳燈的讚譽，出於他讀傳燈註疏的感受。他在序文末自署「欽差疏理、兩淮江廣河南等處鹽法道、山東按察司廉使、宗天台教觀菩薩戒幽溪宣灑滄孺居士，蘄州袁世振槃談撰。」「宣灑」是弟子之意，以「宗天台教觀菩薩戒幽溪宣灑」自署，即是以幽溪傳燈弟子自居，自然視其師之成就最為傑出。故序文之末云：

> 若師者，可謂應大師之聖讖，傳古佛之心宗；即肉身而悟法身，即肉眼而具天眼。剖微塵而出經卷，朗金錍而剖臀膜。發古今之所未發，決釋迦之所秘密，〔註198〕可以稱《楞嚴》之中興，可以滿大師之久望。而今而後，讀是疏而開解修證者，斯可以稱見道而後修道，修道而後證果矣。〔註199〕

袁世振在序文末提到他任兩淮鹽使，住廣陵官邸，千里迎傳燈至其衙門燕居之室坐夏，並經傳燈耳提密受，同於「示明珠於衣陰」，〔註200〕「賜華屋於旅

〔註197〕《幽溪別志》卷十四，頁8a。

〔註198〕「釋」後一字脫落，他本皆同。此處據《卍新續藏經》本《楞嚴經圓通疏》之〈楞嚴經圓通疏序〉補之。

〔註199〕《幽溪別志》卷十四，頁9a。

〔註200〕「授」後一字脫落，他本皆同。此處亦據《卍新續藏經》本《楞嚴經圓通疏》之〈楞嚴經圓通疏序〉補之。按：「明珠」之喻，見《妙法蓮華經》卷四（頁29a）：「世尊！譬如有人至親友家，醉酒而臥。是時親友官事當行，以無價寶珠繫其衣裏，與之而去。其人醉臥，都不覺知。起已遊行，到於他國。為衣食故，勤力求索，甚大艱難；若少有所得，便以為足。於後親友會遇見之，而作是言：『咄哉，丈夫！何為衣食乃至如是。我昔欲令汝得安樂、五欲自恣，於某年日月，以無價寶珠繫汝衣裏。今故現在，而汝不知。勤苦憂惱，以求自活，甚為癡也。汝今可以此寶貿易所須，常可如意，無所乏短。』」

亭」。〔註201〕使他不但「得其門而入堂奧，抑亦識解實而雨珍饈，遂得飽飫醍醐。」而且有「得飽飫醍醐，住持圓覺；富有多寶藏，作長者之子；貴為法王裔，愍貧乞之兒。豈非遇千生罕遇之人，聞萬劫難逢之法歟？」〔註202〕可以說他對傳燈之傳授天台教觀，佩服得五體投地。

　　袁世振還為傳燈寫了多篇致友人「為幽溪護法書」，分別寄給張師繹等五人。在給台州陸郡伯為傳燈寫的護法書中，〔註203〕他如此推介傳燈：

> 見在有無盡禪師者，本宗龍象，規矩高曾。所著有《楞嚴圓通疏》、
> 《法華珠影》、《金剛大意》、《心經梗槩》、《修行捷徑》、《法門會要》、
> 《幽溪文集》及《楞嚴玄義》、《前茅》、《海印》數百卷行於世，皆
> 台教開闢啓鑰之書。〔註204〕而《楞嚴義疏》一部，則尤以佛口所宣，
> 與大師所說心地法門吻合為一，不但本宗之功臣，抑亦如來之信史。
> 弟心師之久矣，嚮者薄遊寶婺，曾叩玄室。茲至維揚，載弘圓觀，
> 恨不相隨入山，共修楞嚴壇法，而業繫不容遽斷，則不得不以佛法
> 金湯仰望翁臺之加念焉。蓋楞嚴壇法，繫無盡師，依經創立，令精
> 修行人，尅期取證，而不佞弟之所助緣而成者也。〔註205〕

此段文字特別表彰傳燈立高明寺楞嚴壇，而自己曾「助緣」完成楞嚴壇之建，但遺憾未能隨傳燈入幽溪共修楞嚴壇法，希望陸郡伯能加意護持傳燈以楞嚴壇法助人精修佛法之努力。他還以「拋磚引玉」之法，表示高明寺「佛隴處乃智者大師發蹟之所，其山門地，近被俗僧租佃。弟備原價取贖，稍加修葺，欲使靈山勝蹟，不致終湮。弟之願也，而非翁臺，弗愉快也。」顯然是希望陸郡伯也能慷慨解囊，「助緣」購回山門之地，使山門之修葺能

〔註201〕「華屋」之喻，見《楞嚴經》「我今猶如旅泊之人，忽蒙天王賜與華屋，雖獲大宅，要因門入。」傳燈釋曰：「華屋喻如來所證圓融三德。如來全以己所證法，轉入他心，是為天王賜以華屋也。」見《楞嚴經圓通疏》卷四，頁184b。

〔註202〕「住持圓覺」一詞，見裴休，〈《大方廣圓覺修多羅了義經略疏》序〉：「欲證圓而未極圓覺者，菩薩也。具足圓覺而住持圓覺者，如來也。」

〔註203〕明代知府又名「郡伯」。陸郡伯身分不明。與傳燈有來往的陸光祖與陸寶都無任台州知府之記錄。

〔註204〕按：《法門會要》之全名為《法門會要志》。《前茅》之全名為《楞嚴經圓通疏前茅》。《海印》之全名為《楞嚴海印三昧儀》。

〔註205〕《幽溪別志》卷九，〈袁疏理與台州陸郡伯為幽溪護法書〉，頁14a～b。按：身、口、意所造之善、惡等業，如繩索繫縛眾生於三界之牢獄，稱為「業繫」，又稱「業縛」。見《佛光大辭典》，頁5503。此處言修天台法門之善業不能中斷。

儘早完成。

　　袁世振的其他「為幽溪護法書」之內容及旨意多半大同小異。致張師繹護法書之末，詳言傳燈「頃者依經創立楞嚴壇法，令修行人尅期取證，而又於維揚作應真膠漆像數十尊以圓大果」，希望傳燈道經其所轄之地，「得一舟入剡。」袁世振自己因「知親翁精深佛法，欽奉慈嚴，必能結無生緣，作不住施，令其早登法窟，不致羈留。其為功德，良非淺渺。」〔註206〕「剡」是浙江嵊州的別稱，也就是今日之紹興。傳燈曾於萬曆三十二年甲辰（1604）孟冬五日，講「淨土生無生論」於剡之南明寶相寺，聞天樂競作，蔚為一時奇談，應該就是張師繹協助玉成的。

　　袁世振的〈與溫州李太守為幽溪護法書〉，應該是寄給萬曆四十七年（1619）任溫州知府的李聞詩（1586～？）。〔註207〕其書也強調傳燈依《楞嚴經》立楞嚴壇法及他與傳燈針芥相投之契，略云：「時有僧無盡師者，玉立精嚴，為本宗龍象。所著諸書，直指心印，不啻數百餘卷，而且依《楞嚴經》勅立壇法，令道俗知趨，尅期取證。而弟投針水之契，亦助蘋藻之緣。顧自古叢社中興，必借王臣外護。竊聞翁臺袄金浴鐵，久為佛法大防。以茲役也，採木於溫，恐干嚴禁，願得少加護持，俾圓勝果。以無漏智為有作心，其為功德，洵非淺渺。」同書亦寄某溫處守道華公及某浙江台紹道張公，主旨相似，用詞大同小異，也是要華公及張公加以護持。〔註208〕

　　5. 焦竑

　　和傳燈交遊的外護還包括號稱萬曆朝最有學問之學者焦竑（1540～1620）。他雖然被萬曆朝國子監祭酒朱國禎（1557～1632）認為是「偏見不可

〔註206〕　《幽溪別志》卷九，〈袁疏理與浙江驛傳道張公為幽溪護法書〉，頁14b～15a。
　　　　　按：「驛傳道」為明代各省按察使佐官按察副使、僉事的分道之職。以其中一人擔任，掌本省驛遞之事。張師繹曾任浙江按察副使，故稱「驛傳道張公」。
〔註207〕　《幽溪別志》卷九，〈與溫州李太守為幽溪護法書〉，頁15a～b。按：李聞詩任溫州知府時間見《乾隆溫州府志》（臺北：成文出版社影印民國三年補刻板，1914）卷十七上，頁18a。
〔註208〕　《幽溪別志》卷九，〈寄浙江溫處守道華公為幽溪護法書〉，頁15a～b。按：明代布政使掌管一省財政，民生，下設左右參政、參議，駐守於某處，稱為守道。此「溫處守道華公」身分不明。袁世振雖自署「年弟」，但與他同年之進士並無姓華者。又同書卷九，「張公」疑為袁世振的同年張邦翼（1571～1643）。他字君弼，號軫南，湖廣黃州府蘄州人，與袁世振為同鄉。萬曆四十六年（1618）由廣東參議升浙江驛傳道副使。又同卷，〈與浙江台紹道張公為幽溪護法書〉，頁16a～b。

開」，又被其師耿定向（1524～1597）認為世上「難相處」的三個人之一，〔註209〕但與佛教關係密切，是相當虔誠的佛教信徒。〔註210〕他是萬曆十七年（1589）的殿試狀元，曾官翰林修撰，並受命為國史之纂修官，故又被稱焦太史。除焦太史之稱外，他也被稱弱侯及澹園先生，前者為其表字，後者為其號之一。他又號漪園，時以漪園冠其名，自稱漪園焦竑。焦漪園是是江寧人，故傳燈在〈送焦漪園先生便游永嘉括蒼還金陵〉一詩詩題有「還金陵」之語。《明史》說焦竑「博極群書，自經史至稗官雜說，無不淹貫。善為古文，典正馴雅，卓然名家。集名澹園，竑所自號也。」〔註211〕由於他「講學以（羅）汝芳為宗，而善（耿）定向兄弟及李贄，時頗以禪學譏之。」〔註212〕黃宗羲還說他「坐聖門第二席，故以佛學即為聖學，而明道闢佛之語，皆一一絀之。」這是當時他給人的印象。由於以佛學為聖學，焦竑不認同程顥闢佛所云「佛氏直欲和這些秉彝都消然得盡」，以為這是「二乘斷滅之見」，為佛之所訶。且說「佛氏所云不斷滅者，以天地萬物皆我心之所造，故真空即妙有，向若為天地萬物分疏，便是我心之障，何嘗不欲消然得盡？」〔註213〕此是同意禪宗之不二之論，可以理解為何當時論者頗以禪學譏之之由。〔註214〕焦竑攻程顥之闢佛之言似建立於他對佛學之認識。他曾有〈答友人問（釋氏）〉一書，

〔註209〕見《明儒學案》（北京：中華書局，沈芝盈點校本，1986）卷三十五，頁830。據黃宗羲引朱國禎之語云：「弱侯自是真人，獨其偏見不可開。」又引耿定向告焦竑之子之語謂：「世上有三個人說不聽，難相處。……孫月峰、李九我與汝（焦竑子）父也。」按：錢新祖教授誤以為是耿定向季弟耿定力（1541～？）之語。見氏著 *Chiao Hung and the Restructuring of Neo-Confucianism in the Late Ming* (New York: Columbia University Press, 1986)，頁34。

〔註210〕關於焦竑與佛教的關係錢新祖教授論之甚詳，見前引錢著頁44～45。其與佛教、禪學之關涉，李劍雄在其點校的《澹園集》（北京：中華書局點校本，1999）卷首，題為〈焦竑的生平、思想與著作〉的敘論中亦略有論及，譬如其「真心」說及「性本空」說皆是，但未明指禪宗對其思想之影響，而討論其「三教合一」而歸儒之傾向。不過焦竑之著作雖可見他與若干僧人來往，但並無與傳燈相過從之訊息。

〔註211〕《明史》卷二八九，頁7393。

〔註212〕《明史》卷二八九，頁7393。

〔註213〕見《澹園集》卷十二，頁91。《焦氏澹園集》（臺北：國立臺灣大學圖書館藏，2000）卷十二。《明儒學案》卷三十五，〈泰州學案四〉，〈答友人問釋氏〉，頁830。

〔註214〕《幽溪別志》卷九，〈與溫州李太守為幽溪護法書〉，頁15a～b。按：李聞詩任溫州知府時間見《乾隆溫州府志》（臺北：成文出版社影印民國三年補刻板，1914）卷十七上，頁18a。

表達他對程顥闢佛之批判，其中如：「伯淳言：『釋氏之學，若欲窮其說而去取之，則其說未能窮，固已化而為佛矣。』且於跡上攻之，如何？」曰：「伯淳未究佛乘，故其揞擊之言，率揣摩而不得其當。大似聽訟者，兩造未具，而臆決其是非；臟證未形，而懸擬其罪案，誰則服之？為士師者，謂乎宜平反其獄，以為古今之一快，不當隨俗俪耳也。」〔註215〕又如：「伯淳言：『盡其心者，知其性也，佛所謂識心見性是也。若存心養性，則無矣。』」曰：「真能知性知天，更說甚存養？盡心知性，所謂『明得盡渣滓便渾化』是也。存心養性，所謂『其次莊敬以持養之』是也。即伯淳之言，可以相證。」〔註216〕此是指出程顥曲解釋氏之「識心見性」，妄加比附，而有自我矛盾之處。可見他於佛學之認識，相當自負，其所著《楞嚴經精解評林》、《楞伽經精解評林》、《圓覺經精解評林》及《法華經精解評林》等，都是他深入佛學之證明。以此看來，傳燈會與他相交，並不足怪，但還是透過友人之居中媒介，此人是潘之恒（約1536～1621）。潘之恒字景升，號鸞嘯生、冰華生。安徽歙縣岩寺人，僑寓金陵。明嘉靖朝，官至中書舍人。因為他恣情山水，海內名流無不交歡，與湯顯祖（1550～1616）、沈璟（1553～1610）等劇作家為友，自然也認識當時最有名的學者焦竑，因此曾作〈為幽溪請藏與焦太史書〉，請借他之力，加速傳燈印造南藏之計畫。〔註217〕焦竑也因而作〈賦贈請藏還天台兼法孫受教〉直接答傳燈之請，也兼致其法孫受教。其詩云：

> 天台石角穿雲路，青鞋衝暑持經去。佛日雙林轉轉明，法城花蕊香生步。
> 玉笈金函萬卷餘，台山重觀五天書。知君悟入蓮花藏，不為筌蹄得兔魚。〔註218〕

此詩的「五天書」就是佛經之意。元人宋无（1260～1340）有〈寄山中僧〉一詩，前數句略云：「名山舊隱巖巒秀，精舍蕭閑殿閣虛。像禮栴檀千古佛，經翻貝葉五天書。」〔註219〕佛教藏經有萬餘卷，而傳燈以天台為宗，深入《法華》，

〔註215〕《明儒學案》第三十五卷，〈泰州學案四〉，頁834。
〔註216〕《明儒學案》第三十五卷，〈泰州學案四〉，頁834。
〔註217〕見潘之恒，〈為幽溪請藏與焦太史書〉，《幽溪別志》卷九，頁37ab。按：傳燈與受教於萬曆四十年（1612）請藏金陵。
〔註218〕見〈賦贈請藏還天台兼法孫受教〉，《幽溪別志》卷十五，頁22b。按：此詩未收於焦竑之《澹園集》。又傳燈與受教既於萬曆四十年（1612）請藏金陵，焦竑之詩應作於此時。
〔註219〕《古今圖書集成》，〈神異典〉，卷二〇〇，〈藝文六〉30b。

故焦竑說他「悟入蓮花藏」，而他的悟入自然是因為他不是藉筌蹄而得兔魚罷了。傳燈曾寫過〈送焦漪園先生便游永嘉、括蒼還金陵〉一詩，已見於前引拙著，亦無須多贅。

　　傳燈的外護當然不只以上諸人，許多小人物生平事蹟不詳，已無從查考。譬如，會稽陳謙益，〔註220〕曾與傳燈同遊寺院，賦詩同享。傳燈〈中秋同陳孝廉諸君虎丘生公講臺坐月〉之詩題中的陳孝廉應該即是此人。《幽溪別志》錄有他〈過聖果寺聽天台幽溪講《法華經》有賦〉一詩，記錄他在杭州鳳凰山聖果寺聽幽溪講《法華經》的感想。其詩十一韻二十二句如下：

　　　　師本天台宗，具足菩薩行。三昧轉法華，一乘得究竟。
　　　　舌相出廣長，道場肅嚴淨。能於四眾中，演說令諦聽。
　　　　法音乍雷鳴，妙義如泉迸。寶花雨繽紛，甘露灑霑映。
　　　　聞師說無生，天樂空中應。而此諸經王，護念悉賢聖。
　　　　智慧被已深，功德浩難並。我默無學人，靈山共參證。
　　　　願言錫牛車，拔我離火穽。

此詩之意甚明，詩之前半大致表達作者對傳燈講天台法華的深刻印象，所謂「法音乍雷鳴，妙義如泉迸。寶花雨繽紛，甘露灑霑映」，都是稱讚他的法音如雷鳴一般，能振聾發聵；而妙義如泉湧，能引人入勝。像天雨寶花，五色繽紛，又像天降甘露，僧俗同霑。詩之下半描述傳燈在南明講「淨土生無生論」時，天樂驟聞之現象。而他講諸經王的《法華經》時，助其護念者都是賢聖之輩，他們都已有很深的智慧，且所積的浩大功德也非一般之功德能相提並論。末四句自謙他是默默無學之人，到靈山參證天台教理，希望傳燈能賜他牛車一乘，把他從火宅般的陷阱中拯救出來。此是用《妙法蓮華經》第三〈譬喻品〉的「火宅喻」、「三界火宅喻」與「一車三車喻」，希望傳燈如佛陀一樣，能教他一乘法，助他從人間虛幻的逸樂解脫出來。

　　陳謙益之外，還有其他許多外護，或為傳燈高明寺之建築作碑記，或為傳燈之著作作序，或為傳燈寫護法書，或致書傳燈言天台教義，或作詩與傳燈唱和，都可充分證明傳燈在士林所受到之重視。如吳興人韓敬（字求仲），是萬曆三十八年庚戌（1610）會元，故在《幽溪別志》裏稱韓會狀。他好佛學，曾追隨蓮池大師雲棲袾宏，並與傳燈頗相過從；於致書傳燈時，都自稱「友弟」或「西吳恰恰菴道人」。作〈重興高明寺碑記〉則自署「賜進士及

────────────
〔註220〕陳謙益自署其名為「於越陳謙益」，於越是先秦的古越國，在會稽一帶。

第、南京行人司左司副、前翰林院修撰、宗天台教觀菩薩戒弟子」，足見視傳燈為師。他有兩通〈與幽溪書〉，分別為未能如期撰《天台山方外志》及高明寺碑記之序致歉。在〈重興高明寺碑記〉中，他特別列出傳燈在「重興高明寺」過程中與智顗大師間之「五似」和「五難」，屬辭比事，皆精詳確當，是篇相當用心撰成之文字。〔註221〕他也有〈宿幽溪不瞬堂留贈僧燈〉一詩，中有此數句云：「誰謂末法中，漢官儀似昨。轉憶昔人言，儒家滋味薄。」〔註222〕而其〈幽溪講堂蓮社疏〉及〈屬和幽溪講堂蓮社四詠〉則闡明傳燈建高明寺立蓮社講堂，教人淨土淨心、六時蓮漏，使法輪長轉，往生樂邦及呼籲傳勸修西方之樂所作之努力。〔註223〕又如名藏書家祁承㸁（1563～1628），與傳燈為方外交，曾訪傳燈於幽溪，禮楞嚴壇，在松風閣上夜參傳燈，作詩留贈，又作〈屬和松風閣四顏〉與傳燈唱和，作〈與幽溪書〉謝傳燈賜手諭並答應傳燈作碑記。來往詩、書或自署「友人」或「平等居士」。〔註224〕又如自稱甬東八還居士的范汝梓，曾過幽溪參禮傳燈，作〈游天台山再過幽溪留別僧燈〉，中有句云：「行過幽溪入深谷，欸然唄韻飄林麓，中有盡公大導師，心若死灰形槁木。」又曾為傳燈之《般若融心論》作序，略述他師從傳燈問道之經過，並言他「飫聆真諦，得未曾有。大都謂三界勞生，緣塵分別心不可有，六度萬行心不可無。」〔註225〕還指出傳燈能鍼砭釋子之過而云：「夫釋子談空，墮於無住之邊見，厭離根身器界，以與吾儒相水火；師獨標生心之指，舉祖祖未發之秘密藏，揭出全機，遂令拈槌豎拂、止可止啼、瞬目揚眉，都非好手。」他希望「世人以師此論受持讀誦，廣為人說；其為福德，勝於『須彌山王，如是等七寶聚，持用布施，』

〔註221〕所謂「五似」，是：一、發願似、二、師承似，三、棲息似，四、神異似，五、證悟似。所謂「五難」，是：一、締構之難。二、起信之難，三、外護之難，四、應接之難，五、物力之難。

〔註222〕韓敬，〈宿幽溪不瞬堂留贈僧燈〉，《幽溪別志》卷一，頁6b～7a。按「儒家滋味薄」一句，出朱子〈德興縣葉元愷家題〉一詩。其詩云：「葱湯麥飯兩相宜，葱補丹田麥療饑。莫道儒家滋味薄，隔鄰猶有未炊時。」詩句有「莫道」二字，韓敬之句為其反義。詩見《宋詩紀事》卷四十八，頁8b。

〔註223〕韓敬〈幽溪講堂蓮社疏〉，《幽溪別志》卷五，頁26a～27a。韓敬〈屬和幽溪講堂蓮社四詠〉，《幽溪別志》卷五，頁31a～b。

〔註224〕祁承㸁〈禮楞嚴壇留贈〉、〈松風閣上夜參〉、〈屬和松風閣四顏〉和〈與幽溪書〉，分別見《幽溪別志》卷一，頁7a～b；卷七，頁16a～b；卷九，頁39a～b。

〔註225〕范汝梓《《般若融心論》序〉，《幽溪別志》卷十四，頁14b～15a。

幸勿當面蹉過，別尋乾曝曝底禪也。」〔註226〕范汝梓還作有一首相當長的〈楞嚴壇表法讚〉，以詩的形式表彰傳燈和他所創之楞嚴壇。〔註227〕此外，還有〈屬和松風閣四顏〉與傳燈唱和。其序文說：「無盡導師，祇園龍象，蓻壇班馬，久住天台。余過訪之，登後山閣，出四景韻相示。率爾奉答，且皆下一轉語，雖懷效顰之慚，實切斷臂之懇，幸勿笑夫夫門外漢也。」所云「出四景韻相示」是傳燈的〈題石丈人居四顏〉的四首詩，其第一首即是「松風」，是松風閣得名之因。范汝梓之外，還有十位友人、居士與傳燈屬和，顯示他們與傳燈相交之愜意。〔註228〕

　　其他較有影響力者包括武進鄒嘉生（生卒年不詳）、〔註229〕廣陵倪啓祚（生卒年不詳）、〔註230〕永嘉劉康社（生卒年不詳）及劉康祉、〔註231〕鄞縣

〔註226〕按：「須彌山王」一句，出《金剛經》卷一（頁751c）：佛對須菩提言：「須菩提！若三千大千世界中所有諸須彌山王，如是等七寶聚，有人持用布施。若人以此般若波羅蜜經，乃至四句偈等，受持讀誦、為他人說，於前福德百分不及一，百千萬億分，乃至算數譬喻所不能及。」

〔註227〕范汝梓〈楞嚴壇表法讚〉，《幽溪別志》卷五，頁15b～16a。

〔註228〕范汝梓〈屬和松風閣四顏〉，《幽溪別志》卷七，頁15b～16a。按：「祇園」應作「祇園」。

〔註229〕鄒嘉生，江蘇武進人。字元毓萬曆四十四年（1616）丙辰科進士。《乾隆武進縣志》卷九，頁56b～57a。

〔註230〕倪啓祚，字允昌，江都人。萬曆四十七年己未（1619）進士。改庶吉士，授編修。參《雍正揚州府志》卷二十九（頁49a）倪啟祚小傳引《康熙揚州府志》。在《幽溪別志》中他又稱芬陀居士。對傳燈則自稱「廣陵弟子」。

〔註231〕劉康社，字幼安，一字仲宜。諸古文辭、詩歌，與何白、邵建章頡頏。見《乾隆溫州府志》卷二十下，頁62a。在《幽溪別志》中，他又稱幻安居士。疑「幻安」為「幼安」之誤刻。劉康祉似為劉康社之兄弟，但史料無徵。他字以吉，號玄受，是萬曆三十八年庚戌（1590）進士。官至廣西右布政使。著有《識匡齋文集》。《幽溪別志》錄有他的〈贈僧燈六秩壽言〉，自署官銜為「賜進士出身、南京兵部車駕清吏司主事、奉勅管理江南北場政，永嘉方外小友」。

周應賓、〔註232〕會稽陶望齡（1562～1609）、〔註233〕紹興陳繼疇、〔註234〕歙縣潘之恒（1556～1622）等等。〔註235〕

鄒嘉生曾作〈重脩高明講寺大殿并脩楞嚴壇殿疏〉，自署「宗天台教觀菩薩戒弟子、台兵使者」，似尊傳燈為師。書中云：「有文心法師者，盡師入室高足也，與余締方外詩禪之契久矣。不遠千里走，徒丐鼎新之疏，意以余昔傳兵台海，悉台教顛末，又嘗耕狂生之誠論，殖盡師之遺塔，或於此中楞嚴三昧，稍分半解。而不知余之鈍根，雖投之患難兵火中，頹乎其未能振醒也。」可見他寫此疏是應文心受教之請。他與文心締「方外詩禪之契」，見於他遊幽溪時留贈給受教之詩兩首；接著又說：「抑余在患難兵火中，百念都置，而台山、台水、台僧獨繞余懷，每成角夢廻，猶似傍幽溪楞嚴壇三匝，攬衣驚起，則太行雲影當頭。爾時身世茫茫，不覺淚點與佛聲俱墮矣！嗟乎！嗟乎！此際生死性命關頭，雖欲不皈依投禮，何可復得？……今舉筆作疏，乃集台山、台水、台僧于胸中，併不能置患難兵火于度外。余心自逼，豈待

〔註232〕周應賓（？～1626），字嘉甫，號寅所，浙江鄞縣人，萬曆十一年（1583）癸未科進士，任庶吉士，翰林院編修，官至禮部尚書。著有《舊京詞林志》六卷，後者自序署曰：「萬曆二十五年二月朔，右春坊、右諭德署掌翰林事周應賓。」見《舊京詞林志》（臺北：莊嚴文化事業有限公司，《四庫存目叢書》本，1996）。依其說，他是萬曆二十三年六月始任右春坊、右諭德署掌翰林事。在馮夢禎於二十一年八月任此職之後。見其書卷2，頁13a。《幽溪別志》中稱周太史。他曾於萬曆三十五年（1607）丁未，重輯侯繼高（1533～1602）與屠隆所修之《普陀山志》（臺北市：新文豐出版公司，2013），於〈重修普陀志叙〉後自署「東海外史」。著有〈普陀寺碑記〉、〈育王寺舍利殿莊嚴佛像募緣疏〉等與佛寺相關之文。

〔註233〕陶望齡，字周望，號石簣，浙江會稽人。萬曆十七年（1589）己丑科進士，授翰林院編修，官至國子監祭酒。唐高宗朝，改國子監為司成館，祭酒為大司成，故《幽溪別志》中稱他為陶司成。

〔註234〕陳繼疇，字師洛，號靜臺，浙江上虞人，萬曆十一年（1583）癸未科進士。曾任泉州推官，泰興縣知縣。和工部主事，故《幽溪別志》中稱主政。又自號道樹林戒居士。

〔註235〕潘之恒，字景升，號鸞嘯生、冰華生。安徽歙縣岩寺人，僑寓金陵。自髫齡以古文詞受知於汪道昆（1525～1593）、王世貞（1526～1590）。明嘉靖朝，官至中書舍人。之恒恣情山水，海內名流無不交歡，與湯顯祖、沈璟等劇作家為友。所遊行山水隨得隨錄之，曾作《新安山水志》十卷。末年屬意黃山，輯成一書曰《黃海》，計二十九卷，總其凡曰《亙史》，未竟而歿於金陵。其他地理類著作甚多，有《方漢齊雲山志》七卷。見《康熙徽州府志》（臺北：成文出版社，1975）卷15。《明史》卷98，〈藝文三〉說他有《亙史鈔》九十一卷。又《杏花邨志》（上海：上海古籍出版社，《續修四庫全書》本，2002）卷四，頁13a。

文心？」〔註236〕可見他對天台山水及高明寺僧充滿著感情，即使文心受教不請他寫疏，他也會為之效勞。

倪啓祚曾作〈募造楞嚴壇佛像疏〉，疏末自署「廣陵芬陀居士」。他在疏中先解釋楞嚴壇之所由創，略謂：「無盡燈公，屬百松高足，益發宏願，期為山靈重煥道場，與天壤不朽，此楞嚴壇之所由創也。」接著說明楞嚴壇建成之後，傳燈對壇內佛像與圖繪絹帛等所須作的保養。並說其徒正識千里跋涉來廣陵請他寫募造佛像疏，而自己也樂於「代宣告於十方宰官檀越，以期共助勝緣。」〔註237〕他也曾撰〈天樂吟〉一首，宣揚傳燈在南明山講「淨土生無生論」而天樂忽降之奇蹟。其詩甚長如下：

幽溪和尚，說淨土因。論生無生，厥旨微深。
半月講演，天樂頻臻。法未說時，樂藏何許？
方說之際，樂自何舉。鶴鳴子和，谷響聲傳。
感斯妙應，理之常然。金玉絲管，種樂百千。
清和嘹喨，豁爾神淵。音塵嫋嫋，石像頂旋。
洞庭張播，魚山梵宣。〔註238〕湘靈緱嶺，不可名焉。
大師微笑，四眾傾虔。合掌禮拜，恭聽爭先。
十方傾動，歌賦盈篇。余居火宅，不與青蓮。
師開覺路，寶筏度川。探真際理，示了義玄。
轉妙法輪，甘露等沾。指生無生，克紹馬鳴。
無住而住，芳繼龍樹。遙遙得聞，夢想驚顧。
敢用礱效，以廣流布。

此詩從「幽溪和尚」至「不可名焉」各句，都是描寫傳燈講「淨土生無生論」半月，而天樂忽起之大概。傳燈在《淨土生無生論》卷首有頌云：「稽首能仁圓滿智，無量壽覺大導師。所說安養大乘經，了義了義至圓頓。妙德普賢觀

〔註236〕以上引文皆見《幽溪別志》卷四，頁7a～8b。
〔註237〕《幽溪別志》卷五，頁25b～26a。
〔註238〕按：「洞庭張播」至「不可名焉」等句當是指天樂之動聽，不可名狀。魚山在兗州（在今山東）東阿縣西，其山陰有陳思王曹植之墓。據傳曹植每讀佛經，輒流連嗟玩，以為至道之宗極也。遂製轉讀七聲昇降曲折之響，故世之諷誦，咸憲章焉。嘗游魚山，忽聞空中梵天之響。清颺哀婉，其聲動心。獨聽良久，而侍御莫聞。曹植深感神理，彌悟法應，乃摹其聲節為梵唄、撰文。此應是「魚山梵宣」之所本。見〔唐〕道宣《廣弘明集》卷五，頁119b；〔宋〕法雲《翻譯名義集》卷四，頁1123c。

自在，勢至清淨大海眾。馬鳴、龍樹及天親，此土廬山蓮社祖。天台智者并法智，古往今來弘法師，我今歸命禮三寶，求乞冥加發神識。敬採經論祕密旨，闡明淨土生無生。普使將來悟此門，斷疑生信階不退。」〔註239〕可解釋「指生無生，克紹馬鳴。無住而住，芳繼龍樹」等句。「余居火宅，不與青蓮」至末句，表示他自己本住火宅三途，不信佛教，經傳燈開示覺路，而得知奧義，故願為廣宣其說，使其流布。

劉康社（生卒年不詳）與傳燈關係至深。他工古文辭詩歌，與何白、邵建章頡頏詞壇。壯歲棄諸生，博遊吳楚，無仕宦經歷。〔註240〕他曾一再作書請傳燈至永嘉魚潭講經，自署「小友」。其第一書先云：「東甌撮土廿年不耳師王之聲。社等寡昧，十載亦曠滿月之面，勞躭鬱結，想屋覵饑，非一日矣。」〔註241〕顯見傳燈有二十年未赴永嘉講經，而劉康社也有親訪之約，但已歷十載，仍未能實現，故想念甚殷，已非一日。他表示永嘉魚潭之孝廉諸公已做好準備傳燈之來永嘉，希望傳燈能請林國材也來永嘉參加其講經盛會。他還強調郡守何公也樂於協助其來，而廳縣屬吏也必定都會聽其指令。其第二書則先讚傳燈在闡揚天台止觀的成就而云：「恭唯天台教主幽溪大師，圓宗木鐸，教觀師模，大明止觀之淵源，深悟一家之旨趣；握衣珠而自照，闡幽奧以傍輝。況茲道場實係東甌名勝，久虛蓮席，思振潮音，光我家風，還他作者。」接著表示他個人對傳燈來講經之殷切期盼：「社悉在提撕，屢蒙法施，未明大事，恐墮虛生，敬合眾議，同矢誠心，仰迓巾瓶，惠臨海國，沛法雨於焦枯，謂眾生之慈父，傳心宗於頑鈍，仰此土之金仙。」〔註242〕

劉康社十載未能履約拜見傳燈，而期待相見之意，也表達於其〈贈還天台〉一詩中。其詩頭數句云：「我懷出世思，久厭塵罥網。十載負幽期，終宵勞積想。衣珠一念迷，敝帚千金享。每欲訪通人，與之游無象。」〔註243〕他期待能與傳燈晤面，但是不知何時可遂其願，想起過去曾遊石梁，而與傳燈失之交臂，心仍怏怏，故在詩的下半云：「忽憶石梁雲，自扶桃竹杖。秋風行色佳，落日離心快。猿鶴相向迎，交遊切餘愴。我慚未拂衣，何得同來往。唯

〔註239〕《淨土生無生論》頁381a。

〔註240〕《光緒永嘉縣志》卷十七，頁29b。

〔註241〕《幽溪別志》卷九，〈劉仲宜居士請魚潭講經書〉，頁25b～26a。按：原書作「（食+周）饑」，該字不見於康熙字典，疑為「覵饑」之誤。

〔註242〕此段引文皆見《幽溪別志》卷九，〈劉仲宜居士請講經書〉，頁27b～28a。

〔註243〕《幽溪別志》卷十五，〈劉居士贈還天台〉，頁27b～28a。

有夢中魂，殷勤到方廣。」因為遊石梁而未能相見，只能怪自己未拂衣歸隱。如今只有在夢中時，魂魄到方廣寺去相見了。

劉康社還有〈喜天台高明寺栴檀像成有賦〉、〈屬和松風閣四顏〉、〈天樂謠〉、〈賦送還天台〉及〈華頂吟寄幽溪無盡法主〉等詩贈傳燈。〔註244〕〈喜天台高明寺栴檀像成有賦〉一首甚長，雖是寫高明寺栴檀像之造成，但最足見他感激傳燈西方淨土安養國之教，而竟有「余亦方外人」而欲皈依佛教之語。其詩云：

> 末法日凌夷，眾生迷習見。苦無宿昔因，不覿如來面。
>
> 開士愍沉淪，慨然思拯援。乃崇象教源，欲使玄風扇。
>
> 栴林搆珍木，鏤像依崇殿。神力犍連供，奇踪忉利現。〔註245〕
>
> 金容滿月輝，螺髻青珠炫。彈指仰慈顏，人天同歡羨。
>
> 始知安養國，居然在震旦。彌陀本性中，生佛原無間。
>
> 余亦方外人，偶爾牽憂患。壯志願歸依，塵情薄婚宦。
>
> 焚香掃盧室，長作西方觀。已知劫是塵，寧昧身為幻。
>
> 稽首畢微誠，接足希明鑑。幸資般若舟，令予躋彼岸。〔註246〕

他的〈天樂謠〉也相當長，其形容天樂出現而又趨沉寂之句有：「璈笙何處過紅雲，鐘鼓誰家喧碧落。冰夜霜空嗷斷鴻，清秋霞表嘌羣鶴。徘徊殿剎駭天龍，錯和梵唄如鐃鐸。須臾岑寂悄無聲，雲盡天空江水清。……而我生有耳同聾瞶，得聆天樂知何時。願託巾瓶論性具，敢迷衣寶作貧兒。」〔註247〕可見他個人也在傳燈講「淨土生無生論」之現場，見證了天樂之出現。

劉康社曾作〈為魚潭請講《楞嚴經》書〉，自署「社小友劉康社」，似乎是以魚潭讀經社之成員發函。其書略曰：

> 社等常讀《楞嚴會解》，以為古來諸師亦大奇矣，倘所謂超佛越祖之談非耶？及讀吾師新疏，則又見彼如寒蟬，師如獅吼，何智量之相越又如此也。真能攝大地於毫端，普一塵於法界，又奚待法華極唱最後微言，而後直見佛性之全哉？蓋昔菩薩於方等毒發者，皆具此見地者矣。社等合集同志於秋杪，敦請吾師豎大法幢，一摧偏小，

〔註244〕除〈華頂吟寄幽溪無盡法主〉見於《天台山方外志》外，餘皆見《幽溪別志》。
〔註245〕「犍連」一句，指目犍連之神力。「忉利」一句，指生於「忉利天」。
〔註246〕《幽溪別志》卷五，頁 32b～33a。
〔註247〕《幽溪別志》卷十五，頁 18b～19a。

倘垂哀憫，使祉等於吾師一毛孔中頓入花藏游戲，則亦千載之一時
也。〔註248〕

此書可證明劉康祉讀過中吳師子林天如惟則（1286～1354）禪師的《楞嚴會解》，於過去解《楞嚴經》前輩諸師之宏觀偉識感到大奇，但讀了傳燈的《楞嚴經圓通疏》之後，才知道前者為「寒蟬」，而傳燈為「獅吼」，智量不能相及。所以他集合其讀經社之同志，請傳燈來為他們講經，使他們能於傳燈之「一毛孔中」得進入華藏世界，涵泳其中。

劉康祉在傳燈六十歲時曾作〈贈僧燈六秩壽言〉，是應其方外友幻由正路（生卒年不詳）之請而作。正路是傳燈弟子，得傳燈於《玄義》、《文句》、《止觀》三大部之真傳，嘗赴永嘉能仁、楞嚴寺之請講經。〔註249〕劉康祉本即心儀傳燈，故樂於為他作賀壽文。文中他先述天台宗之為禪宗所障蔽，略謂：「釋迦之出蔥嶺也，自少林以拈花之旨東來，而曹溪以無字之義南竪，天下雄駿之人，契其捷機，而中庸之徒，利其便徑，鼓愚智而羣趨，而天台之旨湮淪不振矣！」接著言傳燈出生、習法、建高明寺及中興台教所作之貢獻曰：「師挺生太末，落髮天台。天授神詣，洞契無上。舍易趨難，舍偏就全。其圓了諸門，兼總條貫，固不藉文言而徑造者也。而深經奧典，瞥目觸手，了如夙習；箋釋詮疏，無不洞心。如《圓覺》、《楞嚴》諸經，默符智者懸記，且擬了智者所未竟，諄諄善誘，開導為宗，環海內外，悉趨講席；羣生悲仰，天樂呈祥。於是天台徵旨，燦然中興。天下欣欣，如值智者之世矣！……未嘗習操觚而為詩，若文輒宏贍爾雅，視專場名藝之家，匪惟分庭，抑且至奧矣。」可以說他對傳燈於經疏之作，講經之業，講席之廣，台教之中興及詩文之宏贍，瞭如指掌，而能娓娓道來，切合實際。尤其所謂：「夫具大識力者，皆文字語言中人也，特綺語華名障之耳。師現文字身而為說法，而以筆墨作佛事，則冀人以詩若文悟，分身入流，攝諸含知，同證空蘊，則師之風，動於緇白而爛熳於乾坤，處處是開權之場，時時定顯實之地，則師旨也。」〔註250〕更足以表現傳燈以詩文示般若的旨趣。

周應賓在萬曆朝的佛教界相當活躍，他除了重輯《普陀山志》之外，還和其鄞縣阿育王寺的住持秘藏正理為方外交，曾為他作〈阿育王寺舍利殿莊

〔註248〕《幽溪別志》卷九，頁31b～32a。
〔註249〕此段引文《幽溪別志》卷八，〈幻由正路法師〉，頁8a～b。
〔註250〕《幽溪別志》卷十五，頁9a。

嚴佛像募緣疏〉〔註251〕。秘藏正理雖為傳燈師弟傳瓶法嗣，也是傳燈之弟子。
周應賓曾作書，代正理邀請傳燈至阿育王寺講經，故其〈請講經書〉云：「茲
者阿育王寺舍利寶殿住持理公，欲啟法筵，闡揚淨土。若非老宿之尊嚴，曷
遂人天之瞻仰？敬用奉迎，先此馳報。蓋聞法師圓融妙觀，常運無緣之慈；
拔濟羣生，定納有待之請。」〔註252〕他的〈贈講《楞嚴經》畢還天台幽溪〉，
應即是傳燈在阿育王寺講經完後回天台幽溪之前所作。其詩云：「高座談經處，
潮音雜梵音。三車開寶筏，半偈得金針。雲樹江前亂，天花雨後深。石梁歸棹
急，去住兩無心。」〔註253〕所謂「潮音雜梵音」，應該就是在四明阿育王寺梵
唄的素描。

　　陶望齡作〈請講經書〉及〈秋日游幽溪贈講《楞嚴經》〉。前者先點出傳
燈在佛法的素養而云：「宗說二通，行解兩足。接天台已墜之正傳，獲法華殊
勝之三昧。浙之東西，人無緇素，咸沾漑法味，稱甘露門。」接著表示會稽之
民福薄，未能聆聽法音，如今因闔郡僧俗翹勤之願，傳燈終於答應蒞臨，他
自己「夙親道韻，仰贊勝緣」，所以非常歡欣，故「敬附短函，奉迓巾錫。」
希望傳燈「惟惠然時發，以慰四眾。」〔註254〕陶望齡有〈秋日游幽溪贈講《楞
嚴經》〉一詩，其詩曰：「此地震雷音，光明迴十尋。七徵如是法，一句咄非
心。松韻傳空籟，天花雨午臨。江南秋九月，優鉢現珠林。」〔註255〕詩中表
達他親聆傳燈講《楞嚴經》首卷佛破阿難所謂七處心目所在之處，指佛以「七
處徵心」之法，責阿難所云俱非心目之所在。幽溪高明寺有松風閣，故言「松
韻傳空籟」，證明他確實「夙親道韻，仰贊勝緣。」

　　陳繼疇曾遊天台國清寺，登華頂，訪萬年寺，觀仙人浪、天姥嶺、惆悵
溪，都留有詩作。〔註256〕他也作書請傳燈講經，其書略曰：「恭惟大師，妙

〔註251〕《明州阿育王山志》卷四，頁290。
〔註252〕《幽溪別志》卷九，〈周太史請講經書〉，頁12b～13a。
〔註253〕《幽溪別志》卷十五，頁23a。按：此詩亦收入《天台山方外志》卷三十，
　　　　頁1008。唯「雲樹江前亂」一句，該書作「雲樹江前舞」，意思較佳。又按：
　　　　紫柏真可〈雷音寺〉詩末兩句云：「我來了宿約，去住兩無心。」見〔明〕
　　　　釋鎮澄撰《清涼山志》卷二，頁79。
〔註254〕此段引文皆見《幽溪別志》卷九，頁13a。
〔註255〕《幽溪別志》卷十五，頁22a。「七徵」是「七處徵心」之簡寫。佛於楞嚴會
　　　　上徵詰阿難心目所在之處，阿難先後以七處回答之，均為佛所論破，稱為「七
　　　　處徵心」。見《大明三藏法數》卷二十二，頁295a。
〔註256〕《天台山方外志》卷二十八，頁917、929、946。

悟三乘，勤行萬善，冥探宗極，廣闢度門。疇雖未獲參承，而慕德嚮風，皈依恒切矣。茲者淨行比丘、信心檀越，僉欲傾聆馨欬，〔註257〕瞻仰慈顏。啟大善之戒壇，演法華之妙義。仰祈大師，憫念眾生，特垂矜允；法駕光臨於穢土，慈航普度夫迷津。感戴何深，功德無量。」雖然書中未言講經之地點，但他是紹興上虞縣人，應當是為上虞之比丘、檀越作書請傳燈講經。又作有〈天樂頌〉，序文表示傳燈在剡縣石城南明山講「淨土生無生論」時「天樂盈空」是自然感應，不足為奇：「夫石城既彌勒化境，淨土又彌陀化法，有門大師者不過借彌陀廣長舌，現彌勒兜率境，代宣法音，允協天樂。是樂也，安知非二佛之所隨喜乎？彌勒以無生降，彌陀以無生來，諸天以無生聽山水，知音不謀而合，塤箎鏗鏘，時時迭奏，特凡夫卷荷根，初未之聞耳。且是地三生聖僧，靈異不一，今大師者又安知非二佛所使三僧再來耶？故知彌勒石像妙身也，彌勒淨土妙法也，空中奏樂妙音也，四眾諦聽妙感也。若感若應，何莫非無生也。」〔註258〕他的〈天樂頌〉更進一步強調「天樂」振聾發聵之作用：

> 伊維彌陀太饒舌，開茲淨土無生門。伊維彌勒太神通，現身壁立千仞有。
>
> 種種殊時化世間，云何復現空中樂。聿稱天樂非世樂，欲豁世間諸聵耳。
>
> 是故隨講復隨報，非金非石非虛空。此惟天耳所通達，非肉耳人能分別。
>
> 各各空懷驚喜心，咸歎天樂未曾有。若能諦聽生無生，即入龍華不思議。〔註259〕

陳繼疇曾於山陰大善寺聽傳燈講《法華經》，撰有〈聽幽溪法師講《法華經》於山陰大善寺賦贈〉一首，可看出他力學天台教之心志及獲傳燈開導而發願從其教之心情：

> 末法日凌夷，聖澤幾湮墜。疑網牿闡提，多岐蠱梵志。
>
> 佛子等恆沙，真詮誰堪寄。千載有燈公，宗門嗣正系。
>
> 直探台教源，人我期兼利。爰作天人師，巍巍登法位。

〔註257〕「馨欬」同「馨欬」。
〔註258〕《幽溪別志》卷十五，〈陳主政天樂頌〉，頁 17b～18a。
〔註259〕《幽溪別志》卷十五，〈陳主政天樂頌〉，頁 17b～18a。

舌吐青蓮花，指揮鐵如意。妙法衍一乘，真常現三昧。

白日麗中天，皎皎消陰翳。龍女愛河乾，脩羅怒刃棄。

天樂闡婆陳，緒言鶩子繼。伊余初學人，悠悠牽章句。

參究匪一朝，無由見了義。何幸逢導師，而獲沾法施。

願言勵翹勤，於焉發弘誓。依此甘露門，漸入三摩地。〔註260〕

潘之恒雖曾為官，但在《幽溪別志》中被稱為「山人」，似因他恣情山水之故。他從紫栢真可遊，並與多位僧人相過從。事多見《徑山志》、《武林梵志》等書，在三吳地區之寺院相當活躍。觀其〈為幽溪請藏與焦太史書〉可略知他與湯顯祖（1550～1616）、吳用先（1564～？）〔註261〕及焦竑等文人學士間之關係。而〈為幽溪請藏與顧司成書〉則可證他與顧起元（1565～1628）間之投契。〈為幽溪請藏與焦太史書〉略謂他在去南京途中，適與傳燈相遇於湖上，知他有入南都印造南藏之舉，欲依託焦竑，儘速印完，自行裝池。故對焦竑說：「此師大善知識，今時龍象，所撰《天台山志》亦震旦名山第一部，老宗主一見自了之，且願與無念禪師參究，不知仍在經房否？《未曾有因緣經》已屬余常告見校梓，并致此聲。草率不盡，便書方伯，幸為慫慂。」〔註262〕這是一方面建議焦竑看傳燈的《天台山方外志》，一方面請他致書吳用先，籲請吳用先代為募緣印經。〈為幽溪請藏與顧司成書〉也談到他遇傳燈於秣陵印造「南藏」事，也同樣希望借顧起元之力，協助傳燈儘速完成印經之業：「今時龍象，欲就正仁公，敬為紹介，且借重得速完經事，惟仁公為料理之。不肖皈依無盡師，不獨一志，其言下了義足暢玄風，仁公招之三臺間，當有印證妙悟處。」〔註263〕

〔註260〕《天台山方外志》卷三十，頁1107。

〔註261〕吳用先，字本如，又字體中。桐城人，住應天。萬曆二十年（1592）進士，授臨川知縣，累遷戶部主事、都御史，巡撫四川、工部侍郎，薊遼總督。與湯顯祖交稱莫逆，見湯顯祖《玉茗堂全集》（上海：上海古籍出版社，《續修四庫全書》本，2008）卷八〈送吳侯本如內徵歸宴世儀堂碑〉、〈次吳本如言歸〉，卷三〈夢覺篇有序〉，卷五〈為吳本如明府去思歌〉，卷四〈與吳本如岳伯〉等詩。著有《周易筏語》、《寒玉山房集》見《乾隆江南通志》（北京：商務印書館，2005）卷一四六，頁17b；《光緒金陵瑣志・鳳麓小志》（臺北：華文書局，1968～1969）卷二，頁17a。

〔註262〕《幽溪別志》卷九，頁37a～b。按：《佛說未曾有因緣經》為蕭齊沙門釋曇景譯，收入《大正藏》第十七冊。「方伯」即是此書前半的「吳本如方伯」，也就是吳用先。因為他曾任四川巡撫，故稱「方伯」。

〔註263〕《幽溪別志》卷九，頁37a。

　　為傳燈募緣作護法書或書請講經之外護還有許多，如會稽舉人劉塙及劉
埁曾作〈請講經書〉請傳燈至其里大善古剎講經。〔註264〕長洲劉錫玄（生卒
年不詳）兵憲〔註265〕作〈請修大悲懺書〉與〈與紹台道劉崑海為天台幽溪護
法書〉。前者是請傳燈至蘇州為其老母七十初度啟大悲懺道場二十八日。〔註
266〕後者是致其同年南陵劉有源（1576～？）台紹道員〔註267〕請他為傳燈之
金湯護法，並以索得傳燈之《圓通疏》、《楞嚴玄義》、《方外志》和《融心論》
四種著作，「轉供案頭」，盼劉有源能與傳燈為方外交。〔註268〕桐城吳善謙推
官〔註269〕作〈為（無盡大師）明真（道場）講期與龍游令姚公書〉請其親家
協助傳燈在其縣治講《楞嚴經》。〔註270〕臨海金以諫知縣作〈與周揚州龍符
為高明護法書〉和〈寄贈幽溪修《天台山志》〉。前者是因傳燈建楞嚴壇，使
其徒募緣維揚，金以諫希望其友人揚州兵備道周夢暘（生卒年不詳）做傳燈

〔註264〕劉塙字靜主，號沖倩，拜於周汝登（海門，1547～1629）門下。《明儒學案》
　　　　有傳。說他「由諸生入太學，七試場屋不售而卒。」傳燈稱劉氏兄弟為劉春
　　　　元，當是因劉埁為萬曆二十八年（1600）庚子科舉人之故。劉埁又名劉永基，
　　　　字時倩，號止庵，歷官常州宜興知縣、江西贛縣知縣。見〔清〕阮升基《宜
　　　　興縣志》（臺北：成文出版社，1970）卷五，頁54a。
〔註265〕劉錫玄字玉受，萬曆三十五年（1607）丁未科進士。生平事蹟見《同治蘇州
　　　　府志》（臺北：成文出版社影印本，1983）卷八十七，頁10b～11a。《幽溪別
　　　　志》稱他霸州和兵憲，因為他在天啟五年（1625）六月，任山東霸州兵備參
　　　　政。見《明熹宗悊皇帝實錄》（臺北：中央研究院歷史語言研究所輯校，1964
　　　　～1966）卷六十：「天啟五年六月，起補原任貴州布政使司右參政劉錫玄於
　　　　山東整飭霸州等處兵備道。」
〔註266〕劉錫玄，〈請修大悲懺書〉，《幽溪別志》卷九，頁29a～30b。
〔註267〕按：劉崑海，似應作劉昆海，其生卒是根據上海圖書館藏《萬曆三十五年丁
　　　　未科進士履歷便覽》（上海：上海圖書館藏，1607）：「劉有源，字昆海，詩
　　　　四房，丙子六月十四日生。南陵人，丙午鄉六十一名，會十四名，三甲九十
　　　　八名。工部政，丁未十月授西安知縣，甲寅考選，戊午授湖廣道御史，庚申
　　　　廣西巡按，辛酉升四川參議，甲子起浙江參議，丙寅補湖廣道，丁卯閒住。
　　　　戊辰起陝西道，己巳升山東參政，改井陘道，庚午升江西按察使，致仕，辛
　　　　未考察。曾祖珂，壽官；祖邦恩，監生；父維和，飲賓冠帶。」
〔註268〕劉錫玄，〈與紹台道劉崑海為天台幽溪護法書〉，《幽溪別志》卷九，頁19b～
　　　　20a。
〔註269〕吳善謙字伯亨，號黃嶺，今安徽桐城人。萬曆三十七年（1609）舉人，由進
　　　　士初任台州推官，以政績卓异升監察御史。見《民國續修臺州府志》卷九十
　　　　一，頁31a。
〔註270〕吳善謙，〈為（無盡大師）明真（道場）講期與龍游令姚公書〉，《幽溪別志》
　　　　卷九，頁12a～b。按：明真道場應在衢州龍游縣，是傳燈之故里，但吳氏此
　　　　書，並無線索可查

之護法金湯。〔註271〕後者是頌傳燈《天台山方外志》之詩，介紹其書之作及大致內容，有「標題函孔墨，臚列盡緇黃」、「徵求方內外，詮序事存亡」、「至理參微妙，奇言破渾茫」等句。此外，舉人徐元正（生卒年均不詳）和張世偉（1569～1641），殿元文震孟（1574～1636），翰林姚希孟（1579～1636）、周順昌（1584～1626），學憲范允臨（1558～1641）等等，〔註272〕分別各撰〈請瑞光寺講經書〉，除張世偉自署弟子外，餘皆自署友人。徐書略謂他曾於萬曆癸丑（1613）於蘇州北禪寺聆傳燈「演說摩訶衍法」，到他寫請講經書時已逾十載。現為同郡瑞光寺竺璠上人啟請弘經，希望他能於春末蒞臨賜講。〔註273〕張書略謂瑞光寺七佛閣落成，主僧淨上人特謁幽溪，敦請象馭吳郡，「弘闡玄音，悲救深誨」，他也從諸長者後，特修一緘，籲請傳燈賜講使僧俗可得瞻企。〔註274〕文震孟書略謂「瑞光為吳中古剎，七佛寶殿，莊嚴妙好，

〔註271〕金以謙，字廷訓，號箴思，臺州臨海人，萬曆二十年（1592）壬辰科舉人，任建寧知縣。見《民國續修臺州府志》卷一一八，頁15a。或說萬曆二十八年（1600）庚子舉人。見《康熙臨海縣志》（哈佛大學燕京圖書館藏膠卷，1683）卷五，頁41b。《幽溪別志》有〈金元玉與周揚州龍符為高明護法書〉，署名金以謙，是則一字元玉。「周揚州」，疑是萬曆朝十六年（1588）淮陽海防兵備道副使周夢暘，他字啟明，湖廣襄陽府南漳縣人。萬曆二年（1574）甲戌科進士。見《雍正揚州府志》卷二十七，頁 39a；《乾隆江南通志》卷103，頁23a。周夢暘著有《水部備考》十卷、《常談考誤》十二卷。見萬斯同《明史》卷一三四、一三五，頁數不明。

〔註272〕徐元正，字子貞，號靜園，浙江德清人。康熙朝才中進士，官至工部尚書。張世偉，字異度，江蘇吳江人。萬曆十四年舉順天鄉試，著有《白廣齊集》等書。文震孟是文徵明之曾孫，字文起，號湛持，天啟二年（1622）壬戌科殿試第一，授修撰。見《明史》卷二五一，頁6495。姚希孟，字夢長，號覲聞，吳縣人，與舅文震孟同學，並負時名。先其舅中萬曆四十七年（1619）己未科進士。為庶吉士。天啟朝，授檢討，纂修《神宗實錄》。其著作甚多，有《公槐集》、《響玉集》、《棘門集》、《沆瀣集》、《循滄集》、《丹黃、松瘰集》、《伽陵集》、《風唫集》等，又有《佛法金湯文錄》十二卷。見《明史》卷九十八，頁2455；卷二一六，頁5718。周順昌，字景文，號蓼洲，吳縣人。萬曆四十一年（1613）癸丑科進士，授福州推官。萬曆朝歷官至吏部稽勛主事，與高攀龍、周起元、繆昌期、黃尊素、李應昇、周宗建等六人號「東林七賢」。見《明史》卷二四五，頁6353。范允臨，字長倩，吳縣人宋參政范仲淹十七世孫。萬曆二十三年（1595）乙未科進士，官至福建布政司參議。晚居蘇州天平山麓，建園林，樂聲伎，稱神仙中人。工書畫，時與董其昌齊名，歸築室天平山，著有《輪寮館集》。《乾隆江南通志》卷一六五，頁59a～b；《同治蘇州府志》卷六十，頁27b；卷八十一，頁2a；卷一三六，頁21b。

〔註273〕《幽溪別志》卷九，〈徐春元請瑞光寺講經書〉，頁32a～b。

〔註274〕《幽溪別志》卷九，〈張春元請瑞光寺講經書〉，頁34a。

皆自住持淨公以苦行成實為梵林標剎，雪嶺重光。」他願依淨公之求，敦請傳燈主盟法席，以益有情。〔註275〕姚希孟書略謂他曾在祇園菴中側聆高論，已彈指數年。因寡母去世，自己又為世所棄，遂於「墓田之側，纍土誅茅，結廬數椽，朝夕宴坐。」真希望有真導師發聾啟聵，指出轉身之路。今因瑞光寺七佛閣落成，寺僧竺璠欲請傳燈來賜講，以開示人天，希望傳燈應允。〔註276〕周順昌書意思略同，但先說「夙欽老師名德東南，人天眼目，切欲皈依，心儀久矣。」〔註277〕范允臨書先說他曾見過傳燈慈容，常思念之，並說吳中多士，親承妙論者不乏其人，實傳燈大冶之功。如今瑞光寺住持淨公，將於春初，啟建講經道場，他答應為他延請獅王，一登寶座，因而書請傳燈惠臨。〔註278〕

　　以上幾位傳燈友人都是直接作書請傳燈講經，與那些作書致友人為其護法金湯者，都扮演著傳燈護法之角色，若非傳燈說法精到，聲譽隆盛，積累了相當大的「象徵性資本」（symbolic capital），孰能臻此？〔註279〕傳燈的「象徵性資本」當然包含他的各類著作所滋生的成果，如同顧起元（1565～1628）在為傳燈所作〈《天台山方外志》序〉中說：

　　嗟乎！覽應邵之記，如禪岱宗；披王履之圖，若臨仙掌。猶曰地以文奇，境因語麗耳。至若道元之注水經，旁洽異書；靈運之賦山居，廣陳奇物。千載而下，等諷咏于登陟，媲簡冊于丹青；志而若斯，斯已偉矣！師之天台，庶幾是乎！若夫精詮教觀，弘闡宗風。霏法雨于松樞，霍慈雲于蘿幌。花飄座側，樂鼓空中，斯又地靈以人傑逾彰，山笥與海藏同久者也！彼楊衒常記伽藍，慧遠曾經廬阜，厥稱著矣，豈如斯志名寄區中，理存方外，將使絕粒茹芝之客，默引瑤梯；餐風味道之侶，羣登寶筏者哉！〔註280〕

此段序文之大意是：東漢地理學者應劭（153～196）所著的《風俗通義》，和元、明之際畫家王履（1332～1391）所作的《華山圖》，已被視為奇文麗語，

〔註275〕《幽溪別志》卷九，〈文殿元請瑞光寺講經書〉，頁33a。

〔註276〕《幽溪別志》卷九，〈姚翰林請瑞光寺講經書〉，頁33b。

〔註277〕《幽溪別志》卷九，〈姚翰林請瑞光寺講經書〉，頁34a～b。

〔註278〕《幽溪別志》卷九，〈姚翰林請瑞光寺講經書〉，頁33b～34a。

〔註279〕關於此點，筆者在拙著《孤明獨照無盡燈》已略及之，不再贅述。

〔註280〕「應邵」當作「應劭」。他是東漢末年學者，曾泰山太守。漢獻帝初平二年（191年），黃巾軍進入泰山境內，應劭帶兵應戰，大敗黃巾軍。此段文之岱宗就是指泰山。

美化名山之作，〔註281〕而北魏地理學家酈道元（466？～572）著《水經注》
所徵引的各種異書，和劉宋詩人謝靈運（385～433）作〈山居賦〉所廣為陳述
的幽景奇物，千載以來人們登陟山林時都對景諷詠，把它們拿來和美畫相比。
這種記載，已經相當令人贊嘆，而傳燈大師此天台山志，也相當類似啊！至
於書中對天台教觀之精闢詮釋，對天台禪宗風之弘揚闡釋，真有如法雨飄灑
於松木的門樞之上，慈雲澍雨於蘿帳之間。〔註282〕又有如飛花飄於座側，天
樂鳴於空中，這又是因為人傑致使環境之更加靈異，而名山所珍藏之典籍與
大海龍宮之寶藏能夠同樣長久存在之故。〔註283〕過去北魏楊衒之（生卒年不
詳）曾作《洛陽伽藍記》記載洛陽的佛寺，東晉慧遠（334～416）在廬山居東
林寺聚徒講學，從事譯經，組織蓮社，倡揚淨土，都名著於史籍。但怎能比於
傳燈的《天台山方外志》？它雖然名稱是人世間的山名，但內容理趣則存於
方外，那些避穀絕粒、食芝療饑，和餐風飲露，有意仙道之人，看了他的山
志，應該都會默默的攀援美玉式的階梯，或成群結隊乘上引導眾生渡過苦海
到達彼岸的佛法啊。〔註284〕

　　顧起元自號遯園居士，他寫此序文時，自署「賜進士及第、南京國子監
司業、前翰林院國史編修、記注起居、編纂章奏、方外友人。」因為他後來

〔註281〕王履，字安道，號畸叟，又號奇翁、抱獨老人、抱獨山人。江南崑山人。
　　　　他工詩文，兼善繪事。嘗遊華山絕頂，作圖四十幅，記四篇，詩一百五十
　　　　首，為時所稱。他精醫術，作《傷寒立法考》、《醫經泝洄集》二十一篇、
　　　　《百病鈎玄》二十卷、《醫韻統》一百卷，醫家宗之。見《明史》卷二九九，
　　　　頁7638。
〔註282〕「松樞」一詞，見〔唐〕王勃〈尋道觀〉之詩句：「碧壇清桂閟，丹洞肅松
　　　　樞。」《王子安集》（上海：上海商務印書館，《四部叢刊初編》本，1929）
　　　　卷三，頁2a。「蘿幌」同「羅幌」，羅帳之意。見〔劉宋〕鮑照〈代陳思王京
　　　　洛篇〉詩句：「珠簾無隔露，羅幌不勝風。」〔唐〕歐陽袞〈寄陳去疾進士〉
　　　　之詩句：「玄言蘿幌馥，詩思竹爐溫。」見《鮑氏集》（上海：上海商務印書
　　　　館，《四部叢刊初編》本，1929）卷三，頁12a；〔明〕胡震亨《唐音統籤》
　　　　（上海：上海古籍出版社，《續修四庫全書》本，2002）卷五五二，頁11a。
〔註283〕「山笥」指山上所藏之典籍。謝朓〈謝隨王賜左傳啟〉有句云：「朓未覯山
　　　　笥，早懵河籍。」見〔清〕嚴可均《全上古三代秦漢三國六朝文》（臺北：
　　　　臺灣中華書局，1958）卷二十三，頁8a。「海藏」是海裡龍宮之藏書，王僧
　　　　孺〈禮佛倡導發願文〉有句云：「譽光物右，德重山王，智超海藏。鏗鏘麗
　　　　於珠樹，皎鏡光於玉田。」見《廣弘明集》卷十五，頁206a。
〔註284〕按：「瑤梯」用於指登上天台山，而「寶筏」則有象徵意義，可喻指佛法。
　　　　李白〈春日歸山寄孟浩然〉詩有句云：「金繩開覺路，寶筏渡迷川。」見《李
　　　　太白全集》（臺北：河洛圖書公司，1975）卷十四，頁331。

升任國子監祭酒，故在《幽溪別志》被稱顧司成。上文指出潘之恒曾致書顧
起元協助傳燈在秣陵印經，就是因他在南京任國子監當司成之故。以國子
監最高長官祭酒的身分為傳燈的著作寫序，可謂相當難得。同樣以司成之
身分扮演傳燈外護者還有上文的馮夢禎和陶望齡。他們都有若干與佛教相
關之著作或為寺院所寫的記文，了解他們願與傳燈為方外交，願參與傳燈
之外護羣，盡心盡力護持傳燈及佛法，就不難知道傳燈在晚明知識界所受
到之尊重了。

三、傳燈遺文之內容和特色

　　吾人已知在《幽溪別志》成書的二十三年前，傳燈曾編寫過《天台山方
外志》。〔註285〕他在該書之〈碑刻考序〉中曾經表示「文章乃載道之器，器在
則道存，器亡則道歸於元始；是以古人之於道與器也，其用心不謂之不勤矣！」
〔註286〕又在〈文章考序〉說：「文章，載道之器也。道有世間、出世間，文亦
因之。」〔註287〕這種說法，無疑是韓愈「文以載道」之說的延伸，雖然他認
為有世間及出世間之道，必亦有世間及出世間之文，但他對「文章」之重視，
是不言而喻的。這也可以解釋為何《天台山方外志》全書之泰半，從卷十四
至卷三十，都是〈文章考〉。雖然其「文章」較為廣義，含各朝代道俗人物體
裁與風格俱不同之文章和詩賦，其爬羅剔抉，刮垢磨光所做的努力，非長期
浸淫於古文辭章者不能為。

　　傳燈也在《幽溪別志》〈人物考序〉中說：「草木皆文章，非人靈而莫著；
名區多神異，非高僧而不開。」在〈餘學考序〉中也說：「已知草木盡文章，
何用措心而搆結？若悟語言皆實相，何妨信手以拈來。」又在〈阿羅漢歌為
戴太室先生賦〉中說：「詩畫文章共一家，總來俱是心之花。太室先生已悟
入，了知世間山川草木俱是文章。」其所謂「草木」云云，都是言「大自然」。
傳燈所言，實就是李白「況陽春召我以煙景，大塊假我以文章」之意。所以
凡大自然之一切，他都可為文；凡遇大事小事，皆願屬詞比事，抒其胸臆，
不惜筆墨，盡情揮灑。他既長於文詞，玄風之外，文藻富贍，頗以為「文章

〔註285〕《天台山方外志》成書於萬曆二十九年辛丑（1601），傳燈四十八歲之年，
　　　　而《幽溪別志》成書於熹宗天啟四年甲子（1624）傳燈七十一歲時，其間距
　　　　離二十三年。
〔註286〕《天台山方外志》卷十三，〈碑刻考序〉，頁523。
〔註287〕《天台山方外志》卷十四，〈文章考序〉，頁549。

之於人，可以回天地、奪造化、契佛心、合聖意。」〔註288〕屠隆在序其《天台山方外志》時說：「師禪觀既深，文心復邕，粲然鴻麗，成一家言；文章家取而藏之名山，佛門中且取而度之函部也！」〔註289〕這應該不是阿諛奉承之語，也不是明末「標榜之風浸淫乎方外」所能否定的，〔註290〕而是屠隆的由衷之言。曾任天台知縣和台州知府的雲間王孫熙（萬曆二十三年〔1595〕進士）也同樣地說：「其叙事該，稽古博，究理深，為文則求諸辭達而已，不以奇衒人。」〔註291〕此雖針對《天台山方外志》之文而言，亦差可形容《幽溪別志》之文。所以傳燈在《幽溪別志》中說：「至於章章之內，莫不具事實而備藝文，此又人事文章之血脈而無所不周，以之備檢，聊復爾爾。質諸大方，以為奚如？」顯然認為事實因藝文而顯，人事待文章而周。他的地志之文，固然不俗，佛典之論疏，亦不相上下，深為識者所贊。譬如，由儒生轉信佛教而拜傳燈為師的正見管瓏（生卒年不詳）見了他的《楞嚴經圓通疏》便說：「《圓通疏》一書，直示頷珠，掀翻寶藏，立意既圓，文筆更巧，大可補古人所不逮。」〔註292〕好友虞淳熙也說：「是以首出《玄義》，湯若士常重其文句之清，匪錯匪亂。」〔註293〕這是說其同時代之大文學家和戲曲家湯顯祖（1550～1616）看了他的《楞嚴經玄義》，也很欣賞他的「文句之清」。

　　這些評論，是約略就傳燈之《天台山方外志》及其經疏之序而言，並未細說傳燈之通古文及駢儷。由於傳燈博覽多聞，兼治內典外學，且遊心藝文，熱衷撰述，其古文之作，固遍布其各種著作，駢儷則不僅見經疏之序，更多見於《幽溪別志》中，非其所編著之另三種寺志可比。也就是說，他所著的一些疏論作品之序文，包括收入《幽溪別志》的書序、論序和疏序，多駢四儷六之文，美不勝收。而在《幽溪別志》十六卷的各卷「考序」之文共十六篇，也都以四六文為之；各卷之「事實」，除了第十六卷「餘學考事實」與第十五卷「遺贈考事實」同為一篇外，十五篇都是古文；而即令在古文中，也時含四

〔註288〕傳燈，〈《湯半李怒草》序〉，《幽溪別志》卷十六，頁5a。

〔註289〕屠隆，〈《天台山方外志》序〉，《幽溪別志》卷十四，頁30a。

〔註290〕此是《四庫總目提要》對幽溪傳燈「所至講席如雲」的評語。

〔註291〕王孫熙，〈《天台山方外志》序〉，《幽溪別志》卷十四，頁26b。

〔註292〕管瓏，〈與幽溪書（之一）〉，《幽溪別志》卷九，頁28a。

〔註293〕虞淳熙，〈《楞嚴圓通疏》序〉，《幽溪別志》卷十四，頁10a。按：湯顯祖，江西臨川人。他字義仍，號海若、若士，晚號繭翁，別署清遠道人，室名玉茗堂，有《玉茗堂文集》及著名的戲曲《臨川四夢》，又稱《玉茗堂四夢》。

六駢偶之句，表現了他對駢文之喜好與擅長。此外，各卷之內確實是「章章之內，莫不具事實而備藝文」，每卷「藝文」部分，雖多歷代外護之作，亦有他個人獨撰之文，或以古文，或以四六為之，不拘一格，顯示他真能信手拈來，落筆成篇，如白雲來去，悠然自如，妙手天成，斐然成章。

由此觀之，若說駢文是傳燈遺文之一大特色並不為過。這個特色大致可以從三種不同的文類呈現出來：（一）山志考序和序跋，（二）疏文和書尺，（三）論說雜文。以下容就此三類文章來看傳燈對駢文的喜愛與擅長。

1. 山志考和序跋

傳燈的《幽溪別志》各卷的「考序」和「事實」是有相互關聯的。以〈形勝考序〉為例，傳燈先以四六文寫出幽溪歷史人文背景之大略，然後用古文詳述幽溪地理相關之事實。先說史而後言物，組織相當嚴密，內容也甚充實。換句話說，〈形勝考序〉先指出天台幽溪道場之地靈人傑，再言智顗在天台佛隴傳教之因緣及《楞嚴經》失傳又重出之原委。所謂「自滅度後，有大智人，仍收是經，納微塵內。擲置金銀地上，相不言多；塵埋佛隴山前，歲聿云久。惜遊轍所經，而了無聞見；唯天眼所覩，而寧無感傷？今則將剖塵而出經，乃鑿空而出土。」〔註294〕解釋了《楞嚴經》自佛滅度後，有「大智人」智顗大師在佛隴山傳授《楞嚴經》之故事。又說他因四處傳法，此經遂塵埋於佛隴山前，不為人所見。傳燈既入幽溪高明寺，以其地近佛隴，遂掘地三尺，鑿空出土，使它撥雲見日，重現於世。經大略說明這段過程之後，他便在「形勝考事實」部分詳細解說幽溪的地理，以智顗大師之塔院及溪水之源頭大雷峰為起點，描繪塔院之所在，及從塔院南行及溪水南向依次可遇之各個景點，如羅漢降、香爐峯、象王峯；東行可見之白雲峯、太平寺、師子峯及幽溪道場。用堪輿家之說法，將其分為龍背及龍尾。如此之類，欲以形容幽溪為天台道場最得水法妙處之所在。末尾則解釋幽溪高明寺得名之由而云：「若在道場總觀形勢，四圍蒼峯矗矗環列，宛然如一朵青蓮，故楊大參霞標公顏為『青蓮世界』者以此。然而既名幽溪矣，而寺又稱為高明，不知者為法門隱語反說，知之者實名正而理順；正以幽溪居於萬八千丈山之半，周遭青蓮花峯頂銳而足闊，道場主之，若處範金陽燧之中，而日月二曜常照臨於其下，聚而不散，故高而大明。以故幽溪雖居於萬山之中，而絕無纖毫陰氣者，以此寺

〔註294〕此文及以下所舉各卷考序文之註釋，見本書「遺文校箋」部分。

稱高明，信高明也。」〔註295〕也就是說，高明寺雖在萬八千丈山之半，四周高峰圍繞，但如銅鏡在日中，隨時發亮，而日月恆照，光線聚而不散，故既無陰氣，又高而大明，所以稱高明寺，理所當然。

　　再以〈開山考序〉為例，傳燈始以極短篇的四六文來描繪天台山寺剎林立之狀，以將幽溪和智者之道場互相關聯，其所云：「方廣八百里名山，塵塵皆為淨土；智者千餘年遺跡，處處無非道場。矧此名區，伊邇佛隴。金陵歸隱，深山更深。繁華頂尚爾杜多，洵幽溪夙為練若。」目的無非在指出幽溪高明寺歷史之悠久，實因智者以其地為開山之故。「開山考事實」部分，即是在詳述智者在幽溪開山之過程。其所描述，除少部分根據《佛祖統紀》外，都是自創。而所云「（智者大師）在脩禪講堂講《淨名經》，是時聽眾見幽溪澗底駕七寶虹橋，方廣聖僧或執手爐，或持旛蓋，虹橋遙布，直至講堂，此則幽溪之地皆為方廣，今人獨知方廣在石橋者，不過凡夫肉眼，偶然緣合則信有之。若以聖境言之，則以國清為南門，以石城為西門，金庭觀為北門，王愛山為東門，方為盡理，而幽溪道場適當方廣之南軒也。」則引伸「考序」之文，最為動聽。其〈沿革考序〉更擴大歷史沿革之敘述；對幽溪之異名，他認為是因時代變遷之故，而其永恒長存，則有特殊原因：「沿及元明，迄乎昭代，曰禪院、曰教苑，總屬幽溪；若高明、若淨名，俱鄰佛隴。諒劫波成住壞空，而此土不毀；實大師經行坐臥，而常在其中。」雖然一切物事都會經歷「成住壞空」之劫，他卻深信幽溪有未毀之理由，那就是它有智顗大師的神靈守護著。

　　傳燈認為幽溪土地之不毀，實為恢復寺院之資，所以在〈重興考序〉中，他以自問自答的方式來為興建高明寺作辯護。其語曰：「此身附贅，把茅足蓋頭瘡；半世旅亭，隻葦堪乘行廁。何必雲搆栢梁之厦，損施傷生；庸須星羅梓棟之堂，來譏招毀。第以常住三寶，所在當隆；還思汩沒四生，逢緣須汲。」也就是說，他這個多餘無用之身，落荒四處，已經半世都在旅途中，只合讓此污穢行廁之身，乘坐隻葦，隨處流浪，何必去構築高大如栢梁臺之寺院，損壞施主之福而害命傷生呢？又何須用杞梓類之好木作棟梁廣建堂宇，招來譏笑和詆毀呢？實在是因為幽溪是佛、法、僧三寶常住之地，應該莊嚴隆重，並且還為考慮到那些四生，一旦有緣遇此，能從沉溺之水中被汲引解救出來。傳燈在解說興建的理由後，便在「重興考事實」部分，敘述高明寺於嘉靖朝

<hr>

〔註295〕此楊霞標是楊師孔（1570～1630）。他是盧陵人，字願之或順之，號冷然或冷然。明末抗清英雄楊文聰（1596～1646）之父。楊文聰字龍友，號山子。

猶為「盛剎」而被毀的過程，為「三寶之香火不祀者六十年」而深感遺憾。所以他不憚其煩地詳述選地、買山、檀越之創緣、大殿僧房禪堂等等之構築、檀施之艱難、個人講經嘅施之捐助及法弟、門徒之輔助等等。「凡歷三十二年」才大致就緒，其艱辛之程度，盡在不言中。

幽溪高明寺的〈重興考序〉之後是〈規制考序〉，雖然簡短，但言禪教關係，頗能代表他對禪教一致之看法。其文之前半說：「規矩方圓，巧匠不能踰先王之制；法門廣大，弟子豈可越古佛之儀。既曰法有主而宗亦有師，豈不禪宜興而教亦宜盛？此幽溪者，寺在天台，人弘止觀。非惟地著，乃亦法親。智者既妙悟於法華，像設安同於他剎？」換句話說，高明寺的規制是禪教設施並重，故在「規制考事實」部分，他詳述十餘種禪教有關之建制，包括楞嚴堂、大佛殿、大宗堂、楞嚴壇、山門、東西護法、護伽藍神、小宗堂牌位、不瞬堂、大小禪堂，和各殿堂門檻之聖像。傳燈最重他所獨創的楞嚴壇，故特撰有〈楞嚴堂表法〉一篇長文詳其創作之法。文中敘述建楞嚴壇所涉及材料之選用和結構之細節，為前史所無。其儀制相當複雜精緻，以古文敘述始末，已頗不易，傳燈卻雜四六文於古文中，而以前者言理，後者言事。譬如，文之首段說：「夫理因事濟，雖一道而不礙千差；事得理融，縱萬殊而無離一性。矧萬殊為理中之事，千差非事外之心。事理圓融，一多無礙；因超果海，果徹因源。余於楞嚴壇法，有以見焉。」依《華嚴經》的「理事無礙，一多相容」之說，解釋置「上下八鏡」之本意。故於「一期施設，不外乎感應，因得以上下八鏡為之主而表釋焉」後，遂言「夫上八鏡所依傘蓋，表諸佛第一義天也。下八鏡所依壇場，表眾生常住心地也。壇場影臨上鏡，眾生心地即諸佛之義天；傘蓋影入下鏡，諸佛義天即眾生之心地。此為表報根本向下，種種莊嚴之攸託者也。」引伸「諸佛義天」與「眾生心地」之合一。而後段所謂「蓋壇設以十六鏡為之主，其餘所設重重交互，惟鏡所能攝持，此表圓通妙性大陀羅尼門，能總持一切，為生佛感應道交之大本，即一經所詮不思議境也。」此是以古文言明《華嚴經》「因陀羅網」（indra-jāla）所比喻的法界觀，以網目嚴飾之明珠，呈現珠珠明徹、互相現影、影復現影、重重無盡之境界來描繪楞嚴壇的十六鏡。故文末又以四六文句說：「法身周遍，不妨取象於一室之虛空；般若大明，正可借觀於壇中之八鏡。舉步而塵塵解脫，即事而法法圓融。又在乎行者，樹八正以摧八邪，朗三止以照三諦也。」他的信士好友鄞人范汝梓形容他創楞嚴壇說：「妙翕楞嚴壇，弘宣方廣篇。威儀肅舊標，供養煥新作。

傘蓋廓三天，鑪煙薰六幕。光交帝釋臨，梵放波旬却。」〔註296〕大意是說他創立楞嚴壇宣揚方廣（Vaipulya）大乘佛教。並用以嚴肅舊有的楞嚴法之成式，用新壇來供養諸佛。它像一個宇宙的縮影，其佛頂上的傘蓋（chattra）廣闊而跨三天之大，而裏面的鑪香之煙則可遍薰六合、天地、四方上下；所放之光與帝釋天（即因陀羅天）之降臨相交融，而梵唱之音可使惡魔退却。

　　傳燈之交錯使用四六文及古文來寫其「考序」與「事實」，是其《幽溪別志》所含遺文特色之一。在「考序」部分，時而三言兩語便能見其大略；「事實」部分，則曲盡情事而有助於識其本末。二者相輔相成，綱舉目張，充分表現傳燈作文之組織能力。此種能力，非熟於佛教史書，難以臻至。〈宗乘考〉之末說：「而我智者，靈山鳳聞，大蘇妙悟，瓦棺宣演，玉泉弘通。修之以為觀，相待妙、絕待妙，圓行無殊；宣之以為教、全意珠、半意珠，摩尼不二。」揆諸「宗乘考事實」部分所徵引的《佛祖統紀》天台祖師傳略等，可知他熟讀佛教史書，於歷代佛教相關掌故，瞭如指掌，據之以行文，莫不如臂使指，得心應手。

　　傳燈喜愛草木泉石、自然風物，是相當明顯的。他所寫的詩，多山川陟涉、登高臨水及與人唱和之作。他甚至還說：「住世無忘出世心，獨餘山水是知音。」〔註297〕所以在〈泉石考序〉中說：「此幽溪者，考槃餘八畝之宮，景物擅十分之勝。」先指出幽溪面積之廣闊，然後言：「四十年與之作友，豈不謂老我青山；二六時結之為隣，亦可稱富乎丘壑。矧一片石、一派泉，皆我林間衣鉢；即千株松、萬竿竹，久成物外人家。」此是說他在幽溪四十年，雖老於青山之下，但十二時中都與自然為鄰，擁有丘壑之富；所有的泉石、松竹都和他的衣鉢和住家成為一體了。這種對自然的體悟，也難怪他要視山水為僅剩的知音了；畢竟友人的來往與訪客的探望都是短暫的，只有山水是永恆的。他的「泉石考事實」列出了「幽溪八景」、「幽溪十六景」和「幽溪諸景」，多以地形及相關之地理方位來命名，頗具巧思，略可見他對不同自然景觀關注之深。八景之名如獅峯松吼、象案花紅、幽溪雪瀑、香谷雲坪、金臺遠眺、丹闕清修、日窗曉色，和月嶺秋明等，與元人曹文晦（生卒年不詳）所描繪的

〔註296〕范汝梓〈楞嚴表法讚〉，《幽溪別志》卷五，頁 16a。「三天」指摩利支天（Maricī）、辯才天（Sarasvatī），和大黑天（Mahākāla）。「六幕」見《漢書》卷二十二，〈禮樂志‧郊祀歌十九章之十〉：「紛云六幕浮大海。」顏師古曰：「紛云，興作之貌。六幕，猶言六合也。」《一切經音義》卷十（頁 369a）：「波旬，梵語正云波俾掾（Pāpīyas, Pāpīyān），唐云惡魔。」
〔註297〕傳燈，〈奉和楚野先生〉，《幽溪別志》卷十六，頁 28a。

「天台十景」可互相媲美。〔註298〕除了描述八景和十六景得名之故，和他倘佯於各美景之習慣外，他還仿曹文晦為天台十景各賦詩一首，也寫了幽溪八景和十六景詩，略記他流連美景中的感受。〔註299〕在「幽溪諸景」的「看雲石」一景還說：

> 先此石前多蒙茸密蒔，幽溪之瀑，皆為所蔽，惟於樹隙聊爾遠窺，
> 因惜樹木蔭樣風冰，不忍斧柯，嘗欲於前峯鑿石引泉，以成其瀑。
> 忽一旦，因悟人之佛性與美景同；斷却無明，則本來面目，豁然現
> 前。由是喚諸傭人各持斧柯，須臾之間，頓成大觀。當時與休遠、
> 文心、元吉、歸一、水空，各賦〈伐木得瀑〉七言律詩，以志其興，
> 亦山林之一快觀也。〔註300〕

這是一段頗令人玩味的話語。傳燈先說「看雲石」前邊原多雜亂叢生、綿密漫布的細竹，遮蔽了幽溪之瀑，所以只能在樹的罅隙間勉強遠窺瀑布。雖然有此麻煩，但因憐惜各式各樣的樹蔭和枝上的風冰，不忍以斧斤砍伐之。後來忽悟「人之佛性與美景同；斷却無明，則本來面目，豁然現前」，而那些「蒙茸密蒔」正同障目之「無明」，〔註301〕必須將它們砍除，幽溪之瀑才會以其真實全貌出現在眼前。所以他要僕役們各持斧斤砍去雜枝，而「須臾之間，頓成大觀」之後，他隨即跟身邊的幾位門徒，各賦〈伐木得瀑〉詩一首，以記其觀瀑之興。這是他隱居幽溪、杖履山林的生活寫照。

傳燈對草木泉石的鍾情甚至影響到他對人物的書寫。他有三種「考序」之文涉及人物，一是〈人物考序〉，一是〈金湯考序〉，一是〈檀度考序〉。〈人物考序〉之目的在表達他交代天台祖師和前輩大德的用意；〈金湯考序〉在解

〔註298〕曹文晦，字輝伯，天台人。其兄文炳，字君煥，號霞間老人。文晦少從兄學，穎悟多識，而雅尚蕭散。好吟詠，穠麗鮮新，工於詠物，樂府猶有情致。同邑許廣大知鄞，以儒學教諭薦，辭不赴。築室讀書，有《新山稿》、《新山詩餘》，自號新山道人，為元季天台詩人之首。見《民國續修臺州府志》卷一二一，頁11a。他所說的「天台十景」如下：桃源春曉、赤城棲霞、華頂歸雲、瓊臺夜月、石橋雪瀑、寒巖夕照、雙澗觀瀾、螺溪釣艇、清溪落鴈和南山秋色等。見《天台勝蹟錄》（臺北：明文書局，1980）卷一，頁57～62。

〔註299〕此可參考筆者的《孤明獨照無盡燈》。

〔註300〕《幽溪別志》卷七，頁3a～b。

〔註301〕按：「無明」（avidyā）為煩惱之別稱。即「不如實知見之意；即闇昧事物，不通達真理與不能明白理解事相或道理之精神狀態。亦即不達、不解、不了，而以愚癡為其自相。泛指無智、愚昧，特指不解佛教道理之世俗認識。」見《佛光大辭典》頁5094。

釋他表彰外護及高明寺檀越之緣由；〈檀度考序〉則在敘述一般地方居士的熱心供養。在〈人物考序〉中，他開宗明義所說的「草木皆文章」云云，已如上述，都在強調草木因人而著名，而名山因住僧而神異；名山與僧之關係，猶如聖水與龍之關係。兩者相輔相成，而成一體。〈人物考事實〉就是在詳述天台祖師、高僧的住山經歷。不過，其諸祖師傳文多直錄《佛祖統紀》之文，甚少改作，不能算是其遺文。

　　傳燈的〈金湯考序〉充分表現了他對佛教外護之重視及感念，所謂「金城湯池」就是護衛佛法的「藩籬」。他說：「佛可尊，法可師，為人天之眼目。金為城，湯為池，作覺道之藩籬。是以金輪世子，常侍衛於百萬諸天；即我南嶽法臣，亦傾誠乎兩朝盛帝。正以膏益增而光益熾，豈不室愈密而燈愈明。」也就是說佛為金輪王太子，〔註302〕常要百萬諸天之侍衛，就像智顗受南嶽慧思（515～577）付法後，還由陳宣帝及隋文帝大臣來傾誠相待一樣。〔註303〕這是佛法須委王臣，弘道須賴文翰之意。也就是贊寧（919～1001）所說的「教法委在王臣，苟與王臣不接，還能興顯宗教以不？佛言：『力輪王臣』是歟！」〔註304〕傳燈深知其重要性，故在〈金湯考事實〉屢誇支持他的大檀越及功德主，如馮夢禎、王士性、屠隆、林國材、韓敬及張文郁等。〈檀度考序〉則說：「必有無而互易，不妨外護以貿清修；或前後以相須，自可內弘而攝羣彙。若夫大心長者，博濟通人，廣開六無極之度門，普展三無住之檀施，則彌施彌戒，即慧即禪。」這是以「互通有無」、「相須而成」之概念來講檀施之道理。而一般的施主，如〈檀度考事實〉裏所提及的「袁大參」、「楊醒臺」、「常熟之陳母、錢母」、「永嘉陳母」、「象山之史居士」等等，就是他所說的「大心長者，博濟通人」了。

〔註302〕按：〔清〕行敏《金剛經註講》卷一（頁704c）：「佛是金輪王太子，誰無供養。」金輪聖王（kāñcana～maṇḍala）是四種治理閻浮提之轉輪聖王中位最高者，在銀輪王、銅輪王和鐵輪王之上。

〔註303〕按：陳宣帝（r.569～582）太建元年（569）命其大臣沈君理（525～573）請智顗居金陵瓦官寺開《法華經》題，並勅停朝一日，令群臣往聽。其後智顗入天台佛隴，陳之宗室與少主仍屢請說法。隋文帝滅陳，於開皇十年（590）正月，下詔曰：「皇帝敬問光宅禪師（即智顗）：『朕於佛教，敬信惟重。往者周武毀棄佛法，朕曾發心立願，必許獲持。及受命於天，遂即興復。師已離世網，修己化人。必希獎進僧倫，用光大道。』」見《佛祖統紀》卷六，頁181b，182b，183a。

〔註304〕《宋高僧傳》卷六，頁743a。

　　這些「大心長者，博濟通人」，也出現在他的〈福田考〉。在〈福田考序〉中，他說：「是以給孤精舍，當時已茂乎祇陀桓林；即此修禪道場，盛國亦割於始豐縣調。矧山林久味，豈能一鉢遍千家；惟鹿柴初扃，自可億庾供萬指。」用陳宣帝為智顗創修禪寺，並割鄰近始豐縣之租稅以供寺眾常住費之事實，來闡釋檀越信士們捐資贖田，以備高明寺置田供給之必要。譬如，陸光祖、馮夢禎、包瑞溪（？～1596）、楊鐸，捐資贖回原屬高明舊寺田場及太平寺田、〔註305〕趙海南居士輩贖回大雷峯大樹樣田、史紹虞居士捨銀三十兩贖姜汝謙田十畝二分等等。

　　傳燈對於天台的前輩，包括他的先師百松真覺遺骨之安厝，頗為關切。他在〈塔墓考序〉特別指出為他們立塔於天台的好處：「但得天台沾寸土，便可永保千年；況於方廣寄遺塵，已得韜光百世。」甚至還為自己立生壙，以為死後作計，還寫了〈生壙墓田行〉，首四句曰：「白雲峯下白石墓，無盡燈公藏其故。蝦鬚馬鬣翳蒼苔，墓田時倩白雲護。」這是用古體詩的形式說他死後會葬在白雲峰下。白雲峯是從大雷峯向東曲折而走，形如游龍、馬鬣，最高聳突出之一峯。據傳燈說堪輿家喝之為「犀牛望月」，是充滿吉兆之地。他顯然採信堪輿家之言，選擇此地，為其壽穴。還寫了〈無生龕銘〉，將他的壽函命名為「無生龕」，葬在白雲峰下，俾時時有白雲飄來守護，這豈不是他在〈題石丈人居四顏〉中〈北爾瞻〉一詩「曉窗和雨看，還遜白雲高」兩句悠情之所寄託？

　　青山埋骨，白雲守護，自然是傳燈的理想歸宿。他的塔墓無疑會與他的著作一樣流傳不朽。幽溪周圍之古蹟和許多友人贈給他的著作，對他來說都是不朽之物。著作方面包括論疏、詩文等，不一而足。他在〈古蹟考序〉如此表示：「雲來生潤，青山佳處騰祥；鳥過流音，綠樹陰中餘韻。」這是形容他居處白雲青山的環境，鳥鳴樹間之詩意盎然，永恆而不朽。在〈著述考序〉中，則可看出他熱衷文章之忱，重視歷史之切。所云「心王為政，已分治於六臣；性主施仁，乃紀言於二史。是以視之眼、聽之耳，既反覺帝之聰明；故可形於言、著於筆，迺昭義天之文武。」此是以「性主」與「二史」對「心王」與「六臣」為來做譬喻，以說明左史記言與右史記事之重要性，而表示自己的二十餘種著述就形同二史載筆之結果，彌足珍貴。〔註306〕而於友人遺贈之

〔註305〕此數人身分皆見遺文校箋。
〔註306〕「六臣」為「見色、聞聲、香足、辯才、隨緣、易染。

作，「或贈書致請，或臨岐贈言；或彼此賡唱，或爾我微求」，他都視之為瑰寶。在〈贈遺考序〉裏，他更大加讚嘆身邊的古蹟及所藏的文字瑰寶而云：「翛翛雙羽翰，名區勝蹟恣遨遊；梗梗子浮萍，好友良朋多眷偶。秖以出林麋鹿，偏性恒在深山；還如透網魴鱮，素志亟思潛水。爾乃勞我君子，爰復贈以瓊瑤。掛之角、繫之尾，全體被以文章；書之鱗、寫之甲，舉身蒙乎錦繡。」這是說他個人「偏性恒在深山」、「素志亟思潛水」，但他的友人卻毫不憚煩，贈他如美玉之詩文，使他有舉身衣錦繡之感覺。

為了投桃報李，他在〈餘學考〉一卷，錄了自己的詩文，贈給友人，並於〈餘學考序〉中表示他「愧瓊瑤第木桃之報，豈蓮花乏辛夷之酬。」又說他既然「已知草木盡文章，何用措心而搆結。」不如「若悟語言皆實相，何妨信手以拈來。」觀其所謂「信手拈來」之作，多半是詩，而文章雖以古文為主，仍多四六駢文。容於第三節「論說雜文」詳述。

傳燈所作的書序，既含鏗鏘有力、擲地有聲的古文，也有對仗工整，論理深切的四六文，同時還有合古文與四六為一體之文，在在都顯示他駕馭文字，老於辭章之能。就古文方面言之，他在〈《天台山幽溪別志》序〉中解釋為何要作《幽溪別志》一書時，用古文很懇切地說：「余業已撰《天台方外志》，紀一山之常變矣。先此辛丑（1601），或亦麤備。自爾之後，或陵谷之變遷，宮室之興廢，人事之推移，文章之新出，以余耄耋之年，而濟勝之具不能勝不借矣；蒐羅之具不能勝秋泉池矣；墨兵之具不能勝不律矣。續修之職，緊余駑鈍，則烏乎當？第幽溪居東南之一偏，以當時觀之，形勝則居然乎混沌，宮室則居然乎草昧，人事則居然乎顓蒙，文章則居然乎魯朴。乃今則鑿之、新之、開之、文之，似宜別有一志，猶家之譜乘然。責在厥躬，不遑我恤，故復有是述焉。」所表達的心情，真有「斯人不出，如蒼生何」之概。而字裏行間，以「文章」撰述一山之史為己任之認真態度更是昭然可見。

就駢文方面言，他的〈《楞嚴玄義》序〉是最具代表性的四六文書序。此序之作，在說明《楞嚴玄義》所作之由。他說：「燈獲瞻秘詰，聽學有年。譬入海而算砂，徒顛眩而自困。既而掩卷思義，置解尋經。兼讀台宗，乃有餘地。非唯悟《楞嚴》為《法華》之要綱，抑以見智者愜如來之本心。談藏性，則冥符性具之宗；說止觀，則暗合大定之旨。乃至懸判地位，預防陰魔，一切名言，靡不殫契。」這是說他自得《楞嚴經》後，入其師百松真覺之門，聽學多年，難知其義。待仔細思維，旁讀諸經，並及天台經論，乃悟其要義，見智

者之心，深深佩服其藏性、止觀之說，乃作此書，闡揚其旨。雖自謙「詞愧不文」，仍希望「義求或當」。因此說：「今輒秉斯義海，仰疏經王。以佛心印佛心，不亦培膏助明；即《楞嚴》釋《楞嚴》，孰謂以水醹乳？徵文立義，略擬玄談。學慚疎野，而詞愧不文；言肆支離，而義求或當。勒為四卷，質諸同志。匪圖取捷於龍門，聊託逸塵於驥尾云耳。」其師弟介山傳如（1562～1624）在為此書所寫之序也說：「參兄燈公，不慮世忤，作《楞嚴玄義》四卷，豈助總持夙夜願見之意耶？抑竟先師窮詰沉疑之意耶？燈兄偕不慧，行三昧懺法。於卷荷根得入流地，故於玄義三觀十乘，教理行證，無不究竟而委示之。」〔註307〕傳如之問，其實就是傳燈作《楞嚴玄義》之由，而由他自己以四六對仗的文體說出，就更加耐人尋味了。

　　就合古文和駢文為一體之文言，可以他的〈《會刻止觀輔行傳弘訣》序〉為例。此序中他先論智顗的《法華玄義》和《摩訶止觀》，用四六文句指出二書之性質說：「是二書者，括龍藏之淵源，而旨歸溟渤；〔註308〕會五時之岐徑，而盡入康莊。故後世之有登其堂而入其室者，嘗教海之一滴，忘眾味而具足乎眾味；蹈康莊之大道，入一門而超出乎諸門。」說明此二書之特質之後，接著論其功用，則強調不同之人讀此二書必有不同之收穫，使用的則是古文：「使守禪關者能讀此書，不惟可以明心見性，亦了知乎心外無教。使登講座者能讀此書，不惟可以離指見月，而亦了知乎教外無心。使遊藝苑者能讀此書，不惟可以質勝於文，而亦能俾乎文質兼勝。使王公大人能讀此書，不惟可以金湯三寶，而亦兼得乎金湯自心。」然後又以四六文句論《法華玄義》和《摩訶止觀》之關係云：「須知《法華》之有《玄義》，猶大海之得摩尼；《玄義》之有《止觀》，猶如意之得治方。治方十種，即《法華》圓頓之十乘；如意圓明，即當人一念之本性。」這類合古文與四六文句為一體之文章，幾乎俯拾即是。譬如，在〈《法門會要志輯廣》序〉中，他先以四六文句破題，陳述見聞之廣狹關涉到法運之通塞，持論如下：「夫法運之通塞，關世道之盛

〔註307〕《楞嚴經玄義》卷首，介山傳如序。「總持夙夜願見」云云，見臨川沙門克立所云：「昔天台智者大師聞西域有是經，夙夜西望願見，而未及見也。」此句是說傳燈是在幫助智顗達成他夙夜願見《楞嚴經》之願望，還是為解其師百松智覺窮詰沉疑而未得之義呢？

〔註308〕「溟渤」，大海之意。〔劉宋〕鮑照詩句：「築山擬蓬壺，穿池類溟渤。」見《鮑氏集》卷三，頁12b。庾信《庾子山集》（上海：上海商務印書館，《四部叢刊初編》本，1929）卷首〈本傳〉：「猶丘陵之仰嵩岱，川流之宗溟渤也。」

衰。世道之盛衰，繫人心之智愚。人心之智愚，繇見聞之廣狹。見聞狹，則七竅封，聰明閉，若井蛙之拘墟而疑海；見聞廣，則心花綻，智慧朗，如河伯之向若而望洋。」接著用古文的形式說：「信大覺本蹟之道，皆吾性分中事。有通須護之不暇，矧於通而超塞乎！此《會要志》乃宋景定中四明志磐大師《佛祖統紀》「法運通塞志」中之事實。當時在志中則會其要，乃俾人提綱而挈領；今則欲別行輯其廣，乃俾人緣綱以知目。亦廣見聞、開人心、隆世道、通法運之要書也。」接著又以四六文句說：「若夫順帝北遁，挾僧史以俱亡；大明麗天，秘法函而未啟。信之野錄，不如無書；稽之口碑，終疑惑耳。矧僻居山谷，無地問奇，輯而補之，用俟來哲也。」這種能掌握古文和四六之形式，而運用自如，左右逢源之行文技巧，無疑是傳燈文章之一大特色。

2. 疏文和書尺

傳燈寫了許多疏文，以建寺、造堂和募緣疏為主，其文體亦與上述序文類相似，或古文或四六，都是隨興所致。書尺方面較少，只有三篇，都是古文，其中一篇兼雜四六文句，顯示他作文書寫的習慣。疏文中，以募緣疏為多。募緣之目的就是要募款修建高明寺及其內部的殿堂、造像、鑄鐘、立壇、和雕印藏經等等，各類工作。此類疏文的文體，泰半都是四六文，少數是先古文後駢文，隨意轉換，妙手天成。其〈募造鐵佛疏〉之首段，說明造鐵佛之必要，理由如下：

> 夫天台山高明寺者，地臨瀛海，山應三台。〔註309〕樓臺薄霄漢，依然霧棟雲窗；景物自天成，宛爾霞城雪瀑。僧居寂寞，佛界清涼。了無三伏之炎，頻兩六花之瑞。是以莊嚴佛像，須異他山。栴檀易水解，空勞倣像優填；堆塑快泥洹，豈可邀功匠石。遍禮朱門清信士，何當惠我金剛軀。人心似生鐵，遇爐冶都成不壞之身；誰面不黃金，事揩磨便現滿月之相。

後數句是說要莊嚴佛像必須鑄造鐵佛，因栴檀像易被水解，而石雕塑像則速被摧毀，沒有鐵佛像之「金剛軀」那麼堅固持久，有不壞之身。

造鐵佛像是大事，製疏募緣，不難理解，但小至鑄鐘、發顧，傳燈都要作募緣疏，費心構思、慎重為文，可見他大事小事都極認真；為使高明寺能變成台山重剎，經之營之，可謂不遺餘力，都可在疏文中見其大略。譬如，

〔註309〕見遺文校箋解說。

〈鑄鐘募緣疏〉之首段，有如此一說：

> 原夫娑婆世界以音聲為佛事，釋迦文佛立言教成筌蹄。人人有個生緣，阿誰不當作佛；家家有莖燈草，一時也會放光。觸境惟心，豈假登堂說法；逢原是道，何須豎拂傳宗？惟斯鐘也，法門廣大，利益弘深。晨昏百八下，敲破解舞骷髏；驀地兩三聲，喚醒長迷春夢。祇園會上，曾將驗慶喜之常心；地獄界中，還仗息幽囚之苦具。眾生雖即佛，須知佛藉緣修；銅屑可為鐘，要顯鐘因冶鑄。

此疏作法與鐵佛疏類似，先說佛法之言教都是筌蹄，不須假借登堂說法或豎拂傳宗，實是因為「觸境惟心」、「逢原是道」之故。但是鐘聲不一樣，因為它有言教所難企及之作用。所謂「晨昏百八下，敲破解舞骷髏；驀地兩三聲，喚醒長迷春夢。」豈止有震聾啟聵之功而已。他以駢文所作之〈妙山鑄鐘募緣疏〉，也表達同樣的觀點。疏文中先說：「妙山鐘者，司合邑之晨昏，關會城之風水；醒幽幽之睡夢，聞擾擾之塵勞。是以長鯨一擊，震吼蒲牢，響答千山，聲揚萬壑。」此是說明鐘的作用，接著便解釋何由而鑄此鐘，原來是應邑侯之請。此邑侯應該是浙江寧海縣令。所以他說：「以是而言，則妙山不可一日以無鐘；蹟此而觀，則禪林胡當經年而絕響？此仁侯所以孜孜介懷，命僧而經理；即山僧亦以惕惕在念，秉命而修營也。」因為鑄鐘的時間不詳，所以無法查出「仁侯」（也就是縣令）的真實身分。但他重視與宣揚鑄鐘所產生之功用，溢於言表，毫無疑義。

傳燈撰有〈募造栴檀香佛疏〉及〈募造栴檀香佛成發願文〉。前者是古文，主要在表示世間造像者，多不如法。故發心倣優填王造阿彌陀佛栴檀像一軀，並說明此佛像須「高八尺四寸，表如來具足八萬四千相好光明。復募八萬四千人隨緣布施」，共作如意之福。其文甚簡白，人人能懂。後者是先古文後駢文，說明他從發願造像、發緣簿，至募得造像款，前後計三十五年，終於在溫州府永嘉縣天寧寺，就工鏤刻，將近五月而畢工。完工之後，他「覩希有事，發踊躍心」，遂對佛像輸誠表白，全用四六文句，寫成發願文一篇，有如儒家大臣上呈皇帝之奏書，莊嚴肅穆，恭敬如儀。文中先以「真心無相，真佛無形」言佛像之似多餘。然後以「達境惟心，宜即心而即佛；知心具境，乃即佛而即心。三身宛然，四德無減，一草一木而長放光明，一色一香而恒成妙用」為由，言用栴檀香造佛像以便「即佛」之「色」與「香」為確有必要。餘文則言他造像之經過，表達他的虔誠。還是用四六文句，此為前段：

某宿生慶幸，忝預僧倫。觀勝像以興心，悟真乘而創志。即穢趨淨，
依像求真。募八萬四千人緣，造八尺四寸香像。此繫小緣而人人樂
施，頓成大事而各各欣觀。所願化八萬四千煩惱之儔，成八萬四千
菩提之眾；即八萬四千毛竅，放八萬四千光明。摩頂至足而分分皆
香，自麤及精而塵塵即佛。」

文中特別強調「八萬四千」之數，應該是根據阿育王「為正法王廣分舍利，而
起八萬四千寶塔」的傳說而來的。佛經說阿育王不但起八萬四千寶塔，分藏
八萬四千佛舍利，而且還造以金銀琉璃嚴飾寶塔之篋，於每一寶篋中盛一舍
利。又造同一數目之寶甕、寶蓋和八萬四千疋綵飾等等。〔註310〕由此而衍生
了許多以八萬四千為數的名目，見於許多佛經，如「八萬四千人」、「八萬四
千寶樓」、「八萬四千車」、「八萬四千象」，和八萬四千之數的馬、珠、玉女、
居士、剎利、城、殿、樓、牀、食、諸天、由旬、劫、歲、轉輪聖王、駿馬、
夫人、眾生、有情、善法、天人、法門、煩惱、塵勞、菩薩、相好、魔軍、毛
孔、光明、……等等，不計其數。都是用來形容數量之多。也就是說，傳燈希
望他鑄造的栴檀香佛是如假包換的真佛像，要「摩頂至足而分分皆香，自麤
及精而塵塵即佛。」不能與一般佛像等量齊觀。

　　為了加強高明寺內部的基礎建設，傳燈還寫了〈重建佛殿疏〉、〈募造禪
堂疏〉和〈募化大殿磚瓦疏〉、〈建關岳二王祠疏〉等疏。〈重建佛殿疏〉之目
的是募款修繕和擴建舊的高明寺佛殿。為了達到「重建」之目的，傳燈在疏
文中重複他自己建構的高明寺歷史，〔註311〕使所有的信士、檀越及外護都相
信高明寺就是天台祖庭，是智顗在天台山開山之處。這段「想像的歷史」
（imaginary history），他以古文書寫，全無前史可依傍，連他最重視的佛教史
書《佛祖統紀》都未記載：

高明寺，乃往古智者大師佛隴翻經之遺蹟也。先此，唯喬木參天，
薜蘿翳坎，麏麠是居，樵牧罕至。大師時居佛隴講《淨名經》，忽經
為風飄，翩翩不下。乃杖錫披荊尋經所詣；行五里許，風息而經憩
焉。大師觀斯靈異，復愛茲山峯巒秀發，清溪鑒心，乃即其地以營
淨居。計是時初顯其跡，未預寺稱。迨於盛唐始隆廣建，故而後或

〔註310〕〔西晉〕安法欽譯《阿育王傳》卷一，頁101c～102a。
〔註311〕關於此問題，見筆者"Youxi Chuandeng and the Construction of the Gaoming
　　　　Monastery in the Tiantai Mountains," in T.Jülch (ed.), *Buddhism and Daoism on
　　　　the Holy Mountains of China* (Leuven Belgium: Peeters Publishers, forthcoming).

寺稱淨名、堂名翻經，皆不忘大師之遺意也。

由於心中建構了這段歷史，所以在萬曆丙戌（1586）春，傳燈實地探訪智顗「大師遺踪」，一睹幽溪風景之勝，認定是前高明寺之所在，遂有終焉之志。這時他才三十三歲。經比他年長的馮夢禎、林國材和王士性等友人兼大檀越、功德主之共捐俸金，不但為他贖回該地而施與之，而且還期待他「恢復前跡，鼓揚大教。」他雖覺任務艱鉅，但深感像教不振，恢復「祖庭」，捨我其誰，因此而撰疏募緣，強調天台教與天台山之密切關係，而以四六文句作論云：「蓋天台之為教也，因山而得名；茲寺也，復因智者而創始。挹流尋源，不忘其本矣。然栢梁雲搆，固非一木能成；嵩高峻天，可因簣土而積。」這是他勸募之理由。疏文後還附加一首長偈，述說他卜居幽溪的因緣，有「我亦忝為智者裔，酷愛天台夙深契。翅復茂林幽且奇，寒喧頓與他山異。不畏深公笑買山，祇圖嬴得與山閒」之句。大意謂他忝為智者大師裔孫，也酷愛他一向所鍾情的天台山這處地。何況此處茂林幽奇，四時冷暖之氣與他山相異，所以他也不怕被人取笑，像竺法深揶揄支道林買山歸隱一樣，只圖能夠在此山間得到悠閒便心滿意足了。以長偈言其志於疏文之後，傳燈偶一為之，也深有韻致。

〈募造禪堂疏〉是篇很簡短直截的駢文，旨在說明建造禪堂之有其必要。蓋天台止觀，禪法精深，以法華三昧為修行之先，坐禪為一大要事，故此疏之首數句就說「夫為僧以進修為本，入道以坐禪為要。一心湛寂，萬慮消鎔。個是無心道人，便稱出塵羅漢。」尤其傳燈創建高明寺，不但是為恢復他所認定的「天台祖庭」，而且為中興教觀，任重道遠。參學釋子，必待禪堂，以習圓頓止觀之道，而高明寺創建有年，豈能一日無禪室可用，故疏文云：「高明寺者，中興在近，創造有年。金剛上師，已跏趺乎千葉蓮臺；清淨苾蒭，欲箕踞於數椽禪室。」他的目標是造堂三十二，以期像佛陀一樣，吸引「萬二千之眾。故云：「眾列萬二千，善逝曾垂汲引。」萬二千之數疑是從《佛本行經》的「侍從萬二千，皆蒙得解脫」而來。〔註312〕此處當是譬喻之詞，為形容徒眾之多罷了。

他的〈募化大殿磚瓦疏〉是篇古文，但是羼入些四六文句。疏中先用古文說南北方之屋有「須瓦」及「不須瓦」之分，而天台位於東南，山頗高峻，雖處於「須瓦」與「不須瓦」之間，但仍以土兼砂石為瓦。問題是此種屋瓦性不堅牢，故造瓦之役，「功雖百倍，利不二三。」何以故？因它會「經霜雪與

〔註312〕《佛本行經》卷四，頁81a。

波漸而鬪堅，遇春風隨陽和而解體。」也就是要耐霜雪之浸蝕，而終因暖風日曬而解體，他覺得這種屋頂維持太難，每因此而太息。故決定要募款裝置堅固耐用之磚瓦，而云：「必姑蘇之官瓦、永嘉之民窰，厥膩如粉，厥堅若石，施之大雄氏，是稱金剛城。」疏文末段解釋因為磚瓦之陋，致使屢造屢壞，屢壞屢造，志疲力竭，但又欲罷不能，欲求姑蘇之瓦，但路途遙遠，故命法孫受教持其疏至永嘉募緣。而永嘉信士也慷慨解囊，所以他後來說「瓦則法孫受教募之永嘉，其精緻細膩，可以堅固永久。視本山所造，十一勝之。」〔註313〕

〈建關岳二王祠疏〉也是篇古文與駢文互用之疏文。它是「以非常之神明，護非常之妙法」為主張，創建關公與岳飛之祠堂，奉祀他們作為護山之神明，也就是伽藍神。以關公為伽藍神是根據玉泉山關公顯聖，皈依智顗的傳說而來。此傳說經徽宗朝丞相張商英（1043～1121）在〈玉泉寺關王祠堂記〉中加以鼓吹，又經志磐在《佛祖統紀》不止一次地為之宣揚，遂為佛教史家所重視，而力倡其事。張商英並以「今與關王之忠義，玉泉之崇高」稱關公為關王，〔註314〕而志磐也屢述關王父子以神力為智者造寺之傳說，有「智者禪師至荊州玉泉山安禪七日，感關王父子神力開基造寺，乞授五戒。」及「智者禪師至玉泉，感關王役神兵造寺。」之語。〔註315〕傳燈是《佛祖統紀》之忠實讀者，自然接受其說，而以「神為運力造寺，矢願護法，則凡台教護伽藍神祀關王父子者以此。」且認為「非有精忠義勇與關王埒者，無足以昭護法之靈，與清淨道場稱。」而此忠義之英雄唯有岳武穆王可當之，故以四六文句云：「武於有宋為南渡一代儀表；汪洋丰度可為治世之文臣，砥礪襟懷真是中原之名將。仁孝素著，智勇過人。兵以少而制多，術以奇而歸正。金人見形而喪膽，兀術聞名而沮氣。不死於敵國，而死於奸相；不困於重疊，而困於狴牢。其忠勇當何如哉！」有趣的是，他雖然一直有祀武穆王為護伽藍神之意，卻自承「首鼠兩端，勿獲一決。」後來看了陳貫吾先生《金牌記》，〔註316〕見

〔註313〕《幽溪別志》卷五，〈事實〉，頁 2a。
〔註314〕〈玉泉寺關王祠堂記〉之全文為宗鑑引錄於其《釋門正統》中。見《釋門正統》卷三，頁 794b 至 799a。
〔註315〕《佛祖統紀》卷三十九，頁 360b；卷五十三，頁 464a。
〔註316〕陳貫吾生平事蹟不詳。《金牌記》應為雜劇，〔明〕吳亮的《萬曆疏鈔》（上海：上海古籍出版社，《續修四庫全書》本，1995）卷十八（頁 15a～22b）錄有陝西道監察御史楊四知於萬曆十年上奏之〈追論黨惡權奸欺君誤國乞正國法彰天討疏〉，疏中說：「昔嵩滅沒之後，好事者編為《金牌記》雜劇以播其惡。」此「好事者」當是陳貫吾。

他「不徒發明武穆五千載英烈之氣，直欲將一片赤心置人肝膽中。」遂決意建祠祀岳武穆王，與關王同祀為高明寺之伽藍神。

當然，高明寺所有的基礎設施逐漸竣工的同時，傳燈也沒忘募緣造藏及刻經，除造整套藏經之外，還單刻《維摩詰經》。所以他又以古文寫了〈募造藏經疏〉及〈刻《維摩經疏》募緣疏〉，目的是使佛、法、僧三寶之相關建築與設施全備不缺，在已經妥善興建的佛寶與僧寶之設施，再加營度藏法寶之處，所以他說：「余於天台山重興高明寺，鑄造鐵像、鏤刻栴檀香像，佛寶圓矣。復建禪堂，禪坐三載，僧寶圓矣。議者謂法寶未圓，於是復有藏經之舉。」此外，他對經藏之典藏及維護甚為講究，頗怪世俗造藏之不得其法，故疏文中強調欲用宋槧之法，但認為「第無宋人之資，復無宋人之方」，只有折衷古制，參以己意為之，作如下造藏之法：「印以竹紙，裹以藤晟，染以黃蘗，裱以法糨，護以緻殼，畫以燄火。」並說明其好處：「竹紙取其堅滑，藤晟取其不裂。黃蘗味苦，不來蠹魚。法糨膠固，不易脫落。緻殼輕重得宜，燄火表試不燒。」這種造藏之認真態度，實是有感於佛經在潮濕之山中，亦為腐蝕蟲蠹，不易典藏之故。所以在〈刻《維摩經疏》募緣疏〉中，他說：「天台古疏，又久苦於喪亡。眾皆渴仰，法水若壅塞而弗流。老僧不揣樗櫟，乃援筆而疏決；志存流通大法，疎漏在所不惜也。」所謂已經喪亡的「天台古疏」，當指智顗的《維摩經疏》，〔註317〕此經疏自然是解說《維摩詰所說經》。傳燈甚重視《維摩詰所說經》，他雖沒註釋此經，但是屢屢引述其文句。在《天台山方外志》的〈台教考序〉，他在駁禪徒所說「教外別傳，不立文字，何教之有？」時曾說：「維摩詰云：『無離文字說解脫相。』則不立文字，猶是第二門頭邊事。」〔註318〕這是引述《維摩詰所說經》的經文。同樣地，在《天台傳佛心印記註》，他也說：「天台之所云聞教自合觀心，離指方能識月，亦即稱為教外別傳，不立文字可也！矧禪宗乎！第天台之不立文字，又未嘗以無說為是，有說為非，如維摩所云『無離文字說解脫相。』」〔註319〕此外，他在《楞嚴經玄義》中也說：「故天台解淨名經明六即，則云：『生死即涅槃。』」又引《淨名經》說：「摩訶迦葉聞維摩詰說『菩薩芥納須彌，無所增減，海入毛孔，不

〔註317〕按：智顗的《維摩經疏》又稱為《淨名廣疏》、《維摩經大疏》、《維摩經文疏》、《維摩經廣疏》、《維摩疏》和《維摩羅詰經文疏》等。是「基於天台宗之立場，闡釋淨佛國土之真義。」見《佛光大辭典》頁5894。
〔註318〕傳燈，〈台教考序〉，見《天台山方外志》卷七，頁246。
〔註319〕見《天台傳佛心印記註》卷二，頁346b。

燒魚鱉』等不思議解脫法門，歎未曾有。」〔註320〕在《性善惡論》裏，他也引述《淨名經》數次，諸如：「他宗既但知性具善，而不知性具惡。則佛界有所取，九界有所舍。不得契合《淨名經》『生死即涅槃，煩惱即菩提，平等不二之旨。』」〔註321〕凡此可見他對《維摩詰所說經》之重視。所以在募緣刻此經的疏文中，便大肆宣揚此經之功用：「《維摩詰所說經》者，不思議解脫之法門也。為佛法之淵藪、文字之總持、神通之大本、成佛之妙門。使經邦濟世者得讀此書，則深達鹽梅調鼎之大本；聰明睿智者得讀此書，則妙悟文字三昧之根源；空宗禪學者得讀此書，則必不執以無文字為究竟；潛心教苑者得讀此書，則能了離指得月之大旨。」顯然可見，傳燈為刻此經而募緣之急切心理！

傳燈還為其他寺院寫募緣疏，〈祇園菴買地闢路募緣疏〉是為其弟子祇園正印在吳中所創之庵寺所作，是篇駢文。〈北禪寺齋僧募緣疏〉則是為他曾經講《法華經》的蘇州北禪寺而作，也是篇駢文。〈杭州長明寺募造放生池疏〉則是為長明寺的西竺禪師重浚其寺後放生池而作。主要是篇長偈，有「今此長明寺，古有放生池。乃佛印禪師，勸眾放生處。年久陂池壞，放生道亦弛。今有西竺師，募創諸宮殿。率諸大檀越，贖池復放生。池非浚不深，魚非深不樂。池非防易窺，窺則來竊盜。浚池及築堤，動以數百金。自非大檀越，頓發菩提心。以小小因緣，何能即辦之？」等語說明其建造之原委。在疏文後附加長偈，得心應手，誰曰不行？

書尺方面，容舉他的「大道正邪辯」題下的〈上本道張兵憲書〉為例，當可概其餘。此「書」嚴格說不是一般書信，而是上呈給地方官的奏書，是應用書信之一種。書寫的對象張兵憲是蘭陵張師繹。〔註322〕傳燈稱他為「大檀越」，是因張師繹是傳燈之外護，在寫此書之前，曾訪幽溪，並與傳燈作石梁之遊。故在此書之末尾，傳燈有「且承借以寶座，繼以惠餐，追陪石梁之遊，附驥察嶺之道。」所以才敢於寄呈奏書，希望得其支持。熹宗天啟四年甲子（1624）

〔註320〕《楞嚴經玄義》卷二，頁16c；卷四，頁37c。
〔註321〕《性善惡論》卷一，頁375a。
〔註322〕張師繹，字夢澤，武進人。萬曆二十六年（1598）賜同進士出身，萬曆三十三年（1605）知山東東明縣。後知江西新喻縣，湖北武陵（常德）知府。歷官福建提刑按察司副使、浙江提刑按察使司副使、江西按察使。他是傳燈的有力外護，《幽溪別志》序文作者之一，與傳燈頗有書信來往。上文已有介紹，此處不多贅。

初秋，張師繹曾訪傳燈於幽溪。時逢傳燈撰成《幽溪別志》，遂請他作序，可見他在傳燈心中之份量。此書是議論文性質，接連舉了數個史例，說明歷史人物之虛假作偽及以神道設教的禍害，很明顯地表現了他的歷史思維（historical mindedness）。其大旨有三：其一，論儒釋道三教之殊途同歸，應並存而不偏倚。其二，辨疑似佛道之「外教」，惡紫之奪朱；尤其憎惡當時盛行之無為教，籲有司禁絕之。其三，重申佛教有勸化頑民之效，而皈依三寶者，執持清靜，篤敬修行，與外道涇渭分明，有司補亂法違紀之外道頑民時，宜分辨真正佛教信徒與與白蓮教徒，勿不分良莠，一併逮捕。

首先，他以日月星為喻，揭櫫三教共存，相輔相成，不可缺一之旨而云：

原夫三教之行於世間，猶日月星之麗於天，各有所屬，不可缺一。苟有缺一，則天柱為之崩，地維為之陷。是以儒教三綱五常，生生之道，有所不能化，則必假釋道之無生、長生，與夫天堂地獄、神明鬼怪之說以代之，豈非顯有不足而陰得以補之乎？

這是肯定三教間互補之作用，以儒家之三綱五常，生生不息之教為「顯」，而以釋道之無生、長生、天堂地獄之說「陰」補其不足。他又說：

古人云：「人行一善則國息一刑，舉天下之編戶，修五戒十善，可以坐致太平，」豈非二氏之教，〔註323〕大有補於王道哉？

此段話是引南朝宋文帝劉義隆（r.422～453）大臣何尚之（382～460）在〈答宋文皇帝讚揚佛教事〉一文中所說之語。其語云：「夫能行一善則去一惡。一惡既去，則息一刑。一刑息於家，則萬刑息於國。四百之獄，何足難措？雅頌之興，理宜位速。即陛下所謂坐致太平者也。」〔註324〕何尚之所言，廣為後來僧人所引。譬如，唐僧法琳（572～639）在其《辯正論》之〈九箴篇〉便說：「尚之對曰：『清信之士，無乏於時。竊謂釋氏之化無所不可，何者？夫百家之鄉，十人持五戒，則十人淳謹。千室之邑，百人修十善，則百人和厚。傳此風訓，已遍寓內。編戶千萬，則仁人百萬。夫能行一善，則去一惡。去一惡，則息一刑。一刑息於家，則萬刑息於國，陛下所謂坐致太平也。』」〔註325〕後來的佛教史書及僧人著作，包括〔隋〕費長房（522～579）的《歷代三寶紀》、〔唐〕道宣（596～667）的《廣弘明集》、〔唐〕神清（721～820）的《北

〔註323〕「編戶」及「二氏」後二字原缺，此處據諸書所引之文意推之。
〔註324〕〔梁〕僧祐《弘明集》卷十一，頁69c。
〔註325〕〔唐〕法琳《辯正論》卷六，頁495～496a。

山錄》，〔宋〕契嵩（1007～1072）的《鐔津文集》等等皆常引述。所以傳燈的「古人云」之語，早已為僧人所熟知，他不過重申其義罷了。

其次，他認為儒釋道都有以假亂真者，譬如，「王莽之假行仁義，賈似道之偽遵禮樂，是儒教之亂真者。張魯之假符籙、輸斗米，而嘯聚黃巾；林靈素之借東華帝君，惑徽宗而僭居黃幄，此道教之亂真者。」至於佛教之亂真者，「宋則有白雲菜、白蓮教，而國朝則又有所謂無為教。」由於無為教流行於他所處的時代，有「遍於海內」之勢，所以他特別憎惡，故敘其源流甚詳，希望有司立即禁絕之，否則亂天下者，必「此輩邪徒」。

再其次，他強調釋子一貫講經訓導，追求明心見性，勸化頑民。與無為教徒之男女混雜、夜聚曉散、設法宣卷、潛傳密授大異其趣，故力求有司務辨明真假僧徒，勿將佛教之真流與白蓮教徒等一律逮捕。書中有段四六文句，論及地方捕快不辨真偽，仗勢為奸之舉，用他一貫使用的駢文筆法論述，說理周圓，邏輯明晰，張師繹讀之，不為之動容亦難。其說如下：

> 今者，上司明禁一出，白捕仗此為奸；涇渭不辨，玉石俱焚。有錢者雖曰白蓮而得免，無財者雖是釋教而獲罪。上官天聽既高，下民無從控訴，百般挫折，冤抑何伸？勸善之道有虧，懲惡之令周施。本欲揚善，而反抑善；本欲懲惡，而反隱惡。抑其善，是欲驅民以為惡；隱其惡，是欲使民萌其惡。豈有司之本心，將抑揚之周擇耶？

所謂「有錢者雖曰白蓮而得免，無財者雖是釋教而獲罪」，應當是實情。這是間接指出地方官貪腐，收授賄賂，讓有錢而不法之白蓮教徒逍遙法外，驅缺銀而無辜之釋子鋃鐺入獄，造成隱惡抑善之後果。傳燈見釋子之冤無處可訴，不得不上書向張師繹求助，情辭懇切，文字洗練，充分表現其屬詞比事之能。

綜上所論，傳燈不但用駢文寫考、序之類文字，更用它來寫的說理的日用文書，如募緣疏等，雖偶以古文為之，仍不脫駢、古並用之習。所以說他對四六文別有偏好是不容置疑的。許多精巧的對句，傳燈寫來，似不假思索而下筆成章，毫無雕飾斧鑿之痕。這種偏好及技巧也充分表現於其他文體中，如論說文及雜文，都甚類似。

3. 論說文、雜文

由於傳燈頗長於四六文，所以他的古文，也常有四六文的色彩。此種古文與四六的混合文體多見於為他人詩集或文集所寫的序。其行文也似巧匠施工，不露斧斤，文辭優美，而言之有物。套句他自己論好詩的標準，可謂「隨

意施設，無不臻奧。」〔註326〕他自己曾說：「余僧也，固無暇知詩，獨得以禪言伯度先生詩。蓋禪之為法，欲悟境玄、莿志大、造詣深。」所以在序臨海人王立程（生卒年不詳）詩集《析醒草》時有云：「今讀伯度先生詩，如王鼎相羹，清秋野色，可嘗而不可分，可見而不可取，非悟境玄乎？標格高古，直上逴漢魏，不作大曆已還口吻，非莿志大乎？命章構結，雖鈎玄析微，字精句練，莫不本諸自然，非造詣深乎？」這些話語，充分表現了古文的結構和造詞，也顯示他對漢魏至唐大曆朝之詩體之認識，傳達了他評價好詩的標準。接下數句進一步就詩人之行事、學問，詩之特質、造詣，用語之工及選詩成集之嚴格，則又以四六文體表達：「塵心俗套，纖塵自無，袪結習也淨。古非今是，理長即宗，識去就也公。書無不讀，理無不窮；超言象之外，出理路之表，志參學也富。久服詩家還丹，輕身蛻骨，可仙可舉，諳藥病也至。雖率爾命題，殊不草草；必使心境融化，而斐然成章，了無斧鑿痕，慎輕舉也審。不以今而慢古，亦不以古而屈今，師李杜，知淺深也確。有一字之不工，雖美玉在聯弗取也；有一聯之不法，雖精金在篇弗取也。前來製作，不啻充棟，舉棄不錄，割詩愛也盡。」這些都是他衡量詩人「得詩家之真髓，稱詩家之上乘」的標準，實非等閒之論。

　　同樣的，在〈《湯半李怒草》序〉一文，他有「故此不平之氣，在於天一怒，則施為疾風暴雨、雷霆霜雪、烈日嚴寒；在於地一怒，則施為高山峻嶽、堅石嶔巖、江河淮海、洶波湧濤；在吾佛一怒，則施為斷絕煩惱、降伏天魔、動地放光、雷音師吼；在儒聖一怒，則施為巨戰蚩尤、放殛桀紂、誅戮秦項、驅逐胡元；在文士一怒，則施為鏖戰棘圍、墨兵筆陣、浩瀚波瀾、競標奪錦」等一連串的對句，充分表現他思維之綿密，引據之合義和造句之入理，非博學多能不能臻此。

　　又如〈《淨土金鎞》序〉一文，明明是古文，但仍有四六句式如「譬盲人捫象，執杵執箕而竟非其體；聾之觀場，競宮競商而罔知其響」、「第新醫客喪，翻從舊瞽以求方；良藥滿前，卻向蠱巫以示劑」、「孝友惕躬，為儒門之真子；解行克己，又佛氏之賢孫。實帶病以行醫，非無舟而學濟。金鎞在手，不讓當仁。目中有眚，雖老宿亦游刃而前；空裏無華，即孩提亦解頤而進」、「余請藏金陵，邂逅寶所，道存目擊，函契蓋投。已把蓮華之香，願結君子之黨。」這些對句之屢屢出現於古文之中，未嘗不可說明傳燈於駢文之情有獨鍾了。

〔註326〕見《幽溪別志》卷十六，頁 4a。

　　類似的古文與駢文的混合體也見於他在舉辦佛會及類似活動時勸眾所寫的序。譬如他的〈戒殺放生會勸眾序〉劈頭數句之「夫戒殺乃惻隱之端，放生為慈悲之漸。良以元元雜類，莫不貪生；蠢蠢迷途，皆知畏死」即是駢文之句式，但接著四種「推其理而亦有所不當殺者」之理由，佔全文之大半篇幅，卻是古文文體。最後一段之說明作序目的則又以四六文體表達云：「茲則闡慈悲之度門，開菩提之覺路。普勸人人戒殺，各各放生。知物命均己命，共樹流水之因；悟物心同己心，早契迦文之旨。將使盡大地俱為孝子，率天下皆是仁人。物我釋積劫之仇，已他結同心之好。慈風既扇，災惡隨消。非惟現世懺罪延年，抑亦將來無病長久。順佛心，無求不可；斷殺機，何往不祥。便可化煩惱為菩提，變婆婆為極樂。固是如來大事，誠非小小因緣。」這些戒殺放生之勸導，如同他在為杭州長明寺重修的放生池所寫的詩偈一樣，真非小小因緣，而是如來大事。所謂「放生長壽因，放生成佛道。放生無病苦，放生子孫盛。何況此二舉，護諸所放生。乃諸功德中，為諸功德最。」孰不以為然呢？

4. 記、銘等

　　傳燈遺文之文體種類最多者要數「記」了。其記大致有五類，其一是堂、殿相涉者，其二是高明寺周圍獨有地形、植物相涉者。其三是動物相涉者，未必與高明寺有關。其四是人神相涉者。其五是雜類。堂殿方面有〈天台祖堂小宗題名記〉、〈不瞬堂記〉；地形植物方面有〈無還臺記〉、〈不瞬堂前長松記〉、〈幽溪三關記〉；動物方面有〈蘭溪買豬放生記〉；人神方面有〈玄帝天下正神記〉、〈太平寺三天祠記〉、〈太平寺後三天祠記〉、〈為邑侯胡東井公石梁銅塔施鈴記〉；雜類有〈異夢紀〉。還有些堂殿類與高明寺無關者，如〈五峙雲影院天臺祖堂小宗記〉。這些記文，大致較長，多以古文為之，少用駢文。但有古文、駢文並用者，如〈天台祖堂小宗題名記〉即是。此記旨在說明高明寺天台祖堂應有「小宗」之題名。所謂「小宗」指的是其師「大導師百松尊者」之同門、弟子及後繼者。傳燈有意將他們列入小宗，以留下記錄。理由是「苟不為其記錄，將使沒世無聞，何以紀前人之勞，勗後進之勤乎？」他認為列入小宗之同門當然不可能人人都是大賢，所以凡稍有功於教門，能始終其事者，也都列為小宗題名之準人選。但他立了八種科目，曰「師座傳弘」、「解行兼暢」、「力行三昧」、「戒行無虧」、「覃精圓解」、「輔弼揚化」、「樹立教院」、「助營齋事」等等。目的是「先列其名於小宗之側，注賢能於名下，否則已之，俟其後有景慕而努力於所事者，即續書之；又俟圓寂後，而編入

大宗，由大宗以擇入祖位。」傳燈認為「天台名家，傳跡以教，傳本以心。」
也就是說，天台弟子既傳心又傳教，故須禪教兼顧，不能缺其一，否則會為
叢林所棄。他以四六文句表達此意如下：「蓋傳心者無教可憑，一齊於暗證；
傳教者無本可據，一流於孟浪。矧出此入彼，如多岐亡羊；離淳合漓，若喪
家窮子。落身草莽，孤露可言；縮首叢林，悲悽何已！」言之諄諄，對天台
之統續傳承至為關懷。

　　傳燈的〈不瞬堂記〉旨在解釋其「楞嚴堂之東方不瞬堂」命名的源由。
這對好奇的讀者甚有必要，因為他的許多著作，包括《幽溪別志》裏所含的
文章及他的經論註疏等，都是在此堂中完成。所以命名「不瞬」，是取佛當太
子時，眼睛不瞬而被稱不瞬太子之意。〔註327〕他又引《大集經》裏「無言童
子」之「無言童子，在襁褓而目恒不瞬」之說來解釋「不瞬」之意，並名其
堂，且用古文作了些較抽象的解釋。有所謂「人之六根，主之者心；心中動則
眸子瞬焉，心中不動則其不瞬焉。」以表示其心「既寂寂然不動，則目不瞬
焉。」當然是很修飾語言（rhetorical）的譬喻，目的只在強調他不輕易為外物
所動罷了。他的〈無還臺記〉，在描述「不瞬堂」前依山石壁之一片高臺，並
藉此形容山居之樂。先說石東南栗木的綠蔭及功用而云：「婆娑覆石，蔭人可
愛，且生佳果，秋熟甘美。夏末春初，厥葉密幄，可以駐飛颺，可以避炎懊。
至秋冬，葉落而獨存枝杪，疎布其巔，日月過於其上，則疎影橫斜，恍若蘿
幌。余常置繩床于其上，或朝暘以縫破衲，或對月以了殘經，或聚眾以談玄，
或跏趺而入定。」在此優美的情境之下，他也時而汲引石之下名「福泉」之甘
泉以煮茗，山居的閒適與樂趣，充分顯露於此優美的一段記文中。記文的下
一大段，就「見性、聞性、嗅性、嘗性、覺性、知性」等皆無還之六義來為弟

〔註327〕此事見《佛本行集經》卷十五（頁725a）：「時淨飯王更復慇懃重語太子：『我
子童子！決定不得捨我出家。』又諸大臣，依昔世論，各以所見，諫太子言：
『大聖太子！可不聞乎？劫初已來，韋陀論中，昔諸王輩，年少之時，各在
自境，如法治化，至年老時，嫡胄相承，各將世子，以紹王位，然後向山，
修行法行。以是義故，大聖太子！不得獨違先王之法。』時，淨飯王聞諸大
臣作是語已，淚下如雨，一心諦觀太子之面，眼睛不瞬。」又同書卷十六（頁
762c）：「時宮女中，有一婇女，自手將一末利華鬘，前出繫於太子頸下。而
太子眼熟視不瞬，觀彼女人，即還自解末利華鬘，解已，手持從窗牖中擲棄
於外。」傳燈根據溫陵戒環之解《楞嚴經》，認為觀音即是不瞬太子之後身。
戒環之解云：「又《悲華經》說：『往昔寶藏如來授不瞬太子記，名觀世音。』
然則，《悲華》與今經皆覆本垂跡之名耳。今得圓通即太子後身也。」見《楞
嚴經圓通疏》卷六，頁839a。

子受教、靈法輩闡釋以「無還」命名之意，其義至深，未易理會，但其最終旨意仍在說與自然融成一體之樂，故云：「雖然吾與汝方今之時，獨眼之與耳所得者居多。六塵之中，惟色之與聲取義者又復居多。而於色之中，當此月明清秋之夜，則月色、山色、煙色、水聲、風聲、蛩聲六者又復居多。然而如是清景，莫不遍於人間，能取斯樂者，能幾人乎？即使有之，不免牽於榮辱，溺於聲色，雖復有此，歡樂非清。惟吾與汝，方捉塵以談玄，對月而啜茗，雖淨土之樂，不過是也。」此段文意，不正是與蘇東坡在〈前赤壁賦〉之「清風明月」一段話語遙相呼應嗎？東坡說：「且夫天地之間，物各有主，苟非吾之所有，雖一毫而莫取。惟江上之清風，與山間之明月，耳得之而為聲，目遇之而成色，取之無禁，用之不竭。是造物者之無盡藏也，而吾與子之所共食。」〔註328〕傳燈正是能取樂於造物無盡藏之少數人啊！

　　在不瞬堂前還有棵長松，傳燈就坐在此棵長松之下，以古文為之作記，敘述他照顧此松樹而至「綠葉成陰」之過程，包括芟除其周邊亂草，修剪其枝柯，並在其旁種凌霄花一本；兩者逐漸成長，待不瞬堂建完時，都已經「喬然森然，現余堂前。」傳燈愛其松陰，也常在松陰下享受「或對佳客煮茗吟詩，或聚徒眾捉塵談玄，或跏趺藤龕冥心禪觀」之樂。也是因此之故，他視長松為兄弟，並謂「若夫以松而紀余之臘，余未來而先有此，十年以長，則松為兄，而余為弟。若以余之俗臘而紀其松，余年今七十有三矣，廿年以長，則父事之，則松猶當為余之弟子也。」並特別交代弟子不能傷害此松，而有此一戒：「余住此山四十餘年矣，與此松之有緣者如此，後之子孫當視松如視余，視余如視松，聽其天年，不剪不伐，是為孝子順孫。其不然者，非吾徒也，小子鳴鼓而攻之可也。」其言真誠，體現了張載（1020～1077）「民胞物與」的觀念，也就是「凡天下疲癃殘疾、惸獨鰥寡，皆吾兄弟之顛連而無告者」的博愛觀。〔註329〕

　　〈幽溪三關記〉是篇平鋪直敘的古文，講的是他居處之幽靜和他力保幽

〔註328〕見《蘇軾文集》（北京：中華書局，孔凡禮點校本，1986），卷一，頁6。按：「食」，《經進東坡文集事略》（上海：上海商務印書館，《四部叢刊初編》本，1929）作「適」，《東坡七集》（臺北：臺灣中華書局，1965）作「食」，呂祖謙《皇朝文鑒》（上海：上海商務印書館，《四部叢刊初編》本，1929）作「食」。《全宋文》（上海：上海辭書出版社，2006）作「食」。

〔註329〕見張載，《張子全書》（朱熹註本）（上海：上海商務印書館，《四部叢刊續編》本，1933）卷一，頁2a～3a。

靜所作之努力。首先解釋他在幽溪設三關，是因患「尋幽之客，陡然闖入，妨余之幽。」然後說明三關之名稱、位置及結構之大概。此三關分別為松竹關、斷橋關和梯石關。三關之內有十景，分別為松風閣、圓通洞、看雲、紫芙蓉峯、青芙蓉峯、枕石漱流、跏趺聽泉、看看雲、中觀瀑和下觀瀑等，皆寂然幽致，別有洞天。傳燈就「獨居幽溪之上松風閣」，雅客來訪時，則「上啟松竹關以迎之，下啟斷橋關以送之，中啟梯石關以延之。」俗人闖入時，則「閉三關以避之。」實是不容幽溪之「幽」無故遭破壞之意啊！

　　從以上各記，可以窺見傳燈日常山居生活之大概。在幽溪雅致之風景下享受其「遁棲於禪。復厭闤闠叢林禪」之生活，他當然離不開飲茶了。何況他在營靜居時，無意中鑿一泉水，色藍而味醴，便治一盈尺之小井蓄之，名之「福泉」，並以此泉水煮茶，且將其事寫成〈福泉銘〉。在序中說：「世人目酒為福水，余則曰茶為福水。然茶無美惡，莫不以水為勝。此泉之甘，為佳茗之助多矣。且去吾竹爐遠不逾丈，無負汲之勞，水之福我又多矣。名曰福泉，亦可乎？」所謂「水之福我又多」，不正是他在不瞬堂後「對月了殘經」和無還臺上「對月啜茗」的由來嗎？

　　〈玄帝天下正神記〉、〈太平寺三天祠記〉、〈太平寺後三天祠記〉和〈為邑侯胡東井公石梁銅塔施鈴記〉都是古文，寫的是幽溪高明寺之護法神明及外護。玄帝是帝釋下北方毘沙門大王之手下大將。毘沙門大王漢譯為多聞天王（Vaiśravaṇa），是傳燈所說「於四天下護國祐民」的四大天王中的一位。他認為多聞天王「於佛法國家猶致意」，曾於唐玄宗朝，應西天不空三藏法師立壇誦咒後降壇領天兵擊敗「北番」，依贊寧《大宋僧史略》之記載，所謂「番兵」是西蕃大石、康居五國之兵。因天兵下降，番兵鼠竄遁去，唐軍大勝，故玄宗「普令天下城隍之北，皆塑天王之像以奉祀之。」傳燈引述贊寧及志磐有關毘沙門大王領天兵護唐敗番兵之記載，是為朱棣靖難起兵打敗「南兵」作伏筆。他根據陳建的《皇明通紀》說當時朱棣見「北方有天將，披髮仗劍，足躡龜蛇，身衣玄衣，前襄玄旗，空中助戰。」而惠帝之南兵遂不戰自靡。由此更引出成祖之有天下，是「上合天心」之故。傳燈在其記文中強調他根據史書《皇明通紀》之意是在「昭玄帝上順佛心天心，以護法衛僧；下協帝心人心，以祐國福民，以為天下正神。」最後他還解釋玄帝又稱玄武，且「衣玄衣而執玄旗，散玄髮而躡玄龜」是為了表示「不忘北方壬癸水之本」。而他為了對「五方正神之一」的玄武正名，以求「名正則理順，理順則民信」，務求無不信而逆理者。

〈太平寺三天祠記〉的前篇，寫天台百姓為金壇于天鑒、華亭王孫熙和東井胡接輝建祠稱「天」之原因。于天鑒生平事蹟不詳，只知他可能任過浙江兵備道的兵備官，故稱「兵憲」。王孫熙曾任台州知府，胡接輝則任過天台縣令。由於傳燈認為此三人皆天台地方父母官，頗知民間疾苦，願為百姓請命，不但禁了地方官之搜刮民田，剝削高明寺，且為蠲免高明寺僧採鑛及徵鑛稅事作了相當大的努力，口碑載道，為民之「天」，故為他們作祠記。記文中描寫明代徵礦稅的作法及弊端，反映了民情，而且文中引述上三公之書，應該是他所寫。足見傳燈並不只是躲在其三關之內，讀經啜茗，不問世事；他還要與官府周旋，討回被濫徵之稅款。表彰「三天」，旨在讓為官者知道苦民所苦之重要，勿再巧稅收立名目徵斂貧民。〈太平寺三天祠記〉的後篇，也是表達同樣旨意。這篇祠記寫的「三天」是兵憲蘭陵張師繹、孝廉長洲陳仁錫和台州通判南昌趙應旗。三人對蠲免天台山寺院充礦稅的僧田皆有功，為民所愛戴。而實際操作免除台山之徵稅者，實是趙應旗。他應張師繹及陳仁錫之籲請，促成其事，故其〈與幽溪除台山充餉書〉乃有此說：「充餉一事，甚擾祇林，雖諸開士，不得聊生，竭澤甚矣。不肖攝篆無能，亟為芟除，致煩本道囑詻，不一而足。然幸人天作合，縣間之公費可以抵扣者方得議蠲，不然即不肖亦不為之掣肘也。」〔註330〕也就是說，趙應旗能將高明寺充餉稅蠲免，是迅速以縣府的公費抵扣，此是傳燈在記中所云「不數日，以無礙之稅抵之」之意。傳燈為了感恩戴德，不但為此三公建祠立像，還要「台僧凡受其惠者，見像如見公，見公如見天。」還在文末寫了一首頌曰：「台山苾蒭，如春園草。日涉成趣，漸就枯槁。不有春風，曷遂厥性。生之育之，獲復其命。苟微灌溉，及以栽培。踐之踏之，亦曰殆哉。見像見天，聿思厥德。千百斯年，孰有其極！」〔註331〕

〈為邑侯胡東井公石梁銅塔施鈴記〉是篇駢文，寫的是天台縣令胡接輝為天台修石梁橋及為其銅塔施鈴所作之功德。他先說石梁、銅塔、塔鈴自宋太宗太平興國朝之賚施到其時代之天啟、崇禎朝都未曾斷，而胡接輝治天台縣之日，功勞最大。接著他說明胡接輝身為天台石橋及銅塔所作的貢獻，而謂他上任之後，「速完橋而利涉，急建塔以興賢。振風裁而嚴操守，神聽斷而

〔註330〕《幽溪別志》卷九，頁 42b～43a。按：原文標題作〈與幽溪除合山充餉書〉，疑「合山」為「台山」之誤刻。

〔註331〕《幽溪別志》卷九，頁 42b～43a。

行撫循。農桑課而市廛肅，蠹弊剔而邪道消。寬征，為國愛民；弭盜，省刑恤罪。浮冗汰，則下不擾；案牘清，則上不煩。僚佐從風，迢遍嚮德。澤及緇流，則僧會析其重，供億判其平；恩周教苑，則山門復其舊，盜塔服其辜。」將胡接輝的政績以四六對句描寫得有聲有色。不過，胡接輝的官聲甚佳，他的政績有目共睹，[註332]傳燈用駢儷之句描述，其實也都是實錄；他用詞生動，令人對胡接輝更會產生深刻之印象。

綜上所述，傳燈以古文或駢文作記，都是本於經驗，據事直書，未刻意雕琢以討好書寫的對象。雖然說駢文被認為過於注重藻飾，華而不實，利於寫景，不適敘事，但這也許是對駢文之偏見。至少傳燈用來敘說史事，左右逢原，有如宿構，既無窒礙，又無矯飾，可謂善為文者。

至於傳燈所寫之銘，除了上文述及之〈福泉銘〉外，還有〈無生龕銘〉一篇。兩者皆序以古文。〈福泉銘〉之序在解釋「福泉」之鑿治和命名之緣由。而銘本身則言福泉水之甘美，和其各種效用，拈出「茶為福水」之口號，與其洗目、洗耳、洗心、洗舌及澡雪精神之妙用。短短十四言十六句，藉福泉之水，傳達「棄酒飲茶」之信息，有淑世勸化之深意在。〈無生龕銘〉之序在承認他不能免俗，也要像世人顧及死後事一樣，考慮到「無生」的問題。世人皆諱言死，佛家則以死為進入無生之境——亦即涅槃。傳燈覺得身為僧人，死事無諱言之必要，故先將其靈龕命名為「無生龕」，並書以左、右兩銘。兩銘皆以古文之反詰修飾語句設問，而答案已盡在不言中。左銘以五蘊（識、行、想、受、色）來譬喻五衣，以色身為發話者言五衣之為一體而不能分。其意似在說他已在世六、七十年，若四大為一切色法所依之性，則因四大而生出之五蘊，將因色身之寂滅而不存。右銘連續用「法性，無明之函也；無明，宇宙之函也；宇宙，形骸之函也；形骸，又幽室見之函」為意象，來演繹形骸之微小。既然宇宙是形骸之函，而如今他以木龕為形骸之函，豈不是以木龕「代宇宙之功」而掩蓋已經腐朽的形骸？他又說這種做法，於世俗凡夫甚至聖賢

[註332]《康熙浙江通志》（上海：上海古籍出版社，清康熙二十三年刻本，1684）卷二十七（頁79b）：「胡接輝江西廬陵人，天啟中知天台。清介褆躬，仁慈接物，嘗講學友仁堂，訓迪諸生，捐俸緩修文廟，秩滿陞南道御史。」按：胡接輝於天啟六年（1626）知天台。見《民國續修臺州府志》卷九十一，頁16b。同書說他在天台任內，「值邊餉急，以寺院廢田佐官費，鬻千金以應。」又說他升任南台御史後，「疏省江浙新賦溢增，人稱為『前胡』，每追思不置。」《民國續修臺州府志》卷九十七上，頁30a。

都可接受，但佛陀是不允許的。但是他既已經委託人去作木龕，也只有任其為之，當佛陀之罪人了。兩篇短文皆造語不俗，寓意深遠，可見傳燈思維之縝密。

5. 論說

傳燈也寫議論或論說類文體，多半是古文，大致分四類。其一涉及人倫道義，其二涉及律教，其三涉及動物和飲食，其四涉及佛理。人倫道義方面有〈忠孝愛敬論上、下〉、〈大道正邪辯〉、〈樂善說贈磚塘楊氏〉及〈廣養濟院說〉。律教方面有〈律宗正訛〉，下分五篇。動物和飲食方面有〈食論〉、〈荼毗放生小鹿法語〉和〈異夢記〉三篇。佛理方面有〈駁《物不遷論正量評》〉和〈青蓮齋說〉兩篇。

〈忠孝愛敬論〉之上篇論君臣父子之義，旨在主張「推愛敬之道以貫之」，認為唯能如此，「則天下無不孝順之子，不忠藎之臣，亦無不聖明之君，不慈嚴之父。」此是儒家忠孝學說之闡釋。不過他特別強調愛與敬必須「得其中」，若不然，則必「淪乎媟」、「過於憚」，而階乎「亂」、「離」，此是世上亂臣賊子之由來。傳燈之說，似暗指萬曆朝嚴嵩把持朝政，所以他覺得愛敬之心，要「廣之夫婦焉、兄弟焉、朋友焉、師資焉，一惟推以愛敬之道，率天之下而行之，率土之濱而化之。」他相信這樣才能「復太古之淳風」，「致太平之至治。」可謂言之成理，持之有故。他的〈忠孝愛敬論〉下篇論愛敬之道在君臣父子之間「要當二者並行而互為表裏」，要「君臣交相勸，而父子交相化；常使為人君者視民如視子，為人父者視子如視臣，為人臣者事君如事親，為人子者視親如事君，則民用和睦，上下無怨。」傳燈認為這才是先王之至德要道。雖然他至文末才解釋他之所以著此二篇真正之動機實在「念法門以法為親，師徒授受之際，雅有君臣父子之道。」但是當時世道，「人情澆漓，不溺於愛則憚於敬，至於始師資，而末路敵國者有之。」傳燈於此不能無感慨，所以著〈忠孝愛敬論〉二篇，「以為道俗不知者勸。」兩篇雖分上下，但都是本儒家之言，明先王之道，並以之勸法門師資關係之改善，匡正倫理斁敗之失，可謂用心良苦。

〈大道正邪辯〉是篇古文，主旨在辯說世間正、邪之分際。先說世間之法，因為立法之人用心各異，遂有正、邪之不同；而「用心正者，謂之正人；用心邪者，謂之邪魔。」他認為三教皆正，但有「邪魔」混於其間。這些邪魔都是與三教貌同而心非者，可分別稱為「儒魔」、「道魔」和「佛魔」。他甚至

認為凡有不正之文章詩賦、百工技藝，皆可歸於邪魔外道。而這些魔道「有以邪干正，自陷於不義者；有以邪干正，陷己而兼陷於人者；有以邪干正而波及於人者；其類遍於世間，不可枚舉。」此種正邪之分及「以邪干正」之指斥，都是為了引出他對萬曆朝流行的「無為教稱白蓮社者」之批判。傳燈視無為教者為「魔民」，因為他們「居於儒釋疑似之間，卒難分別。」而他們的教主身著白衣，畜妻孥、厭塵欲、不祭祖、違三寶、茹葷酒，而表面上事天地君親師，是冒充儒家所為。又宣揚所謂的「五部六冊」，而稱唱佛號，盜竊佛經之文，而冒充佛教。何況它聚集人眾，夜聚曉散，男女混雜，常謀為不軌，違背儒家天地君親師之教；又呵佛罵祖，毀壞經像，貶斥沙門，違背釋教之倫理。他尤其惡紫之奪朱，痛恨其邪行害及佛教，致使有司不分黑白，不辨邪正，以為其所倡之「高座說法」、「白蓮」和「男女混雜」等都是正宗佛教之做法，不知其破壞佛弟子習高座和尚之軌制、遠公白蓮社之建制和如來說法時四眾雲集之儀範。傳燈認為佛弟子之說法，其實頗易分辨，因為他們講的是《法華》、《楞嚴》、《圓覺》、《維摩》等佛經，不是所謂的「五部六冊」。而且佛之弟子四眾雲集，都是光明正大，白日顯說，「非男女混雜，夜聚曉散，潛傳密授。」雖然有人批評佛教只要清淨梵修即可，何必講經聚會，造成多聚人眾、男女混雜之後果，傳燈都仔細說明緣由。言及「師嚴而道尊，必高座而宣演」，三教皆同，否則「不惟音聲不宏遠，而四眾不普聞」，如何使教化普及？而無為教、白蓮社，潛傳密授於人間，無知百姓不能識其真偽，不能別其邪正，任由其蠱惑人心，破壞社會秩序，造成嚴重的社會問題。所以他要求有司「必使無為之教，絕行於世間，一切善人皆歸於正道。不獨正其人，亦當火其書，兼之焚其五部六冊之板，不留一字於人間，絕其根而杜其患。」他認為唯有這樣，三教才能各得歸於正轍，大道一統於天下。這些意見，在他的〈上本道張兵憲書〉都曾慷慨陳詞或重申過，可見他對無為教之深惡痛絕。

涉及人倫道義之議論文還有兩篇：〈樂善說贈磚塘楊氏〉及〈廣養濟院說〉，都是古文。前者旨在說明「為善至樂」之道理，重申佛教之「五戒」可以廣儒家五常仁、義、禮、智、信之說。並藉此表揚縉雲楊氏子三人之「三世為善，而儒釋並師。」引馮夢禎以「樂善」稱讚他們的事實。後者旨在廣申同時代學者陳繼儒（1558～1639）所稱的佛教是朝廷一大「養濟院」之說。他認為陳繼儒之說視僧人只收「盲聾瘖瘂、鰥寡孤獨」者，而佛教寺院則不過其養濟院而已，是未「聞道」之說法。此文從傳燈所謂之佛教「覺道」，論及「覺道失

覺而生天、地、人三才」之大略，來闡釋「二種三界，四等三才，皆不能無養」之觀念。然後細分天台四土、三界、及六合之內皆有不同含生之養濟院，分別由釋迦、菩薩、舍利弗等主於上，宰執百僚、外翰等主於下；而「寺院菴觀者，僧道之養濟院」，則由住持主之。他認為陳繼儒若能聞道而廣其說，應該說「二種三界之三才，總以覺道為一大養濟院，而釋迦統之；其間不無昇沉、聖凡、上下之異，則各分其職以主之。若夫僧居蘭若，又如來之一小養濟院，以為養育材器、陶鑄聖凡之所。」也就是說，傳燈認為整個國家就是許多大、中、小養濟院組成的大養濟院，依其大小分布，由不同的人主持。寺院就是如來之一小養濟院，為培養人才、陶鑄聖凡之所。陳繼儒以收容無依無怙者擬之，他認為實在是太狹隘了！

傳燈的律教方面論文有〈律宗正訛〉，下分五篇，前四篇是古文，而末一篇雖為古文但有四六文句，都在匡正一些無師承的「持律人」和不學無術的律教僧徒曲解教律之舉，如〈在家二眾披福田衣〉、〈不着褊衫搭衣〉、〈應赴僧不搭袈裟惟着禪衣〉、〈律師坐臘〉、〈律師不許弟子聽經〉等訛誤。前三者是論他們違背衣著之禮；「坐臘」一文在糾正誤佛制「坐臘」為「坐蠟」之說。證明有不少不諳教律或不識一丁之佛教徒，曲解佛制，擅自胡作非為，而為識者所笑。「不許聽經」一文譴責那些拘泥戒律，不能「學問聞思」，而專以持戒為修行，只知兀然癡坐，而不識誦習悟道之律師。用四六文句指出他們「問觀心，了無止觀之方；詰參禪，毫無推檢之用。高心空腹，妄稱人師。自障已墮愚癡，又復障諸弟子。」又指責他們不許人聽經又不許人思義，而堅持出家必須持戒，持戒才是修行，完全不知「修從思義，方不陟於殊途；思從聞教，方不墮於異路」之道理。他認為不許人聽經，就如同《因果經》所說，是「障人聞法，生生墮入愚癡報中。」而一旦墮入此報，則「先為畜道，聾聵無知，後得為人，頑嚚暗鈍。」不可不慎！

關於動物和飲食方面，傳燈有〈食論〉、〈荼毘放生小鹿法語〉和〈異夢記〉等三篇。〈食論〉是自設問答（catechism）之古文，主旨在說明素食之優於葷食，穀米蔬果勝於食肉。他認為穀食之甘，受天之甘露。對世之養生者而言，應先穀食，次食五穀之變，菓實之生等蔬食。如此方能五味全、五臟調、四大不及，精神得其所藉之以立身行道，資之以修心繕性，是「受之於天而歸乎天」。至於肉食，則是傷生，既不仁又不祥，且是「逆天」之舉，自不能與穀食之養生法相比。他以「順天」、「逆天」之說來論素食與葷食之優劣，

可謂極重視適當的飲食及養生之道。〈荼毘放生小鹿法語〉是篇仿《莊子》「髑髏嘆」一寓言寫成之故事。他以駢文敘述將已死之小鹿「放生」之經過，先問小鹿「何因失足，橫罹羈縻？豈緣惑業之所纏，致此癡驗而罔覺？」然後自答曰：「逆推物理，必有元因。想生前負斯人四百青蚨，致此世了自家千生黑業。」因此他要「吾贖汝命，自有感於悲田；汝受我法，當有成於佛種。」餘文皆表述他依僧送亡之禮，超度小鹿亡魂，並期待小鹿重生之後皈依三寶之。所謂「如今則為汝依僧津送，如法荼毘，煉磨有待之軀，悟入無為之理。伏願烈燄光中觀自在，不起前塵；咄嗟聲裏悟圓通，永超後有。〔註333〕向七珍林適性，吉祥草安生。」所謂「依僧津送，如法荼毘」就是以僧人火葬之禮為小鹿送終超度，往生西方；此即是其「放生」之意。〈異夢記〉一文，與此類似。文中說他在金陵長干里古寺請藏時，寓寺內三藏殿，見兩位生員亦下榻其寺，準備秋闈。二人是寺主之友，其行李之外有鴨三籠，置芭蕉樹下，「呷呷似有訴。」傳燈對三鴨訓話之後，即回寺就寢，當晚即夢見三鴨口含書啟一份向他傾訴。拆封讀之，見是三鴨祈請兩位應試生員釋放牠們，求傳燈幫忙勸說。其祈請書是四六文，自然是傳燈所作。中以三鴨之口吻說：「家住維揚，今來吳地。尋常遨遊於池沼之中，今日乃因繫於樊籠之內。自惟往業，甘充於秀士錦繡之腸；豈吝今身，香熏於解元栴檀之鼻。永別妻奴，長辭朋類。不想向秋水聽鴻雁之和鳴，不思到春池狎鴛鴦之遊戲。逝則逝矣，去則永去，但恨不得其死，血污伽藍之地。」大致是表示三鴨因知有惡業而遭報必死，已經認命，但不想死於寺院，希望傳燈能幫助釋放牠們。為報答其恩，牠們必祈求上天覺帝和文昌帝君，讓兩位秀才躍登龍門，考中舉人。傳燈驚醒後，大奇其夢，遂決計次日早起後，告知諸公，力請兩位生員將牠們放生。以出家人不打誑語之信條看，此文雖有寓言色彩，但其夢應不假，當是因為「放生」之念時在心中，而有見籠鴨之危殆而生惻隱之心，遂有是夢。

佛理方面之論說文，傳燈有〈青蓮齋說〉和〈駁《物不遷論正量評》〉兩篇。〈青蓮齋說〉是以說故事的方式教人「眾生皆有佛性」之道理，也有寓言色彩。故事以他在溫州乞食而寄宿某青蓮居士之住宅為背景。在與居士之對話中，他問居士以青蓮為其齋名，是將青蓮指佛陀，或其居處，或其身心。居士答曰佛是青蓮，因為慕佛之故，而「樹青蓮之齋，奉青蓮之相」，目的都在學佛，豈敢以佛自比。傳燈於是對居士言佛性在其心中，並以《楞嚴經》裏佛

〔註333〕「永超後有」是永超生死之意。詳見遺文校箋。

陀之「冰水之喻」來說明性相和合、不變隨緣、隨緣不變之理，讓居士了解其
心即青蓮性也，也就是佛性，而其房即青蓮齋；而以青蓮之居，處居青蓮之
身心；以青蓮之身心，事青蓮之善逝。又以秉青蓮之至教，飯青蓮之苾芻；命
青蓮之苾芻，說青蓮之妙法，如此學佛正是位典型之佛陀子弟，實不礙其稱
青蓮居士，無須自覺理屈而因噎廢食。

　　〈駁《物不遷論正量評》〉一篇，顧名思義，似在反駁清涼月川鎮澄禪師
（1547～1617）之《物不遷正量論》一書之論點，但實際上是在補充傳燈所認
為之缺漏。《物不遷正量論》評論的對象是僧肇《肇論》中的〈物不遷論〉。傳
燈之文大致分成三段：首段是肯定鎮澄評論「物不遷」的作法，認為僧肇的
「物不遷」之說，雜糅了六朝「內典參同老莊之氣習」，也就是混一般老莊之
說於佛教教義中，而使「常見之宗，濫同於聖教。」他說這種論述雖連釋迦再
世，龍樹重生，亦難為他辯解，何況古今具眼諸師和鎮澄禪師呢！次段說他
雖同意鎮澄之看法，但他認為鎮澄「談性空處多，而彰相空處少。」故諸師同
意僧肇者，遂廣援「相住」（按：即世相常住）之說以救之。第三段說鎮澄雖
駁斥諸師「曲列《法華》世相常住」之說，而謂《法華》之「世相既常」可支
持僧肇「物各性住」之論點，〔註334〕但鎮澄之駁斥實有不足之處。茲考鎮澄
對僧肇「物不遷」一論點之看法，可見鎮澄認為僧肇的問題在：（一）、以「物
各住位」或「物各性住」成立其「不遷」之說；〔註335〕（二）、據《般若》所
謂「諸法無去來相，無動轉者」之義為〈物不遷論〉，〔註336〕而僅以「物各性
住」釋其義，此「性住之談」，無法盡「不遷」之義。〔註337〕（三）、諸師以
《法華》之「世相既常」來支持僧肇之「物各性住」說為非。以此觀之，傳燈

〔註334〕鎮澄在其《物不遷論正量論》中說：「或問：肇公物各性住，豈非《法華》
　　　　世相常住耶？答曰：非也。彼言性住者，物『各性住於一世。』所謂『昔物
　　　　自在昔，今物自在今。』如『求向物於向，於向未嘗無。』是以有物住於昔
　　　　也。《法華》云：『是法住法位。世間相常住』者，法位迺真如之異名。」按：
　　　　非也之後的引文，如「各性住於一世」、「昔物自在昔，今物自在今」和「求
　　　　向物於向，於向未嘗無」等都是〈物不遷論〉之原句。
〔註335〕按：「物各住位」是淨土居士燕人李天麟（萬曆八年〔1580〕進士）序鎮澄
　　　　《物不遷論正量論》之語。「物各性住」則是鎮澄自序其《物不遷論正量論》
　　　　之語。兩語分別見《物不遷論正量論》卷一，頁912a，912b。
〔註336〕按：《大般若波羅蜜多經》卷二九六（頁507a）：「佛言：『如是！以一切法無
　　　　去來故。』」又卷五〇七（頁599b）：「如是！善現！以一切法無去來故。」
　　　　又卷五五五（頁860a）：「（善現！）應觀諸法無去來故。」
〔註337〕按：「相住」是「世相常住」之省文。

實理解並認可鎮澄之觀點。尤其是他以「物之本空」，也就是「性空」之義來駁不解僧肇之實意者，自然能瓦解其說。只是傳燈認為諸師不知《法華》之言「相常」，〔註338〕實際上是以「性相皆空」為本，故先言法位，再言「常住」，而有「是法住法位，世間相常住」之說，〔註339〕同於般若「相常」，故《大智度論》亦先以法；法住於真如法位，是故世相皆常。傳燈認為惟其性相皆空，而真常自現，才是《法華》「世相既常」之真諦。也就是《大智度論》所說的「常住法相是性空之異名」，不能就「世相既常」字面之意義來言「物各性住」。而鎮澄未能發揮此義，故「表而出之，以補其闕略。」可見傳燈於僧肇〈物不遷論〉之立場與鎮澄是相同的，不過他是天台宗的傳人，對《法華經》之被誤解及鎮澄詮釋之未能到位，覺得有必要進一步詮釋罷了。

6. 偈、贊

《幽溪別志》也含不少偈、贊，約有十餘種。偈贊既非嚴格意義之詩，又與散文有別，實宜自歸一類，合併在此書中討論，權當它們是文體之一種。《幽溪別志》所含之偈、贊涉及景物、環境、贈答、堂像、動物等，部分含序，皆以古文為之。景物類有〈觀空、壁觀二石偈〉、〈枯木偈〉；環境類有〈宿秘藏聞復齋為說二偈〉；贈答類有〈贈悟空四偈〉、〈答復禮法師真妄偈〉、〈答天台明府王公問偈〉、〈答葉敬君學憲偈〉、〈為四明范了因居士說偈〉、〈贈宗遠偈〉；堂像類有〈題四儀彌勒像四偈〉、〈宗鏡堂禮永明大師十偈〉、〈題憨山法師像贊〉；動物類有〈勸人莫食蛙偈〉、〈再勸人莫食蛙十偈〉等等。

〈觀空、壁觀二石偈〉有序言他偶然經行於樹龍崗時見有二景，分別依其地形名為「觀空」與「面壁」，而其偈甚短，只有四言十六句，無非在講「空有不二」之理，認為唯有理解「空有不二」之理，才知中道之義，如水月松風，亦空亦有，是空有不二之代表。〈枯木偈〉亦有序，以古文為之，寫他得一「山檀」類之枯木，見其有「道骨」，置之作旁座角，適臨海王士琦過其齋，兩人便開起玩笑，以禪語對話。傳燈於是吟了十首押韻之偈，以象徵性之筆法，大談枯木之用，顯示他輕鬆爽快之一面。環境類之〈宿秘藏聞復齋為說二偈〉，是因訪阿育王寺之秘藏正理宿其聞復齋而作。傳燈非常器重正理，半是因為他是其法弟無漏傳瓶（1555～1614）之法嗣，半是因為他師從傳燈習

〔註338〕按：「相常」是「法相常住」之省文。
〔註339〕此見《妙法蓮華經》卷一（頁 9b）：「佛種從緣起，是故說一乘。是法住法位，世間相常住。」

天台教觀，既是傳燈之弟子和法姪，也為傳燈周邊門弟子法姪中較活躍之天台詩僧，故傳燈與他屢有唱和、贈遺之作，常藉機鼓勵他。此二偈如同古體詩，目的無非也在鼓勵他傳觀音圓通法門，做大塗毒鼓。如此則百千三昧，彈指圓成，安心自在地當阿育王寺的住持了。

贈答類之六篇中〈贈悟空四偈〉是對某悟空法師或禪師所寫，四偈各六言四句，用悟空之名談「空而不空」之義。因空而不染世緣，因不空而如純淨之寶月青蓮，脫塵羅漢，也就自然世間之法放在心上，有阿難合掌拳擊虛空粉碎，迦葉掌擎大地飛行之能了。〈答復禮法師真妄偈〉答復禮法師偈中所謂「妄從真生」之問。傳燈用「真妄不二」之說釋答復禮「妄不可止」之疑，而言「真妄本相似」，「煩惱即菩提」，要復禮勿墮入二分法，而不能出生死。〈答天台明府王公問偈〉是為答台州知縣王孫熙偈中何以無法澄心靜慮之問。其意似指人之一心，靈明不昧，無賓主之分，故一旦迷惘，而分主客，何處去尋其主？且心之過去與現在皆同，俱是空洞廓然、萬德俱圓。只有參同己心與佛心，便可見心中具足之清淨真如心，可除「三毒」而不懼「八風」，〔註340〕達虛寂玄妙、涵蓋法界，與道合一之境，故可從體起用，應變無窮。〈答葉敬君學憲偈〉是代其弟子照宗正寂（生卒年不詳）答提學副使葉秉敬（1562～1627）而作。正寂歸三衢省親時，葉秉敬贈偈一首，傳燈見之而以一長偈代答。偈長五言一百二十六句，每句都押以「身」字韻，由首兩句之「先有法性身，後有虛空身」至末兩句「永離三界身，更不來受身」，大致在言人受三界身悉皆有苦，應知由色界身之不淨、由男女、淫欲、繫縛……等身，尋求大覺、正報、應用、菩提、莊嚴等身，得悟幻化身之後，誓念彌陀身，為報親而出家、作比丘、報佛、學佛、證法性，以離一切眾苦，而最終永離三界，勿再來此世受身。如此無有身，則眾苦便滅。〔註341〕等於是對葉秉敬學憲言信佛求無生之必要，用心良苦，可見一斑。〈為四明范了因居士說偈〉是為四明范汝梓所寫，有六言四十二句，並依古體詩作法押「虞」韻。此偈旨在為范汝梓指出一條替代仕宦生涯之路，先說他是位真儒，胸中有不凡的抱負，下了不少經世濟民之工夫，欲成就一番功名事業。但他應知仕途艱難，在官場浮沉

〔註340〕「三毒」、「八風」見遺文註。

〔註341〕如《菩薩本行經》說：「唯捨諸欲，思惟正諦，爾乃得離眾苦毒耳。受三界身悉皆有苦，一切眾苦皆從習（集）生，由習（集）諸欲三毒之垢，諸行之報便有眾苦。斷絕三毒，銷然諸欲，則無諸行。眾行已盡，則不受身。已無有身，眾苦便滅。欲盡諸行一切縛者，唯當思惟八正之道。」

一段時間後，應毅然辭官歸故里，回到鄞縣過垂釣耕鋤之生活。〔註342〕在林泉中清閒安靜地度日，參禪習法，了悟無上覺智之靈明本體，回其本來面目，認知天台空、假、中三諦圓融之義，如此便可了斷生死，脫離三途，皈依佛陀，渡過彼岸。傳燈顯然竭誠地希望自稱了因居士的范汝梓真正做到「菩提通達，無復煩惱」之「了因佛性」。〈贈宗遠偈〉是寫給某法雲長老之法孫宗遠。旨在鼓勵已年屆不惑之宗遠，念佛求西方。因為他既是法雲長老之賢孫，而法雲長老又出天台、四明，二者皆宗遠公之淨土觀，他應該力尊祖道，實踐永明延壽「有禪有淨土，猶如戴角虎。今世為人師，來生作佛祖」之箴言，讓宗遠之名流芳百世。並以「古云少年不努力，徒令老大成悲傷」來勸導他，希望他能「繼祖揚宗明大道，堪於苦海作舟航。」顯示他一貫誘發晚輩僧人所作之努力。

堂像類的〈題四儀彌勒像四偈〉描繪彌勒佛像的一行、二住、三坐、四臥等四種威儀。四威儀的本義是：一行，謂「修道之人舉止動步心不外馳，無有輕躁，常在正念，以成三昧，如法而行也。」二住，謂「修道之人非時不住，若或住時，隨所住處，常念供養三寶，讚嘆經法，廣為人說，思惟經義，如法而住也。」三坐，謂「修道之人加趺宴坐，諦觀實相，永絕緣慮，澄湛虛寂，端肅威儀，如法而坐也。」四臥，謂「修道之人非時不臥，為調攝身心，或時暫臥，則右脇宴安，不忘正念，心無昏亂，如法而臥也。」〔註343〕以此標準來衡量他所題的四偈，則無非在說明彌勒之四威儀像，都是如法呈現。也就是他能夠行無所住，調御三業，尋覓佛陀，放卻四大，認識虛空，自在自如，隨醒隨眠，與世人不同。〈宗鏡堂禮永明大師十偈〉是較嚴謹的詩偈，十首都依古詩作法押韻。其大旨在敘述並歌頌永明延壽之生平與道蹟，並宣揚「天台禪即天台教」之天台教觀，述說永明延壽傳道東南，使東南佛法，橫出一枝；他在東南戮力傳播佛法，使三寶弘通，東南賴其師資弘化，支提遍布。最後一偈，述及知禮擅名橫出於四明，傳有弟子實相法師梵臻（生卒年不詳）。若非當初延壽和會天台教乘與禪宗，他怎可能會入禪宗寺院南屏淨慈寺傳法呢？

〔註342〕按：范汝梓生平事蹟見《雍正寧波府志》卷二十，頁64a。傳燈此作當是勸范汝梓既已知仕途之艱難，尤其在魏忠賢閹黨把持朝政之下，應早日辭官歸里。不過范汝梓卒於襄陽知府任上，顯然未聽傳燈之勸。

〔註343〕以上見《大明三藏法數》卷十三，頁869b～870b。

　　〈題憨山法師像贊〉是對憨山德清（1546～1623）畫像的簡單贊語。德清以「興復曹溪祖席」名盛於世，[註344]是復興臨濟宗的重要禪僧，較傳燈年長。傳燈在寫《楞嚴經圓通疏》時，曾參考他的《楞嚴經懸鏡》和《楞嚴經通議》。德清曾於萬曆二十三年乙未（1595）年五十歲時，因捲入內廷立儲之爭，為東廠誣告而下鎮撫司，遭苦刑拷訊，並坐以私創寺院，遣戍雷州，計入獄七月。[註345]故傳燈所見德清之繪像，當是剛出獄之時所作。故贊語曰「謂師僧耶？頂顙有髮。謂師俗耶，常宣妙法。是僧是俗，總無交涉。」表面上形容其非僧非俗之樣貌，實際上暗示他入獄蓄髮，實為大法而受誣陷。而末兩句「眼中瞳子骨稜稜，手裏枯藤活潑潑」，則寫他並未因入獄受刑而喪志氣餒，仍是精神矍鑠，目光有神，且手持枯藤，活潑行道，平常自在。

　　偈頌體的動物類有〈勸人莫食蛙偈〉和〈再勸人莫食蛙十偈〉。前者有序，以古文為之，略述作偈之因。大抵謂蛙雖退藏遠害於深草之中，但「多言賈禍」又因貪食而喪其生生之密機，為人以誘餌補之，至「斷首裂皮」及「戴首生剶」而售於市廛，狀極悲慘。傳燈乞食於市，每見而流涕，故作偈以勸好生愛物之君子勿食之。先作六偈，每偈七言八句，既勸人勿食蛙，又勸蛙勿貪食。首篇題曰「痛蛙」，言蛙被煮食之痛苦，與人一樣貪生怕死，食蛙者應應審慎思之。次篇題曰「剶蛙」，言蛙被剶而食，其所償之宿債遠超其數，一旦來世為人，將冤冤相報而無休止。第三篇題曰「訟蛙」，似在譴責蛙之貪食蚯蚓，若虎狼之逐獵物，然而不善自保而輕易被補而烹食。第四篇題曰「青蛙」，表示他雖覺青蛙可憐，但也為其太無知、自大而惋惜，不知其微小之軀，應在青草池邊享無邊之樂，卻為了貪食而被捕，送入滾油鍋內烹煮被食；咽苦吞聲，皆是自作自受，又能怪誰？第五篇題曰「薦蛙」，是為蛙禱告薦福，願牠不斷念阿彌陀佛，念《妙法蓮華經》的四句偈。並願牠早離青草蕩，託生於善心人家，莫忘傳燈之言，滌慮清心，勿再妄食。第六篇題曰「放蛙」，意在表達他將蛙放生不是為了積陰功以求報，不過是可憐蛙輩無辜而死。他覺得任何人有此惻隱之心，才算是真君子，而有此濟顛扶危之善心才叫大丈夫。他已經為蛙誦經超度，還要用佛法之水來潤澤牠焦枯之形，希望牠從此能逍

〔註344〕〔清〕紀蔭《宗統編年》卷三十，頁888c；卷三十一，頁292a。按：曹溪祖席即韶州南華寺。福徵《憨山大師年譜疏註》卷下（頁550a）：「自乙未（1696）入粵，至此一十八年，始書『去粵』二字。其間，戍雷陽、入南韶、興復曹溪南華寺、寶林堂、旦過寮……。」
〔註345〕《憨山大師年譜疏註》卷上，頁514a～517a。

遙而去，切莫再回頭報知牠又被捕而賣到市場上去了。

〈再勸人莫食蛙十偈〉是續前六偈而作。每偈七言四句，多重複前六偈所言之理，或強調惻隱之心，或提撕因果報應之說。大抵述說蛙與人同，其遭剝皮截手之痛，人亦有類似經驗。故只要能生同理心，以一己形骸之苦惻隱青蛙之苦，就必然不會再去食蛙。再者，蛙命與人命無異，好生惡死事之心亦同，只要能夠生惻隱之心，便能變得慈悲而有助於闡揚般若慧風。此外，蛙雖小而微不足道，但人若殺之則報應不爽，可見於人之瘋癲及其手足之筋攣、麻痺或中風而不速死。所以人不能只顧保護自家身體皮肉，只愛青蛙肥甘之美味，而不體念其受骨肉之殘；試想將刀割己身之肉，恐不敢食之。傳燈再三表達此意，勸人應常思己身肉體受傷而痛不能禁之狀，推知青蛙被活剝之苦楚，而生為其悲慘憂傷之心。昔天如惟則（1286～1354）曾引述宋儒張載「民胞物與」之說，〔註346〕略謂：「歷觀古君子之言，蓋謂物之與人同稟靈知之性也。物雖不若人之最靈，然其愛身惜命之情、畏死貪生之念，則與人無少異也。靈知既同，情念又同，故謂之同體也。故謂之吾與也。吾與者吾儕輩也，既為同體之儕輩，其可殺而食之乎？」傳燈勿食蛙之勸，實是同樣認知與同理心之表現。

以上對傳燈遺文之大致內容與特色之析論，盼有助於深入了解傳燈之為人與性格，及其為文之風格和旨趣。其釋論之未能盡者，請詳下文校箋部分。

〔註346〕見上文。

遺文校箋

弁　言

　　本「遺文校箋」為《幽溪別志》一書內傳燈本人各體文章之校註。《幽溪別志》為傳燈大師在編寫完《天台山方外志》三十年之後所寫之山寺志，專記高明寺之興衰沿革及相關歷史人文逸事。據《民國續修台州府志》之著錄，全書有二十卷，〔註1〕然現存《幽溪別志》僅十六卷，恐非為原書之全璧。天啟四年（1624）傳燈於高明寺楞嚴壇東方之不瞬堂完成《幽溪別志》時，其書卷數不明。而十六卷本為傳燈之法孫文心受教增補原書後，於明崇禎十七年（1644）鐫刻付梓而流傳之刊本，可見於莊嚴出版社的《四庫存目叢書》、揚州廣陵書社《中國佛寺志叢刊》、〔註2〕台北丹青圖書公司《中國佛寺志彙刊第三輯》、中研院史語所傅斯年圖書館館藏線裝四冊本，及五冊本膠卷、柏林的前普魯士圖書館文化基金會藏本（Preussischer Kulturbesitz-Staatsbibliothek

---

〔註1〕見《民國續修臺州府志》卷80，頁21a。
〔註2〕此本之扉頁竟說「〔明〕釋傳燈撰」和「〔民國〕受教增補」，不知受教實傳燈法孫。嚴嵐所撰簡介此書為明崇禎甲申（1644）法孫受教序。此受教即此書之增補者，實明萬曆朝人。傳燈之建高明寺，頗得其助。受教曾繼傳燈任高明寺住持。他擅詩文，與許多士林文人居士來往，互有唱和。此書收錄其詩不少，又收文士與他唱和之作。他留下詩作多種，有《孤吟》一卷、《台行賡草》一卷、《台游賡草》一卷、《台喚草》一卷、《台夢草》一卷和《澗上編》一卷等六種。《澗上編》附有雜文數首，並有崇禎八年乙亥（1635）陳函輝序。《孤吟》有萬曆四十年壬子（1612）王立轂序。《台行賡草》是和鄒迪光諸人游天台作。《台游賡草》是和柯夏卿諸人游天台作。《台喚草》是陪李天秩游天台作。見《民國續修臺州府志》卷八十，頁21a。

zu Berlin）及國家圖書館所收藏之同刊本。〔註3〕此數本中，四庫存目本較完整，但仍有缺頁。前普魯士圖書館文化基金會藏本最為清晰可讀，但缺頁及損壞處甚多。他本亦皆有漫漶不明和脫落破損之處。茲以四庫存目本為主，參校柏林的前普魯士圖書館文化基金會藏本及其他諸本，復參考文心受教所編傳燈之《幽溪文集》，拾遺補缺，挹彼注此，循文求義，點校成冊，以使《幽溪別志》內傳燈個人之文字，獨立成篇，以見傳燈屬詞比事之能、深思博辨之習、著史闡道之志，中興教觀之心。由於傳燈頗擅詩文，其詩與文，自然是紅花綠葉，相映成趣。其遺詩筆者已在《孤明獨照無盡燈——幽溪傳燈遺詩校箋》一書中析論，此遺文則皆出自《幽溪別志》。另有〈五峙雲影院天臺祖堂小宗記〉一篇，見於光緒《黃巖縣志》及《九峰廣志》，未收入《幽溪別志》中，亦置而不錄。各卷首傳燈所寫「考序」之文，亦收錄於文心受教所編之《幽溪文集》內，〔註4〕校註之時，亦援以參校之。

校例：

1. 本書傳燈遺文係根據《幽溪別志》之《四庫存目》本、柏林前普魯士圖書館藏本、及其他諸本校訂而成。遺文係按文體類別依次排列校註。故與《幽溪別志》之卷數內文安排之順序不盡相同。

2.《幽溪別志》原書各卷皆有「考序」、「事實」與「藝文」。前二者皆為傳燈之筆。「藝文」則含他人之詩文。傳燈之遺文依以下順序排列校註：（一）考序、事實，（二）著述序跋，（三）疏文、書尺，（四）記銘，（五）論、說、雜文，（六）偈、贊。

3.《幽溪別志》卷六〈宗乘考〉之「詳述」部分，天台諸祖師傳略，多有直抄志磐《佛祖統紀》諸祖師傳文者，因非傳燈親作，故皆不錄，並予註明。

4. 卷八〈人物考〉之「事實」部分，天台祖師傳文，或直抄或節錄《佛祖統紀》諸祖師傳文，凡直抄者不錄，凡節錄者，酌予保留，並於註中說明。

5. 傳燈著有《幽溪文集》一書，內含《別志》之文不少，雖筆者所見之《衢州文獻集成》本並非善本，亦稍足以參校。本書各卷凡標題後有「＊」號者，即亦見於《幽溪文集》者。

6. 本書之所收錄之文，不按《四庫存目》本之新編頁碼作註，而皆按原書之頁碼作註，以便讀者索閱不同版本時參照。

〔註3〕亦即 Prussian Cultural Possessions-State Library at Berlin。
〔註4〕文集有不同版本，已見於本書自序。

7. 各卷有「考序」與「事實」，二者一體相關，故「考序」依次以「1.1.」、「2.1.」、「3.1.」……編號；「事實」以「1.2.」、「2.2.」、「3.2.」……編號。若「事實」之後仍續有詳述，則依序列詳述為「3.3.」、「4.3.」……而其內文則再加一碼表示，如「4.3.1.」、「5.3.1」之類。

8.「考序」與「事實」之外，各卷有其他紀實之文，都予詳註。

一、考序、事實

1.1. 形勝考序*

粵自妙明作眚，〔註5〕圓影五色呈祥；〔註6〕大地為依，世界三千顯瑞。〔註7〕類千花生於珍沼，蜂蝶遊戲何知？二曜運於晴空，〔註8〕烏兔往來罔覺。〔註9〕則天台幽溪道場者，其覺海千花之一蕊鬘幢乎？〔註10〕抑性天二曜之

〔註5〕「粵」，助詞。古與「聿」、「越」、「曰」通用，多用於句首。「妙明」，真妙之明心，以名無漏之真智。「眚」是「災」之意。「作眚」，因過失而導致災害之意。此句與下句似說，自從妙明之心因過失而遇災，出現了妄心妄境。

〔註6〕「作眚」、「圓影」與「五色」云云，出《楞嚴經》。孤山智圓解曰：「赤眚喻妄心，圓影喻妄境。境謂五陰，故云五色重疊。」傳燈補註曰：「五色圓影既非燈色，又非見色。惟彼見者目眚所成，喻五陰妄境皆是眾生妄心所成也。惟眚之觀謂獨有眚者見之也。名為何等，謂若是見色，見已成色，則彼眚人見圓影者，不得名為見矣。色即影也。」此處似〔宋〕黃朝英〈端午詩〉有句云：「孟嘗此日鍾英氣，王鳳今朝襲慶源。五色呈祥文必顯，丙時先誕位非尊。」《靖康緗素雜記》卷五，頁 6a。

〔註7〕「世界三千」即佛經所謂「娑婆世界，三千大千國土。」《釋氏要覽》卷二（頁291a）：「《長阿含并《起世因本經》等云：「四洲地心，即須彌山（梵音正云蘇迷盧，此名妙高）。此山有八山遶外，有大鐵圍山，周迴圍繞，并一日月晝夜回轉照四天下，名一國土。積一千國土，名小千世界。積千筒小界，名中千世界。積一千中千界，名大千界。以三積千故，名三千大千世界。」

〔註8〕「二曜」即是日月。〔清〕牛鈕等《日講易經解義》卷十七（頁22b）：「以天運觀之，因日之往而有月之來，因月之往而有日之來。二曜相推以相代，則明生而不匱。」

〔註9〕〔宋〕戴侗《六書故·六書通釋》（臺北：台灣商務印書館，影印《文淵閣四庫全書》，1983～1986）（頁18a）評司馬相如、揚雄之徒務為奇字僻名以誇辨博，而騖於辭華，更名換字以為新奇，乃「言日月者曰烏兔、曰羲娥、曰曜靈望舒……」。烏兔即是日月。《古今合璧事類備要》（臺北：台灣商務印書館，影印《文淵閣四庫全書》，1983～1986）卷一（頁11b）引張衡《靈憲圖》：「日者太陽之精，積而成烏象，烏陽之類，其數奇。月者陰精之宗，積而成獸象，兔陰之類，其數耦。」

〔註10〕「蕊」同「蕊」。「鬘幢」似指《佛說佛名經》卷六（頁242a）所說的「栴檀樹鬘幢世界」。

一兔毛塵乎？

昔者東土，如來嘗於是一毛端中現寶王剎，坐微塵裏轉大法輪。〔註11〕當是時，覩是變者，既忘正以忘依；聞是法者，亦泯情而泯解。不知身在華藏莊嚴海與，華藏莊嚴海之在身與！自滅度後，有大智人，仍收是經，納微塵內。擲置金銀地上，〔註12〕相不言多；塵埋佛隴山前，歲聿云久。惜遊轍所經，而了無聞見；唯天眼所覩，而寧無感傷？今則將剖塵而出經，乃鑿空而出土。顯示五色，不異燈明；刮彼目眚，無離見見。作幽溪道場形勝考。

1.2. 形勝考事實

本寺古稱幽溪道場，從土著以受稱也。又名唐溪。《釋籤》云：「智者赴陳宣帝請入京，弘定慧法門，謝遣徒眾，歸隱華頂佛隴，唐溪即此地也。」〔註13〕字體偏傍或從水、或從谷，一以溪流幽清得名，一以山谷幽深受稱。據大師手書鐫石，從谷為正。水自大雷峯發源，山亦從此發脈二支。從南過峽，折東起龍背，為大師塔院。塔前昂然起龍首，為羅漢降。次為香爐峯，再折而南，去廿里為縣治，作來龍也。若從香爐峯折而北，為象王峯。此則為幽溪道場作案也。若大雷峯從東曲折，如游龍、如馬鬣，高起一峯，謂之白雲峯。堪輿家喝為「犀牛望月」，有分有合。開小洋為太平寺，由是從龍手抽一支東去，回南為師子峯。龍盡處抽脈結局，是為幽溪道場。此則背師峯，面象峯、師子峯，開帳落脈，而帳下有貴人峯者五，中峯起處則高，多長松修竹，蓊欝拂天，衞護剎表。餘峯列處，則矮二、三，揖拱如聚講狀，各居帳下。青

〔註11〕此二句出〔明〕釋觀衡《楞嚴經四依解》卷一：「眾生於諸佛光中聞第一義，斯則一為無量，無量為一。小中現大，大中現小。不動道場，徧十方界。身含十方無盡虛空，於一毛端現寶王剎，坐微塵裡轉大法輪。」故此處所講的「轉大法輪」是特指《楞嚴經》而言。而下文之「有大智人，仍收是經」之「是經」亦然。

〔註12〕「大智人」原指是佛陀。《法苑珠林》卷九（頁367c）引道宣《遺法住持感應記》（按：此書已失傳）云佛遇一女求飲食，彼女白佛言：「我讀韋陀之典云：『不久有大智人。當成正覺。』我觀仁者相貌音聲，是諸佛相。我作此山神，經十六大劫。過去諸佛我皆親覿，汝可隨我往至住處，當與汝飲食。」《四分比丘尼戒本註釋》卷一（頁21b）：「佛者，梵語佛陀（Buddha），乃十號之一。譯曰覺、知、大智人。」此處之「大智人」，應指智顗。〔明〕曾鳳儀《楞嚴經宗通》卷六（頁860c）：「有大智人，破塵出經卷。」此「經卷」當指《楞嚴經》。「金銀地」即下文所說的金地嶺與銀地嶺。

〔註13〕《釋籤》即《法華玄義釋籤》之簡稱。傳燈的第十四世法孫佛隴真覺寺敏曦（1827～1899）著有《法華經玄籤證釋》詮釋之。

山一色，則若無循目可數，則似有故，雖結為陽址，而龍虎夾從，亦自分明，以有中峯及左右峯為之分界也。脈落龍盡處，則界以象山為之前托，形如手義虎口，以故幽溪居其前，宛如腰帶。水從申坤方來，繞未丁丙巳巽，轉至辰乙卯方而去，故天台道場，惟幽溪最得水法之妙。

第昔人罔譜地利，宮殿、僧寮皆脫脈，近溪落限，以位平田，前後坐對太高，而陰氣太重。今則以舊日殿基為明堂，法堂為大殿，更鑾高埠處，餘土為藏閣、法堂及楞嚴壇，豈不山愈鑿而居愈深，基愈高而地愈壯。古人云：「損有餘以補不足」，亦其理也。前以象山作案，自頂觀之，正對象鞍，為展諾峯。西連一峯，為象尻。東連一峯，為象頭，謂之「貴人牽諾」。諾下則累累矮案，又謂之「赦書案」。上有疊石為田，又謂之「御街水」，又謂之「倉板水」。此皆堪輿家之言，雖無足盡信，聽其娓娓之言，殊亦甘人之耳也。自溪頭觀之，則有九峯環列，皆歷然可辨。若尋其大都形勢，從大雷分支，雙夾面至結為師象二峯，謂之「雙股金釵」可也。若兩峯齊至於水口，交牙縮結師峯落脈，如吐一舌，溪流瀆於舌底，謂之「神龍噢雨」可也。又於水口立二捍門，一於象王峯，左伸一足，在道場望之，其勢兜抱，以逆幽溪之水，則謂之「內羅星」。在水碓坑望之，一峯凌霄，如支提石笋，則謂之「右捍門」。一於師子峯右，伸一足亂石，嵯岈累累，上疊如芙蓉瓣，在道場望之，謂之「外羅星」，在水碓坑望之，則謂之「左捍門」。二捍門之外，則界以螺溪之水，以繫船岩大山橫鎮於東，山頭隻隻回顧，如栲栳圈椅手，此為幽溪之大關闌道場。外護愈遠而愈大愈有力者，蓋得乎此。若在道場總觀形勢，四圍蒼峯矗矗環列，宛然如一朵青蓮，故楊大參霞標公顏為「青蓮世界」者以此。〔註14〕然而既名幽溪矣，而寺又稱為高明，不知者為法門隱語反說，知之者實名正而

〔註14〕按：「楊大參霞標公」是楊師孔，他字泠然，號霞標，以貴竹楊師孔名。貴州衛（今貴陽）人，原籍江西廬陵。萬曆二十九年辛丑（1601）進士，官雲南提學，後遷浙江左參政，故稱楊大參。工詩文，尤善真草大書，有《秀野堂集》四卷。見萬斯同《明史稿》卷一三七，頁碼不明；《乾隆貴州通志》（臺北：臺灣商務印書館，影印《文淵閣四庫全書》本，1983～1986）卷二十八，頁9a。《道光貴陽府志》（臺北：成文出版社，1983）卷七十四，頁24b。幽溪之古蹟有「看看雲」一處，在青芙蓉峯下，與「看雲」相對，據傳燈說，就是「貴竹楊師孔書。」見《幽溪別志》卷十三，頁2a。青蓮即青蓮花，亦即睡蓮。又作優鉢羅華、烏鉢羅花、漚鉢羅花、優鉢剌花、殟鉢羅花。意譯作「青蓮花。」本書屢言及青蓮，以其與佛有關也。《中阿含經》云：「我聞世尊初生之時，諸天於上鼓天妓樂，天青蓮華、紅蓮華、赤蓮華、白蓮華、天文陀羅花及細末栴檀香散世尊上。……」見《中阿含經》卷八，頁470c。

理順；正以幽溪居於萬八千丈山之半，周遭青蓮花峯，頂銳而足闊，道場主之，若處範金陽燧之中，〔註15〕而日月二曜常照臨於其下，聚而不散，故高而大明。以故幽溪雖居於萬山之中，而絕無纖毫陰氣者，以此寺稱高明，信高明也。

2.1. 開山考序*

法界圓融，混沌雖無七竅；〔註16〕真如不變，支離何礙六塵。〔註17〕以骨人居肉山，〔註18〕神力搏須彌入芥；用善權拓幻有，寶手點鐵圍成金。〔註19〕方廣八百里名山，塵塵皆為淨土；智者千餘年遺跡，〔註20〕處處無非道場。矧此名區，伊邇佛隴。金陵歸隱，〔註21〕深山更深。緊華頂尚爾杜多，洵幽溪夙為練若。〔註22〕作幽溪道場開山考。

〔註15〕 「範金」指以模子澆鑄金屬。「陽燧」今指用銅或銅合金做成的銅鑒狀器物。古指「金」。《淮南子》（上海：上海商務印書館，《四部叢刊初編》本，1929）卷三（頁2a）：「陽燧見日則燃而為火」，注云：「陽燧，金也。取金杯無緣者熟摩，令熱日中，時以當日，下以艾承之，則燃得火矣。」

〔註16〕 「混沌雖無七竅」本《莊子》（上海：上海商務印書館，《四部叢刊初編》本，1929）。〈應帝王〉：「混沌之死」之寓言。中央帝名混沌，因無七竅，為南海之帝儵，北海之帝忽，鑿七竅而死。

〔註17〕 「支離」，見《楞嚴經》「支離匪涉入，云何獲圓通」之句。溫陵禪師戒環云：「鼻闕中交，故云支離。」見《楞嚴經要解》卷十二，頁836a。

〔註18〕 「以骨人居肉山」一句，蓋呼應「法界圓融」、「真如不變」二句之意，表達華嚴經「一多相容」之意，謂未嘗不能也。故下句肯定「神力搏須彌入芥」之可能。〔明〕釋弘贊《溈山警策句釋科文》釋題曰：溈山後充百丈懷海典座之職，「時有司馬頭陀，自湖南來。謂（百）丈曰：『頃在湖南，尋得一山名大溈。是一千五百人善知識所居之處。』（百）丈曰：『老僧往住可乎？』陀曰：『非和尚所居。』丈曰：『何也？』陀曰：『和尚是骨人，彼是肉山。設居之，徒不滿千。』丈令侍者喚首座來。問：『此人何如？』陀請謦欬一聲，行數步。陀曰：『不可也。』復喚典座來問，陀一見，乃曰：『此正是溈山主也。』」見《溈山警策句釋科文》卷一，頁233a～b。

〔註19〕 「鐵圍」即是須彌山周圍之鐵圍山（Cakravāla, Cakravāḍa）。又作鐵輪圍山、輪圍山、金剛山、金剛圍山。佛教之宇宙觀以須彌山為中心，為周圍之八山八海圍繞，最外側為鐵所圍成之山，稱鐵圍山。即圍繞須彌四洲外海之山。或謂大中小三千世界，各有大中小之鐵圍山環繞。《大毘婆沙論》卷一三三，此世界之中央為須彌山，由四寶所成，其周圍由健達羅乃至尼民達羅等七金山圍繞。見《佛光大辭典》頁6878。

〔註20〕 傳燈認為幽溪高明寺所在地，是智者大師傳法的佛隴山遺址。

〔註21〕 這是指智者從金陵瓦官寺回到天台佛隴山。

〔註22〕 「杜多」指的是頭陀行（dhūta）又作杜茶、杜多、投多、偷多、塵吼多。意譯為抖擻，謂抖擻貪欲、嗔癡、三界內外、六入。頭陀行有十二，稱十二功

2.2. 開山考事實

幽溪道場始祖乃法空寶覺智者大禪師，考其緣由則大師未出家時，嘗懇切禮誦，冀獲解脫。當拜佛時，恍然如夢見極高山臨於大海，山頂有僧招手喚上，以臂接引登山而語之曰：「汝當居此，汝當終此。」後獲出家，至陳太建七年（575），辭陳宣帝至天台山，宿定光菴。光謂曰：「還憶夢中招手事否？此峯金地，我已居之，北峯銀地，汝當居之。」〔註23〕以是而言，則幽溪道場面金地而坐銀地，實兼二者之勝。厥後大師居於佛隴，建修禪道場。一日，因講《淨名經》，忽經為風飄，翩翩不下，乃杖錫披荊尋經所詣。行五里許，而經悲焉。師見此地峯巒秀拔，洞壑幽清，可以建阿練若，修頭陀行。即誅茅為茨，編荊為戶。後人建寺，又名淨名者，蓋本乎此。計是時當在宣帝朝太建年中。又大師在脩禪講堂講《淨名經》，是時聽眾見幽溪澗底駕七寶虹橋，方廣聖僧或執手爐，或持旛蓋，虹橋遙布，直至講堂，此則幽溪之地皆為方廣，今人獨知方廣在石橋者，不過凡夫肉眼，偶然緣合則信有之。若以聖境言之，則以國清為南門，以石城為西門，金庭觀為北門，王愛山為東門，方為盡理，而幽溪道場適當方廣之南軒也。

3.1. 沿革考序*

夫人因地著，地逐人弘。雖法運之有盛衰，實化理之無偏黨。若花開、若花落，而樹木之根本不移；或哲往、或哲來，而道脈之淵流罔替。始則陳隋智者應運而創始，後則唐宋諸宿繼體而守成。沿及元明，迄乎昭代，曰禪院、曰教苑，總屬幽溪；若高明、若淨名，俱鄰佛隴。諒劫波成住壞空，而此土不毀；實大師經行坐臥，而常在其中。作幽溪道場沿革考。

3.2. 沿革考事實

本寺在陳隋之世號幽溪道場者，正以智者嘗於此頭陀行道。後代扁額加智者二字，示不忘其本也。今人多將寺院與道場作優劣論，蓋迷名而失義也。不知道場名含二義：一為行道之場，一為得道之場。大師於是行道，亦復得

德。一、阿蘭若處，二、常乞食，三、次第乞，四、一受食，五、節量食，六、中後無飲漿，七、弊衣，八、但三衣，九塚間住，十、樹下坐，十一、露地坐。十二、長坐不臥。此處是指在華頂上要行頭陀行。練若即是阿蘭若或阿練若（aranya），譯為山林、荒野。指適合於出家人修行與居住之僻靜場所。又譯為遠離處、寂靜處、最閒處、無諍處。即距離聚落一俱盧舍而適於修行之空閒處。下文之阿練若同。

〔註23〕按：此係根據《佛祖統紀》卷六，〈四祖天台智者傳〉。「光」指「定光佛」。

道,即摩竭菩提道場,何以異此。唐天祐七年(910),〔註24〕改為高明。五代唐清泰三年(936)〔註25〕復名幽溪道場。晉天福間(936~943)〔註26〕更名幽溪禪院,石經幢可驗也。宋祥符元年(1008)〔註27〕改為淨名者,亦示不忘其本也。沿入聖朝,復名高明。

今不慧重興,欲三名而俱存之。山門之額,則扁以智者幽溪道場;大殿之前,則扁以高明楞嚴講寺,以余所宗所講者《首楞嚴經》故也;復以講堂為淨名,蓋亦不忘其本也。

4.1. 重興考序*

此身附贅,〔註28〕把茅足蓋頭瘡;〔註29〕半世旅亭,隻葦堪乘行廁。〔註30〕何必雲搆栢梁之廈,〔註31〕損施傷生?庸須星羅梓棟之堂,來譏招毀?第以常住三寶,所在當隆;還思汩沒四生,〔註32〕逢緣須汲。以幻修幻,不妨摘空果以種空花;將心了心,是宜即慧鏡以銷業鏡。堂有三十二,經業載乎芬陀;〔註33〕眾俱萬二千,事亦傳乎耆崛。〔註34〕慨性具之光將燼,非地胡

〔註24〕按:唐昭宗天祐七年,實梁太祖開平四年,唯晉與吳仍奉唐正朔稱天祐。

〔註25〕按:清泰為後唐潞王年號。

〔註26〕按:天福為後晉高祖及晉出帝之年號。

〔註27〕此指宋真宗大中祥符三年。

〔註28〕「附贅」就是《莊子》第六篇〈大宗師〉裏所說的「附贅懸疣」,多餘無用之意。

〔註29〕此是根據「把茅蓋頭」之禪家典故而說。《景德傳燈錄》卷十五(頁317c),溈山問其弟子德山宣鑑去何處,還識其師否,眾曰不識,溈山便答:「伊將來有把茅蓋頭罵佛罵祖去。」此是指宣鑑將無師收留而落荒窮困。文人則借「把茅」說貧居退隱。如樓鑰〈次韻蔣德言游太白玉几兩山〉(五首之四):「落花影裏步春闌,飛鳥翩翩相與還。若得把茅成小隱,等閒來往兩山間。」《樓鑰集》(杭州:浙江古籍出版社,2010)卷七,頁168。

〔註30〕佛教有人身若行廁之說。《法苑珠林》卷七十五(頁847c)引《禪祕要經》云:「長老目連得羅漢道,本婦將從,盛服莊嚴,欲壞目連。目連爾時為說偈言:『……汝身若行廁,薄皮以字附。』」又《廣弘明集》卷十四(頁193c):「大矣哉!至人之體空也。證萬物之本寂,知四大之為假。視西施如行廁,比南金於碎瓦。」

〔註31〕《漢武故事》(臺北:臺灣商務印書館,影印《文淵閣四庫全書》本,1983~1986)曰:「栢梁臺高二十丈,悉以栢香聞數十里。」

〔註32〕眾生有所謂「四生」,即卵生、胎生、濕生、化生。「汩沒」,沉沒、淹沒之意。「汩沒四生」者,一切眾生流轉三界,汩沒四生,致使「正見不明,觸途成滯。」見《建中靖國續燈錄》卷二十二(頁782a),杭州慶善普門禪師之語。

〔註33〕「芬陀」即是「芬陀利華」(puṇḍarīka),大白蓮花之意。

〔註34〕耆崛(Gṛdhrakūṭa),山名。亦譯成鷲頭、鷲峰、靈鷲山等。

以傳弘；苟智者之烈得揚，獲罪余何辭免？作幽溪道場重興考。

4.2. 重興考事實

高明寺在嘉靖初年猶為盛剎，佛殿、法堂甲於鄰封，而住持累葉攝於僧篆，因國清寺僧回禮之後，乃夾篆而歸本寺。僧行既無精進之風，復忘泉石之好。且難於金地嶺登陟，由是而身寄國清，田攝本寺。在當時門戶名雖不移，而田產之實皆移入國清矣。始則遣一二近事男，侍奉香火，末則近事男亦變為庄客。〔註35〕大殿損而不修，法堂毀而不理，日就月將，漸致崩圯而化為烏有。

相傳住持逋粮三十金，欲以法堂抵之，令公命粮官拆移，以為縣學明倫堂。初夜粮廳，夢一少婦借屋住居。曉起，不省何兆。及至高明，見法堂中坐觀音大士，一如夢中所見，粮官意欲存之，而寺僧反有難色，以為否則無以抵逋粮也。後粮官以其事告於令公，公曰：「何不早言之，以存香火？」由是言之，則大士欲不廢當年香火者，正在伏今日重興之案也。然而大士之殿雖毀，而護伽藍神玄應真君之像與小殿，〔註36〕歸然獨存。計三寶之香火不祀者，六十年所。

余於萬曆八年（1580），歲在庚辰，隨百松先師講《童蒙止觀》於定慧真身墖院。〔註37〕暇日曾一經行此地，觀其萬山聳秀，眾壑幽奇，便有買山之志。奈衣鉢無長蓄何！至十四年（1586）丙戌，謀之橋李馮具區檀越公，〔註38〕即欣然為之創緣。而樂邑趙海南居士，〔註39〕亦喜而樂從。乃邀無脫師弟至國清，初問下房蘭屏僧，會買山田及基址。未及一半，而囊篋已罄如次，後則歲歲續置。蓋當時之山與田，非獨散屬各房，亦且民間得其大半，以故高明之業，即寸土寸石，皆用價贖，券疏之多，盈溢箱篋。然而雖復得之，未暇言乎興造。延至二十四年（1596）丙申，〔註40〕方鳩造大殿，陸續建立僧房、

〔註35〕「近事男」即優婆塞、鄔波索迦（upāsaka），又作清信士。指受五戒之在家男子，有親近三寶、奉事如來之義。《釋氏要覽》卷一（頁262a～b）：「秦言善宿男，謂離破戒宿故。又梵云鄔波索迦，唐言近事男。謂親近承事諸佛法故。天竺受五八戒，俗人稱之亦云清信士。

〔註36〕此「護伽藍神玄應真君」即是下文所說當地的土地神。

〔註37〕此「定慧真身墖院」即是智者大師所葬之處，稱真覺寺，龕前置有雙石。隆慶間僧真稔曾重興佛殿、僧房。《天台山方外志》卷四，頁156。

〔註38〕馮具區即是先前所言之馮夢禎。

〔註39〕趙海南居士身分不詳。

〔註40〕原文作「二十六年丙申」，茲改為二十四年，以丙申在二十四年也。

禪堂、楞嚴壇、山門、兩廊、鐘樓、藏閣。正以深山窮谷，艱於檀施，多是不慧講經嚫施之資，得寸做寸，得尺做尺。是以遷延至今，凡歷三十二年所，此皆余橫身殫力之所主持者。若夫輔翼，舉其先後之人，先則無脫傳衣、午亭正時，〔註41〕繼則文心受教。論其功德，雖無優降，然皆從事日久，俱得預書焉。

5.1. 規制考序*

規矩方圓，巧匠不能踰先王之制；法門廣大，弟子豈可越古佛之儀。既曰法有主而宗亦有師，豈不禪宜興而教亦宜盛？此幽溪者，寺在天台，人弘止觀。非惟地著，乃亦法親。智者既妙悟於法華，像設安同於他剎？北齊乃遙宗於龍樹，〔註42〕祖位宜翼於諸宗。矧有楞嚴壇，法度精嚴可敬；蓮花會，規模清淨堪觀。將此弘範，以遺後昆；庶爾淑人，弗湮先哲。作幽溪道場規制考。

5.2. 規制考事實

幽溪道場宮室制度以大殿為中宮，坐子向午，兼壬丙三分。前後左右各得其一。四維皆空，合為五數。前則山門環以幽溪，中間大殿，高四丈六尺八寸。柱為五間，面深五丈，廣七丈。周圍則砌以齊簷石墻，厚五尺，圖至久也。初然，殿式欲做漢制，力所不能，故做唐制。然於深山窮谷之中得此，亦可謂之足矣。但殿之材料，閩杉者十居其九，餘則佐以栗木。即椽木亦用東陽小杉，瓦則法孫受教募之永嘉，其精緻細膩，可以堅固永久，視本山所造十一勝之。其經水陸之費，與本山者，百一倍之。殿外兩傍，仰觀楞嚴壇，在頂額上，高一丈九尺。東西陞直上，陞盡而壇前之翻軒見，入軒則壇，在隔欄楯內矣。壇屋三間，高二丈三尺，廣五丈，四方廣一丈八尺，容所築壇。方圓丈六上則覆以枰棊，可懸上之八鏡。壇前翻軒亦三間，與壇屋稱。軒前則護以明窗，壇前則護以欄楯，以別內外。壇屋兩頭則各建倒軒；東倒軒則以為不慧東方丈不瞬堂，西倒軒則以為入壇十僧之坐禪室。翻軒左右則護以夾箱平地樓。大殿東則建以樓七間，中三間上下俱以待客，東為庫房，西為常住房。樓前廳屋為客廳，樓之左為齋堂，齋堂之外則為厨房。齋厨之外，更護以重樓，共若干間。樓之右則為廊房，以為職事人住止。廊盡則為臺門，臺門之右則為護伽藍神堂，以中宮觀之，則為左護翼；以東禪堂觀之，則為右護翼。

〔註41〕無脫傳衣為傳燈師弟，午亭正時為其弟子。《幽溪別志》卷八有傳。
〔註42〕「北齊」指慧文禪師（大約534～577），天台宗尊為龍樹之後的東土二祖，是整個天台祖師法系的第十四祖

大殿之西則為禪堂五間，周遭皆安禪床，禪坐時可容五十三單，聽講時可容百二十單。堂前及左右皆為廊房，西則安小禪堂，前及於東皆搆為小房以安耆宿。西廊之外，則茶房、浴室、禪堂。臺門之左，則為本山祖師堂。以中宮觀之，則為右護翼，以禪堂觀之則為左護翼也。東西廊廡之前，則兩邊又各建平地樓三間。二樓之下，皆通以階隧，設以重門。隧則可以遶廊上下，門則可以通晝夜開關。本寺制式不間，前後左右皆設以圍廊，所以取便於雨濕往來，暮夜行道故也。然幽溪興建有三便三不便：一、檀越遠阻；二、木植遙隔；三、米糧缺乏，此三不便也。一、雖無大木，而本山為椽為桁者，前後左右之山旋砟旋生；二、柴水易得，柴則數十里內□本寺樣山，〔註43〕水則從後山用竹筧布來；三、土石易得；土則本山有餘，石則雖無美者，而亂石極多，必有一面平者。中匠石甃砌，以故本寺開山既高，下三級皆高丈餘，遠望如城垣，用石極多，不煩價買，取用最易，此三便也。東廊外前之左翼，建以鐘樓，高七丈三尺，鑄一大鏞，重一萬斤。晨昏擊之，以濟幽冥，則叢林規模，亦可得其大略矣。

5.2.1. 楞嚴壇

楞嚴壇載之於經，西天東土未聞有建。即使有之，如燕京鷲峯，至今猶有遺蹟，莫非師心杜撰，不本諸經。本山建壇，因緣始於萬曆庚戌（1610）建大禪堂，因隨眾坐禪，習耳根圓通，於蒲團上發弘誓願，若我於此一生能與法門相應，則戮力募化，建楞嚴壇，集眾熏修，果於此時有少分得處。乃於壬子年（1612），同法孫受教，往蘇州募化爐鏡、幢幡、聖像等類。山中壇殿則先於正月初七日豎造，至甲寅（1614）夏，蘇州北禪寺請余講《法華經》一夏，至秋而羣施畢就，至乙卯年（1615）仲春望日，壇完而進修焉。

壇之為法，於壇屋中間取高原五尺以下黃土，築起壇場。舉高三尺，方圓丈六，為八角形。上取大雷峯五尺以下黃土，色中上者，復搗篩為末，入水澄淳，取其極緻膩者，和以栴檀，沈水蘇，合熏陸、零陵、甘松、白膠、鬱金、青木、雞舌香，十香為泥，用建壇場，及以場地中，安一大蓮花，花中安鉢，鉢盛八月露水，水安隨時所有花葉。蓮花之外，繞以八大鏡，鏡外安十六香爐。花、爐之外，則羅列種種供養壇，置枰棋為大白傘蓋，懸以八大鏡，與其壇鏡重匝相對，中則加懸大圓鏡。〔註44〕枰上懸以五色花幡。壇屋三方懸

〔註43〕「內」後一字脫漏。
〔註44〕「懸」字之後字不明，疑為誤刻後抹去。

掛聖像，壇屋之前、翻軒之內則為十僧禮懺之處。惟預修人及直香者許入其中。餘之附修者皆在壇外，一切不許濫入。

5.2.2. 聖像

大佛殿像、大宗堂像、楞嚴壇像、山門聖像、東西護法、護伽藍神像、小宗堂牌位、不瞬堂像、大小禪堂像。

5.2.3. 大殿

本寺所祖者智者，所宗者法華。以釋迦入定、彌勒騰疑、文殊決答故，殿中尊像中建釋迦如來入定，文殊菩薩居其左，彌勒菩薩居其右，以為當時問答之狀。與他寺不同者，在乎此也。佛身坐高一丈二尺，連跏趺準之，則為靈山會上丈六金身也。二菩薩則讓佛略減二尺。像以鐵鑄，重一萬七千斤。自杭州航海，出鼈子門，入海門關，沿江至台州，易溪船至天台登陸，興儓人力，〔註45〕每尊不減百人。從龍潭嶺登金地嶺，下百松嶺，艱關阻險，經二十里之遙。苟非幽冥神助，人力所不能也。相好圓滿，浙直鐵像，此稱為最勝；矧居天台而能辦，此莫大功德也。

佛之左右，東則塑以梵王尊天，西則塑以金剛力士，緣出藏經。〔註46〕當時有轉輪聖王，有二夫人，正后生千子，庶出二子。千王各發菩提心，願於賢劫成佛。次第捉籌，釋迦適當其四。二弟即發誓願，未來千兄成佛，我等二人，一願作梵王，請佛轉大法輪；一願作金剛力士，護法降魔。故當紀之於此，庶後人不昧因緣之所從來也。殿後湧壁，則塑觀音大士及十八應真，并大師玉泉關公皈命因緣也。〔註47〕

5.2.4. 大宗堂

本殿既崇佛與菩薩矣，而兩傍又塑三十代傳法祖師者，明今宗遠稟西天，

〔註45〕「興儓」同「輿臺」，指服賤役、地位低微之人。《六臣註文選》（上海：上海商務印書館，《四部叢刊初編》本，1929）卷三十五〈七下·七命·張協〉（頁22a）：「樵夫恥危冠之飾，輿臺笑短後之服。」

〔註46〕此為《正法念經》，據該經云：「昔有國王夫人生千子，欲試當來成佛次第，故俱留孫探得第一籌，釋迦當第四籌，乃至樓至當千籌。第二夫人生二子，一願為梵王請千兄轉法輪，次願為密跡金剛神，護千兄教法。」見《金光明經文句記》卷五，頁140c。

〔註47〕「玉泉關公」是指關公在玉泉山皈依智顗之事。此事首見於《三國志通俗演義》，傳燈曾加以考證，認為三國時無玉泉寺，《三國志傳》更不載「師於玉泉山普靜禪師之事。他認為普靜其實是智顗之誤，而時間應在隋代智顗駐錫玉泉山之時。見《天台山方外志》卷十，頁412。

始於迦葉，中於龍樹，為北齊之遙宗；終於百松，為遙宗四明之弟子。明授受有憑，以別一家之源流也。若基址空闊，應別立祖堂以供事之。今附於大殿兩傍者，正以今宗從法華悟入，則迦葉的於靈山受記，其於〈信解品〉以明信解之不謬，而如來於〈藥草喻品〉述成與記，則師資授受不惟有合修多羅，亦乃祖承於金口也。三十祖者：

> 始祖摩訶迦葉尊者
> 二祖阿難陀尊者
> 三祖商那和修尊者
> 四祖優波毱多尊者
> 五祖提迦多尊者
> 六祖彌遮迦尊者
> 七祖佛陀難提尊者
> 八祖佛馱密多尊者
> 九祖脇比丘尊者
> 十祖富那夜奢尊者
> 十一祖馬鳴尊者
> 十二祖迦毘摩羅尊者
> 十三祖龍樹尊者
> 十四祖北齊尊者
> 十五祖南嶽尊者
> 十六祖智者大師
> 十七祖章安尊者
> 十八祖法華尊者
> 十九祖天宮尊者
> 二十祖左溪尊者
> 二十一祖荊溪尊者
> 二十二祖興道尊者
> 二十三祖至行尊者
> 二十四祖正定尊者
> 二十五祖妙說尊者
> 二十六祖高論尊者

二十七祖淨光尊者

二十八祖寶雲尊者

二十九祖法智尊者

三十祖百松尊者

5.2.5. 楞嚴壇像

壇中聖像，先年於永嘉倣優填王造旃檀立像三尊，高八尺四寸，募八萬四千人緣之所成就。又於金陵畫像共十三幀，今則又於廣陵募以脫沙佛像五尊。中盧舍那佛、東釋迦佛、西彌勒佛、又東阿閦鞞佛、又西阿彌陀佛。又東側文殊菩薩、西側觀世音菩薩，兩傍則大勢至、彌勒、虛空藏、月光童子、火頭金剛、觀音變相、金剛藏王、藥王、藥上香嚴童子、〔註48〕跋陀婆羅、普賢、持地、琉璃光、〔註49〕憍陳那、優波尼沙陀、〔註50〕摩訶迦葉、阿那律陀、周利槃特迦、憍梵鉢提、畢陵伽婆蹉、須菩提、舍利弗、孫陀羅難陀、富樓那彌多羅尼子、優波離、大目犍連、烏芻瑟摩、藍地迦軍茶利、〔註51〕毘俱胝、頻那夜迦、梵王、帝釋，持國、增長、廣目、多聞四大天王。阿難、本性二尊者。如來肉髻中湧出百寶光明，光中出生千葉寶蓮。有佛化身結跏趺坐，頂放十道百寶無畏光明，皆遍示現。金剛密跡擎山持杵，徧虛空界，悉準經所為，雖不能盡滿其數，亦稱具體矣。翻軒則供韋馱尊天像。

5.2.6. 山門

山門中尊，造智者大師像，以本宗台教法，當如烏傷雙林寺大殿中尊竟塑傅大士像，以表當來一佛。但本山大殿既宗法華，塑以靈山一會，而基址不寬，不能立別殿以崇事之，故權以山門塑彌勒者，以崇大師像。前仍塑布袋和尚像，此則襲以邇來安製不違時習也。兩傍則塑以四天王像。山門東偏殿則尊祀漢壽亭侯關公，西偏殿則尊祀宋忠武王岳公，高與東埒。此為楞嚴壇護法之像。關公則當時玉泉山曾皈命大師者也；而岳公則以之配享關公者也。崇祀之意具在下藝文募緣疏中。山門向上則塑以韋陀尊天立像。西祠後背，左為檀越祠，以奉弘護本教與一山金湯諸公牌位。右為蓮宗九祖祠。詳見藝文。

〔註48〕身分不詳。

〔註49〕身分不詳。

〔註50〕按：此為梵文 Upaniṣad 一書之譯名，疑誤併於此。

〔註51〕身分不詳。

5.2.7. 護伽藍像

東廊護伽藍殿聖像三尊，中則本山土地玄應真君，左尊則關真君，右尊則石橋惠澤龍君。

5.2.8. 小宗祠

小宗祠者，祀本山傳法之人，并百松先師、歷代有功之僧也。中列大木牌，刻以西天、東土傳法源流之圖。中祀百松先師，并傳宗行遞牌位。兩傍則列一家法派行遞先亡後化之僧，事見藝文。

5.2.9. 上下禪堂

上禪堂安入壇清眾，眾惟十人，故規模小；以天台大師為聖僧，依三觀以修故。下禪堂安眾者多，故規模大；以賓頭盧尊者為聖僧，遵佛勅命，令隨眾僧受供養故，此以禪堂為鉢位故也。若如禪宗以此為坐禪之堂，則宜供陳如尊者也。

5.2.10. 不瞬堂

此堂供西方三聖以修淨土者也，像係脫沙佛像，三尊一依唐製。

5.2.11. 東樓

中供觀音大士像，原係四明光菩薩所造製，極古雅。得之於鄰封廢剎，為凡夫肉眼所棄久矣。廉覓而歸，去其灰頭垢面，則相好光明，煥然出現。今之工匠，極其巧思所不能也。

5.2.12. 楞嚴堂表法〔註52〕

夫理因事濟，雖一道而不礙千差；事得理融，縱萬殊而無離一性。矧萬殊為理中之事，千差非事外之心。事理圓融，一多無礙；因超果海，果徹因源。余於楞嚴壇法，有以見焉。何則？蓋微萬殊無以明感應，微一理無以成道交。一理即萬殊，斗室含無邊佛事；萬殊即一理，眾器量不礙虛空。生佛而時時冥合，感應而念念圓彰。則一期施設，不外乎感應，因得以上下八鏡為之主而表釋焉。夫上八鏡所依傘蓋，表諸佛第一義天也。下八鏡所依壇場，表眾生常住

〔註52〕傳燈在《楞嚴經圓通疏》亦載此文，但在文首有以下諸語：「天台曰〈楞嚴壇表法〉始於王荊公，古師未之聞也。迨于元朝溫陵師，亦襲其芳猷。然荊公則質勝於文，溫陵則文勝於質。至乎切於行事，合於經宗；解與行而同途，顯與密而共轍境。觀之義濟感應之道彰，則未嘗聞命。因得重伸表法，以為崇事斯道者之指南。亦未敢為必是，惟明哲試一鑒之，果何如耶。」按：所云「元朝溫陵師」，應是宋朝溫陵戒環禪師之誤。

心地也。壇場影臨上鏡，〔註53〕眾生心地即諸佛之義天；傘蓋影入下鏡，諸佛義天即眾生之心地。此為表報根本向下，種種莊嚴之攸託者也。

始取雪山大力白牛茹退以塗其地者，〔註54〕《涅槃經》云：「雪山有草名曰忍辱，牛若食者，即得醍醐。」醍醐喻佛性，草為醍醐之根本，則所有茹退純佛覺之根源。此岸栴檀，價直大千，蒸乎六銖，則香聞法界。〔註55〕用此和合茹退，以泥其地，示上根利智，純以佛覺用為己心，則自性清淨，戒根本無污染者也。苟無上根，則不得不取乎中性，別於平原穿去地皮五尺以下，取其黃土。夫土為行之中，〔註56〕五為數之中，而黃又為色之中，此為中性之根，革去博地凡情即以此心中中流入也。而和以十香者，依中道具足，受持乎不穿、不漏等十戒，以為入道之根本也。然特言若非雪山，其牛臭穢，不堪塗地者，正為末世無戒比丘，自謂已得上人法者，誠今之言大乘者，一以狂慧為自恃，謂戒不足持而行不必立，其臭穢有甚於野牛穀道之遺餘。世尊遙記，永無成佛之理，故甚言穢惡不堪塗地也如此。

方圓丈六為八角壇者，蓋以角言之，設不得不方；以八言之，又不得不圓，以像圓頓。鎡基外方而內圓，外方是以威儀而矩物，內圓是以妙理而融心，此又示大乘行人，雖悟一性圓融，而不失三學庠序也。言丈六者，不過謂直角八不足以容供養具，故累其八為十六經，終不忘其本也。壇中置一金銀銅木所造蓮花者，亦以隨檀波豐約而為之，無定體也。華中安鉢，鉢中安水者，如來憑平等大慧以應物，雖無記化化，化復作化，是皆不起法性而現諸威儀，不動寂場而遊於法界。又雖曰從慧以發定，莫非即慧而即定，故於水中隨安花葉以彰顯之。取八圓鏡各安其方云云者，〔註57〕壇中圓鏡之數與蓮花香爐稱；上懸八鏡，諸佛應之之道也；下安八鏡，行人感之之道也。隨方各施其一者，依八正

〔註53〕「壇場」，《高明寺志》（杭州：當代中國出版社，1995）作「壇物」，見頁40。

〔註54〕按：「茹退者茹食麤者，退為糞。」見〔宋〕懷遠《楞嚴經義疏釋要鈔》卷六，頁152c。

〔註55〕〔元〕釋惟則在解《楞嚴經》「佛告阿難若末世人願立道場，先取雪山大力白牛食其山中肥膩香草」一語時說：「長水曰雪山牛乳純是醍醐，所有茹退最為香潔。」傳燈在疏惟則之語時亦說：「天台曰塗壇供佛必用香者，乃却穢之佳品，格聖之神物也。《感通傳天人》費氏云：『人中臭氣，上熏於空四十萬里。諸天清淨，無不厭之。但以受佛付囑，令護於法。佛尚與人同止，諸天不敢不來。故佛法中，香為佛事，皆所以為闢穢感聖之設也。』」

〔註56〕《高明寺志》作「夫土地行之中」，見頁40。

〔註57〕《高明寺志》於「取八圓鏡」一句，作「取八賀圓鏡」，見頁41。

道也。花與爐亦十六數者，生佛感應之道無他，一以戒香慧花定鏡為之本也。特以鏡可懸，而花與爐法不可懸，故且寄常住心地以安之。至於鏡光重重互入，則三者初無間乎上下也。爐中純燒沉水無令見火者，餘香藉火而氣始竄，惟沉水雖假火實不用火，而氣始清明。餘乘之戒，必假身口運為而後持，若圓頓佛乘無作妙戒，雖寄相而實不住於相，則戒香馥郁遍周法界也。取白牛乳置十六器等者，白牛乳以雪山忍草為之本，要知乳即醍醐，必得白牛者斯可以享佛。〔註58〕無則準上其乳，臭穢不堪入供矣。

余家壇製，別以世間美味代乳及麨，即純白米麵、荳粉蕨粉之屬，以為煎餅。或當時以此告佛，亦諒垂許可也。正八味者，用八正以為萬行之本，兼八月露水及後炭火合為首楞三昧，正助雙修，即題稱「密因萬行」是也。〔註59〕蓋八月露水為陰之精，紅爐烈燄為陽之精；陽能生物而陰能育物，世間萬物賴日以生，夜以育者，以此象圓修定慧；定以復性，慧以發悟，故天台大師云：「止乃愛養心識之善資，觀為策發神解之妙術。」〔註60〕旨乎，其言之也！食時陽之中，中夜陰之中，此示定慧不離乎中道也。香水製火、猛熾煙盡者，定慧爍昏，散而無所不盡也。令其四外遍懸旛花，此又助行無所而不盡也。應於當陽張盧舍那等者，舍那報像也，釋迦應像也。不言毘盧法身者，法身則十行人。同阿難尊者不歷僧祇已頓獲者，此已同之者，法性身也；所未同者，報應爾。故阿難尊者不歷僧祇獲法身已，即發願云：「願今得果成寶王」，〔註61〕此願成報智如來也。「還度如是恒沙眾」，〔註62〕此願成應身如來也。未同者所當成，故供以成之；已同者正不必供。且以法身無像，必欲像之，終何描摹哉？

夫「慈隆即世，悲臻後劫，為將來主者」，彌勒也。〔註63〕無緣慈悲，吾

〔註58〕智顗，《妙法蓮華經玄義》卷十（頁803b～c）：「雪山忍草，牛若食者，即出醍醐。更有異草，牛若食者，不出醍醐。」

〔註59〕按：《楞嚴經》的全名是《大佛頂如來密因修證了義諸菩薩萬行首楞嚴經》，有「密因」及「萬行」二字，故云「題稱密因萬行」。

〔註60〕此語見智顗《修習止觀坐禪法要》卷一（頁426b）。傳燈於其《永嘉禪宗集註》卷一（頁288c）及卷二（頁309c）都引此語。

〔註61〕此語見《楞嚴經》卷三（頁119b），阿難於如來前說偈讚佛之前數句：「妙湛總持不動尊，首楞嚴王世希有。銷我億劫顛倒想，不歷僧祇獲法身；願今得果成寶王，還度如是恒沙眾。將此深心奉塵剎，是則名為報佛恩。」

〔註62〕此語見《楞嚴經》卷三（頁119b）。

〔註63〕「慈隆即世」指彌勒降生於世。「彌勒」原譯為「慈氏」。見〔宋〕戒環《楞嚴經要解》卷十，頁830a。

故所當盡心、所當承事者也。阿閦為東方不動尊，彌陀為西土無量壽。吾心妙湛，總持不動尊與之同體，既為當下真依，復是往生勝託，此五佛如來、圓修行人所當皈命，故特事之。「諸大變化觀音形像者」，〔註64〕圓通成就時，應變無窮者也。「金剛藏王」者，圓通未成就時，冥冥發我神識者也。〔註65〕其餘諸像，或護持正法，或降伏波旬，此又吾心善付囑、善護念金城湯池之不可缺也。又取八鏡覆懸虛空，與壇場中所安之鏡方面相對，使其形影重重相涉者，此為一壇之正意，感應之所取像者也。蓋壇設以十六鏡為之主，其餘所設重重交互，惟鏡所能攝持，此表圓通妙性大陀羅尼門，能總持一切，為生佛感應道交之大本，即一經所詮不思議境也。

　　初七日禮佛、誦咒、行道，一時常行一百八遍者，初觀不思議境破百八煩惱也。二七日專心發願者，第二真正發菩提心，上求下化也。三七日一向持咒者，重以不思議心觀不思議境，使純一無雜，以為善巧安心，止觀之先容也。下云從三七後端坐安居，經一百日善巧安心，蓋安乎此。經云：「至第三七日十方如來一時出現，鏡光交處承佛摩頂」，〔註66〕自非始本一合而解入相應，至誠所及而感應不忒，安能懸契佛心若此哉？又因得以觀音所證二種殊勝，合而明之，則感應之道如指諸掌。彼云：「忽然超越世出世間，獲二殊勝，一者上合十方諸佛本妙覺心同一慈力；二者下合六道眾生同一悲仰。」〔註67〕此約觀音居於道中，故以一已而有上合下合之說。若夫今之初心行者，居於道始，則惟以悲仰而上合諸佛之道終，諸佛亦惟以慈力而下合行人之道始。上合，故求其垂應而與樂；下合，故求其運悲而拔苦。機應相冥，鏡光交處，摩頂授記，而吾一期修證能事畢矣。故得又以一經聖行明感應之道，則三七壇法與百日禪期舉，不外乎上下八鏡之象設，與一經所明之理行也。一

〔註64〕語見《楞嚴經》卷七，頁133b。原文云：「諸大變化觀音形像，兼金剛藏安其左右。」
〔註65〕語見《楞嚴經》卷七，頁133b。」
〔註66〕「經云」自然是指《楞嚴經》云，但《楞嚴經》卷一（頁181b）說是「至第四七日中，十方如來一時出現，鏡交光處，承佛摩頂。」而宋僧的經解卻說是「三七日」。如〔宋〕思坦的《楞嚴經集註》卷七（頁512a）說：「第三七中，於十二時，一向持佛般怛羅呪，至第七日，十方如來一時出現，鏡交光處，承佛摩頂。」〔宋〕戒環《楞嚴經要解》卷十三（頁843c），亦同此說。
〔註67〕《楞嚴經》卷六（頁128b）原文說：「忽然超越世出世間，十方圓明獲二殊勝：一者上合十方諸佛本妙覺心，與佛如來同一慈力；二者下合十方一切六道眾生，與諸眾生同一悲仰。」

經理行即「能觀三止」與「所觀三諦」。而阿難妙悟說偈讚佛云「妙湛總持不動尊」，妙湛讚「真諦般若德」，總持讚「俗諦解脫德」，不動讚「中諦法身德」。「性德具」，此謂之三諦；「修德照」，此是為三止。諸佛證此，是為三德。修性雖分二門，法體元無殊致。

今壇鏡設象，義實具三：鏡體瑩然，內外明徹，表「真諦體真止」，在佛為妙湛般若；德鏡用照，像山毫靡間，表「俗諦隨緣止」，在佛為總持解脫德；然即瑩然而不礙乎鑒物，即鑒物而不動乎瑩然，表「中諦息二邊止」，在佛為不動法身德，豈非表一期修證行人，以「三止」為能感諸佛，以「三德」為能應感應道交，惟是一理乎？〔註68〕況楞嚴神咒以大白傘蓋為名，而量廓沙界，體絕妄染，用覆一切，又當顧名而思義也。然則壇之上下及以四圍，佛、菩薩、羅漢四聖也；護法諸天、四眾、行道六凡也。影入鏡光，上下交發，表諸佛心內，眾生塵塵解脫；眾生心內，請佛念念證真。上合十方諸佛，同一慈力，乃合眾生心內之諸佛；下合六道眾生，同一悲仰，乃合諸佛心內之眾生。是則生佛未合，而理無不具。生佛既合，而事乃圓彰。無緣慈悲，而時時與拔；無作感應，而念念相關。至於幢幡交錯，表萬行以分披；供具周羅，表萬德以圖具。法身周遍，不妨取象於一室之虛空；般若大明，正可借觀於壇中之八鏡。舉步而塵塵解脫，即事而法法圓融。又在乎行者，樹八正以摧八邪，朗三止以照三諦也。住山比丘傳燈撰。

6.1. 宗乘考序*

夫山有來脈，水有來源。知其脈，拳石具多寶之色；達其源，酌水備百花之香。〔註69〕是以梵僧憩靈隱，知崛山小嶺之飛來；〔註70〕亦如智藥飲曹

〔註68〕「真諦體真止」、「俗諦隨緣止」及「中諦息二邊止」，見智顗《摩訶止觀》卷三，頁24a。原文說：「止有三種：一、體真止，二、方便隨緣止，三、息二邊分別止。一、體真止者，諸法從緣生，因緣空無主。息心達本源故號為沙門，知因緣假合幻化性虛故名為體。攀緣妄想得空即息，空即是真故言體真止。二、方便隨緣止者，若三乘同以無言說道斷煩惱入真，真則不異，但言煩惱與習有盡不盡，若二乘體真，不須方便止。菩薩入假正應行用，知空非空，故言方便；分別藥病，故言隨緣。心安俗諦，故名為止。經言動止心常一，亦得證此意也。三、息二邊分別止者，生死流動，涅槃保證，皆是偏行偏用，不會中道。今知俗非俗，俗邊寂然，亦不得非俗，空邊寂然，名息二邊止。」

〔註69〕「酌水」，《幽溪文集》所收文作「勺水」。

〔註70〕此處「梵僧」，指傳說中東晉的天竺僧慧理。「崛山」是王舍城「耆闍崛山」的簡稱，即鷲頭山、鷲峰山或靈鷲山。按《靈隱寺志》卷一（頁46）：「東晉

溪，讖肉身大士之當出。〔註71〕物既若是，理有固然。

幽溪一脈水，遠遡法性海之真源；佛隴萬疊峯，遙接真如出山之正脈。聿從耆闍崛敷演妙蓮華，華開蓮現而百界齊彰，華落蓮成而千如佛現。故曰：「惟佛與佛乃能究盡諸法實相」，〔註72〕欲令一切眾生開示悟入佛之知見。〔註73〕而我智者，靈山夙聞，大蘇妙悟，瓦棺宣演，玉泉弘通。修之以為觀，相待妙、絕待妙，圓行無殊；宣之以為教、全意珠、半意珠，摩尼不二。魚兔非遙，請即筌蹄成般若；故鄉不遠，無離煩惱證菩提。作幽溪道場宗乘考。

6.2. 宗乘考事實

天台一家，所以遙宗龍樹遠稟釋迦者。正以本迹兼美，教觀俱善故也。曷以言之？蓋釋迦如來出興於世，為大事因緣，所謂欲令眾生開示悟入佛之知見，第以教緣時進，化以機興，四十餘年，多方調度，嘉會靈山，始臻其妙；大事因緣，斯稱了竟。是以三周與記，成佛當來。師弟法身，本地既開；照世明燈，傳傳何盡。此則靈山會上，傳佛心印，始於鶖子，〔註74〕不始飲光，〔註75〕明矣！然而千日並照，豈分後先？自爝燭人，何論彼此？此約本而言之也。是則迦葉傳燈，的在法華。觀其四人設「窮子喻」，〔註76〕

咸和三年（328），竺僧慧理遊至武林，見飛來峰而歎曰：『此為天竺靈鷲峰小嶺，不知何代飛來。』人咸不信。理公曰：『此峰向有黑白二猿在洞修行，必相隨至此。』理公即于洞口呼之，二猿立出。有此因緣，連建五剎：靈鷲、靈山、靈峰等；或廢或更，而靈隱獨存，歷代以來永為禪窟，五燈互照，臨濟子孫居多。」

〔註71〕「智藥飲曹溪」見《六祖大師法寶壇經》卷一（頁362c）：「梁天監元年，智藥三藏自西竺國航海而來，將彼土菩提樹一株植此壇畔，亦預誌曰：『後一百七十年，有肉身菩薩，於此樹下，開演上乘，度無量眾，真傳佛心印之法主也。』師至是祝髮受戒，及與四眾開示單傳之旨，一如昔讖。」

〔註72〕按：此句出《妙法蓮華經》卷一〈方便品二〉（頁005c）。佛說：「止，舍利弗！不須復說。所以者何？佛所成就第一希有難解之法，唯佛與佛乃能究盡諸法實相。所謂諸法如是相，如是性，如是體，如是力，如是作，如是因，如是緣，如是果，如是報，如是本末究竟等。」

〔註73〕「令一切眾生開示悟入佛之知見」一語，屢見於智顗之《妙法蓮華經玄義》。傳燈在《楞嚴經圓通疏》卷五（頁802c）亦說：「蓋法華為一大事因緣，欲令眾生開示悟入佛之知見，以證諸法實相。」

〔註74〕「鶖子」是舍利弗（Śāriputra），佛陀之十大弟子之首。

〔註75〕「飲光」是佛弟子迦葉（Kāśyapa）

〔註76〕按：《法華文句》中有所謂「法華七喻」，其第二喻為「窮子喻」，「謂二乘之人，無大乘功德法財之所莊嚴，猶貧窮之子，缺乏衣食之資以活身命。故以窮子為喻也。」見《大明三藏法數》（「永樂北藏」本）卷二十一。

以領其信解。如來說「藥草喻」而述成與記。〔註77〕其師弟授受之際,亦可謂詳且盡矣。若以迹言之,傳燈代遞,約豎而不約橫;化道流行,在緣而亦在道。苟即橫而豎,惟慶喜一人。〔註78〕法華會上,既同受記於如來,不妨雞足山中,〔註79〕又傳衣於飲光。如八王子之流,轉次而受,決亦無定在也。然亦事在隔生,非一時論耳。言在緣而亦在道者,正以西天二十四祖,皆金口祖承,莫非皆入阿羅漢階位,故云在道。但傳化之迹,要在有緣,緣者,所化之機緣也。如釋迦之所化,機薪既盡,則應火亦滅。而迦葉之應火當然,而所化之機薪又熾。是故於涅槃會上,又將佛法燈傳於飲光,此則飲光尊者,本與迹而兼美,道與緣而俱善。苟不推原本迹道緣,而獨曰惟飲光一人契佛心宗,餘皆不得,未之可也。矧如來自云:「吾於成道夜至泥洹夜,常說涅槃。」〔註80〕

夫涅槃者,三德祕密藏也,與法華實相同體異名。故知飲光於法華悟者,悟此三德也。涅槃付囑者,付此三德也。即禪人唱為拈花微笑、教外別傳,而曰涅槃妙心,亦此三德也。佛既以是而付之飲光,飲光以是而付之於慶喜,慶喜以是而付之於商那和修,乃至二十四付之師子比丘,此皆金口祖承傳法之迹也。至於二十八傳付之於菩提達摩,此之四祖,雖皆本迹相齊,俱未蒙金口所記,故今家但據付法傳列二十四耳。今家所祖,始於慧文禪師,為北齊時人。因閱龍樹《智度論・四諦品》「因緣所生法,我說即是空。亦名為假名,亦名中道義。」〔註81〕恍然大悟,以是授之於南嶽。南嶽以是授之於天

〔註77〕同上《法華文句》中「法華七喻」之第三喻為「藥草喻」。《大明三藏法數》卷二十一云:「藥草者,譬三乘人根性也。草有三種:謂小草、中草、大草。小草喻天人,中草喻聲聞、緣覺,大草喻藏教菩薩。藥草雖有大小不同,若蒙雲雨露潤,皆得敷榮鬱茂,能治眾病。以喻三乘之人,根器雖高下不同,若蒙如來慈雲法雨潤澤,則能成大醫王,普救羣品。故以藥草為喻也。(三乘者,聲聞乘、緣覺乘、菩薩乘也。)

〔註78〕「慶喜」也是佛弟子阿難(Ānanda)。

〔註79〕「雞足山」(Kukkuṭapāda),在中印度摩竭陀國(Magadha)。其首都即是王舍城(Rājagṛha),為佛陀傳教中心地之一。附近有著名之釋尊說法地:迦蘭陀竹園、靈鷲山等。

〔註80〕智顗《維摩經文疏》卷十六(頁582c):「經云:從得道夜至泥洹夜常說涅槃。」

〔註81〕按:此實是從龍樹《中論》之偈語,但《中論》原文是:「眾因緣生法,我說即是無。亦為是假名,亦是中道義。」智顗在其《妙法蓮華經玄義》卷二說成:「因緣所生法,我說即是空。亦名為假名,亦名中道義。」但在《摩訶止觀》卷一則說成:「因緣所生法,我說即是空。亦為是假名,亦是中道義。」吉藏在其《中觀論疏》卷一及《二諦義》卷一中亦云:「因緣所生法,我說即

台。於是章安、法華、天宮、左溪、荊溪、興道、至行、正定，妙說、高論、淨光、寶雲，至中興教觀四明尊者，莫不皆以涅槃妙心、三諦三觀為所傳心印。而我百松先師妙峯尊者，生知天挺，不由師授而獨契四明心宗於《妙宗鈔》。所謂「在則人，亡則書」，亦猶北齊之祖龍樹諸師，則見而知之；北齊與吾師，則聞而知之。吾心本具，名為不傳；心心相授，名之為傳，是為傳此不傳之妙。今則錄其歷代相傳宗乘之迹，俾後學讀是書者，有所祖述憲章云。

6.2.1. 本師釋迦牟尼佛——《大方廣佛華嚴經》、《妙法蓮華經》、《大般涅槃經》、《本業纓絡經》、《大品般若經》、《大佛頂首楞嚴經》、《護國仁王般若經》、《淨名經》

論如來五時施化，四十九年所說諸經，無非為一大事因緣。而獨標此八經為宗乘者，明今家傳佛心印之所自也。《華嚴》則如來以之為先暢本懷，〔註82〕天台則以之為性具的旨。〔註83〕《法華》則如來以之為開權顯實，南嶽以之為性具心宗，〔註84〕天台以之修行證入。《涅槃》則如來以之自入祕藏，迦葉以之受佛付囑，列祖以之為授受無窮，今家以之為傳傳不盡。《纓絡》則如來以之為三觀證入，今家以之為全性起修。《大品》則如來以之宣明三種般若，龍樹則以之弘智度大論，北齊則以之遙宗一心三智，〔註85〕智者則以之創立一心三觀。《楞嚴》則如來以之明楞嚴大定，智者則以之懸契佛乘。《仁王》則如來以之為發明三諦，今家以之為照性成修。《淨名》則如來以之明不思議境界，今家則以之證性具法門。舉此八經以為綱領，則如來一代施化皆在是矣。

6.2.2. 西天十一祖馬鳴尊者——《起信論》

此論全是天台一部宗旨，言之所暗合者，不能枚舉略。如三大、二覺、五覺、止觀法門等皆其義也。

6.2.3. 初祖龍樹尊者（在西天為十三祖在東土為初祖）——《大智度論》（百卷釋《大品般若經》）

二祖北齊尊者，夙稟圓乘，天真獨悟。因閱《大智度論》（第三十卷）引

是空。亦為是假名，亦是中道義。」傳燈顯然用智顗在《妙法蓮華經玄義》之句。

〔註82〕以下分別說「八經」。

〔註83〕此處「天台」指天台智顗。

〔註84〕「南嶽」指南嶽慧思。

〔註85〕「北齊」指北齊慧文。

《大品》云「欲以道智具足道種智，當學般若；欲以道種智具足一切智，當學般若；欲以一切智具足一切種智，當學般若；欲以一切種智斷煩惱及習，當學般若。」《（大智度）論》自問曰：「一心中得一切智、道種智、一切種智、斷一切煩惱及習。今云何言『以一切智具足一切種智，以一切種智斷煩惱及習？』〔註86〕答曰：『實一切一時得。此中為令人信般若波羅蜜故，次第差別說；欲令眾生得清淨心，是故如是說。復次，雖一心中得，亦有初、中、後次第。如一心有三相，生因緣住，住因緣滅。又如心、心數法，不相應諸行及身業口業，以道智具足一切智、以一切智具足一切種智、以一切種智斷煩惱及習亦如是。』〔註87〕師依此文以修心觀，論中三智實在一心中得。且果既一心而得，因豈前後而獲。故此觀成時，證一心三智，雙亡雙照，即入初住無生法忍位。師又因讀《中論》（《大智度論中觀一品》〔註88〕）至〈四諦品〉偈云「因緣所生法，我說即是空。亦名為假名。亦名中道義。」恍然大悟。頓了諸法無非因緣所生，而此因緣有不定、有空、不定空；空有不二，名為中道。師既一依稱論，是知遠承龍樹也。

6.2.4. 二祖北齊尊者

北齊尊者既從《大智度論》悟明一心三觀，復以口訣授南嶽大師。

6.2.5. 三祖南嶽大師──《大乘止觀》

（傳文悉直抄《佛祖統紀》卷六，〈三祖南岳尊者慧思〉傳文。非傳燈之作，故不錄。）

6.2.6. 四祖天台智者大師──《法華玄義》一卷、《法華文句》十卷、《摩訶止觀》十卷、《禪波羅蜜》十卷、《修禪六妙門》一卷、《光明玄義》一卷、《光明文句》二卷、《菩薩戒疏》二卷、《觀音玄義》二卷、《觀音別行義疏》二卷、《請觀音經疏》一卷、《觀無量壽佛經疏》一卷、《觀心論》一卷、《金剛般若經疏》一卷、《四念處》四卷、《彌陀經義疏》一卷、《禪門口訣》一卷、《覺意三昧》一卷、《方等三昧儀》一卷、《法華三昧儀》一卷、《法界次第》一卷、《維摩玄疏》六卷、《四教義》四卷（已上入藏）、《維

〔註86〕《大智度論》卷二十四（頁240c）：「聲聞人初入聖道時，入時與達時異。佛則一心中亦入亦達，一心中得一切智，一心中壞一切障，一心中得一切佛法。」又卷二十七（頁260b）：「一心中得一切智、一切種智，斷一切煩惱習；今云何言『以一切智具足得一切種智，以一切種智斷煩惱習？』」

〔註87〕以上皆《大智度論》原文。

〔註88〕「論」原作「諭」。

摩文疏》二十八卷、《淨土十疑論》、《觀心食法》、《觀心誦經法》、《觀心十二部經義》、《小止觀》（已上未入藏）、《智度論疏》二十卷、《彌勒成佛經疏》一卷、《觀心釋一切經義》一卷、《彌勒上生經疏》一卷、《釋一切經玄義》一卷、《坐禪止觀》一卷、《仁王般若經疏》二卷、《禪門章》、《般舟行法》、《雜觀行》、《入道大旨》、《五方便門》、《七方便義》、《七學人義》、《一二三四身義》、《法門儀》、《禪門要略》（已上各一卷俱闕本）

（傳文和贊悉直抄《佛祖統紀》卷六，〈四祖天台智者智顗〉傳文〉傳文，非傳燈之作，故不錄。）

6.2.7. 五祖章安尊者——《涅槃玄義》二卷、《涅槃經疏》十卷、《觀心論疏》二卷、《智者別傳》、《國清百錄》五卷、《八教大意》一卷、《南嶽記》一卷、《真觀法師傳》一卷

（傳文和贊悉直抄《佛祖統紀》卷七，〈五祖章安尊者灌頂〉傳文，非傳燈之作，故不錄。）

6.2.8. 九祖荊溪尊者——《玄義釋籤》十卷、《文句記》十卷、《止觀輔行》十卷、《止觀義例》一卷、《止觀大意》一卷、《維摩略疏》十卷、《維摩廣疏》六卷、《金剛錍論》一卷（已上入藏）、《始終心要》、《十不二門》、《止觀搜要記》十卷、《涅槃後分疏》一卷、《觀心誦經記》一卷、《三觀義》、《授菩薩戒文》、《止觀文句》一卷、《華嚴骨目》二卷、《法華補助儀》、《方等補闕儀》

（傳文和贊悉直抄《佛祖統紀》卷七，〈九祖荊溪尊者湛然〉之傳文，非傳燈之作，故不錄。）

6.2.9. 十六祖寶雲尊者——《觀經疏記》、《光明玄贊釋》、《光明句備急鈔》

（傳文和贊悉直抄《佛祖統紀》卷八，〈十六祖寶雲尊者義通〉傳文，非傳燈之作，故不錄。）

6.2.10. 十七祖法智尊者——《觀音別行玄義記》二卷、《觀音別行疏記》二卷、《光明玄續遺記》三卷、《光明文句記》六卷、《觀經疏妙宗鈔》三卷、《十不二門指要鈔》二卷、《扶宗記》二卷、《十義書》三卷、《觀心二百問》一卷、《解謗書》三卷、《修懺要旨》一卷、《光明懺儀》一卷、《大悲懺儀》一卷。

（傳文和贊悉直抄《佛祖統紀》卷八，〈十七祖法智尊者知禮〉之傳文，非傳燈之作，故不錄。）

6.2.11. 十八祖百松尊者——《法華披荊鍼》一卷（用闢溫陵要解）、《三千有門頌註》一卷（馮開之司成請註）、《楞嚴百問》（難荊山法師）、《夢譚記》一卷（專談淨土）。

師初受學千松法師之門。松講不專門，多有出入。師後因閱大藏，得四明尊者《妙宗鈔》，寓目之間，宛如夙契。因歎曰：「此義未嘗聞，此旨未易了。」乃潛心天台一家教觀，深悟心觀之旨，而遙宗四明嗣。是講貫一依性具，宗乘學者，始知有專宗云。

6.2.12. 天台山幽溪祖堂三十祖謚號

始祖靈山受記雙樹傳心迦葉尊者。

二祖具大總持結集法藏阿難尊者。

三祖以大三昧注乳如泉商那和修尊者。

四祖度人無量稱無相佛優波毱多尊者。

五祖受三羯磨成阿羅漢提迦多尊者。

六祖同學值遇獲證聖果彌遮迦尊者。

七祖懸受佛記聞法得果佛陀難提尊者。

八祖具大論議降伏算者佛陀密多尊者。

九祖精進苦行脅不至席脅比丘尊者。

十祖具大方便化度眾生富那夜奢尊者。

十一祖以妙技樂宣說法音馬鳴尊者。

十二祖造無我論摧折魔外道毘摩羅尊者。

十三祖一相無相無畏論主龍樹尊者。

十四祖圓悟智論建立中觀北齊尊者。

十五祖圓悟法華授受止觀南嶽尊者。

十六祖天台智者法空寶覺靈慧尊者。

十七祖結集宗教具大總持章安尊者。

十八祖圓達實相傳持教觀法華尊者。

十九祖道悟全真傳持教觀天宮尊者。

二十祖明覺大道傳持教觀左溪尊者。

二十一祖圓通無礙天台記主荊溪尊者。

二十二祖深悟幽玄傳持教觀興道尊者。

二十三祖力行三昧傳持教觀至行尊者。

二十四祖常入禪定傳持教觀正定尊者。

二十五祖感聖聽法傳持教觀妙說尊者。

二十六祖長日臨座傳持教觀高論尊者。

二十七祖網羅台教遺文復還淨光尊者。

二十八祖深悟圓頓傳持教觀寶雲尊者。

二十九祖中興教觀力行三昧法智尊者。

三十祖深悟妙宗嗣宗法智百松尊者。

吾宗自智者大師而下至荊溪大師，昔吳越王嘗請謚徽號矣。而龍樹、北齊、南嶽三祖未及謚，而四明志磐法師倣漢末朱穆門人，〔註89〕及歷代門人私謚先生之號，自龍樹已下迄于四明，皆私謚之。然但謚龍樹而下九祖，興道而下八祖，共十七代而已。西天自龍樹之上一十二代，未有謚號。今天台幽溪祖堂像設，既自西天迦葉已下迄百松先師，共三十代，是宜俱尊謚號。第磐公所謚九祖，則字眼增多；所謚八祖，則字眼減少。用書位牌，而參差不齊，矧西天十三祖準舊以書，字眼猶少。今則採摭《付法傳》，〔註90〕并十七祖紀傳中事實，例謚八字徽號。復採百松先師宗教功德，亦謚立之，共三十世，併錄《統紀》諸文，及天台教源流圖說，以見祖堂崇祀之實錄云。住山比丘傳燈撰。

6.2.13. 西天十三世祖師紀（本紀載《佛祖統紀》）

西天祖師金口所記，共二十四世；據禪宗所尊，則二十八。今之所謚，惟十三世者，正以北齊從《智論》得悟，遙宗龍樹以為初祖。則自龍樹、北齊、南嶽而下，以為正傳。反視西天十四世而下，以為傍出；十四世而下亦反視天台而為傍出，〔註91〕各論宗承，稱謂無在也。前人。〔註92〕

7.1. 泉石考*

夫薙髮染衣，已與僧寶之數；遠塵離垢，宜遵佛祖之規。第總絕於不見不聞，若苦空之太甚，乃聊寄乎一泉一石為常樂之斯須。此幽溪者，考槃餘

〔註89〕朱穆（100～163），東漢南陽郡宛（今河南南陽市）人，丞相朱輝之孫。初舉孝廉。順帝末，大將軍梁冀使典兵事，桓帝時任侍御史，後徵拜尚書。穆父卒，穆與諸儒考依古義，謚曰貞宣先生。《謚法》曰：「清白守節曰貞，善聞周達曰宣。」及穆卒，蔡邕復與門人共述其體行，謚為文忠先生。見《後漢書》（北京：中華書局點校本，1965）卷四十三，〈朱樂何列傳第三十三〉，頁1473。

〔註90〕此應是《付法藏因緣傳》之簡稱。

〔註91〕原「十四世而下亦反視天台台而為傍出」之第二台字，當為衍文。

〔註92〕此處及以下「前人」，皆傳燈自指。

八畝之宮，〔註93〕景物擅十分之勝。四十年與之作友，豈不謂老我青山；二六時結之為隣，〔註94〕亦可稱富乎丘壑。矧一片石、一派泉，皆我林間衣鉢；即千株松、萬竿竹，久成物外人家。何可不錄之以貽同志良朋，是所當記之以歸無私別志。

7.2. 泉石考事實

7.2.1. 幽溪

源自大雷峯，經寺前出水口，洩而為瀑布，下至螺溪合而為一。衍長六七里，皆號幽溪。則幽溪者，眾景之總名也。

7.2.2. 幽溪八景

獅峯松吼——即本寺坐山，形如獅子，山饒松木，風來幽谷發為松濤，故名。

象案花紅——即本寺對山，厥形如象，山多木，春日芬芳煒燁若錦，故名。

幽溪雪瀑——幽溪自上至下高二三里，溪流跌蕩、起而又伏者數十段，皆可入圖畫，遠觀如雪，故名。

香谷雲坪——香谷巖在寺左，巖下有坪，朝雲未起，常眠其下，故名。

金臺遠眺——在象頭上，厥高如臺，峯連金地，可以遠眺，故名。

丹闕清修——在獅子峯傍，兩崖高峙，插於天半，中有行道菴，故名。

日窗曉色——在寺東繫船巖上，古老相傳台山當邇大海，峯頂繫船處厥竅如窗，故又謂之日窗。山中人每詰旦於是占乎陰晴，謂：日窗明，天大晴；日窗暗，晴不半；日窗有，晴可守；日窗無，雨可呼。

月嶺秋明——在寺東高山之顛，每月出時，自下而上，猶如陟嶺至秋愈明，故名。

7.2.3. 幽溪十六景

圓通洞——在芙蓉峯頂下，三石鼎峙，上片石橫覆，中空如菴洞。下溪聲瑟瑟，洞側松韻幽幽，於是跏趺，耳根圓通，時時現前，因名。有記。

般若臺——幽溪上游有石如臺，小羅星也。屹然水中，上可捉塵談玄。松陰結蓋，以覆其上。藤蘿織幔，以周其遭，有天然隥級，以便登陟。余於是

〔註93〕《禮記・儒行》：「儒有一畝之宮，環堵之室。」「一畝之宮」指住家面積只有十步見方的大小。此「八畝之宮」則欲以見其大。見《纂圖互註禮記》（上海：上海商務印書館，《四部叢刊初編》本，1929）

〔註94〕「二六時」就是佛教所說的晝夜各六時，一日一晝夜之意。

曾說法焉，因名。

補衲窩——在寺後大巖之下，藏風和緩，老僧常於此補衲。

翻經堂——在寺後，古有翻經堂，乃大師翻《淨名》處，今為楞嚴壇。

行道菴——註見前。

照我潭——在般若臺之下。

空心泉——在照我潭下。

石斛井——在跨壑橋。

龍尾流——在石斛潭下。

靈響谷——在圓通洞對面。

巾子巖——在行道菴背後。

西天竺——在寺後。

金銀嶺——在幽溪前後山，南峯謂金地嶺，北峯謂銀地嶺。

白花菴——在壇西北高埠上，余初掩關處。

圓伊室——在石門之上。

跨壑橋——在照我潭前。

7.2.4. 幽溪諸景

石門——在銀地嶺半。

松巖——在石門之下。

百松嶺——在寺西南，去金地嶺大路。

幽溪嶺——在寺東南，可以登金臺遠眺，由之下黃潭。

松風閣——上圓通洞後石巇中，四窗軒豁，各其名，東曰松風，南曰清音，西曰米拜，北曰爾瞻。〔註95〕

看雲石——在圓通洞下，由洞後門下三折小嶺轉東，經石關，過芙蓉峯，石梯隥，石中龕轉折，下盤陀石，一石橫倚，刻八分「看雲」二字。初，晴天白雲，皆從谿壑上騰經石前而去。先此石前多蒙茸密葆，幽溪之瀑，皆為所蔽，惟於樹隙聊爾遠窺，因惜樹木蔭樣風冰，不忍斧柯，嘗欲於前峯鑿石引泉，以成其瀑。忽一旦，因悟人之佛性與美景同；斷却無明，則本來面目，豁然現前。由是喚諸傭人各持斧柯，須臾之間，頓成大觀。當時與休遠、文心、

〔註95〕「爾瞻」一詞見《詩經‧小雅‧節南山之什》：「節彼南山，維石巖巖。赫赫師尹，民具爾瞻。」見《詩經類考》（上海：上海古籍出版社，《續修四庫全書》本，1995）。

元吉、歸一、水空各賦伐木得瀑七言律詩，以志其興，亦山林之一快觀也，仍於高巖鑴「補觀瀑」三大字。

　　合掌巖——在芙蓉峯石罅中，由石隙可登圓通洞，兩石並起，如合掌狀。

　　松下頭陀處——在爾瞻巖上，一石如猿，面向高巖。石罅中有孤松一本，枝幹婆娑，下可安禪。須有濟勝具，亦有膂力者，斯可懸巖盤旋而上，置一草龕於松樹下。即天目山高峯死關，何以敵此。

　　片雲石——在樹龍降後，石背如雲，名片雲。更上片石，名重雲。又有石，如梯隥可陟，名梯雲。又有一巨石，石傍多松，名松雲。又有一石，徑傍如床可臥，名臥雲。

　　休休洞——在赤峯巖外。

　　天馬巖——在赤峯巖西。

　　紅巖洞——在赤巖下。

　　石屋——在水碓坑畎畝之上，二處皆可禪居。

　　伊字巖——在樹龍降後，形如西天伊字，又如三台星，可名三台巖。

　　石广——在伊字巖右方之後，有手書石广二字。

　　無還臺——在不瞬堂左，有記。

　　福泉——在無還臺下，有銘。

　　飛來石——相傳飛來之者，即圓通洞之頂石也。

　　小化城——往太平寺路將半，一石如洞，可坐數人。濟勝告疲，小憩於此，故名。

　　啗蔗嶺——在寺前東南，由金沙園下九曲嶺，逶迤而去，出黃墰，與螺溪三十六盤潤通。

　　初平——由啗蔗嶺上，其地初平，故名。

　　都嘉嶺——幽溪之勝，於此一覽，俱在目前，故名。

　　小小洞天——在啗蔗嶺上，朝東叢石間，開一小洞，可憇坐數人。中有石泉，澄泓可飲，因其小，故名。

　　石笋——去寺八九里龍潭，抽一石如笋。

　　滄潭巖——在黃坦坵前。

8.1. 人物考序*

　　草木皆文章，非人靈而莫著；名區多神異，非高僧而不開。祇合僧住名山，豈名山僧占；亦猶水因龍聖，實水引龍來。天台智者大師，人中大龍，法

中香象，曾於幽溪一派水，直截度而散作甘霖；嘗於師子千丈巖，最高登而震為師吼。一燈滅而一燈續，照照何窮；長夜生而新月朗，明明不盡。作幽溪道場人物考。

8.2. 人物考事實

8.2.1. 智者大師

時居佛隴講《淨名經》，忽經為風飄，翩翩不下。乃杖錫披荊，尋經所詣。行五里許，風息而經憇，此大師覩斯靈異，復愛茲山峯巒秀發，清溪鑒心，喬木參天，薜蘿翳坎，麏霞是居，樵牧罕至，乃即其地以營淨居，手書「幽溪」二字鐫石上。智者十二剎，此其一也。而後或寺稱淨名，堂名翻經，復號智者幽溪道場，皆不忘大師之遺意也。故記人物考者，當以大師為開山第一祖，其餘諸師，或同住此山，或往來此地者，皆得備錄云。〔註96〕

8.2.2. 章安尊者

陳至德初，謁智者於修禪寺稟受觀法。研繹既久，頓蒙印可。因為侍者，隨所住處。所說法門，悉能領解。〔註97〕夫為侍者而隨所住處，則隨大師居此地矣。故當尊之為幽溪人物第二人。

8.2.3. 智越禪師

（傳文節錄《佛祖統紀》卷九智越禪師傳文，非傳燈之作，茲不錄，僅考其異。〔註98〕）

8.2.4. 智璪禪師〔註99〕

師尋常行道，見鬼不懼，食毒不傷。前後八入參觀。貞觀十二年，正坐入滅，壽八十三。雖居國清，而住山既久，此地皆行道處也。

8.2.5. 智晞禪師

（傳文節錄《佛祖統紀》卷九智晞禪師傳文，非傳燈之作，茲不錄。）

8.2.6. 法彥禪師

（傳文節錄《佛祖統紀》卷九法彥禪師傳文，非傳燈之作，茲不錄。）

〔註96〕此短傳之描述不見於明代以前任何僧史或僧傳，僅見於傳燈所編著之《天台山方外志》。

〔註97〕以上皆抄錄自《佛祖統紀》卷十〈章安尊者〉傳文。

〔註98〕唯節錄「晚歸台嶺」一句，易滋誤會，原文實作「智者晚歸台嶺。」

〔註99〕此短傳不見於明代以前任何僧史或僧傳，僅見於傳燈所編著之《天台山方外志》。

8.2.7. 等觀禪師

（傳文直錄《佛祖統紀》卷九禪師等觀傳文，非傳燈之作，茲不錄。）

8.2.8. 慧辯禪師

（傳文直錄《佛祖統紀》卷九禪師慧辯傳文，茲不錄，唯略考其異。〔註100〕）

8.2.9. 慧瑫禪師〔註101〕

（傳文直錄《佛祖統紀》卷九慧瑫傳文部分，非傳燈之作，茲不錄。）

8.2.10. 慧普禪師

（傳文直錄《佛祖統紀》卷九慧普禪師部分傳文，非傳燈之作，茲不錄。）

8.2.11. 慧綽禪師

（傳文摘錄自《佛祖統紀》卷九〈四祖天台智者智顗〉傳文，非傳燈之作，茲不錄，僅考其異。〔註102〕）

8.2.12. 大志禪師

（傳文直錄《神僧傳》卷五〈大志〉傳文，非傳燈之作，茲不錄。《神僧傳》作於明成祖時。）

8.2.13. 法智禪師

（傳文直錄《佛祖統紀》卷二十七〈法智〉傳文，非傳燈之作，茲不錄。）

8.2.14. 志通法師

（傳文直錄《佛祖統紀》卷二十七〈志通〉傳文，非傳燈之作，茲不錄。）

8.2.15. 明曠禪師

（傳文直錄《佛祖統紀》卷十〈明曠〉傳文，非傳燈之作，茲不錄。）

8.2.16. 大義禪師

（傳文直錄《佛祖統紀》卷十〈禪師大義〉傳文，非傳燈之作，茲不錄。）

8.2.17. 智度禪師——無傳

〔註100〕此傳直錄《佛祖統紀》卷九〈禪師慧辯〉傳文，但改「聰寤」為「聰悟」、「默記」為「默識」、「佛德」為「佛恩」、「林表」為「林木」。

〔註101〕原書誤作「慧惔」，據《佛祖統紀》卷九〈禪師慧瑫〉改之。又「所居三寶」《佛祖統紀》傳文作「所居之室」。

〔註102〕按：原傳文謂智者安居佛隴時，「歲偶失稔」，故「眾皆隨意去住。」而其後「師與慧綽種苣拾象，安貧無戚。」非特指慧綽。灌頂之《智者大師別傳》略云：「然佛隴艱阻，舟車不至。年既失稔，僧眾隨緣。師共慧綽種苣拾橡，安貧無感。」

8.2.18. 良漪禪師，師至行，無傳

8.2.19. 敬文法師，師至行，無傳

8.2.20. 光韶法師，師至行，無傳

8.2.21. 維蠲法師，師至行，無傳

8.2.22. 道暹法師

（傳文直錄《佛祖統紀》卷十〈法師道暹〉傳文，非傳燈之作，茲不錄。）

8.2.23. 敬休法師，師正定，無傳。

8.2.24. 慧凝法師，師正定，無傳。

8.2.25. 處原法師，師慧凝，無傳。

8.2.26. 玄廣法師——無傳。

8.2.27. 荊溪尊者〔註103〕

師開元十八年始從學左溪，左溪既沒，師挈密藏，獨運東南，謂門弟子曰：「道之難行也我知之矣，古之至人靜以觀其復，動以應其物。二俱不住，乃蹈大方。今之人或蕩於空，或膠於有，自病病他，道用不振。將欲取正，舍余誰歸？」於是大啟妙法，旁羅萬行，盡攝諸相，入於無間。即文字以達觀，導語默以還源。乃祖述所傳，著為記文凡數十萬言，使一家圓頓之教，悉歸於正。曰《金錍》、曰《義例》，皆孟子尊孔道、闢楊墨之辭。識者謂，荊溪不生，則圓義永沈矣。一日與名僧同禮五臺清涼，觀師帥徒千指，迎送時人，歎其尊師之有禮。有不空三藏門人含光白師曰：「頃從不空遊天竺，見梵僧云：『聞大唐有天台教迹，可以識偏圓、簡邪正、明止觀，可能譯之至此土耶？』」師聞之，歎曰：「可謂中國失法，求之四維。」晚歸台嶺大布，而衣一床而居，以身誨人，耆年不倦。大兵大饑之際，學徒愈繁，瞻望堂室，以為依怙。建中二年二月五日，示疾於佛隴。語門人曰：「道無方，性無體，生歟死歟，其旨一貫。吾歸骨此山，報盡今夕，要與汝等談道而決。夫一念無相謂之空，無法不能謂之假，不一不異謂之中。在凡為三因，在聖為三德。爇炷則初後相同，涉海則淺深異流，自利利人如此而已。汝其志之。」言訖，隱几而化。

8.2.28. 行滿禪師

（傳文直錄《佛祖統紀》卷十〈禪師行滿〉傳文，非傳燈之作，茲不錄）。

〔註103〕此傳文刪節《佛祖統紀》卷七〈荊溪尊者〉傳文，並加以改寫重作，無全抄之嫌，故予保留。

8.2.29. 道興尊者

（傳文直錄《佛祖統紀》卷八〈十祖興道尊者道邃〉傳文而成。非傳燈之作，茲不錄。文中「邃師」即是道邃。）

8.2.30. 宋寶纖法師——無傳。師嗣神照。

8.2.31. 擇卿法師

（傳文節錄《佛祖統紀》卷八〈法師擇卿〉傳文而成，非傳燈親作，僅略考其異。〔註104〕）

8.2.32. 法麟法師。嗣有嚴法師。

8.2.33. 應通法師——嗣有嚴法師。

8.2.34. 淨佗法師——師嗣白蓮卿法師。

8.2.35. 元幽溪和尚

（傳文出明僧如卺之《禪宗正脈》卷三〈幽谿和尚〉傳文，非傳燈親作，茲不錄。）

8.2.36. 天台燈禪師

（傳文出《五燈會元》卷三〈彭州天台燈禪師〉傳文，非傳燈親作，茲不錄。）

8.2.37. 文大德禪師

元末人。住持高明，遷住國清，歸老本寺。塔于西天竺，墓額鐫「文大德」，舍利可驗也（文亦見《天台山方外志》卷十三。）

8.2.38. 明九攸和尚

國初人。住持本寺，後遷寧海興教寺。能詩文，與方正學為方外友。興教寺砧基，簿台之士大夫多為作文，正學先生序其事甚詳。

8.2.39. 妙峰法師

蘇之崑山人。俗姓王氏，居徑山傳衣菴。初出月亭法師之門，亭無專宗，與師志別，由是深究性具之旨，而遙宗四明。猶北齊之悟明《中論》，以龍樹為師。入門有自，世人無足以派別議之也。

師梵相奇古，言論風采如大火輪聚，不可攖觸，真東南無畏光明幢也。自嘉靖甲子歲（1564），以道化台南。至己丑（1589），〔註105〕二十六年間，

〔註104〕唯「受學」原作「受教」，「施者自來」，原作「施者自至」。
〔註105〕按：此實為萬曆己丑。

歲無虛席，而台人之佛性種子種而與熟，熟而與脫者，師之功居多，宜其配位祖堂，為百世之宗師焉。所著述有《淨土夢譚記》、《有門頌解》、《法華披荊鉞》、《楞嚴百問書》如干卷。《法華玄義玄義記》、《法華文句文句記》、《摩訶止觀止觀記》共百餘卷，各庋函部，師皆會集成帙，以圖剞劂。獨《法華玄記》得遂厥志耳。

師常修隨自意三昧，每遇病境，止觀之功逾勵。臨終作〈三自省〉喚醒主人翁，則正念如城不可動亂也。〈三自省〉，一曰：「唯某甲，一念三千，剎那九世，汝知之乎？即促而延既如此，即一而多又如彼，胡不體取無生了無死乎？」二曰：「唯某甲，實心繫實境，實緣次第生，實實迭相注，自然見實理。此吾宗之心訣也，汝知之乎？平日解行，正在今日，懸崖撒手，甚弗放逸。」三曰：「唯某甲，汝不聞仙潭垂終偈乎〔註106〕？自是無家可得歸，雲邊有路許誰知。溪光搖落西山月，正是仙潭夢斷時。即仙潭夢斷是妙峯夢斷，無歸而歸，汝宜無忘夙願也。」具見馮太史所撰塔銘。

9.1. 金湯考序*

佛可尊、法可師，為八天之眼目；金為城、湯為池，作覺道之藩籬。是以金輪世子，常侍衞於百萬諸天；即我南嶽法臣，亦傾誠乎兩朝盛帝。正以膏益增而光益熾，豈不室愈密而燈愈明？至於割調以裨其修，損役以益其行，皆仁人念蒼生之緒餘，乃君子重道德之盛意也。作幽溪道場金湯考。

9.2. 金湯考事實

本寺金湯，實始於檇李馮司成開之捐金瞻田為大檀越主，次則臨海王中丞恒叔，又次則四明屠儀部長卿，又次則黃巖林侍御澄淵。〔註107〕此四人者皆是同年莫逆之友，高明護法，互相表裏。又其次則吳興韓會狀求仲，本縣張司空太素。〔註108〕其餘諸大護法，各都講，一方致書延請，或金城千里，

〔註106〕仙潭若愚，北宋天台僧，學於辯才元淨。臨終時書偈而化。偈曰：「本是無家可得歸，雲邊有路許誰知。溪光搖落西山月，正是仙潭夢斷時。」見《佛祖統紀》卷二十七〈若愚〉傳文。

〔註107〕馮司成開之是馮夢禎（1548～1605），王中丞恒叔是王士性（1547～1598），屠儀部長卿是屠隆（1543～1605），林侍御澄淵即林國材（1577年進士）。

〔註108〕韓會狀求仲是韓敬（1580～？），生平事蹟詳見筆者《孤明獨照無盡燈》一書。張司空太素是張文郁（1578～1655），天臺茅園（今菣園）村人，官至工部尚書。他曾為傳燈寫〈為魚潭楞嚴講席與永嘉戴邑侯書〉及〈為魚潭楞嚴講席與邵金門進士書〉。見《幽溪別志》卷九，頁46ab。

捍衛山門，事存藝文，皆實錄也。

10.1. 檀度考序*

夫比丘持戒易，不免有待之為煩；居家行施先，未越塵勞之為累。必有無而互易，不妨外護以貿清修；或前後以相須，自可內弘而攝羣彙。若夫大心長者，博濟通人，廣開六無極之度門，普展三無住之檀施，則彌施彌戒，即慧即禪。維摩方丈室，容廣座於三萬二千；設利鉢羅餐，飽大眾於百千億兆。如德瓶之出生不盡，〔註109〕似末尼之博施無窮。〔註110〕其可以難易論，而先後限哉？作幽溪道場檀度考。

10.2. 檀度考事實

高明檀度始，則檇李馮司成具區公捐金贖田，樂清趙海南居士置產，然亦未出五十金之外。嗣後，則皆余講經香信，得寸置寸，得尺置尺，實難枚舉。山場田地，梵宇宮室等，日累月積，不減萬金，孰非檀度之資財、清信之割施。若紀大都，則袁大參之捐四百、楊蘺臺之捐三十、常熟之陳母捐金二百、錢母之捐金一百、永嘉陳母之捐金六百、象山之史居士捐金五十云云。譬散金之總鎔大冶，經百煉而精。赤瑩如眾水之共滙，滄溟統一味而和調。自若佛法之神化無方，叢林之融通不二，其妙有若此也。然而金剛既自有云不住色布施，不住聲香味觸法，受施應無所住而生其心。而為主持者，豈不得云不住色？〔註111〕受施不住聲香味觸法，受施應無所住而生其心？為化主者，又豈不得如是而云云？今則合三無而為一，併九輪而俱忘為甘露苑，為涅槃城，非此之故歟？否則為蒺莉園、為生死窟，可不慎諸？可不慎諸？

11.1. 福田考序*

夫田殊肥瘠，福異敬悲。若人田與王田並耕，則心地與大地同墾——豈

〔註109〕「德瓶」又名「吉祥缾」。《智度論》云：「譬如有人患貧。供養諸天求富，滿十二年。天愍其志，賜與一缾。告曰：『此名德瓶』，凡有所須，皆自瓶出。」故云「出生不盡」。見《釋氏要覽》卷二，頁281c。

〔註110〕「末尼」即「摩尼」，是珠之總名。有「摩尼珠」、「如意珠」之稱。稱如意者，謂「意中所須財寶衣服飲食種種之物，此珠悉能出生，令人皆得如意，故名為寶。」見《大名三藏法數》卷二十三，頁353b。

〔註111〕《金剛經》卷三有云：「須菩提！菩薩不住於事行於布施，無所住行於布施，不住色布施，不住聲、香、味、觸、法布施。須菩提！菩薩應如是布施，不住於相想。何以故？若菩薩不住相布施，其福德聚不可思量。」又云：「須菩提！是故菩薩應生如是無住著心，不住色、聲、香、味、觸、法生心，應無所住而生其心。」傳燈蓋簡述其句。

不王田豐而人田熟，均作福田；大地收而心地穫，等為法地。是以給孤精舍，當時已茂乎祇陀桓林；即此修禪道場，盛國亦割於始豐縣調。〔註112〕矧山林久昧，豈能一鉢遍千家；惟鹿柴初扃，自可億庾供萬指。用紀砧基之疏，以資楗椎之聲。咨爾後人，毋遺先澤。作幽溪道場福田考。

11.2. 福田考事實

本寺據府縣舊志，田六頃三十畝，為寺僧挾帶住國清寺，毫無所存。余於萬曆十四年丙戌（1586），始以講經瞡施，命師弟無脫，用價問國清蘭屏僧官，贖二十畝。是後陸續贖回德清、德芳各房，共四十餘畝，皆寺前及左右者而已。後於甲寅（1614），復命文心贖回半山、壩頭、上求等處，凡衣服二壩，皆高明業也。嗣後又陸續或新置或贖舊，共官田二頃八十畝，民田九十七畝。紀之砧基，以貽福田。吾之子孫其善守之。

11.2.1. 本寺前山田等

寺前山田、紫蘿坑田、沙坭園田。

水碓坑田（已上田場，嘉興檀越陸五臺、馮具區、包瑞溪、〔註113〕楊覺斯〔註114〕諸公捐俸贖回。）

外張田（弟子正時募贖，永為諸祖齋忌辦供之費。）

半山田、外潭孔田、裏潭孔田。

第四溪田（贖周文靜、周朝民田三畝零，周士良官田十二畝零。）

黃墰坵田（官田五寸三畝零，又大坵田六畝，山三畝，地三畝，塘□分。〔註115〕柏子柿木，俱是命孫受教變父遺產，共銀百廿兩。將八十兩贖回本寺原田，餘銀將置房屋三十間，永充常住齋僧。伊父林居士，母祝氏，合葬於寺

〔註112〕按：智顗於太建七年至天台山卜居佛隴之後，陳宣帝勅修禪寺，割始豐縣租以充其粟。《國清百錄》卷一有〈太建九年宣帝勅施物〉條云：「智顗禪師，佛法雄傑，時匠所宗，訓兼道俗，國之望也。宜割始豐縣調，以充眾費；蠲兩戶民，用供薪水。主者施行。」又《隋天台智者大師別傳》（頁193b）：「陳宣帝詔云：「禪師佛法雄傑，時匠所宗；訓兼道俗，國之望也。宜割始豐縣調，以充眾費，蠲兩戶民，用給薪水。」

〔註113〕包瑞溪原誤作包遂溪或包邅溪（見下）。按：包瑞溪是嘉興學憲，曾與陸光祖、馮夢禎、袁了凡（1533~1606）等響應達觀真可（1544~1604）及其徒密藏道開（生卒年不詳）之號召，捐資擴建嘉興楞嚴寺。見《崇禎嘉興縣志》（北京市：書目文獻出版社，1991）卷八，頁35b。

〔註114〕楊覺斯是萬曆三十八年（1610）戊辰科韓敬榜進士，授吏部觀政，江西吉安府推官。見《雍正浙江通志》卷一三三，頁22a。

〔註115〕「塘」後一字脫落，諸本皆然。

之西偏。凡住持者，春秋節屆，應為祭掃。）

大雷峯大樹樣田（坐土大慈後山，趙海南居士輩用價贖回，永供祖庭。）

太平寺田（官田四十九畝四分七厘，民田五畝，蒙嘉興檀越陸五臺、馮具區、包學憲、楊覺斯諸公用價八十四兩贖捨本寺，囑書告示。復蒙三院給帖給示，本府、本縣給帖給示，永與高明寺齋僧。）

上球埄頭田（萬曆己卯［1579］年，史紹虞居士捨銀三十兩，贖姜汝謙田十畝二分。天啟壬戌［1622］用價二百二十餘兩贖回陳揚增田二十二畝，官田八畝四分。又思廣增田五畝五分，官田一畝五分。）

蓮嶺田（用價廿四兩贖得周浩田、陳眷田八分。又價贖周雪田八分。）

蝦蟆巖田（贖後洋張氏民田十七畝零。）

大慈嶺下田（萬曆年間，用價三十六兩贖周洋浩官田二十六畝五分，又周滔濟三畝四分，又贖西今、永寧田二畝五分，又贖劉印官田四畝一分畝。）

寶興田（庠生齊文茲、齊王春、王範、陳福等共捨田三十畝，永遠齋僧。）

桐栢嶺下田（范瑞豐捨田□畝零。〔註116〕）

本寺民田九十七畝，蒙各上臺按臨，命僧具揭恩免差役。

11.2.2. 免徭批示

天台縣十一都，高明講寺護藏住持受教呈：為恩豁徭役，永樹香火事切，教師祖無盡法師重建本寺，蒙嘉興檀越陸五臺尚書公、馮具區祭酒公、包邃溪學憲公、〔註117〕楊司理覺斯公等，捐俸贖田剎，置立民田連丁九十七畝戶，□□□寺□甲下。〔註118〕奈因本寺坐臨名勝，上臺經臨駐宿，中火供應，奔冗費用浩繁。兼蒙禮部正堂朱奏請龍牌龍藏，着令護持，恭領眾僧祝讚國恩，晨昏難缺。僧役既已不遑，差徭實難分應。此乃因役免役，非類因人優免；正額錢糧，炤例輸納。叩乞憲恩恤豁，永祝。上呈。

蒙巡按察院李爺批：「仰紹台道『原情豁免，永樹香火』繳。」復蒙海道方爺、首道張爺、兵道張爺，同日按寺恩允轉批本縣陳爺批云：「『寺為名山之中，上官經臨，鮮不登覽。僧人奔冗果煩，仰縣永為豁免，勒石遵守』繳。」

本縣陳爺詳：「據高明寺住持受教呈稱『民田九十七畝，錢糧炤例輸納，差田徭役乞恩豁免，蒙院道府允賜』等因，看得高明寺果係名山孔道。寺僧

〔註116〕「田」後一字脫落，諸本同。
〔註117〕包瑞溪原誤作包邃溪，與上文之包邃溪皆誤。
〔註118〕「寺」之前三字、後一字皆脫落，諸本同。

供應費繁，奔役實苦，因役免役，非為分外。其萬年寺僧真秀田記，具呈道司，業奉詳允，恩賜優免。則受教此舉，理應一體通融甦豁。蓋在真秀之免，尚為特恩；在受教，則為恩例矣。」

即蒙兵道張爺覆批：「寺僧充役，無論僧俗不相當，而於教外別傳，亦覺刺繆矣。准如議優免。仍大書告示，張掛山門。此繳。」

又蒙提學道孫爺批：「本寺僻居深山，修持清苦。且以供役煩難，仰縣原情查免，仍給與告示。此繳。」

12.1. 塔墓考序*

夫法身寂滅，盡大地罔匪佳城；報體隨方，寄名山而為圓塚。衣之薪，衣之木，反我元辰；葬諸土，葬諸火，復吾本質。代乾坤而掩醜，何須苦為螻蟻裁衣？還父母以藏骸，不用巧代狐狸作窟。但得天台沾寸土，便可永保千年；況於方廣寄遺塵，已得韜光百世。作幽溪道場塔墓考。

12.2. 塔墓考事實

12.2.1. 文大德禪師舍利塔

師元時高僧也。塔在本寺虎手。其地舊稱為西天竺，蓋素為眾僧葬地，故名。中一大塔，其前有頑石一片，上鐫「文大德舍利塔」六字。古人所作，草略如此。

12.2.2. 百松大師塔

先師自嘉靖甲子年（1504）開化台南，自茲而後，歲歲建講。迄萬曆辛卯（1591）無有虛席，每欲常住天台，緣不師偶，欣戀而已。常為眾弟子曰：「吾生平專學台教，而化導又在天台，即不能如大師生居此山，而死後骸骨獲葬此山，豈不幸哉。爾曹他日能滿吾願，以之報我訓導之恩，亦可謂『將此深心奉塵剎』〔註119〕之一事也。」諸弟子曹聞之，惟瞪目瞻視，以未有把茆蓋頭故也。〔註120〕而我傳燈雖同其列，獨領師言而銘諸五內。洎先師鶴林之歲，爾時已買山，得幽溪之勝。尋往荼毗，歸葬今地；蓋與師弟傳衣同戮力

〔註119〕按：《楞嚴經》卷三末，阿難於如來前說偈讚佛，有句云：「將此深心奉塵剎，是則名為報佛恩。」

〔註120〕「把茆蓋頭」出《六祖壇經》：「一日，師告眾曰：『吾有一物，無頭無尾，無名無字，無背無面。諸人還識否？』神會出曰：『是諸佛之本源，神會之佛性。』師曰：『向汝道：無名無字，汝便喚作本源佛性。汝向去有把茆蓋頭，也只成箇知解宗徒。』」

焉。其地坐庚向甲，坤龍發脈，宛轉而下。師子峯居其左，象王峯居其右。以青芙蓉為閣腳案，以蝠翼翔空峯為齊眉案，以繫船巖日窗為照。〔註121〕山下砂眾山隻隻回轉，如栲栳椅手。乾方有白雲峯，為木星、為貴人，堪輿家皆言吉兆。馮司成有塔銘言師行狀頗詳。舊營三穴，左擬余與師弟傳衣同厝。不意衣與弟子正時，溘先朝露，為二人先去者得之。余則別營白雲峯下塔。右則為法屬普同，今已充滿，封固不開，別營本寺右外潭孔矣。

12.2.3. 白雲峯下生塔

白雲峯者，太平寺之坐山也。峯自大雷山開帳抽支，宛轉而來，如遊龍，如馬鬣，支盡起頂，如犀牛角，白雲常護其頂，故名峯手。自生左右翼，以為龍虎拱抱其前，殊有力有情。峯抽三支，左支有落腳，平淺可為寺基者，稍劣於右。右支博換為太陰星，形如半月，為寺坐山基，頗豁大平夷，以香爐峯為案。山左右彎抱，勝左多矣。中支落脈為魚脊，累石崚岈，比寺基高四五尺。雖為中支，鑿之不勝碅礭。惟宋高僧元坦禪師之瘞塔存焉。

昔者宋堪輿氏自稱謝道人者，嘗讖天台東陽諸處地鈐。即今白雲峯之下，亦預其讖，謂犀牛望月唇口前，連案森羅穴在肩。文筆貴星當面立，有人葬此出高賢。鄉人常利其地，肯償百金。舊僧了義者，無因果人也。每欲利其金，并寺而廢之，因余力阻始免。然鄉人垂涎者，猶側目窺視，終不能已也。因命住持受教重新元坦禪師之塔，以當其讖。第猶餘地恐為後人所竊，復命受教以營余之生壙。客有從傍以二不可難之，一曰：昔有俗人占僧寺為墓者，死墮泥犁，受苦無量。師今仍蹈故轍，一不可也。二曰：塔占其中，寺居其傍，於師安乎？二不可也。余對之曰：「僧之為塔，錢唐以北殊有其例。無論其諸，即寶志公與梁武帝相期先死者，當葬鐘山，竟為志公得之，而塔在寺中。後為我明太祖以力借去，勒塔居於靈谷寺中。余雖非聖，然而得預僧寶末流，僭而葬之，猶勝俗人，因而滅寺。余之子孫，必因塔在而時新其寺，其可一也。太平山中，元是石隴，鑿之不下，開之不平。古人以右支太陰星下坦平之地以為寺基，則世人以為中支者，實寺之左腋護龍。今多植松杉，有庇其寺者殊密，有益無損。況余今地在前而不在中，元坦禪師適當其中，千年之塔未嘗有礙於寺，其可二也。今曰天台名勝諸剎，多為有力者負之而去，

〔註121〕 按：傳燈在介紹〈幽溪八景〉之「日窗曉色」一景說：「古老相傳台山當邇大海，峯頂繫船處，厥竅如窗，故又謂之日窗。」見《幽溪別志》卷七，頁2a。

爾殊不覺；雖或知之，爾無能伸一言為三寶金湯，徒能觀釁法門，非有智也。或者不言而退。

12.2.4. 無脫師弟併弟子午亭同瘞塔（在祖塔之左）

先是營先師塔時，擬留東邊一穴，余與脫弟同厝。不幸脫弟與午亭，先後相繼而亡。二人皆有功於本寺之者，況脫弟無弟子以繼其後，今與午亭同葬，即以吾子以為猶子常侍左右，亦表余心不忘當年戮力之勞也。脫弟法名傳衣，午亭法名正時。

12.2.5. 新普同塔

在銀地嶺傍，土名太平嶺。坐子向午，自師子峯尾開帳起頂而下。穴前界水分明，左右龍虎拱抱。穴前案向有情嶺，路環繞其前，因百松塔右，舊普同塔，歷多年所，充實其中。天啟六年（1626）改今地，故名新普同塔。

12.2.6. 住持林僧考妣墓

林僧考妣，即本寺住持南京僧錄司左講經、兼高明寺護藏住持受教之考妣也。俗姓係太邑河頭林氏。先是，余之生母產家長兄，才周歲，次年八月又生於余，實難乳哺，由是先君與林翁友繼陳母養之，凡七周星。則余之繼母，猶瞿曇氏之姨母也。陳母有六男一女，一為僧，五皆各娶多後。惟教之父北河居士最居其末，娶祝氏，生一子，即今受教是也。余之考妣既先捐館，遠鄉別土，無以為養，惟繼母為養，聊代孝思。則教在襁褓，而余待之不啻猶子；教之視余，亦猶父也。年甫髫齔，陳母命其父襁負入山，從余學儒業，實兼授以道業。後伊祖母既亡，二親數年後亦亡，由是終身事余，薙染入道。今能傳教業講，蓋夙因也。以故伊之桑梓既遠，則春秋之祭掃何依。迎葬台山以為永思，非獨勢之必然，亦乃理所當然也。墓在寺右，坐艮向坤，非曰卜之宅兆，所謂藏風納氣而已。

12.2.7. 生壙墓田行

白雲峯下白石墓，無盡燈公藏其故。蝦鬚馬鬣翳蒼苔，墓田時倩白雲護。上足衛牛馬，下足掩黃泉。受諸天者還諸天，不汝還者理綿綿。居泥不染若青蓮，父耶母耶遺其傳，我耶汝耶忘其終。見富羅山此卷石，大海水乳此一滴。骨山肉人今何適，千金弊帚一旦擲。老僧燈師自作。

13.1. 古蹟考序*

雲來生潤，青山佳處騰祥；鳥過流音，綠樹陰中餘韻。雖毊夫蒙潤之弗

覺，乃君子好逑以忘歸。則天台八百里，皆古人說法之場；華頂萬八峯，悉往哲頭陀之地。遺芳不遠，聖蹟非遙。在幽溪而固自無多，於鄰封而似乎非少。略紀一二，以例百凡。若以古之視今，亦猶今之視古。作幽溪道場古蹟考。

13.2. 古蹟考事實

13.2.1. 翻經堂

智者大師在修禪寺講《淨名經》，忽經為風翻，翩翩不下。大師尋至幽溪，而經憇焉。即誅茅編荊，建阿蘭若，名翻經堂，後稱為淨名寺以此。

13.2.2. 幽溪二字

智者大師手書。在幽溪之上古廟之側。

13.2.3. 樹龍降

古老相傳，舊有樟木一本，跨臥澗上，枝柯皆逆次而生，樹身大數十圍，枝柯成樹，枝幹參天亦大數圍，厥形如龍，人稱為樹龍降。後寺僧與螺溪周氏結契，周氏欲造堂，問寺僧求之，遂與伐去一木造成，故堂名獨木樹，伐寺亦敗矣。

13.2.4. 啗蔗嶺三字

在啗蔗嶺半。以下諸名皆幽溪和尚手書。

13.2.5. 都嘉二字

在啗蔗嶺。

13.2.6. 石广二字

在丶字巖側。〔註123〕

13.2.7. 看雲二字

在紫芙蓉峯下。

13.2.8. 看看雲三字

在青芙蓉峯下，與看雲相對。貴竹楊師孔書。

13.2.9. 紫芙蓉三字

在紫芙蓉峯上。蘭陵張師繹書。

13.2.10. 圓通洞三字

〔註123〕「丶」即「伊」字。

在幽溪上寺之水口。山民何白書。

13.2.11. 幽溪道三字

在寺門前。山教書。

13.2.12. 聽泉二字

在幽溪東大石壁。楚人周壽明題，山教書。

13.2.13. 赤峯禪室四字

舊名紅巖。雲間朱輅題，山教書。

13.2.14. 米拜二字

楚人程註書。

13.2.15. 松風二字

在圓通後。吳人趙宧光書。

13.2.16. 棧雲二字

在芙蓉峯東側。山教書。

13.2.17. 進步二字

在芙蓉峯西側。楚人程註書。

13.2.18. 青來橋三字

四明林芝書。

13.2.19. 福泉二字

在不瞬堂前。幽溪和尚手書。

13.2.20. 香谷二字

吳人鄒嘉生書。

13.2.21. 滲金彌陀像

高二尺，四明沈延賞居士所施。〔註124〕

13.2.22. 滲金觀音像

高尺餘，弟子幻心從四明典鋪贖出，其價甚廉，歸用灰湯沐浴，去其塵
垢，方知滲金像也。

〔註124〕沈延賞，字思贊，鄞人沈一貫之孫。以蔭授中書舍人，累官石阡（在今貴州
　　　　省銅仁市）知府。著有《唱園觴詠詩》。見全祖望《續耆舊》（上海：上海古
　　　　籍出版社，《續修四庫全書》本，1995）卷二，頁2b。

13.2.23. 古觀音像

詳載沿革考〈觀音靈應記〉。

13.2.24. 貝葉經

長尺五，廣二寸。乃西天貝多羅葉所書梵體，不知經名。此經原在蘇州，彌竹林家所藏。姚孟常命管覺仙施廿金贖出，送至天台山楞嚴壇中，永遠供養。

13.2.25. 石經幢

石晉天福年間造。

13.2.26. 舍利子二顆

不知何佛舍利，一白色，一紅色。曾宿吳中管覺仙家夫落榻下。半夜金光晃昱，似從土中現。視之，得舍利一小盒，不知其數。文湛持別請二顆，範小金鉢盛舍利，外用鍋塔護之，送至天台山楞嚴幢大石幢內藏供。

13.2.27. 文大德舍利塔

塔在西天竺之前，有石片鐫「文大德舍利」五字。

13.2.28. 宋板大字法華經七卷

高九寸，廣三寸，字大，經寸餘。書法楷正。從四明比丘正引處所得。紙雖厚緻，年久脫落，余重用綿紙黃柏法，糨修補，供養壇中。

13.2.29. 楞嚴壇供器

13.2.30. 淨水瓶

石城潘志省別駕送入壇中供養，言是其祖水簾先生在內閣時有人獻此瓶。〔註125〕其製古雅，色雉雞斑，不知何窯送者。（送）者謂：「從昆明池掘得。」〔註126〕

13.2.31. 甘露銅鉢

吳中檀信所施，從土中掘出，〔註127〕不知製於何代。

13.2.32. 瓷花瓶

高三尺，大如斗，荳青色。吳中徐波（法名受權）送入壇中供養。

〔註125〕潘志省，字以魯。新昌人，工蘭竹。其水墨花卉，天真爛熳，萬曆間人咸重之。見《明畫錄》（上海：上海古籍出版社，《續修四庫全書》本，2002）卷六，頁12b。
〔註126〕原文「送者」後緊接「者」，疑缺其前之「送」字。
〔註127〕原文作「拙出」，當為誤刻。

13.2.33. 甘露瓦瓶二

近古之物，一是余四明買歸，一是昌國火淨人所施。

13.2.34. 銅鼎三

皆倣周製。吳中申、查、文、姚諸縉紳擅越所施，重二十觔。

13.2.35. 銅花觚二

倣古製，重二十觔。

13.2.36. 銅燭臺二副

重二十一斤，高二尺。吳人所施。

13.2.37. 打銅大燭臺壹副。

13.2.38. 十六鏡重二十五斤

廣二尺。吳人所施。

13.2.39. 大錫臺二副

共重十二斤。

13.2.40. 十六香爐

每座重五斤，亦倣古製。吳人所施。

13.2.41. 十小銅香爐

各重半斤。

13.2.42. 重題宋板《法華經》後

余於萬曆十二年（1584），歲在甲申，得覩此經於四明。見七卷尾題跋，深加隨喜。當是時，首軸如新。後為張居士所得，因稱字禮拜，護持不謹，折縫脫落，乃接以新紙，粘以生糊；從此蠹魚漸蝕矣。後居士持來天台，余一見之，乍驚乍喜；驚其交臂非故，喜得入手受持，是用珍藏，以為山門至寶，歷數歲月。自宋慶元元年（1195）至今萬曆丁巳（1617），凡四百二十三年。因倣謝居士而說偈曰：「四百二十三載後，而我見聞得受持。更垂四百二十禩，不知此經囑累誰？」〔註128〕皇明萬曆四十五年（1617），歲在丁巳。天台山

〔註128〕此謝居士為元人雲間謝復（約1260s）。他曾得一宋版《法華經》，題其後曰：「予得此經於里人樊氏家，經末舊跋云：『宋慶元元年吳江縣朱俊所施』，計今一百四十三載，卷帙整齊，略無朽蠹，豈施心堅固之所致耶？抑諸佛菩薩護持之力耶深？可讚歎！然不知更一百四十三載後，受持此經者將誰歟？因說偈曰：『一百四十三載後，而我見聞得受持；更垂百四十三禩，未審此經囑累誰？』」見《幽溪別志》卷十三，頁4ab。

高明講寺比丘傳燈謹題。

14.1. 著述考序*

心王為政，已分治於六臣；〔註129〕性主施仁，乃紀言於二史。〔註130〕是以視之眼、聽之耳，既反覺帝之聰明；故可形於言、著於筆，廼昭義天之文武。秉鈞衡，以破立為美；居中正，惟照遮為功。六塵叛國，孰不奉大明實相之真符；三界魔民，自當殲煩惱波旬之妄璽。讀露布，皆云勝矣；張檄文，盡言盛哉！敢不竭其股肱，所願寰中理治。作幽溪道場著述考。

14.2. 著述考事實

14.2.1.《法華玄義輯略》（二卷有序）、《楞嚴玄義》（四卷有序）、《楞嚴圓通疏前茅》（二卷）、《圓通疏》（十卷有序）、《楞嚴海印三昧儀》（四卷）。（已上謂之《楞嚴四書》）

14.2.2.《心經梗槩》（一卷）、《永嘉集註》（四卷有序）、《般若融心論》（一卷有序）、《法華珠影》（二卷未完有序）、《彌陀經略解圓中鈔》（四卷有序）、《性善惡論》（六卷有序）、《淨土生無生論》（一卷有序）、《維摩經無我疏》（十二卷有序）、《傳佛心印記註》（二卷有序）、《淨土圖經圖說》（三卷有序）、《淨土法語三妙門》（一卷有序）、《七日持名三昧儀》（一卷）、《菩薩戒三昧儀》（一卷）、《四月八日浴佛儀》（一卷有序）、《祖庭元旦禮文》（一卷有序）、《無生有生論》（一卷）、《廣養濟院說》（一卷）、《天台方外志》（三十卷）、《四明延慶寺志》（八卷）、《阿育王山志》（六卷）、《幽溪文集》（二十卷）、《法門會要志》（五卷有序）

15.1. 贈遺考序*

翛翛雙羽翰，名區勝蹟恣遨遊；梗梗子浮萍，好友良朋多眷偶。祇以出林麛鹿，偏性恒在深山；還如透網魴鱮，素志亟思潛水。爾乃勞我君子，爰復贈以瓊瑤。掛之角、繫之尾，全體被以文章；書之鱗、寫之甲，舉身蒙乎錦

〔註129〕「心王」之「六臣」是：一、見色，二、聞聲，三、香足，四、辯才，五、隨緣，六、易染。見《佛說長壽滅罪護諸童子陀羅尼經》頁396b。《法苑珠林》卷八十四（頁902a）：「經云：『心王若正，則六臣不邪。』」

〔註130〕「二史」指「左右二史」。《禮記》：「動則左史書之，言則右史書之」見《纂圖互註禮記》卷九，〈玉藻第十三〉，頁1a。劉勰：「古者，左史記事者，右史記言者。」《文心雕龍》卷四，〈史傳第十六〉頁1a。又《續高僧傳》卷十八（頁571c）：「高僧曇遷每言，大小兩雅當時之諷刺，左右二史君王之事言。」

繡。〔註131〕遂使六環錫杖，擲之而弗及高飛；更使分寸鉢囊，携之而罔能輕舉。堂司問余何所有，對之「不啻千金」；禪客詰我將誰來，答云「本無一物」。速命小師以歸諸武庫，即為長者而登諸覺場。作幽溪道場〈贈遺考〉。

15.2. 贈遺考事實

余自萬曆十三年（1585）歲次乙酉冬，講《法華經》於四明之阿育王寺。迨天啟五年（1625）歲次乙丑，講《妙宗鈔》於四明延慶寺。衰朽之年，七旬有二，即撾退鼓，歸老台山。自始迨終凡四十一春秋，往來於台、溫、寧、紹、金、處、蘇、杭、嘉、湖間，〔註132〕年有重席，歲無虛逢。高僧名士，何地無之？雅客韻人，無處不有；或贈書致請，或臨岐贈言；或彼此賡唱，或爾我徵求。若小師之謄錄不忘，侍者之惜愛有道，汗牛充棟，無以方云。今第於鼠餘蠹長，百拾二三，以見君子之雅誼韻度云。

16.1. 餘學考序*

萬法不將來，海藏琅函俱長語；纖塵皆本有，叢林瓦礫盡真如。不許聲聞乘，掃空徹底；持我菩薩戒，建立無餘。空谷答響，而響逐聲生；虛室生光，而光從明出。愧瓊瑤第木桃之報，豈蓮花乏辛夷之酬。〔註133〕已知草木盡文章，何用措心而搆結。若悟語言皆實相，何妨信手以拈來。作幽溪道場餘學考。

16.2. 餘學考事實（同贈遺考事實）〔註134〕

二、著述、序跋

1.《天台山幽溪別志》序*

夫充塞于覆載之間者，道。然有經常焉、權變焉。君不觀之天乎——以日月星辰言之，則其道常；以風雨雷霆言之，則其道變。故紀常者宜質諸周

〔註131〕此採杜牧「左拍洪崖肩，驂駟蒙錦繡」之詩句。《史記》卷一二六（頁3200）：「楚莊王之時，有所愛馬，衣以文繡，置之華屋之下，席以露牀，啗以棗脯。馬病肥死。」

〔註132〕此數處除「金」指金陵、「嘉」指浙江嘉興，「寧」指寧波外，餘皆州名。

〔註133〕「辛夷」是辛夷花，又稱木筆花、望春花。按：「辛夷花木高數尺，葉似柿而長，初出如筆。正二月開花花，既落無子。夏秋再著花，如蓮花而小，紫苞紅焰，人家園林多種之。一名候桃、一名木筆，或以為子如相思子，離騷經所謂辛夷者即此。」見《古今合璧事類備要·別集》卷三十一，頁3b。

〔註134〕按：卷十六之〈餘學考〉「事實」部分，傳燈只說「同贈遺考」，並未另作他文。

髀氏；〔註135〕紀變者宜質諸雷霆氏，則不失其詳。又不觀之地乎——以山川岳瀆言之，則其道常；以花卉草木言之，則其道變。故紀常者宜質諸山海氏，〔註136〕紀變者宜質諸花史氏，則不失其詳。又不觀之人乎——以綱常言之，則其道常；以人事文章言之，則其道變，故紀常者宜質諸仲尼氏，紀變者宜質諸董狐氏，則不失其詳。

余嘗觀之織矣，求五色眩目，必花樣百出，縱橫組織而錦繡爛敷，然而經常不妨乎緯變，緯變不失乎經常。以是而求乎道，則雖歷萬古而不移，經四時而不易，更百王而不變者矣。吾佛之大道亦然，仰而有義天可觀焉，俯而有法地可察焉，中而有大真人參之焉。言經常則本乎一道，言權變則施之三乘。始則為實以施權，終則會權而歸實。是以得三才形聲之正者，亦惟佛而已矣。

余業已撰《天台方外志》，紀一山之常變矣。先此辛丑（1601），或亦麤備。自爾之後，或陵谷之變遷，宮室之興廢，人事之推移，文章之新出，以余耄耋之年，而濟勝之具不能勝不借矣；蒐羅之具不能勝秋泉池矣；墨兵之具不能勝不律矣。續修之職，繄余駑鈍，則烏乎當？第幽溪居東南之一偏，以當時觀之，形勝則居然乎混沌，宮室則居然乎草昧，人事則居然乎顓蒙，文章則居然乎魯朴。乃今則鑿之、新之、開之、文之，似宜別有一志，猶家之譜乘然。責在厥躬，不遑我恤，故復有是述焉。

志之為品者十有六，而形勝居其三：若形勝、若泉石、若古蹟，皆其事也。宮室居其四：若開山、若沿革、若重興、若規置，皆其事也。人事居其六：若宗乘、若人物、若金湯、若檀度、若福田、若塔墓，皆其事也。文章居其三：若著述、若贈遺、若學餘，皆其事也。至於章章之內，莫不具事實而備藝文，此又人事文章之血脈而無所不周，以之備檢，聊復爾爾。質諸大方，以為奚如？若夫盡天文之常變，括地理之權衡，羅人事之膚實，覈文章之文質，則又各有司存，而是志所不得專也。時皇明天啟四年（1624），歲星在閼逢困敦、極壯月，天王在壽星天駟房、哉生魄。〔註137〕天台山幽溪老僧無盡傳燈，

〔註135〕「周髀氏」應指《周髀算經》，是中國歷史上最早的一部天文曆算著作。

〔註136〕「山海氏」指《山海經》，是先秦時代山川、地理、博物、志怪之書，內容相當複雜。

〔註137〕「天駟房」，指房駟星。《爾雅注疏》（上海：上海商務印書館，《四部叢刊初編》本，1929）。卷六，〈釋天第八〉（頁6b）：「壽星角亢也，天根氏也，天駟房也。」疏云：「數起角亢，列宿之長，故曰壽。角亢下繫於氏，若木之

著於楞嚴壇之東方不瞬堂。

2.東土九祖紀序（本紀載《佛祖統紀》）〔註138〕

3.興道下八祖紀序（本紀載《佛祖統紀》）〔註139〕

4.〈百松尊者紀〉（本紀載《天台方外志》并〈人物考〉）

5.《止觀輔行傳弘決》序〔註140〕

6.《楞嚴玄義》序*

夫《大佛頂首楞嚴》之為法也，去來惟一，生滅恒如。性七大而互周，妙三科而等入。真空真色，因緣自然之四計圓離；性色性空，俗有真無之二偏將寄。〔註141〕方乎寶鑑，類彼摩尼。三諦之濟濟像歸，十界之穰穰珍雨。為眾妙之靈符，為萬善之玄基。寥兮廓兮，不可名而強名如來藏；希兮夷兮，無得稱而寓稱常住心。嘅眾生之性倒也，昧斯一理融通；局彼知見殊異，或塗空而割有。錯亂乎修習之門，或賤邊而貴中，肯綮於僧祇之劫。在凡夫則計內計外，在外道則執斷執常。類皆以真知為妄知，如迷頭而逐影。以妄見為真見，似棄海而認漚。如來說為可憐愍者，此《大佛頂首楞嚴經》之所以說也。

此經唯宣勝義，獨被圓機。剖常心於生滅之中，指駛流為謐水；會藏性於色空之內，鏡額瘡為髻珠。酬諸佛菩提達道陰入處界，本如來藏而體之即神；詰娑婆圓通本根理智根塵，諸生滅法而亡之俱寂。舉要言之，聞思修而皆妙，戒定慧以俱圓。正與助而並駈，〔註142〕顯與密而雙運。歷因果始終之階級，泰風送逝川之舟；摧生死見愛之波旬，烈燄銷隣虛之雪。信所謂方等實相之真詮，大事因緣之先容也。聲聞在昔，教衍於今。後五百年，均一佛日。爾時祇桓精舍，既有妙悟阿難，此國摩訶支那，寧無宿根上士？第為經

有根。龍為天馬，故房駟星謂之天駟。」「哉生魄」為陰曆每月十六日。《尚書》（上海：上海商務印書館，《四部叢刊初編》本，1929）卷八，〈康誥十一〉（頁1a）：「惟三月哉生魄。」孔安國傳曰：「周公攝政七年三月始生魄，月十六日，明消而魄生。」

〔註138〕按：此序見志磐《佛祖統紀》卷六，〈東土九祖〉一節之序文，非傳燈之作，茲不錄。

〔註139〕此序為志磐之作，見《佛祖統紀》卷八，茲不錄。

〔註140〕此序為署名「君山除饉男普門子敬」所作，非傳燈之文，茲不錄。

〔註141〕按：《幽溪文集》所收同序讀成「二偏絕寄」。

〔註142〕「駈」古同「驅」，《幽溪文集》作「驅」。

文語活，佛旨意玄。解者唯緝網而秘於綱，〔註143〕學者舉棄綱而投諸網矣。故有窮年教苑，研幾而莫得融通，矧彼畢世禪關，索隱而能之解脫者乎？

燈獲瞻秘誥，聽學有年。譬入海而算砂，徒顛眩而自困。既而掩卷思義，置解尋經。兼讀台宗，乃有餘地。非唯悟《楞嚴》為《法華》之要綱，抑以見智者愜如來之本心。談藏性，則冥符性具之宗；說止觀，則暗合大定之旨。乃至懸判地位，預防陰魔，一切名言，靡不彈契。噫！玉泉慈霔，幾千萬言，人無證者；佛隴西望，數十餘載，蓋有以焉。今輒秉斯義海，仰疏經王，以佛心印佛心，不亦培膏助明；即《楞嚴》釋《楞嚴》，孰謂以水醨乳？徵文立義，略擬玄談。學慚疏野，而詞愧不文；言肆支離，而義求或當。勒為四卷，質諸同志。匪圖取捷於龍門，聊託逸塵於驥尾云耳。天台無盡傳燈撰。

7.《圓通疏》自序*〔註144〕

夫性覺妙明，本覺明妙，清淨本然而周徧法界，隨眾生心而應所知量。不生不滅，無去無來；非空非有，而離即離非；即俗即真，而是即非即，其惟如來藏性歟。於性覺必明中，而妄為明覺，向澄清大海內，而棄海認漚。因而為三細六麤，因而為眾生業果，生生死死，死死生生。捏見聞幻翳以作花因，邀三界空花而結空果，其惟九法界眾生歟。我以不滅不生合如來藏，而如來藏惟妙覺明圓照法界，是故於中一為無量，無量為一。小中現大，大中現小，於一毛端現寶王剎，坐微塵裏轉大法輪，其惟釋迦如來歟。以大權而啟無上之教，示墮婬室之中；厭小慧以求成佛之因，得示莊嚴之路。垂範千載，弘益萬方，其惟慶喜尊者歟。直示常住真心，總標二種根本。破七處妄心無所，而三處詰妄體元無。示十重真見有歸，而一道顯元常清淨。圓開二種微妙三諦，俾當機頓獲法身。直指一乘，寂滅道場，使眾會咸悟實相。圓解開而後修圓行，常心顯而方事圓修。二決定門，重伸取捨之方。三無漏學，再決修行之漸。入道之要，而獨選乎耳門；破障之功，而兼誦乎神咒。可謂顯與密而兼修，正與助而雙運，遂得菩提之路，親到涅槃之家。

舉要言之，教理智斷而無不皆圓，行位因果而無不皆妙，其惟《首楞嚴經》歟。或憐孱弱，析重以分科；或哀短脛，派深而作疏。或擊蒙而為標月之指，或探玄而為指要之宗，其惟諸師之疏解歟。合殊途而歸一，致滙大海以

〔註143〕「唯」字脫落，據《幽溪文集》及《卍新續藏經》本《楞嚴玄義》之傳燈序文補之。
〔註144〕《幽溪文集》題為《《楞嚴圓通疏》序》。

合眾流。同一鹹味，失其本名，其惟天如師之會解歟。第大成雖集，玄意尚發。當機首請三法，漫不究其所因；如來示以根本，了不原其所自。顯十見性，主賓之理何彰？破二見妄，遠離之言奚在？次第不次第二種三諦，圓融與行布不分；修成不修成平等法身，眾生與諸佛罔辯。見道而後修道，見道有所未諦，則修道何施？修道而後證果，修道有所未獲，則證道安望？此為大定之本，此為萬行之源。壅而不通，滯而不決，又何貴乎智者之西望，梵僧之懸識，密諦之持來，房相之筆受乎？

燈夙生慶幸，獲遇真詮。索隱研幾，積多寒暑。既仰承乎本講之面命，復資乎壇法之圓修，參同止觀法門，會通圓覺了義。隨文釋義，既不忍廢於諸師之雅言；立體標宗，竟獨挈乎一己之心印。筆以成疏，名曰《圓通》，剞劂流通，用酬法乳。大矣哉，《首楞嚴》之為經也，無法不具，無教不收。狂心若歇，歇即菩提。勝淨妙明，不從人得，謂之《華嚴》圓頓可也。墮淫室無殊乎孩提弱喪，徵心目何異乎哆跢嚘和，〔註145〕謂之《阿含》漸初可也。四教並談，而三根普潤；一道直入，而四門等開，謂之《方等》漸中可也。廣辯三科，備明七大，以空慧水，蕩二執情，謂之《般若》漸末可也。開示悟入佛之知見，疑惑消除，心悟實相，謂之《法華》非漸非頓可也。始明常住真心，終歸三德秘藏。四種律儀，珍重扶植；三無漏學，懇切宣揚，謂之《涅槃》扶律談常可也。部類既不專乎四時，法門復兼通乎漸頓，收通歸別，以別攝通，誠方等實相之真詮，圓頓生酥之教相也。

嗚呼！悟此理者，清淨法身可即生而獲；修此法者，般若妙智可直下以圓。解脫德由之而念念增明，涅槃果因之而心心成就，可謂明心見性之妙門，成佛作祖之秘典也。然而慧因定發，定藉戒成；三無漏學，事無蹊等。仰冀後賢於此法門而無惑者，內既資乎聞熏、聞修之理觀，外必藉乎佛力、咒力之事修。宿習既驅，現行不作，便可飽餐甘露以延年，不致過傷醍醐而早夭。以此而續佛慧命，以此而廣佛化儀，使人人悟心地之無生，各各證菩提之不妄，庶不負如來頻煩告誡之恩，當機慇懃啟請之德云爾。時皇明萬曆纔四十有七年（1619）歲次己未，中安居日，〔註146〕天台山幽溪沙門傳燈，述于楞嚴壇之東方不瞬堂。

〔註145〕按：〔唐〕湛然《法華玄義釋籤》卷二：「哆跢是學行之相，嚘和是習語之聲。」
〔註146〕安居日有前安居、中安居、後安居之說法。前安居始於四月十六日，中安居始於四月十七日到五月十五日，後安居開始于五月十六日。

8.《永嘉禪宗集註》序

噫！甚矣哉，含生昏動之為病也，日則擾擾以勞其神，夜則蠢蠢以蔽其靈。譬鉛槧以割泥，泥無所成而槧就；日損醇醪以解醒，醒無所解而酲就。日蒙既以生，生而漸就；其死亦以死，死而轉勞。其生三界，輪廻何時已矣。六道昇沉，無日暫停，言之實增太息，思之誠可流涕者矣！將受形於宇宙，稟質於陰陽；隨氣運之開闔，逐歲時之迎將。故日往暮來，天地之一大昏動也；春生冬藏，陰陽之一大昏動也；出作入息，人身之一大昏動也；晝醒夜眠，此心之一大昏動也；乍憶乍忘，剎那之一大昏動也。慨人生以暮夜之小死，博重泉之大睡；以晨興之小生，致將來之勞生。噫！昏動之勞，於生不亦甚乎哉！

然而，果天地陰陽之使我其然耶？抑吾性覺妙明之使天地陰陽其然耶？苟先本而後末，則吾將宗之《楞嚴》矣。經曰：「性覺必明，妄為明覺。」〔註147〕「晦昧為空，空晦暗中。結暗為色，色雜妄想。想相為身。聚緣內搖，趣外奔逸。昏擾擾相，以為心性。」〔註148〕則先性靈而後天地矣。苟先末而後本，則吾又將宗諸《中庸》矣。曰：「天命之謂性，率性之謂道。」宋儒又曰：「天生萬物，唯人最靈。」〔註149〕則先天地而後性靈矣。苟將謀其合而同之，會而歸之，則必又有乎所指。《中庸》則曰：「致中和，天地位焉，萬物育焉。」《楞嚴》則曰：「一人發真，歸元十方。虛空悉皆銷殞。」〔註150〕生育銷殞，旨雖不同，先本後末，其歸一揆。第世人昧之弗覺，迷而忘反；不為之苦而反為之樂，不為之病而反為之藥。且曰：「道在其中，其如煩惱生死何？」道不終否，過億萬斯年而有大覺聖人者出，生天竺國，號釋迦文，〔註151〕修行曠劫，道成一生。其為法身也，含裹十虛；〔註152〕其為智慧也，亘通三際。復明靜以為其體，起醒寂以為其用。揭慧照于昏衢，長夜不能翳其明；回寂定

〔註147〕 此語引自《楞嚴經》卷四。

〔註148〕 此段引自《楞嚴經》卷二。

〔註149〕 此語出宋儒邵雍《伊川擊壤集》卷十〈偶書〉：「天生萬物，各遂其一。唯人最靈，萬物能并。」

〔註150〕 語見宋天台僧長水子璿《首楞嚴義疏注經》卷四：「(《首楞嚴》)又云：汝等一人發真，歸元十方。虛空悉皆銷殞，況諸世界在虛空耶。」

〔註151〕 按：「釋迦文」即「釋迦文尼」。《長阿含經》卷一有佛頌語曰：「我今釋迦文，坐於鉢多樹。」《七佛父母姓字經》卷一記佛語云：「……第四者我字釋迦文尼佛。」

〔註152〕 「含裹十虛」出前引子璿《首楞嚴經義疏注經》卷一（頁823c）「元明心遍，含裹十虛。身土虛空，了無所得。」

於塵網，萬動不能攪其清。天地之所不能覆載，陰陽之所不能遷移。往哲所謂能天能地，能陰能陽；能為萬物宰，不逐四時凋。〔註153〕不徒空談其理，實能克復其本，亦唯佛而已矣。或繇是而放光動地，繇是而絕迹潛神，繇是而靈鷲雷音，繇是而摩竭掩室。以說以默，即體即用，莫非弘揚定慧之宗，闡明止觀之法。蓋藥緣病生，神因藥返。既以惺寂而治其昏動，又以定慧而復其明靜，雖千佛而不能異其因，羣聖而不能殊其致者矣。

自靈山授記，霜樹潛輝。道逐緣興，燈傳迦葉。十三傳而至龍樹，二十三傳至師子。龍樹者，法中香象，人中大龍。既以《智度》闡般若之宗，復用《中論》傳《智度》之旨。《論》度淮河，慧文穎悟，遙宗龍樹，創為心宗，以是而傳於南嶽。嶽七年方等，九旬常坐，一時圓證，以是而傳於天台。天台靈山，夙聞大蘇妙悟。以無礙智，縱辯宣敷。已宗《法華》而為之教，更闡《止觀》以為之行。解行兩善，目足兼美。讚者曰：「智者具八相以成道，人稱為東土小釋迦；止觀立十法以為乘，義合乎西天大佛頂。」〔註154〕洵實德也，豈虛語哉！天台傳章安，章安傳法華，法華傳天宮，天宮則真覺大師之所承嗣者也。師從《止觀》悟入，《淨名》旁通；南印曹溪，師資道合。則此集者，乃大師還甌江時之所譔述，所以明授受之際，心宗的旨；是以一言三復，諄諄止觀。其所發明，亦可謂之詳矣。

於戲！夫性以不二為宗，心以無差為旨，此禪教之所公共者也。果離教而有禪耶？離禪而有教耶？《淨名》曰：「無離文字以說解脫。」《仁王》曰：「總持無文字，文字顯總持。」合是二說，余將進之以「山河及大地，一法之所印」矣。〔註155〕然而道猶水也，傳猶流也。始則合而未離，吾將質之釋迦。同耶異耶，中則離而未合，吾將質諸禪教得道諸祖。同耶異耶，末則離而復合，異而歸同，吾又將質諸真覺大師之為是集矣。余謂：「微此集，則禪教始終而不合；微此旨，則如來心宗卒不明。」然則，異之者迹也，同之者本也。迷之，則執迹以忘本；悟之，則得路而略迹。本迹兼泯，〔註156〕禪教兩融，

〔註153〕《善慧大士語錄》傳大士傳引其偈頌云：「有物先天地，無形本寂寥。能為萬象主，不逐四時凋。」又《石霜楚圓語錄》有楚圓上堂語曰：「有物先天地，無形本寂寥。能為萬象主，不逐四時凋。」實本於傅大士頌。

〔註154〕此處「讚者云」，應是傳燈綜合讚者所說，並無單一出處。

〔註155〕按：傳燈此語源於《法句經》所謂：「參羅及萬像，一法之所印。」見《法句經》，〈普光問如來慈偈答品第十一〉世尊偈頌語。

〔註156〕原作「執跡」、「本跡」之跡，一律改為「迹」。

余又將質諸永明大師之《宗鏡》矣。茲因註次序而原之，讀者請去迹以求本，〔註157〕則止觀之道得矣。馬僧摩居士名騰，〔註158〕法名正眼，永嘉之繼起者也。意謂：微余天台雲仍，莫能盡大師止觀之旨。故不遠致書，索余註出其用意，亦可謂之勤矣。并志其所由來，庶了然知是註之顛末云。皇明天啟二年（1622），歲次壬戌，孟秋哉生明。〔註159〕天台山幽溪沙門、傳天台教觀遠孫傳燈，著於楞嚴壇之東方不瞬堂。

9.《彌陀經略解圓中鈔》序*

夫如來口密，語意多含，譬王索仙陀婆，一名而具四實。惟彼智臣，善解其義。俟王之若出、若食、若飲、若戰，一唱乎此，則奉之以馬、以鹽、以水、以器，莫不會王之心，適王之意。〔註160〕菩薩智臣，亦復如是：善解如來之所說法，於淺法中作深說，於深法中作淺說，亦淺亦深法中作非淺非深說，非淺非深法中作亦淺亦深說。造論弘經，豐約適所，既不令智退，亦不使義闕，然後可謂升其堂而入其室也。

此《佛說阿彌陀經》，乃釋迦如來於深法中作淺說，廣法中作略說者也。說既略矣，而智臣為之解不得不略；義既深矣，而智臣為之解不得不深。解略不令其智退，理深不令其義闕。以略探廣，從容中道，余於吳門蓮菴大師《略解》見矣。〔註161〕其序有曰：「瓊林玉沼，直顯於心源。壽量光明，全彰於自

〔註157〕此處之「去跡」亦改為「去迹」。

〔註158〕馬僧摩居士，本名馬一騰，法名正眼，永嘉生員。曾書請傳燈赴永嘉魚潭講經。又與何振法、姜國鎮等同僚致書林國材請赴永嘉魚潭同聽傳燈講《楞嚴經》。又曾與友人王玉蒼、林可任同撰《好生會錄》，傳燈曾為之作序。見《幽溪別志》卷九、卷十六。

〔註159〕哉生明是陰曆每月初二、三日，月亮初有光之時。《尚書》卷六，〈武成第五〉（頁8a）：「厥四月哉生明，王來自商，至于豐。」孔傳：「哉，始也。始生明，月三日。」

〔註160〕按：以上數語皆在解釋「王索仙陀婆」之義。〔清〕淨昇《法華經大成音義》卷一（頁562b）解說如次：「善男子，如來密語，甚深難解。譬如大王告諸羣臣，先陀婆來。先陀婆者，一名四實。一者鹽，二者器，三者水，四者馬。如是四法，皆同此名，有智之臣，善知此名。若王洗時，索先陀婆，即便奉水。若王食時，索先陀婆，即便奉鹽。若王食已，將欲飲漿，索先陀婆，即便奉器。若王欲遊，索先陀婆，即便奉馬。如是智臣，善解大王四種密語。是大乘經，亦復如是。出《涅槃經》第十卷。」

〔註161〕蓮菴大師，指明代沙門蓮菴大佑（1334～1407），姑蘇吳縣人。此《略解》即其所著《阿彌陀經略解》。大佑亦是《釋鑑稽古略續集》之編者。《續佛祖統紀》卷二有傳，列其著作甚多，有《淨土指歸注解》、《彌陀金剛二經按勘》、

性。」又曰：「了唯心之本具，億剎非遙；知大願之可憑，三祇橫截。」〔註162〕

　　噫！括盡全經，厥語何其略；惟心本性，厥義何其深。微菩薩智臣，烏能至於是乎？今為之鈔而特題為《圓中》者，意以極樂依正為妙有，一心持名為真空。微真空而莫能證於極樂之妙有，微妙有而莫能顯於此心之真空。所謂「不思議假非偏假」，「真空不空非但空」。〔註163〕合是二者而行之，則「圓中圓滿非但中」之道成。〔註164〕是故命為鈔焉。意欲讀是經而修行者，顧名思義，誠宜一心不亂，而萬慮皆忘，則真空之理彰。七日持名，念念相續，則妙有之理顯。行成而見佛，心淨而華開。娑婆之印壞，而極樂之文成。印壞所以空其情，是之謂真空；文成所以立其法，是之為妙有。二者俱忘而俱存，彌陀之經，厥語所以略，厥義所以深。爰因鈔次，故揭題義，而漫為之序云。皇明天啟龍飛之初年（1621）季冬哉生明下筆故序。

10.《性善惡論》序*

　　談偏空者，治世之道乖；宗緣起者，涅槃之路隔。由是所知，沙聚見愛，河深落見。愛則洄洑生死之波。障所知，則汩沒無為之窄。庸詎知淤泥卑濕，常生瑞世之芬陀；終嘅夫陸地高原，未產應時之優鉢。〔註165〕此妙有法門，釋迦如來所以捉塵三復而談，諸大菩薩所以擊節再賡而和也。何則？蓋一言其有，則萬行因得以芬披，而至人之化導行；一言其妙，則真如以之而寥廓，而凡夫之生死絕。方有而妙，則妙不自妙；方妙而有，則有不自有。有不自有，則窮年行度，一道清淨以忘緣；妙不自妙，則終日袪情，萬法森羅而建立。夫如是，則妙有恒即而不即，恒離而不離，吾何獨妙其妙，而獨有其有哉？此諸佛菩薩大人作略，固不可得而思議也。第有非緣有，微性具無以建其宗；具非偏具，微十界無以盡其旨。修性繇是以分，善惡因之以辨。是故假託賓主，以性善惡而立論焉。然以道該儒釋，理別偏圓，各有攸歸，曷容槩

〔註162〕見《阿彌陀經略解》卷一，頁550a。

〔註163〕「不思議假非偏假」及「真空不空非但空」兩句，出宋儒陳瓘《三千有門頌》：「不思議假非偏假，此假本具一切法。真空不空非但空，圓中圓滿非但中。」見《佛祖統紀》卷四十九。

〔註164〕「圓中圓滿非但中」一語，出宋儒陳瓘《三千有門頌》：「不思議假非偏假，此假本具一切法。真空不空非但空，圓中圓滿非但中。」見《佛祖統紀》卷四十九。

〔註165〕「未產」，原文作「末產」，當為誤刻。

*（頁首）《天台授受祖圖》。又有《法華攝要圖》、《淨土解行二圖》、《淨土真如禮文》、《華嚴燈科》及《淨土九蓮燈科》等各一卷。

與？世出世間之旨，不得不霄壤以分庭；大小頓漸之宗，不得不雲泥而立壘。
兼之修性駢舉，法喻重伸，援事援人，為經證論。言將六萬，矢筆以紀，而安
得乎絕妙好辭；門列八科，率意而宣，聊契乎妙覺明性。下筆於時皇明天啟
建元之初年（1621）季夏中澣。〔註166〕書成於仲秋之哉生明。閣筆故序。天
台山幽溪沙門無盡傳燈和南撰於楞嚴壇東方之不瞬堂。

11.《維摩經無我疏》序*

　　《維摩詰所說經》者，蓋大乘圓頓教中通方之妙典也。曷以言之？正以
如來五時施教，各有專門。如《華嚴》則專於頓，《阿含》則專於小，《般若》
則專於空，《法華》則專於圓，《涅槃》則專於常。至若《方等》則無所專，無
所而不專，已為通方之時。適此經說於方等，得無所專、無所而不專之正，故
曰大乘圓頓通方之妙典也。如寶積長者之讚佛偈云：「說法不有亦不無，以因
緣故諸法生。無我無造無受者，善惡之業亦不亡。」〔註167〕此則專於圓，而
得兼《華嚴》、《法華》、《般若》、《涅槃》之教也。又曰：「始坐佛樹力降魔，
得甘露滅覺道成。以無心意無受行，而悉摧伏諸外道。三轉法輪於大千，其
輪本來常清淨。天人得道此為證，三寶於是現世間。」〔註168〕此則專於小，
而得攝取於《阿含》之小教也。又曰：「佛以一音演說法，眾生隨類各得解。
皆謂世尊聞其語，斯則神力不共法。」〔註169〕至云：「佛以一音演說法，或有
恐畏或歡喜。或生厭離或斷疑，斯則神力不共法。」〔註170〕此則正專於《方
等》，而得遍攝圓頓、秘密、不定大乘諸教矣。故曰無所專、無所而不專也。
或送難曰：「此經既無所專、無所而不專，豈亦具足偏漸諸小教乎？」對曰：
「非然也！既曰無所專，豈專於小及偏漸然？而又曰無所不專，則是破小以
成大，融偏以歸圓，會漸以為頓。如須彌攝色咸成帝青，如意兩珍悉為寶藏。
無所專、無所而不專，其在是乎？」此非囈言，入經自見。讀是經者，儻一遇
此，苟能以是而融會之，則若大、若小、若圓、若偏，莫不歸於此經了義之正
轍也。關中師弟，業存成解。陳隋智者，疏已云亡。然而《淨名玄義》，既昭
昭而可觀；性具法門，又瞭然而在目。是以不遺先見而語義具存。第遇關鍵

〔註166〕按：傳燈《性善惡論》一篇之序末，於「下筆於」後無「時」字，疑為衍文。
〔註167〕此偈之全文，見《維摩詰所說經》卷一。以下各段引文，皆出此偈。
〔註168〕此偈之全文，見《維摩詰所說經》卷一。
〔註169〕此偈之全文，見《維摩詰所說經》卷一。
〔註170〕此偈之全文，見《維摩詰所說經》卷一。

未開，則聊運綱椎；肯綮不解，則稍進牛刀。將與五百長者而出色，復請釋迦善逝以解頤。題之為《維摩詰所說經無我疏》，意用儒童之不我，以御龜氏之二無。〔註171〕獨不委閱者果以老僧之疏為奚如也。皇明天啟五年（1625），歲次乙丑，季春前五日，天台山幽溪沙門傳燈下筆於楞嚴壇東方之不瞬堂。

12.《傳佛心印記註》序*

夫法身充滿於法界，般若朗照於性天；解脫蕭然於累表，大用普應於羣機。為如來之果德，為九界之因依，其所由來舊矣！真諦者，泯一切法；俗諦者，立一切法；中諦者，統一切法。為天然之性德，為法界之真歸，其所由來亦舊矣！見思阻乎空寂，塵沙障乎化道，無明翳乎法性。為三身之覆障，為三德之糾纏，其所由來亦舊矣！空觀者，破見思惑；假觀者，破塵沙惑；中觀者，破無明惑。斷煩惱生死之聖藥，成菩提涅槃之真因，其所由來亦舊矣！煩惱生死斷，則解脫大用成；解脫大用成，則般若智照朗；般若智照朗，則法身性德顯；其所由來亦舊矣。是則三觀者，為傳佛心印之真宗，祖祖相承之大法。凡有志於佛道者，是不可不明，又不可不修也。第觀由達境而修，境由開解而發。境有生焉、佛焉、善焉、惡焉、修焉、性焉、離焉、即焉，苟不原乎性具，則即義何由可明？是故作傳佛心印者，廣引佛祖誠言，以明性具宗旨。庶令從事斯道者，了眾生修惡之地。本全性以起修，雖昏盲倒惑之鄉，亦全修而在性。是則生佛因果，悉由悟迷；悟迷無因，本乎心性。迷之，則道修曠劫，猶曝腮於龍門；悟之，則稗販屠沽，亦高超於上乘。然而見道雖齊於諸佛，結習猶紆於下凡。所當全性以起修，妙達全修而在性。全性以起修，則修無別修；全修而在性，則性無別性。此則終日在性，念念達性以成修；終日起修，心心了修而在性。不妨建立水月道場，廣作空花佛事；修行如幻三昧，回向鏡像如來。具菩薩之威儀，成比丘之細行；立文殊之智種，圓普賢之行門。能具乎此，則學道事畢，此《傳佛心印記》之所以作也。

或有厲聲動色而言曰：「吾宗教外別傳，不立文字者也，夥言修性，亦奚以為？」余始聞之，則唯唯而退。末則屏氣徐進曰：「余聞初祖曰：『吾有《楞伽》四卷，可以印心。』五六葉，又尚般若。〔註172〕當時為君已聊通一線，

〔註171〕「龜氏」即是大迦葉。〔宋〕法雲《翻譯名義集》卷一（頁1063b）：「其先代學道，靈龜負僊圖而應，從德命族，故云龜氏。」

〔註172〕按：傳燈《天台傳佛心印記註》本文云：「即達磨云：『吾有楞伽四卷，可以印心。』即以稱之為大教正傳可也。是以禪宗五六葉皆尚般若。」

請事斯語，無為侈言而空腹高心也。」又曰：「吾宗直指人心，見性成佛者也，夥言進修，亦奚以為？」余亦退步屏氣，徐而謂曰：「何名直指？何名人心？何名見性？何名成佛？又君所成佛，性乎？相乎？若見性，佛則未有莊嚴。古人修慧不修福，尚云羅漢應供薄，矧俱未修？無為侈言而空腹高心也。君於日用，見色聞聲，果能不緣塵以起分別，或塵勞暫息，而未永斷煩惱，則見思猶阻乎空寂，而空觀宜修，無為侈言而空腹高心也。君於化道，能知病識藥，應病與藥，令得服行。先以神通駭動，次以智辨宣敷乎？苟未能此，則塵沙障乎化導，而假觀宜修，無為侈言而空腹高心也。君於法性，能空有雙遮，中道亦忘。挈祕藏而高踞寂場，證報應而三身圓現乎？苟未能此，則無明翳乎法性，而中觀宜修，無為侈言而空腹高心也。或者聞之，理窮語息，合十槃談，唯唯而退。因錄其言而併為之序。皇明天啟七年（1627）歲次丁卯，僧自恣後二日，傳天台教觀比丘傳燈述於楞嚴壇之東方不瞬堂。

13.《淨土圖經》序

余生平喜遊佳山水，海內三方舉矣，獨未及西遊。今則暮年，而濟勝者告疲，欲臥遊之，苦無善圖，懸於四壁。然臥遊又不及神遊得送想之法於《觀經》。《觀經》乃遊神於法界者也。觀不藉目，而萬像洞照，濟勝不藉足，而億剎遍遊。余將從事斯道，以為暮年之遊具矣。第余猶按圖索馬者也，實未能忘筌。然維摩詰固有言「無離文字以說解脫」，〔註173〕是則因筌得魚，按圖得馬，古昔聖人之所不廢。乃今裂經以為三十五分，繪圖稱之，名為《淨土圖經》。圖則始繪於四明李次公居士麟，〔註174〕豁達逕庭，遺漏未完。有天台吞清所居士受正者，善能縮大令小，增少為多。余於每圖，又贅以攝頌，或偶或奇，共五十二首。蓋不敢讚一辭，惟攝之而已。意令讀者因圖而會經，因經以會觀，亦可謂圖經之稱富者矣。獨於諸佛如來是法界身，入一切眾生心想

〔註173〕此語見《維摩詰所說經》卷二（頁548a），舍利佛與天之對話。舍利佛答天所問：「如何耆舊大智而默」時云：「解脫者無所言說，故吾於是不知所云。」天之回答曰：「言說文字，皆解脫相。所以者何？解脫者，不內、不外，不在兩間，文字亦不內不外，不在兩間。是故，舍利弗！無離文字說解脫也。所以者何？一切諸法是解脫相。」

〔註174〕此明末畫家李麟（1558～1653）也。李麟字次公，四明人。善白描，善作佛像，下筆如蒓條，用焦墨而不覺其枯，眉目粗而不覺其重。尤長寫貌，亦以焦墨粗鉤為之。師丁雲鵬，有青出於藍之譽。自署「龍眠後身」，崇禎八年（1635）嘗寫《文殊維摩圖》，時年七十八。又有參寥子像卷，現藏故宮博物院。

中，而不可圖，是必如華嚴心師造佛，〔註175〕三無差別，乃可希覬。此又圖經者有所屬望於大眾者也。天台幽溪無盡傳燈述。

14.《淨土圖說》序

此圖有兩本，上本稱《圖經》，圖則畫以十六觀境，經則書以十六觀境。凡是一觀則先畫一圖，圖後列以一觀之經。下本稱《圖說》，乃取《觀經疏妙宗鈔》中體宗之旨，共立二十九圖，著以二十九說。此書本為揚州袁大參疏理蒼孺公請入衙齋，傳授止觀，兼欲得淨土要旨，故撰此二圖，命孫受教謄寫以曉悟之。當時未遇繪工高手，遷延至今，未遂流通。茲者講演《妙宗鈔》於四明延慶寺，偶李次公同寓厥寺，乃請圖繪。次公搜尋匣中，得舊日所繪圖稿數紙，先付剞劂，續當補足。今所刻者，下本《圖說》也。《華嚴經》云：「心如工畫師，造種種五陰。一切世間中，無法而不造。」〔註176〕今次公以心師手師寫淨土佛界五陰，〔註177〕則畫者、觀者及余撰《圖說》者、教孫損資壽梓者，將來得生淨土，成就佛道無疑。皇明天啟五年（1625）乙丑仲冬，天台山幽溪無盡傳燈撰。

15.《淨土法語三妙門》序*

觀夫三界之苦，莫大於有生。勞生之因，莫大於有念。破有念以歸無念，圓無念以歸無生。果無生矣，三界之苦何有哉？此吾佛世尊所以出興於世，救世而有說焉。第雖無苦生而不無樂生，雖無妄念而不無真念。故隨機不同，教有進否。有生生之教焉，人天戒善是也。無生之教焉，三乘涅槃是也。無生而生生，即無生之教焉，圓頓最上乘是也。今念佛求生淨土法門，實圓頓中之圓頓，上乘中之上乘，了義中之了義。何也？蓋求生淨土，以念佛為因，念佛以往生為果。不知者，以為有念有生，難契無生之果。玄會者，以為無生無念，深合涅槃之因。要知生即無生，念而無念。以無念而為念，雖終日念而未

〔註175〕〔宋〕知禮《觀音玄義記》卷二（頁987c）云：「乃引《華嚴》心如畫師造種種陰，種種之言豈非生佛。」或謂「華嚴心如工畫師」，如〔宋〕可度《十不二門指要鈔詳解》卷下（頁450c）：「乃引華嚴心如工畫師等為證有人立佛界……。」按：《華嚴經》有如來林菩薩承佛神力，普觀十方，所成偈頌，其中有「心如工畫師，畫種種五陰」之語，可見「心師」或「心如師」或「心如畫師」皆非人名。

〔註176〕此語出上引《華嚴經》卷十，如來林菩薩，承佛神力，普觀十方，所說偈頌中之四句。但「一切世間中」一句，原文作「一切世界中」。

〔註177〕「手師」之「師」疑為衍文，當讀成「手寫」。

嘗念,念念契合乎無生。以無生而為生,雖終日生而未嘗生,生生玄同乎無念。是以不慧之《往生淨土生無生論》,為四明往生居士而有作焉。〔註 178〕然無生之旨雖闡,往生之事未彰。蓋尚無生者,或以求生為芻狗;尚有生者,何妨以無生為餼羊。是以不慧之往生捷徑法門,又為茂苑韓朝集居士而有作焉。〔註 179〕若合是二者以為之說,則不慧又將進之以《大勢至菩薩圓通章別行疏》。合是三者同刊,總命之曰《求生淨土三妙門》。非曰不慧之書為三妙,蓋讀此書者能臻乎「即念無念,生而無生,兩者併忘之」之三妙念佛往生法門,豈不妙乎?

　　朝集名逢祐,法名正知,為韓太史公之仲子。〔註 180〕以名門宦胄而苦行長齋,是真火裏蓮華,離垢摩尼。嘗禮天台華頂智者大師塔,頓蒙放光攝受,尋捐百金以為創院之資。又茹淡齋者經年,刺血書《法華》等諸大乘經數卷。從是一志西方,不攻雜學。是則成佛、生天二行俱其所先。回生天之報以為往生之因,尚何淨土之不生?以成佛之因而為無生之道,尚何無生之理而不會?是則余所著書,皆居士生淨土之左券云。天台山幽溪無盡傳燈撰。

16.《四月八日浴佛儀》序*

　　出家之士,捨所親以投法親,一知、一解、一行、一住,罔匪如來之法恩。所謂「從佛口生,從法化生」,〔註 181〕獨非耶?儒云「父母之年不可不知也,一則以喜,一則以懼。」〔註 182〕吾佛滅後三千餘年,計降生之辰乃始於四月八日。逢生而可喜,見滅而興悲,不能無戀戀之私。叢林浴佛之舉,則《百丈》、《教苑》二清規,班班可鏡也。第其間所行法事,似太簡略,故輒採

〔註 178〕四明往生居士就是聞龍。傳燈曾至四明甬江菴講《楞嚴經》,聞龍有詩贈之。詩云:「累劫沉痾苦未央,此生何幸遇醫王。窺林盡是清涼藥,入室惟聞功德香。分別昔為心所礙,圓通今悟耳根長。法身不歷僧祇獲,頓息無因演若狂。

〔註 179〕韓朝集居士是韓逢祐,應該是韓敬之子。如下文所說,他信佛,法名正知。

〔註 180〕此韓太史當是隆慶朝戊辰(1568)進士世能。韓世能字存良,長洲人曾任庶吉士授編修,故稱韓太史。歷官禮部右侍郎。見《乾隆江南通志》(北京:商務印書館,2005)卷一四〇,頁 48a。他曾於萬曆十年(1582)與宰官申時行倡眾修蘇州報恩寺塔。見〔清〕徐崧、張大純輯《百城煙水》(南京:江蘇古籍出版社,1999)卷二,頁 104。

〔註 181〕此出《雜阿含經》卷十八(頁 132b):「若正說佛子從佛口生,從法化生,得佛法分者,則我身是也。」又「若正說佛子者,我身是從佛口生,從法化生,得佛法分……」《幽溪文集》亦錄此文,但誤作「從佛口出」。

〔註 182〕此語出自《論語》,〈里仁〉章。

義淨法師《南海寄歸傳》〔註183〕所稱述：「西方蘭若每於齋日廣設塗香，多市名花，用為浴佛供散之需。浴畢則繼以梵音稱讚，法樂喧闐，普使見聞，頂禮舞忭。」〔註184〕今效以舉行一二，實法門之盛事也。況茲首夏，山花尚繁，遍令淨人施力採取。積之則盈筐盈几，散之則載地載筵，恍諸天之雨曼陀，靈山之變淨土，非一時之快事乎？剞劂流通，以貽好事。若上士忘情，下士不及情，〔註185〕以此刻而為芻狗，亦惟命焉。皇明萬曆天王在鶉火之濱，〔註186〕佛降生前一日。天台山幽溪沙門無盡傳燈書於楞嚴壇東方之不瞬堂。

17.《七日持名三昧儀》序*

夫四種三昧，〔註187〕雖皆念佛，若自他俱念，則以淨土念佛法門為要。而淨土法門，又以《小本彌陀經》一心不亂，七日持名為要。蓋念者不忘之謂也，苟微一心，安能不忘？苟微不忘，安能不亂？故知此經「七日一心不亂」，〔註188〕乃求生極樂之要門，速成佛道之捷徑。乘此往生，即階不退。有流因此而直截，萬行因此而圓成，佛道因此而究竟，眾生因此而度脫矣。第以此

〔註183〕按：原名為《南海寄歸內法傳》。

〔註184〕按：此段文非直接引述《南海寄歸內法傳》。〔宋〕贊寧《大宋僧史略》卷上（頁237a）說：「浴佛者，唐義淨三藏躬游西域，見印度每日晡中維那鳴鐘，寺庭取銅石等像，於盤內作音樂。磨香或泥灌水，以氍搨之。舉兩指瀝水於自頂上，謂之吉祥之水，冀求勝利焉。問：『浴佛表何？』通曰：『像佛生時龍噴香雨浴佛身也。』然彼日日灌洗，則非生日之意。疑五竺多熱，僧既頻浴，佛亦勤灌耳。東夏尚臘八，或二月四月八日，乃是為佛生日也。」

〔註185〕「上士忘情，下士不及情」一語可能得自西晉王衍（256～311）的「聖人忘情，最下不及於情」之說。見《晉書》（北京：中華書局點校本，1974）卷四十三，〈王衍傳〉，頁1236。

〔註186〕「鶉火」是周代木星的十二分野之一。《國語》（上海：上海商務印書館，《四部叢刊初編》本，1929）卷三（頁21b～22a）：「昔武王伐殷，歲在鶉火，月在天駟，日在析木之津……。」韋昭注「鶉火」曰「歲星」。

〔註187〕此「四種三s昧」指天台止觀之三昧而言，有四種：一常坐、二常行、三半行半坐、四非行非坐。智顗之《摩訶止觀》卷二（頁11a）云：「說是止觀者，夫欲登妙位，非行不階，善解鑽搖，醍醐可獲。《法華》云：『又見佛子修種種行以求佛道，行法眾多，略言其四：一常坐、二常行、三半行半坐、四非行非坐。』通稱三昧者，調直定也。《大論》云：『善心一處住不動，是名三昧。法界是一處，正觀能住不動。四行為緣，觀心藉緣調直。故稱三昧也。』」按：《大論》即是《大智度論》。

〔註188〕經文原句曰：「舍利弗！不可以少善根福德因緣，得生彼國。舍利弗！若有善男子、善女人，聞說阿彌陀佛，執持名號，若一日、若二日、若三日、若四日、若五日、若六日、若七日，一心不亂。」

經流通雖廣，依教奉行受持者稀。不徒讀誦以為受持，要必矢志持名，期於七日一心不亂，方真受持也。

余於萬曆末年，嘗依此經，要期七日，令諸大眾一心持名，晝夜不寐，心無間斷。當是時，眾亦精進，無有一人，若身若心生懈怠者。故知此法可以流行於末世，有益於行人。今依佛說，立為成式。〔註189〕初之三日，先修懺悔，求聖冥加，為前方便。過三日已，方專持名，不涉餘緣。懺摩方法，書之於左，寄語行者，願各流通。天台山幽溪老僧傳燈撰。

18.《祖庭元旦禮文》序*

吾佛世尊，一代施化。說示億而默示一，顯示億而密示亦一。於密示中又不過或為此人說頓，或為彼人說漸，彼此互不相知而已。其於拈椎豎臂，〔註190〕插竿解頤，密中之密，見於契經者，又不過億兆經常之一變。蓋變則不可以常示人，苟可以常，則四十九年一宗於變而已矣，豈所謂經常之道哉？佛師若此，佛弟亦然。西天金口祖承之二十三祖，未承所記之四祖，東來一花五葉之六祖，見於經傳，而千常之一變，固不能無之。獨後世之稱別傳者，慮經常不足以為訓，故盡驅之為變。本擬杜情，不期變復為情。諺所謂「雲裏路千條，雲外路無數。」非耶？是以一變以為頌古，再變以為評唱，又再變以為秘要。俾之為家傳戶習，人人皆得為牙慧，五家宗旨從而掃地矣。

夫以常為變，尚不失其常。變復為變，豈其常哉？吾不若以常而守常，終不失其常。欲杜其情，又不若以依常以塞其常。由之杜視聽，絕情識。四門之內，吾用其空門可也；四句之外，吾用其無言句可也。一空一切空，尚何文字之有？尚何禪教律之有？尚何生佛之有？謂之即常之變可也，即變之常亦可也。束餘之三門於高閣，以待不時之所需，豈非經常之道哉？

宗變者，祀西天之二十八祖，祀東土之六祖，祀五宗之列祖，既無所而不可。宗常者，祀西天之十三祖，祀東土之十七祖，豈獨不可哉？吾宗建祖堂、設祖像，肇始於宋慈雲大師之上天竺。〔註191〕龍樹已上，未聞也；興道已下，未聞也。茲於天台幽溪，像設祖庭，中釋迦、東文殊、西彌勒、前普賢，一依

〔註189〕「成式」，《幽溪文集》所錄文作「程式」。

〔註190〕原作「枯椎」疑誤。《釋氏稽古略》卷四有所謂：「棒喝拳指、揚眉瞬目、拈椎豎拂，語言文字種種方便」之說。

〔註191〕〔宋〕慈雲大師即是慈雲遵式（964～1032），上天竺即上天竺講寺，是其道場。

《法華》為之置昭穆,則始於迦葉尊者,末及法智大師。而先師百松和尚,亦得陪位,以其當末運叛亡之際,深有草刱之功;如匹夫而有天下,誰得而議之?於諸祖中,功德隆盛者,先賢業有禮文,俾以時思;外而諸祖,若漫無所述,則吾不與祀;如不祀,此烏乎可?是以倣先德之著述,勉後學之敬修,每於元旦,總事舉行,實教苑之盛典也。預於是文者,西堂弟子正寂也。舉行其事者,住持法孫受教也。校讀者,書狀法孫受蔭也。法得附書。皇明萬曆己未歲(1619)佛成道日,天台幽溪遠孫傳燈著於楞嚴壇之東方不瞬堂。

19.《天台山方外志》序*

夫志猶史也,亦傳也。有天下之史、一國之史、一縣之史、一家之史。有僧史、仙史、高士之史、名山之史。史雖不同,所以記言、記事一也。漢明以來,佛教東漸,三寶事蹟,班班可紀。〔註192〕故太史有左右之官,僧錄亦設左右之職。矧山林碩德,著述猶多。若梁慧皎(497~554)法師、唐道宣(596~667)律師、宋僧統贊寧(919~1001)之《高僧傳》;宋道原禪師之《傳燈錄》、駙馬李遵勗(988~1038)之《廣燈錄》、惟白禪師之《續燈錄》、四明磐公之《佛祖統紀》,〔註193〕以至《釋氏通鑑》、《佛祖通載》、《僧史略》、《釋氏稽古略》之類,曰教、曰禪、曰律,人齊七眾,門備十科。矯矯人龍,翼翼義虎。有一言之悟入必書之;〔註194〕有一行之合道必書之。其啟迪後昆,弘範時俗,功德可勝言哉?

天台山者,域內之名區,東方之聖境也。地靈人傑,先靈於老釋,後傑於儒宗。仙風綿邈,資始於軒商;佛法秘藏,肇基於方廣。正言緇門著蹟,則爰自東晉曇猷棲神,蕭梁定光顯聖。洎我陳隋,智者大師,立宗命教,因山為家。海內之宗事佛法者,必以台教為司南。降唐及宋元,至我皇明,〔註195〕師資相繼,千有餘年。無論天下教釁之盛,即茲山流衍,考諸僧史,不減數百餘人。與夫禪門則韶踵躅白沙,〔註196〕皆法門之梁棟,教鼎之鹽梅。〔註197〕

〔註192〕《幽溪文集》所收文作「記」。

〔註193〕「磐公」原誤作「盤公」。

〔註194〕「悟入」,諸本皆作「悟人」,實誤。此據《幽溪文集》所錄文改。

〔註195〕《幽溪文集》所錄文作「大明」。

〔註196〕「踵躅」,猶言踵迹、繼承。按:天台德韶遊天台山時,覩智者顗禪師遺踪,有若宿契。復與智者同姓,時謂後身焉。初止白沙,時吳越忠懿王以國王子刺台州,嚮師之名,延請問道。

〔註197〕「鹽梅」見《尚書》卷五(頁11b),〈說命下十四〉:「若作和羹,爾惟鹽梅。」

名言懿德，膾炙人口，豈不以此山泉石，足以疏練神明，產育聖賢而然耶？然則山因人顯，人以山名。山已有志，人胡可略？舊為是志者，謂釋老非志所急，故存而不書，或書而不詳。然有世間法、出世間法，達人大觀，無可不可。若分門立戶，不啻冰炭；宜其目為天地間之尤物也。今之所志，亦謂世間法，非出世之所急，故存而不書，非若冰炭之相視也。為縣志已備，故不復疣贅云。

　　志之為類者凡二十。始於山之名，終於山之文章。蓋名者實之賓也；微名，無以顯實。首以〈山名考〉：緣名求實；形勝雖山之實質，源又山之起祖。次以〈來源考〉：形勝與山，其猶影響。山之形聲，乃吾心之靈覺也。次以〈山體考〉：有形聲矣，影響從之。次以〈形勝考〉：依形勝以建名刹。次以〈山寺考〉：石梁、方廣、赤城、支提；菩薩、聖僧、靈宅攸託。次以〈聖僧考〉：智者依山而進道，後代繼祖以傳燈。次以〈祖師考〉：祖因山而得名，法因山而立目。〔註 198〕次以〈台教考〉：教得人以弘，人得教以立。次以〈高僧考〉：桐栢桃源洞府在焉。次以〈神仙考〉：察嶺歡溪，〔註 199〕考槃是宮。次以〈隱士考〉：名山勝刹，賴神功為之密護。次以〈神明考〉：三寶陰翊世道，藉權貴為之顯持。次以〈金湯考〉：歷代奉法者，咸有餼遺。〔註 200〕如陳宣帝之捐調，隋煬帝之施品，物雖歸化，事尚傳聞，為法門盛事。次以〈盛典考〉：石梁之現光現花，佛隴之見橋見雀，同乎見聞，異乎常論。次以〈靈異考〉：古佛舍利，奉安高顯；諸祖靈骨，瘞之方墳。次以〈塔廟考〉：智者降魔於華頂，壽公入定於天柱。〔註 201〕至於一石一泉，皆前人之遺蹟。次以〈古蹟考〉：人與山名，欲同垂於不朽，或刻石以記名，或樹碑而頌德。次以〈碑刻考〉：菩提琪樹，靈根託於名山；羅漢怪松，天葩生於勝地。次以〈異產考〉：上之王臣以及墨客，或因人而著作，或緣景以紬思，〔註 202〕皆有足以光彩名山，憲章人物。次以〈文章考〉：發前人之所不發，書前人之所未書。述而不作，以

孔安國傳：「鹽咸梅醋，羹須鹹醋以和之。」有調和、和諧之意，指社會或國家所需之人才。按：史浩〈法智大師像贊〉有句云：「法宇之柱石，教鼎之鹽梅。」見《天台山方外志》卷二十五，頁 883。
〔註 198〕諸本皆誤作「立自」，此據《幽溪文集》所錄文改。
〔註 199〕察嶺、歡溪俱見《天台山方外志》卷三。
〔註 200〕諸本原作「匱遺」，此據此據《幽溪文集》所錄文改。
〔註 201〕壽公指永明延壽，他曾「往天台山天柱峰，九旬習定，斥鷃巢衣禊中。」見《釋氏稽古略》卷三。
〔註 202〕「紬思」，《幽溪文集》所錄文作「抽繹」。

成一家之書。名曰《天台山方外志》，蓋取異於縣志之所略爾。觀者請以此意恕之。皇明萬曆歲在辛丑（1601）孟冬癸未之吉，太末釋無盡傳燈命筆於天台之幽溪講堂。

20.《會刻止觀輔行傳弘訣》序*

大矣哉！摩訶止觀之為法也，了大事因緣之鋼鎚，開佛知見之利钁，[註203]直指人心、見性成佛之要門，趣無上菩提之至道。嘗原如來出興於世，五時施化，無非為一大事因緣。其所設網目，撈漉人龍，[註204]亦既夥矣。若法華了手，不過舉其大綱，提其要領，明其佛意，導其旨歸。厥語約，厥意玄。至於明修門，但枚舉乎十乘；示寶所，惟結歸乎一念。自非天台智者大師，靈山凤聞大蘇妙悟，獲旋總持豁見大會，[註205]何以深契文心，照明實相，縱無礙辯，稱性宣敷？闡其教則有《玄義》為之先容；明其行則有《止觀》為之啟殿。是二書者，括龍藏之淵源，而旨歸溟渤；[註206]會五時之岐徑，而盡入康莊。故後世之有登其堂而入其室者，嘗教海之一滴，忘眾味而具足乎眾味；蹈康莊之大道，入一門而超出乎諸門。使守禪關

〔註203〕「钁」是一種用來挖掘土地的農具。〔三國（魏）〕曹植〈藉田賦〉：「名王親杠千乘之體于隴畝之中，執鉏钁于畦町之側。」〔唐〕慧琳《一切經音義》卷二十五（頁469c），「利钁，俱籰反。《說文》云大鋤。」

〔註204〕「撈漉」就是水中探物。黃庭堅〈翠巖悦禪師語錄後序〉：「翠巖悦禪師者，青山白雲，開遮自在；碧潭明月，撈漉方知。」《豫章黃先生文集》（上海：上海商務印書館，《四部叢刊初編》本，1929）卷十六，頁31b。慧洪在《禪林僧寶傳》卷二十一（頁536b）的〈雲峰悦禪師傳〉贊中有「黃檗大用如塗毒鼓，嘗搥之而死臨濟。置之二百年矣，芝公又一搥之而死雲峰。余讀其語句，如青山白雲，開遮自在；碧潭明月。撈漉方知」等語，後四句實襲黃山谷之言。「撈漉」亦作「撈摝」，有「營求」、「尋取」之意。永明延壽《宗鏡錄》序（頁415b～417c）：「諸賢依之而解釋，論起千章；眾聖體之以弘宣，談成四辯。所以掇奇提異，研精洞微；獨舉宏綱，大張正網。撈摝五乘機地，昇騰第一義天。」

〔註205〕「獲旋總持」即「獲旋陀羅尼」。〔明〕釋大惠《儀註備簡》（國家圖書館善本）「獲旋陀羅尼」條：「妙玄云：『若大乘懺悔發初隨喜圓信之心，獲一旋陀羅尼已，不可向人說。雖種種分別，亦不可解。況後諸位。』釋籤云：『旋假入空，名之為旋。旋空入假，名百千萬億。中道實相，名為法音。』」

〔註206〕「溟渤」，大海之意。〔劉宋〕鮑照詩句：「築山擬蓬壺，穿池類溟渤。」見《鮑氏集》卷三，頁12b。庾信《庾子山集》（上海：上海商務印書館，《四部叢刊初編》本，1929）卷首〈本傳〉：「猶丘陵之仰嵩岱，川流之宗溟渤也。」

者能讀此書，不惟可以明心見性，亦了知乎心外無教。使登講座者能讀此書，不惟可以離指見月，而亦了知乎教外無心。使遊藝苑者能讀此書，不惟可以質勝於文，而亦能俾乎文質兼勝。使王公大人能讀此書，不惟可以金湯三寶，而亦兼得乎金湯自心。其或見一二攔路之於菟而不敢前進，指五百由旬之寶渚而徒事望涯，則吾末如之何也已矣。

燈夙生慶幸，獲遇圓乘於是二書。雖俱染指，猶於《止觀》偏似有緣。講演頻仍，紬繹數四，每患文義聯翩，而前後莫究；思得大科綱領，而生起有宗。於是以《輔行》之大科，而錯綜其前，分《輔行》之全文，而註釋其下。有闕略者，輒以妄意而增補之。始命門人正路，〔註207〕條分脈絡。復命法孫受教，謄其正文。凡歷三十寒暑，登四講座而竣事焉。須知《法華》之有《玄義》，猶大海之得摩尼；《玄義》之有《止觀》，猶如意之得治方。治方十種，即《法華》圓頓之十乘；如意圓明，即當人一念之本性。即本性而修乎十乘，則全性以起修，修還在性；即十乘而觀乎本性，則全修而在性，性不礙修。修性體冥，始本理合，知甘露門之在茲，即甘露味亦在乎茲也。天台山幽溪無盡傳燈撰。

21.《楞嚴玄義釋玭》序*

《楞嚴》寶偈，雜糅精瑩，誠非良璧之可比。人昧《玄義》，非荊璞之未理乎？余於是經，曾事磋切。既以三觀習《密因》，〔註208〕復用五重釋《玄義》，非望得璧，豈意致玭？客有過余幽溪者，人非趙使，貌類藺生。〔註209〕乃大言曰：「璧有瑕，〔註210〕請示之。此之幾幾，玉名之瑕也；此之幾幾，玉體之瑕也。此之幾幾，玉宗之瑕也；此之幾幾，玉用之瑕也；此之幾幾，分別玉者之瑕也。一經指揮，似無完璧。」余笘爾對曰：「玉體本

〔註207〕「門人正路」是幻由正路法師。《幽溪別志》卷八（頁8a～b）：「閩人，年十八投幽溪，服勞薪水，曉夜不輟。於《玄義》、《文句》、《止觀》三大部，冥心精討，每於講期為座元。曉課時忽有省，遂赴永嘉能仁、楞嚴之請，住後嶼講院，弘三大部，所化僧俗千餘人。年七十，赴講《法華》三日，預知時至，遂告眾歸後嶼趺化。塔於院之後山。」

〔註208〕《密因》指《楞嚴經》，蓋其原名為《大佛頂如來密因修證了義諸菩薩萬行首楞嚴經》。

〔註209〕「趙使」與「藺生」都是指戰國時持和氏璧使秦之趙國大臣藺相如。藺相如使秦欲獻和氏璧以換秦昭襄王所答應的十五座城池，但見秦王無給城之意，便暗送和氏璧歸趙，而留秦與秦王周旋，是為「完璧歸趙」之故事。

〔註210〕《幽溪文集》所錄之文作「璧有玭」。

瑩，玼因目眚。君所見者，豈空華乎？抑圓影乎？」客隨指，余隨釋，賓主盤桓，累成問答。退而書之，名為《楞嚴玄義釋玼》。天台山幽溪無盡傳燈撰。

22.《法門會要志輯廣》序

夫法運之通塞，關世道之盛衰。世道之盛衰，繫人心之智愚。人心之智愚，繇見聞之廣狹。見聞狹，則七竅封，聰明閉，若井蛙之拘墟而疑海；見聞廣，則心花綻，智慧朗，如河伯之向若而望洋。〔註211〕信大覺本迹之道，皆吾性分中事。有通須護之不暇，矧於通而超塞乎！此《會要志》乃宋景定（1260～1264）中四明志磐大師《佛祖統紀》「法運通塞志」中之事實。當時在志中則會其要，乃俾人提綱而挈領；今則欲別行輯其廣，乃俾人緣綱以知目。亦廣見聞、開人心、隆世道、通法運之要書也。若夫順帝北遁，〔註212〕挾僧史以俱亡；〔註213〕大明麗天，秘法函而未啟。信之野錄，不如無書；稽之口碑，終疑惑耳。〔註214〕矧僻居山谷，無地問奇，輯而補之，用俟來哲也。書成，命孫住持受教捐資壽梓，以廣流行，庶展護法之心於萬一云。幽溪老僧傳燈撰。

〔註211〕「河伯之向若」自然是暗喻《莊子・秋水》內河伯與海若之故事中，「望洋向若而嘆」的對話。

〔註212〕這是指元朝滅亡後，元順帝退出中原，北歸內蒙應昌之史實。

〔註213〕這裏所說的僧史應該是指宋（或說元）于越雲壑瑞禪師所集之《心燈錄》。此書將雲門、法眼二宗，隸屬於南嶽支派。因其書不甚流傳，世罕知者。見〔明〕圓信《五家語錄》卷首之於密（三峰）法藏序文，頁22a。又，元至正朝，杭中天竺天曆萬壽永祚禪寺住持番易釋廷俊（1299～1368）曾說：「國朝至元間，于越雲壑瑞禪師作《心燈錄》最為詳盡。特援丘玄素所製塔銘，以龍潭信公出馬祖下。致或人沮抑，不大傳于世，識者惜焉。」見《重刊五燈會元》卷首序文，頁1b。

〔註214〕此「野錄」當指《心燈錄》。於密法藏在《五家語錄》序文中亦說：「宋時于越雲壑瑞禪師，集《心燈錄》，亦以二宗（按：雲門、法眼二宗）屬南嶽枝派，世罕知者，其書不甚流傳。蓋時無開闢手眼，踵謬襲訛，莫相訂正。茲閱《五燈會元》，天王悟傳後，詳載其說，綜覈源流。辨析明確。質諸金粟悟、徑山信、真寂印諸尊宿，俱同是見。爰著〈五宗源流圖〉，改定傳後，具擇法眼者，當自證之。」此應是此數句之所指。可見《五燈會元》在元代不甚傳，至明代時，經過重刊，流傳益廣，故讀者較多。明崇禎朝曹洞僧博山無異元來（1575～1603）禪師曾說：「會五燈為一書者，宋靈隱大川禪師，未蒙入藏。然一二處刊行安能廣布？粵僧自性頓發大心，謀於觀察曹君為之首倡，募諸同信，工過半矣。余初上鼓山聞其事，歡喜樂成。」見博山無異大曦〈重刊《五燈會元》敘〉。

23. 王伯度先生《析醒草》序〔註215〕

傳佛心宗人罕言詩，以詩之為辭，雜糅綺語也。而嚴滄浪乃借禪以言詩，
〔註216〕非以詩之正宗，卓有深致，文發天君然乎？余僧也，固無暇知詩，獨
得以禪言伯度先生詩。蓋禪之為法，欲悟境玄、衲志大、造詣深。至於祛結
習、識去就、飽參學、諳藥病、慎輕舉、知淺深、割禪愛，此又禪之餘事，是
不可不知而不可不熟。今讀伯度先生詩，如王鼎相羹，清秋野色，可嘗而不
可分，可見而不可取，非悟境玄乎？標格高古，直上遡漢魏，不作大曆已還
口吻，非衲志大乎？命章構結，雖鈎玄析微，字精句練，莫不本諸自然，非造
詣深乎？塵心俗套，纖塵自無，祛結習也淨。古非今是，理長即宗，識去就也
公。書無不讀，理無不窮；超言象之外，出理路之表，志參學也富。久服詩家
還丹，輕身蛻骨，可仙可舉，諳藥病也至。雖率爾命題，殊不草草；必使心境
融化，而斐然成章，了無斧鑿痕，慎輕舉也審。不以今而慢古，亦不以古而屈
今，師李杜，知淺深也確。有一字之不工，雖美玉在聯弗取也；有一聯之不
法，雖精金在篇弗取也。前來製作，不啻充棟，舉棄不錄，割詩愛也盡。抑才
情長而規模大，伯古選而仲近體，詢臺閣之文宗，非人間之品彙，可謂得詩
家之真髓，稱詩家之上乘者也。先生深於禪，余欲因其詩以進乎禪，故得以
禪而序乎詩。

24. 戒殺放生會勸眾序

夫戒殺乃惻隱之端，放生為慈悲之漸。良以元元雜類，莫不貪生；蠢蠢
迷途，皆知畏死。豈惟聞其聲而不忍食其肉，亦復推其理而亦有所不當殺者
也。何者？以一切眾生，此身雖滅，神識常存；〔註217〕舍生取生，輪轉不息。

〔註215〕王伯度是臨海人王立程，王士琦子，少有文名，萬曆十九年（1591）辛卯科
舉人，仕終鉅鹿教諭，所著有《釋醒草》。見《康熙臨海縣志》（台北：成文
出版社，1983）卷五，頁42a。又王著《釋醒草》，《民國臨海縣志》作《析
醒草》。見《民國臨海縣志》（臺北：成文出版社影印本，1975）卷十九，頁
64a。按：「析醒」是解酒、醒酒之意。《文選》宋玉〈風賦〉有「清清泠泠，
愈病析醒」之句，呂延濟注云：「言風之清涼可以差病而解酒醒。」當為王
著書名之所本。見《六臣註文選》（臺北：臺灣商務印書館，影印《文淵閣
四庫全書》，1983～1986）卷十三，頁4a。

〔註216〕嚴滄浪是南宋詩評家嚴羽（？～約1245），因號滄浪逋客，世稱嚴滄浪。他
的《滄浪詩話》主張以禪喻詩，強調「妙悟」，故傳燈云「借禪以言詩」。

〔註217〕「神識常存」之語，見於後唐清涼大師景霄纂《四分律行事鈔簡正記》卷十
六（頁450a）：「神何可滅？若身死神滅，則惡不可懼？以身心俱滅，無受苦

安知今日之所賤，非吾昔日之所尊乎？《梵網經》云：「一切男子是我父，一切女人是我母。生生無不從之受生，故六道眾生皆是我父母，而殺而食者即殺我父母。」〔註218〕於乎！以己陵他，雖足快己，公行弒逆，於汝安乎？此所謂推其理而亦有所不當殺者一也。又以血氣之屬，必有覺知，而此覺知名為佛性。安知今日之所賤，非吾異日之所尊乎？故大覺世尊，初成正覺，喟然歎曰：「真如界中絕生佛之假名，平等慧中無自他之形相。良以眾生妄想不自證得，莫之能返也。」〔註219〕於乎！以現在之眾生殺未來之諸佛，公行弒逆，於法安乎？此所謂推其理而亦有所不當殺者二也。又以大聖悲心，無剎不現，隨形異道，方便度生。安知肉眼之所賤，非彼天眼之所尊乎？故大悲現身於蛤蜊，如來形相於猪齒。即此而驗，何類不彰？於乎！下賤之凡夫，殺至尊之大聖，公行弒逆，於汝安乎？此所謂推其理而亦有所不當殺者三也。又以六道循環，輪轉不已；殺傷相報，形影無差。安知今日之殺彼，而非他日之我殺乎？《楞嚴經》云：「貪愛同滋，貪不能止，則諸世間卵化濕胎隨力強弱，遞相吞噉。以人食羊，羊死為人，人死為羊，如是乃至十生之類，死死生生，互來相噉，惡業俱生，窮未來際。」〔註220〕於乎！饕三寸之肥甘，結百生之仇對，公行殺害，於汝安乎？此所謂推其理而亦有所不當殺者四也。且性秉最靈，孰非君子；慈悲惻隱，我固有之。何當執方內之局談，迷寰中之至教；不懼後果，不驗前因；不重佛性之靈，不貴己心之妙；甘心趣惡，忍意傷生？冥冥長夜之中，方將永入慽慽幽途之內，已見長驅，可謂痛心疾首者矣。茲則闡慈悲之度門，開菩提之覺路。普勸人人戒殺，各各放生。知物命均己命，共樹流水之因；悟物心同己心，早契迦文之旨。將使盡大地俱為孝子，率天下皆是仁人。物我釋積劫之仇，己他結同心之好。慈風既扇，災惡隨消。非惟現世懺罪延年，抑亦將來無病長久。順佛心，無求不可；斷殺機，何往不祥。便可化煩惱為菩提，變娑婆為極樂。固是如來大事，誠非小小因緣。謹勸。

人也。今身雖死神識常存，既不可滅，故於惡道受於苦報。以此詳之，宜應畏也。」這是駁斥范縝《神滅論》的「身死神滅」之說。

〔註218〕此語見於《梵網經》卷二。

〔註219〕此語出荊溪湛然〈始終心要〉。《佛祖統紀》卷五十與《釋氏稽古略》卷二皆引其文。

〔註220〕見《首楞嚴經》卷四。原文於「則諸世間卵化濕胎隨力強弱」之後云：「遞相吞食，是等則以殺貪為本。」然後有「以人食羊，羊死為人」數句。

25.《寒山詩選》序

寒山詩不當乎選，以其無意乎為詩也。寒山詩不妨乎選，亦以其無意乎為詩也。惟以其無意乎為詩，故語語性靈，無非妙什。惟以其無意乎為詩，故朴野閒施，精麤雜糅。在寒山固無間然，在後學所當精鍊。故此集非選寒山，選後學也。

夫詩有學而得者，不學而得者。不學而得，如三百篇，寒山近之。學而後得，如李杜諸家，今之擬寒山者近之。故三百篇無意乎四言，三代風氣使然，自成其四。寒山詩亦無意乎五言，唐之風氣使然，自成其五。故詩之為要，妙在性靈；隨意施設，無不臻奧。從門而入者，不是家珍。今之所選，意在乎此。

26.《淨土金鎞》序*

西方極樂世界之為淨土也，如因陀羅網之一目，蓋昭昭乎揭日月而行乎中天矣。何凡夫執我五翳重沓，〔註221〕乃遲疑於見聞，進退乎無有，譬盲人捫象，執杵執箕而竟非其體；聾之觀場，競宮競商而罔知其響。何以異哉？有大醫王，深憐弱喪，青囊檢秘，授以金鎞。經云：「從是西方過十萬億佛土，有世界名曰極樂。」〔註222〕非示以妙有乎？七日持名，一心不亂，非示以真空乎？「諸佛如來是法界身，入一切眾生心想中，是故汝等心想佛時，自心即是三十二相，八十種好。是心作佛，是心是佛。」〔註223〕非示以有無雙遣，中道妙性乎？〔註224〕是以《華嚴》、《法華》，圓頓標宗末及流通，亦重拈淨土，豈不以淨土即有纖塵不立，淨土即無諸法昭然，淨土即中道亦有所不立，

〔註221〕《摩訶止觀》卷五有「重沓五翳，埃靄曜靈。睇近霄遠，俱皆不見」之語，應為「五翳重沓」之所本。〔宋〕知禮《金光明經文句記》卷三有謂：「五翳者，煙、雲、塵、霧、修羅手也。」五代僧義楚之《釋氏六帖》釋「五障生暗」謂：「《起世經》云：煙、雲、塵、霧、修羅手障，故令日暗。」「重沓」，重疊堆積、重複繁冗之意。

〔註222〕此是《阿彌陀經》卷一，佛告長老舍利弗極樂之土有佛曰阿彌陀佛之語。

〔註223〕此段引自《佛說觀無量壽佛經》卷一，佛告阿難及韋提希語，唯稍有差異。原經文為：「諸佛如來是法界身，遍入一切眾生心想中。是故汝等心想佛時，是心即是三十二相、八十隨形好。是心作佛，是心是佛。」

〔註224〕傳燈於《楞嚴經圓通疏》卷四曰：「天台曰：近日有師講『有所非覺，無所非明』。謂『有所』固非真覺，即『無所』亦非真明，乃『有無雙遣』。不知此中正遣『有所』之不暇，何暇為重空之計乎？故此說甚非也。」此似說天台講師有誤解「有無雙遣」之意者。

而圓融自在故也哉？第新醫客喪，翻從舊瞽以求方；良藥滿前，却向蠱巫以示劑。藥發悶亂，宛轉於地，蓋不能勝數其人矣。

妙嚴居士，孝友禔躬，為儒門之真子；解行克己，又佛氏之賢孫。實帶病以行醫，非無舟而學濟。金鎞在手，不讓當仁。目中有瞖，雖老宿亦游刃而前；空裏無華，即孩提亦解頤而進。無非欲令本具淨土人，畢竟還歸此淨土。甚盛心也，豈小補哉。余請藏金陵，〔註225〕邂逅寶所，道存目擊，函契蓋投。〔註226〕已挹蓮華之香，願結君子之黨。僭為序引，用助流通云。

27.《湯半李怒草》序

草稱為怒者何？湯半李舒生平不平之氣之所作也。蓋是氣鍾於人，平則發為喜，不平則發為怒；上自天地諸佛儒聖皆然。惟發之正，則雖曰怒，而亦可稱為和。苟發之非正，不過恃矯氣而泄私忿，烏足以合經常之道哉？故此不平之氣，在於天一怒，則施為疾風暴雨、雷霆霜雪、烈日嚴寒；在於地一怒，則施為高山峻嶽、堅石巉巖、江河淮海、洶波湧濤；在吾佛一怒，則施為斷絕煩惱、降伏天魔、動地放光、雷音師吼；在儒聖一怒，則施為巨戰蚩尤、放殛桀紂、誅戮秦項、驅逐胡元；在文士一怒，則施為鏖戰棘圍、墨兵筆陣、浩瀚波瀾、競標奪錦。豈非文章之於人，可以回天地、奪造化、契佛心、合聖意乎？第其中有常有變，常有不足則宗之變，變有不足，則宗之常；猶天地之春夏秋冬四時更遞，不能以一律拘也。蓋怒之者變也，變之者奇也。奇則可以動天地、感鬼神，矧人道乎？惟才不易，奇必寓之人；人不易，奇必寓之節。湯君少有奇孤、有奇母、罹奇禍、嬰奇窮、秉奇節，故天與之奇才，而又與之奇遇，故為文也奇，所以文稱怒而必歸之以正也。雖然，此猶湯君奇之少、怒之小者也。他日更以大奇、大怒拾朱紫；大節、大行立廊廟。為蒼生雨露，作三教金湯。以變而歸諸常，以奇而歸諸正，斯合聖人之心矣。《詩》云：「無偏無黨，王道蕩蕩。無黨無偏，王道平平。」〔註227〕其斯之謂歟！

28.《重刻好生會錄》序

夫聖人之心，以仁慈而為之本。吾佛大聖人，厥號能仁，明示仁慈之至，

〔註225〕傳燈於萬曆四十年(1612)與其法孫受教赴金陵印造藏經，故曰「請藏金陵」。其間，友人潘之恒（1536～1621）致書焦竑請協助傳燈印經。
〔註226〕「契」原作「䏑」為其異體字。《幽溪文集》所錄文作「契」。
〔註227〕此語出《尚書・洪範》：「無有作惡，尊王之路。無偏無黨，王道蕩蕩；無黨無偏，王道平平；無反無側，王道正直。會其有極，歸其有極。」

惟佛能之也。是以如來制戒，不殺為先；儒教五常，亦以仁為首。故知二教之本，莫不同好生之心，未嘗異聖人之心。盎然如春天，大而含齒戴髮，小而草木蜎飛，莫不使熙熙然各遂厥生。仁慈若此，亦可謂之至矣。故好生者，仁之慈也。惡殺者，仁之悲也。行仁之慈，故施之以放生；行仁之悲，故施之以戒殺。豈非後人之放生戒殺，皆學佛之心，行儒之意者乎？

余僧臘已七旬，目中所覩好生之錄四。一則當湖陸五臺所撰《慈仁功德錄》，〔註228〕一則回明沈玄宬所撰《慈向集》，一則武林李行可與其郎仲休所撰《好生錄》，〔註229〕一則東甌王玉蒼〔註230〕與其友馬僧摩、林可任所撰《好生會錄》。〔註231〕始則略而未廣，次則廣而未精，又其次則精而未純。觀今

〔註228〕當湖陸五臺即陸光祖（1521～1597），萬曆朝官至吏部尚書，居常究心佛乘，發宏護之願，為有名的佛教外護。萬曆間曾書請傳燈赴寧波阿育王寺講經，其書曰：「往年僕與蛟門沈公、赤水屠公等，共募建舍利殿。今將落成，住持無漏上人擬講《楞嚴》妙經，以報答諸檀越。伏聞師道行純備，內典精通。敢請飛錫育王，登壇講演，緇俗不勝仰望之至。」見《幽溪別志》卷九，頁3b～4a；《天台山方外志》卷十七，頁625。按：無漏上人傳瓶，是傳燈之師弟，時主阿育王寺。又《幽溪別志》所載文末署有「菩薩戒居士陸光祖和南」等字，《天台山方外志》之文末結語為「緇俗不勝仰望」，而無「之至」二字。署款則為「居士陸光祖和南」，而無「菩薩戒」三字。

〔註229〕明代以《好生錄》為名之書甚多，較有名者為麗水人金文（履素）之作，有三卷。見焦竑《焦太史編輯國朝獻徵錄》卷九十三，頁10a。又有烏程蔡善繼（伯達）之作，有兩卷。見《同治湖州府志》卷五十九，頁7a。

〔註230〕王玉蒼原名王光美，字季中，玉蒼為其號。永嘉人，例貢，任光祿寺署正。著有《白鹿社諸草》、《鴈山四記》、《霉雨巖記》、《大龍湫記》、《靈巖寺記》和《靈峯洞記》等，編入所著《鴈山集》。是他於萬曆十四年丙戌（1586）十月，偕句吳朱在明、張邦粹、樂清何旡咎、梁進父同游鴈山既歸而作，以紀勝游。見〔清〕孫詒讓《溫州經籍志》卷十二，頁11b。樂清何旡咎即傳燈友人何白（1562～1642）。生平事迹略見筆者《孤明獨照無盡燈》（臺北：新文豐出版公司，2020）。

〔註231〕林可任生平可略見於錢謙益《初學集‧中》之〈林太史玉署初編序〉一文。綜合文中所述，知他是永嘉人，曾任蒲圻（今湖北赤壁）令，因天子召見稱旨，超拜為太史，入翰林院為學士，而以文顯，卓然成經世名家，而不專意詞賦，而詞垣諸君子揚栩其文甚至。尤通釋典，以出世為經世。序中又稱武林卓去病「稱東甌林可任之賢，超然流俗之外者也。」可見非等閒人物。唯錢文中未提及《好生會錄》一書。見《錢牧齋全集》（上海：上海古籍出版社，2003）第二冊，頁956～957。又黃宗羲《南雷集》及《南雷文定三集》（臺北：臺灣商務印書館，人人文庫本，1970）之〈清溪先生墓誌銘〉都說「崇禎間，士大夫之言學者尚廣大，多以宗門為入處。蔡雲怡、黃海岸、林可任、錢清谿其尤也。雲怡、海岸終為綱常人物。可任白椎秉拂，一往不返。……」見《南雷文定三集》頁26。「白椎秉拂」即是出家之意。〔宋〕善

永嘉之刻，名從其類，曰經、曰文、曰詩、曰事，繁者刪之，雜者精之，可謂好生之善品，慈心之良導，自非留心於聖人仁壽之域者，安能與於是乎？故不辭蕪文而謾為之序云。

29.〈四時思親詩〉序

父母之道而有乎三：曰法身，本、始二覺是也；曰萬物，乾、坤二德是也；曰生身，父母堂上二親是也。孝思之道亦有乎三：曰返本還元、〔註232〕心心契道；曰正心誠意、立身行道；曰養身養志、軌之以道。孝道既備，始稱完人。

夫孝之為道豈易言哉？三玄禪師少小失怙，每有風木之思，與小孫受教有中表兄弟之親，二人均有此感。三玄嘗著〈四時思親詩〉，教孫亦屬而廣之，〔註233〕可謂同聲相應，同氣相求者也。第美則美矣，有未廣也。余則以二子四時思親之不息者廣之以十二時，復以十二時者廣之於一念，以一念者廣之於無念。果至無念，則無生矣。能證無生，則始、本二覺復，乾、坤二德還，生身之恩報矣。世之稱孝，胡孝如之，勗哉！二子其勉旃之！

30.《楞嚴圓通疏》跋

夫道本無言，道因言顯，如來不得已而言之也。故一言性覺，註腳不少。矧《楞嚴》一經，自夏徂冬，慶喜從而結集之，諸師從而疏釋之；此註腳之又註腳者也。然因茲解縛，孰非悲王之心；以之明道，允愜慈尊之念。功德可言既乎？第今講者，類無尊王賤伯之功，敢竊宣尼賞罰之柄。乃不問賢否，一切排擯，實陽擠而陰取之。夫陽擠則罔人，陰取則罔己，此賢者之不與。余非賢者，獨能與之乎？以余言之，已到岸者，法尚應捨，則金口誠言，猶為剩語。未登舟者，請從良濟，而諸師之釋，不乏津梁。擇可與而與之，其與也法；乘可奪而奪之，其奪也公。然後以己之經，取人之緯；縱橫組織，筆緝成書，題為《首楞嚴經圓通疏》。蓋此經以圓通為宗，普門大士之圓通，即吾耳門之圓通。以圓而圓之物無偏也，以通而通之物無礙也。則十八界七

卿《祖庭事苑》卷八（頁430c）：「世尊律儀，欲辦佛事，必先秉白，為穆眾之法也。今宗門白椎，必命知法尊宿以當其任。」

〔註232〕按：傳燈在其《維摩經無我疏》中，解「若彌勒得受記者，一切眾生亦應受記」一語時說：「蓋曰若彌勒如一切不如者，則彌勒應受記，一切不受記。既是一切皆如，則彌勒得記，而一切亦當得記。何以故？眾生即是佛，不必更返本還元。」此處以「返本還元」說孝思之道，豈非否認眾生即是佛之說？

〔註233〕「教孫」指其法孫受教。

大，〔註234〕皆初心之圓通也。「音聲雜語言，但伊名句味」，〔註235〕獨不圓通乎？以是謂之圓通經可也，圓通疏亦可也，又何間於能疏所疏哉？或曰：「所疏固圓通矣，能疏圓通乎？」對曰：「夫眼見物而不自見，鏡照像而不自照。今世後世，必有若孔氏者出，以俟夫春秋云。」天台山幽溪沙門無盡傳燈撰。

31. 刻《天台傳佛心印記》跋

余考在昔禪教莫不一體相尚，而是非齟齬，其始於圭峯乎？圭峯禪師《禪源詮都叙》〔註236〕云：「南嶽天台，令依三諦之理，修三止三觀。教義雖最圓妙，然其趣入門戶，亦只是高僧所修四禪八定，諸禪行相。唯達磨所傳，頓同佛體。」〔註237〕故興教大師述此心記，〔註238〕以明今家的傳之旨，而寄責圭峯謬斥云云。〔註239〕然圭峯，唐之高僧也，帝王問道，相國親承；和會諸宗，以集禪藏，余又安敢輕議渠於吾道之知否，指斥之非是耶？惟彼深推荷澤，輕視牛頭。〔註240〕撰皮髓以倍戾祖堂，然靈知而管窺達磨，其於本宗有所不知，亦可見矣，矧吾宗乎？是知此書所關，乃闢圭峯之似禪耳。若夫直

〔註234〕 「十八界七大」指「十八界七大性」。〔宋〕子璿《起信論疏筆削記》卷三（頁311a）：「如楞嚴經二十五聖，於十八界七大性，各從一門而得圓通。此中六塵猶且約境，餘者例知。天台云：『手不執卷常是讀經，口無言聲遍誦眾典，佛不說法常聞梵音，心不思惟遍照法界』，皆此義也。」

〔註235〕 此二句出《楞嚴經》卷六（頁130a）所言，文殊師利法王子奉佛慈旨，從其座起，頂禮佛足，承佛威神說偈對佛曰：「音聲雜語言，但伊名句味。一非含一切，云何獲圓通。」

〔註236〕 圭峰宗密之《禪源詮序》，原名《禪源諸詮集都序》。

〔註237〕 按：此見《禪源諸詮集都序》，但文稍有不同。

〔註238〕 此興教大師當指元代天台宗教興教大師虎谿沙門懷則（生卒年不詳）。著有《天台傳佛心印記》和《淨土境觀要門》。宋仁宗康定朝亦有賜紫沙門懷則，實非同一人。

〔註239〕 日本元祿朝天台山東溪沙門（亮潤）大雲在其〈重刊傳佛心印記註引〉說：「爰自佛法東被，震旦諸賢盛為宣揚，據經依論，立宗非一。而的傳佛祖心印，紹隆大法正統者，惟吾天台一宗耳。第時運下衰，哲人長往，禪宗、華嚴之徒，橫議于外，異端曲見之士，蔓延於內；正傳心印，遂晦而不明。賴有元初虎溪興教大師者出，深悟圓宗，力守祖業，著書數千言，命為天台傳佛心印記焉。而其為書也，揭性惡之談，點理毒之致。甄即離於毫芒，辨圓別于隱微。明佗宗異端之似是而非，顯天台圓家之獨得真傳，可謂巨夜之大明燈也。」

〔註240〕 「荷澤」指荷澤神會（684～758），唐德宗朝立為禪宗七祖。「牛頭」為牛頭法融（594～657）為禪宗牛頭宗之開山祖。

指人心，見性成佛，教外別傳，不立文字，乃吾宗觀心實相，離言說心緣之妙旨也。尚何異同於其間哉？頃緣刻次，故茲辯之，庶幾覽者知此，不致沸血流面云。時萬曆壬辰（1592）孟夏天台釋傳燈撰。

32. 趙天馴《桐栢齋集》跋〔註241〕

余山中無事僧也，初不工於詩，而於禪坐之餘，輒呻吾喜讀山居詩。茲趙君天馴《桐栢齋集》，一覽其題，即津津色喜，以與余家桐栢同名故也。及細閱篇章，煙霞滿目，琳瑯映人，自非胸羅宇宙，安得肇端生五色花若此。余謂桐栢固稱仙都，而此集絕似仙品。他日藏之名山，倍增清韻，夷齊兩公，〔註242〕當共心賞也。

33. 中峯禪師《疎懶軒》後跋

中峯禪師，元時宗門大老，於談玄說妙，得文字三昧。讀其語錄，多驚人語，然亦有隨世流布文字。此篇《疎懶軒》詩為趙松雪所出，〔註243〕潦倒特宕，垂手入鄽。佯狂詐跌，儼然天台三賢。松雪為師弟子，〔註244〕二人同氣相求，尋常話靶，不入語錄者不少，此其一也。師嘗居四明海會寺，而手蹟圖書曰：法門明本。下曰：海會草堂。又為海會如滿所藏，其驗可知。然海寶如意，必得識寶者得之。余與李豐若詞丈，〔註245〕有方外契，為跋數語，無乃續貂。李丈善屬文與詩，他日起家，不可量也。又因之以讀中老語錄，因之以證迦文覺道，又不可量也。

34. 書《楞嚴經》跋

吳興韓求仲居士夫人沈氏，〔註246〕法名淨照。生平篤信三寶，放生、戒殺，嘗齋戒以泥金書《般若心經》一卷，以素絹書《大佛頂首楞嚴經》至第七卷神呪甫畢，即嬰恙不起。以天啟三年（1623）閏十月初九日吉祥而逝，口中

〔註241〕趙天馴生平事迹不詳。
〔註242〕「夷齊兩公」，伯夷、叔齊也。夷齊讓國，居雷首山之陽，稱首陽山。按〔後魏〕酈道元《水經注》（臺北：臺灣商務印書館，影印《文淵閣四庫全書》，1983～1986）卷四（頁9b～10a）：「雷首山縣北與蒲坂分山有夷齊廟。闞駰《十三州志》曰：『山一名獨頭山，夷齊所隱也。山南有古冢，陵柏蔚然，攢茂丘阜，俗謂之夷齊墓也。』」
〔註243〕按：原文誤作「趙雪松」。按趙孟頫（1254～1322），字子昂，號松雪道人。
〔註244〕原文仍誤作「雪松」。
〔註245〕李豐若，不詳何人。
〔註246〕韓求仲即是韓敬。

猶流香氣。先此一載，夢老僧勉無貪世樂，當歸故盧。又先此一月，信筆書二偈，中寓歸歟之意。既正念往生，其為再來人可知。

或說書經未完不得稱為全珠。余代為闡曰：《首楞嚴》王經，法中神寶，可剖可全。塵塵皆法界，字字盡真如。《經》不云乎：「一為無量，無量為一。小中現大，大中現小。於一毫端，現寶王剎。坐微塵裏，轉大法輪。」〔註247〕雖書一字，猶全珠也，矧至七軸乎？是以古德疏通是經，為未識全珠者，剖為五分。一、「見道分」，始首卷至第四卷中。二、「修道分」，始四卷中至第七卷中。三、「證果分」，首七卷末至第八卷中。四、「結經分」，首第八卷中至八卷中。此下二卷為「戒備失錯分」，而付之流通焉。於五分中，又前三為要；於三要中，又「見道」、「修道」為要。於「修道」中，開為二門：曰「顯修」，始請入華屋，終簡選圓通；曰「密修」，則請結壇軌則，宣說神呪是也。今之所書神呪已畢，豈非分珠中又得其大要？即謂之全珠可也。若更為之捐盍資，命具戒者續書補之，是為全中之大全，功德可思議乎？《經》云：「能於末世流通此經，可轉阿鼻劇苦之報，以為淨土極樂之報。」〔註248〕於三障中，〔註249〕極難轉者，惟有報障。流通此經，既能轉之，則沈氏淨照，書寫流通此經，臨終正念生極樂者，必矣！

35. 王右軍《薦福碑帖》跋

書之為法至易，無論古人，即今之文人學士，才能搦七寸之管，稱書家矣。書之為法至難，無論今人，即古人稱書家者，舉未能入鍾王堂室也。蓋書

〔註247〕此語見《楞嚴經》卷四（頁120c）。原文為：「故於中一為無量，無量為一。小中現大，大中現小。不動道場，遍十方界。身含十方，無盡虛空。於一毛端，現寶王剎，坐微塵裏，轉大法輪。」宋僧可度箋云：「一數之少，無量數之多。一為無量了，一無一相；無量為一了，多無多相。小中現大，小是芥子，無小相。大中現小，大是彌盧，無大相。或於一毫蟻子分上，皆有法性淨土，乃是小中現大也。法無去來，無動轉相。法身之中，能容真空之理。於一毛端，是小。現寶王剎，是大。是諸佛法性淨土，香剎乳海等，如大海水，但了一滴是鹹，四大海水，一時俱了。了一塵空故，向一念上，說八萬四千法門。」《楞嚴經箋》卷四，頁980a～b。

〔註248〕按：此語似非直引《楞嚴經》經文，然《法華經》、《彌陀經》、《金剛經》等諸主要佛經都以受持其經以積功德免惡報之意。

〔註249〕「三障」（triâvaraṇa）一般指三種障礙或三重障：煩惱障（kleśâvaraṇa）、業障（karmâvaraṇa）、報障（vipākâvaraṇa）。見〔唐〕李師政《法門名義集》卷一，頁196a。亦即障礙聖道及其前加行善根之三種障：煩惱障、業障、異熟障或報障。

之所貴者形與神俱完，神過於形者次，形過神者下，有其形而無其神又下之下也。學者當於古人法帖，熟臨萬過，以固其形；靜思細玩，以觀其意。若夫神之至妙，此在心得；雖父子至親，所不能授，矧其他乎？然有天資焉、學問焉。草莫先乎行，行莫先乎楷，未楷而遽學行草，所謂無頭學問，此烏乎可？隴西僧時所，〔註250〕得右軍薦福碑，藏而深翫之，索余片言以題其端，輒僭述以告諸來者。

36. 題沈懋功先生〈山遊十六觀〉跋〔註251〕

人間世其所抱負者道，故其所取樂者亦惟道而已矣。外則又有乎泉石，餘皆非所負、非所樂也。吾大雄氏之所明道一也，析而言之則又有二：曰空也、有也。空者所以空其情，非若太虛之無物；有者所以有其性，非若萬象之遺情。是故《般若》談空之外，又有《十六觀經》焉。

沈懋功先生，翩翩公子，矯矯人龍。不以貴介榮名為樂，乃以泉石為樂，是亦得其所樂矣。每懼夫俗駕敗興，而不得其樂之真，乃倣《十六觀經》之目，著〈山游十六觀〉，以驅夫情而闡夫樂。正泉石膏肓之聖藥，煙霞痼疾之良箴。雖無關於大雄氏之大道，其於破情闡性亦近之矣。余得之，讀數過，著言於簡末，以章余之所嗜好，同驅情者之不異也。讀是書者，果能作如是觀，不惟得山游之真樂，即大雄之道，亦可睥睨其藩籬。如即以祛情而悟乎真空，了達一切泉石，并我能見。見與見緣并所想相，如虛空花，本無所有，〔註252〕則大道何情而不祛？以顯性而悟乎妙有，又能了知此見及緣，元是菩提妙淨明體，〔註253〕則大道何妙而不示？吾故曰：「可以睥睨其藩籬也，則人間世

〔註250〕此僧不詳其何人。

〔註251〕沈懋功，字枚臣，清浦人，貢生，工詩。著有《妙香詩草》、《倚樓吟》。見〔清〕汪祖綬修、熊其英纂《光緒青浦縣志》（臺北：成文出版社影印本，1970）卷二十七，頁176b。〔清〕王昶，《湖海詩傳》（上海：上海古籍出版社，《續修四庫全書》本，2002）卷十二，頁22a。

〔註252〕從「見與見緣」至「本無所有」，出《楞嚴經》。〔宋〕子璿《首楞嚴義疏注經》卷二（頁951c）解「見與見緣并所想相」一句云：「見」謂識體，「見緣」即根，是增上緣，能生識故。「所想相」即境也，是所緣緣，牽生識故。又解「如虛空華，本無所有」云：此根境識，從妄心有。其體元無，如空中華翳病故見。

〔註253〕同上子璿解「此見及緣」云：「雖如幻華本無其體。世俗諦中說名根境。即亦名為假名。」解「元是菩提妙淨明體」云：「何於中有是非是，諸法無體，不覺故有。不覺即覺，元是菩提。《起信》云：『念無自相，不離本覺。若離覺性，則無不覺』。」

惡可無是書而不讀是書者哉？」

37. 胡邑侯東井公德政錄跋〔註254〕

吾邑仁侯胡公，德政有錄，若臺憲之薦章，下民之歌頌，名公之詩紀，多士之詞華，〔註255〕莫能殫述。而山澤之癯與草木同腐者，〔註256〕何足以知侯？乃敢揄揚其萬一乎？雖然風之噓物也，無所不屆；物之被風也，各成其聲。侯之德政，詳見茲錄，不敢瑣瑣縷數，第撮其數事澤及緇流者，則有若見侯之至德與夫深心，所謂：誠格甘霖也、單獲豐稔也、完橋利涉也、建塔興文也、僧會析重也、施鈴格聖也、神宄盜塔也、〔註257〕追復山門也、平判供億也、斤割法愛也。

若夫誠格甘霖者，雨暘不以時，則邑父母必率士民僧道以禱於神主之者，合眾心以為心。然而眾心未必一，以不一而格天，則天未必格。維我侯以身先之，齋沐以竭其誠，步禱以致其敬。車未返輪而甘雨滂沛，四境沾足。蓋侯之心與天為一，是以天之心亦與侯為一，而潤澤乎蒼生也。合邑蒙恩，鼓舞騰踴，乃作亭以志喜焉。

單穫豐稔者，當農夫望雨之時，而天無纖雲，各邑嗷嗷以待命。維茲台土，賴侯之德，無雨而有雨。及其苗秀而實也，所畏惟風。天乃禍之以其所畏，巽伯揚威，而各邑之秋成，十去其五。台邑復賴侯之德，而有風不為災，納稼塲圃，〔註258〕告有秋焉。

完橋涉利者，邑西清溪為輿馬孔道，上自京省而來，下自台溫而去者，靡不由斯。溪之有橋，猶身之有喉也，故不可一日廢。然而洪水肆害，樑柱傾

〔註254〕按：此胡邑侯為天台縣令胡接輝。他字東井，廬陵人。天啟六年（1626）由舉人知天台。嘗講學友仁堂，訓迪諸生。並捐俸鏹修文廟。見《民國續修臺州府志》卷九十七上，頁30a。有〈為幽溪常住田免役與僧教書〉及〈再與僧教書〉二書，自署天台主人。見《幽溪別志》卷十一，〈福田考〉，頁9ab。

〔註255〕「多士」即眾士。杜預《春秋經傳集解》（上海：上海商務印書館，《四部叢刊初編》本，1929）註《詩經》「濟濟多士，文王以寧」一句曰：「詩〈大雅〉言文王以眾士安。」《六臣註文選》卷二十五（頁13b），盧諶〈答魏子悌〉：「多士成大業，群賢濟弘績。」蓋謂「英俊之人著立濟世之功，眾多之士共佐天子之位」也。

〔註256〕《史記》（北京：中華書局點校本，1959）卷一一七，〈司馬相如傳〉（頁3056）：「相如以為列仙之傳（或作儒），居山澤間，形容甚臞（或作癯）。」臞、癯，並瘠、瘦之意。

〔註257〕原文作「神究」，疑為「神宄」之誤刻。

〔註258〕按：《毛詩》卷八〈豳風七月章〉（頁3b）：「九月築場圃，十月納禾稼。」

頹，雖經始於前侯陳公，〔註259〕而工無二三。我侯下車之時，即捐俸以倡之，率民以成之，而飛虹高駕，始免病涉之憂焉。

建塔興文者，山川之氣厚，則人文蔚興；堪輿之氣衰，則士風頓減。邑之水口，固宜鎖其脈而育其秀。侯乃建塔，巍然以鎮之，其有裨於邑之人士，匪淺鮮也。至於莊嚴地界，培福國家，又不止興文而已矣。

僧會析重者，我明朝列聖之於僧也，賓其上而臣其下。又其下者，皆統於僧綱、僧會，以民畜之。綱僧之納劄，猶僧民之納牒也。第□充者多不稱其職，〔註260〕我侯始擇人而任之。無力納劄，則析重為輕，派深為淺，命各寺幫貼納以充其役，而僧會得其人矣。

施鈴格聖者，天台山之石梁，故有宋真宗所施金錢於淵底。〔註261〕後百餘年，丁侯大榮造亭，而錢涌焉。〔註262〕今去太平興國幾百年矣，有尼造銅

〔註259〕 「陳公」指前任天台縣令陳命新。他是湖南醴州人，「湛深經術，喜宏獎後進」，獲萬曆壬子（1612）鄉舉，於天啟元年（1621）任天台縣令，就在胡接輝接任其職之前，故曰「前侯陳公」。

〔註260〕 「第」後一格空白，諸本皆然，似脫落一字，但觀其文義，似刻錯而剜去。

〔註261〕 「宋真宗所施金錢」一語實誤，當為宋太宗。贊寧《宋高僧傳》卷二十七，〈唐天台山福田寺普岸傳〉（頁820c）：「今上太平興國三年（978），於滋福殿宣問兩浙都僧正贊寧石橋長廣量度，一皆實奏。帝歎嗟久之。至八年，因福田寺道者自詢誓斷腕然煉乞重造此寺，乃宣內殿頭高品衛紹欽、張承貴革故規制。」傳燈《天台山方外志》卷十（頁414）「惠澤龍君」條說：「嘉泰元年，邑令丁大榮建佇真亭於潭側，以為祈禱之所。是年五月旱禱，有異黿出現，甘雨均洽。遂上其事，賜龍君額曰『惠澤祠』。（嘉泰）四年，忽潭水湧出金銀藏錢，圓徑六寸，文曰『太平通寶』，實宋太宗賜以貲予道者自詢者也。」可見宋真宗實為宋太宗之誤，故下文有「今去太平興國幾百年矣」之語。「太平興國」為太宗年號。

〔註262〕 「丁侯大榮」是丁大榮。按：丁大榮，毗陵（今江蘇常州）人。宋寧宗慶元六年（1200）知天台縣至嘉泰二年（1202），頗有治績。他任天台令之時間，距離太平興國三年已兩百餘年。見《民國續修臺州府志》卷十一上，頁23b～24a，卷九十六上，頁18b。傳燈在《天台山方外志》數度提到丁大榮。除了前註所引之例外，還有以下諸例。卷三（頁128）「蓋竹洞」條說：「嘉泰元年，邑令丁大榮因禱雨得之。」卷四（頁171）「蓮社」條說：「宋嘉泰元年，更旱不雨，縣令丁大榮率緇徒詠《蓮經》於公宇。踰時雨作，因度地建堂，名『蓮社』。仍榜門之外曰『為民祈福之所』。凡遇水旱，祈禱於此。」卷四（頁178）「聖福觀」條說：「嘉泰二年令丁大榮立碑，刻『習養之瀑』四字於石崖上。」卷十三（頁737）南宋大臣宋之瑞（1163年進士）於嘉泰元年六月寫的〈佇真亭記〉說：「去歲冬十一月，縣令丁大榮始至展謁。顧瞻惕然，乃捐縣帑百千，諉住持萬年寺僧智海，即潭之隈，度地建亭，榜曰『佇真』。」

塔於梁側，塔之鈴化為烏有。侯乃易施以鐵鈴，蓋以銅則喪人之廉而易失，鐵則絕人之貪而可久。侯之德敷龍聖，誠格應真，金錢復現於崖側，神不歆物而歆誠，實饗侯之明德矣。

神宄盜塔者，建塔尼有結菴之資入於穿窬之手。然而國有常刑，法所不貸。侯執盜而鞠之，良以德威素著，不俟加刑，而肝膽畢露，盜服其辜，人服其斷矣。

遍復山門者，萬年寺之山門廊廡，久入侵漁之封內，侯與臨海萬侯捐俸以復之，將見深山之古剎，還舊日之壯觀，而貪夫亦滅侵漁之罪矣。

平判供億者，僧之有田，佛固斥之為不淨物；而萬山之中檀施不易，不得已而因有田，有田則有役。台山為東南第一名勝福地，使客絡繹乘其便道而游者，車馬時至，寺如郵亭而僧如驛使。然有田之役，復有寺之役，他寺猶為過館，高明、萬年兩為駐宿之地，奔於供應，勞擾靡堪。我侯深憫，改田役以充寺役，因寺役而免田役，稍得其平，幸甦其困。雖蒙兵道張公、守道張公、杭嚴道胡公之恩批，〔註263〕與夫郡伯張公、前侯陳公之先免，〔註264〕

〔註263〕「兵道張公」是張師繹，「守道張公」是張弘代，「杭嚴道胡公」是胡來聘。張師繹字克雋，又字夢澤，武進人。萬曆六年戊戌（1598）賜同進士出身。萬曆三十三年（1605）知山東東明縣（今屬山東荷澤市）。後知江西新喻縣（今江西新余），湖北武陵（常德）知府。以清逋賦、抗礦使有聲，累遷福建提刑按察司副使、浙江提刑按察使司副使、江西按察使。著有《蘇米譚史》二卷、《月鹿堂文集》八卷。參看《乾隆東明縣志》（臺北：成文出版社，1976）卷四，頁6a；《乾隆武進縣志》（北京：中國書店景印本，1992）卷十四，頁33a。《道光福建通志》（臺北：成文出版社影印本，1983）卷六十一，頁17b。《湖州府志》（臺北：成文出版社，1970）卷五，頁3a。《道光武陵縣志》（臺北：成文出版社影印本，2010）卷二十八，頁22a。《光緒湖南通志》卷一百，頁664a。《月鹿堂文集》現收於《四庫未收書目輯刊》第六輯第30冊。湯顯祖曾撰〈渝水明府夢澤張侯去思碑〉，記其生平頗詳。見《玉茗堂全集》（上海：上海古籍出版社，《續修四庫全書》本，2008）卷八，頁27a～31b。張弘代，靈壁人，萬曆二十二年（1594）由選貢知天台。「識度凝重，操守貞嚴……以循良薦擢戶部，民立祠祀之。」胡來聘，萬曆三十八年（1610）知天台至四十四年（1616），「廉介慈和和，精密果毅。猶加意黌宮，主持風教，士民佩其德。」見《民國續修臺州府志》卷九十七上，頁26b；《雍正浙江通志》卷一五四，頁26b。

〔註264〕「郡伯張公」身分不詳。「前侯陳公」即陳命新。他從天啟二年（1622）知天台至天啟五年（1625），然後由胡接輝接任。《民國續修臺州府志》卷十二上，頁36b。但同書卷九十一（頁17a）說他天啟元年知天台。此可能是元年任命，二年赴任之故。

實賴慈侯之仁政，而他寺莫能藉口矣。

斥割法愛者，釋氏以道為懷，故雖罔極之恩如父母，而拜辭入山，何有於家室乎？乃或不守清規，家家室室，而故違佛制，離俗既已多年，一旦類於俗子，遠親在於千里，寺傍忽為親舍；古雖有養母之堂，未聞有養家之計。謂之僧乎，則遺法門之玷；舉其名也，則累法派之羞。侯乃斥之，而命僧會以逐離。是以國法為清規，顯張王化，而大蕭僧綱矣。至於圓頂方袍之耆年碩德、超軼世味者，必優禮而獎借之。恩威而並行，折攝而兼用。況我侯蒞任未久，美政若斯之多，聖天子賜金賜秩，如漢家故事以長撫吾台也。則法門大振，佛日重光，四封盛治，而萬口歡歌，德政之洋洋纚纚，不知其幾也。若夫台鼎榮登，則德政誕敷於朝野，芳聲徧布於史冊。繼此錄而作者，復不知其幾也。山澤野人，銜恩殊渥，不自揣其鄙陋，敢臆說以寫其檗，附跋於諸君子之言末。

三、疏文、書尺

1. 重建佛殿疏*〔註265〕

高明寺，乃往古智者大師佛隴翻經之遺蹟也。先此，唯喬木參天，薜蘿翳坎，麕麚是居，〔註266〕樵牧罕至。大師時居佛隴講《淨名經》，忽經為風飄，翩翩不下。乃杖錫披荊尋經所詣；行五里許，風息而經懸焉。大師觀斯靈異，復愛茲山峯巒秀發，清溪鑒心，乃即其地以營淨居。計是時初顯其跡，〔註267〕未預寺稱。迨於盛唐始隆廣建，故而後或寺稱淨名、堂名翻經，皆不忘大師之遺意也。嘉靖間，居僧失守，寺隨田廢，跡之不可泯者，唯石經幢；神之不可欺者，唯玄應君耳。〔註268〕萬曆丙戌（1586）春，余因訪大師遺踪，一睹茲山，即有終焉之志。乃乞於檇李太史具區馮公為檀越主，黃巖侍御澄

〔註265〕《幽溪文集》所收此疏文題為〈高明寺重建佛殿募緣疏〉。
〔註266〕按：原作「麆」，同「麚」。
〔註267〕按：原作「計是時初顯跡，其……」，據《幽溪文集》所收文改。
〔註268〕「玄應君」應該是傳燈所說的護法伽藍神「玄弼真人」王子晉，世稱王喬。他說：「周靈王太子晉，生為神仙，死而魂為天台山神，掌吳越水火，司命一方。又能皈依三寶，作蘭若護法之主。靈應事蹟可考典籍者五。其陰翔顯佑，神妙不測，則無處而不顯，無時而不在，又不嘗如此。故台山僧寺，凡為民間之侵漁者，而山神輒能致禍。台民以此為戒，而卒不敢妄為。既其有功德於伽藍福地若此，而叢林之嚴祀虔奉宜矣。」見《天台山方外志》卷十，頁 409～410。

洲林公，共臨海都諫太初王公為功德主。〔註269〕三公菩薩宰官，不忘佛囑，共捐俸金，贖而施與，冀余恢復前跡，〔註270〕鼓揚大教。惜余非人，至今寢如。一旦喟而歎曰：「不干世緣，固為雅尚。像教不振，其如我何？」乃今謀欲建大佛寶殿，以及僧房。〔註271〕中奉釋尊，傍列諸祖，始於迦葉，迄於法智，共三十世，彙而顏曰：「天台祖庭」。

蓋天台之為教也，因山而得名；茲寺也，復因智者而創始。挹流尋源，不忘其本矣。然栝梁雲構，固非一木能成；嵩高峻天，可因簣土而積。是以敬募十方善信，以為茲舉檀越。惟冀慨然其不我吝，抽囊輸廩，是為勝緣。乃復拜手而述偈曰：

> 天台之山高出類，萬八千丈羅煙翠。赤城桐栢鍾仙靈，瀑布曇花呈祥瑞。
>
> 祇為山神僧亦神，於穆智者生隋陳。二王奇相福慧足，兩帝門師道德真。〔註272〕
>
> 高世匪容物擬議，遺榮真若脫弊屣。覽勝晨征弔遁林，清心又沐石梁冰。
>
> 既登佛隴即誅茆，枕流漱石思由巢。種苣拾橡當美飯，採芹摘蕨充嘉肴。〔註273〕

〔註269〕此句《幽溪文集》所收文作「臨海都諫太初王公，黃巖侍御澄洲林公，共為功德主。」三人分別為馮夢禎、林國材、王士性，是傳燈之好友兼外護。傳燈是年三十三歲，馮夢禎三十八歲，王士性三十九歲，林國材四十八歲。

〔註270〕「前跡」，《幽溪文集》所收文作「前踪」。

〔註271〕原文作「及以僧房中奉釋尊……」疑為誤植，蓋「僧房」為僧眾日常止住起臥之房舍，大小一如方丈，且不止一房。雖可安置佛像，但「中奉世尊」、「傍列諸祖」至於三十世云云，似不可能。依上文「事實」部分看，「中奉世尊」、「傍列諸祖」云云，應指佛殿，亦即大殿。

〔註272〕「二王」應指陳永陽王（陳少主從弟）和隋文帝朝晉王楊廣。「兩帝」應指陳宣帝與隋文帝。參《佛祖統紀》卷六，天台智者傳。

〔註273〕「枕流漱石」同常作「枕石漱流」，謂以山石為枕，用溪流漱口。係形容高潔之士隱居生活之意。劉義慶《世說新語》（上海：上海商務印書館，《四部叢刊初編》本，1929）〈排調〉：「孫子荊年少時欲隱，語王武子『當枕石漱流』，誤曰『漱石枕流』」。〔東漢〕曹操〈秋胡行〉二首之一：「道深有可得，名山歷觀。遨遊八極，枕石漱流。」見〔宋〕郭茂倩《樂府詩集》（臺北：臺灣商務印書館，影印《文淵閣四庫全書》，1983～1986）卷三十六，頁3a。〔明〕陸采《明珠記》（北京：中華書局，2000）第二八齣：「當時離亂之際，多少富貴的，死於兵革之中。爭如老夫枕石漱流，快活山中度日。」「枕流漱石」、「漱流枕石」、「漱石枕流」等雖文字次序不一致，但意義皆同。又按：

有時頭陀登華頂，降伏眾魔於咳聲。有時翻講淨名經，梵僧子來光烔烔。

倏忽經為風所飄，翩翩不下騰雲霄。杖錫追尋當何止，褰裳濡足隨山樵。

須史經下平原地，萬岸圍繞最深邃。幽溪流水聲潺湲，夷坦每為麛鹿寄。

大師於茲愜素心，祇陀無假布黃金。位基席草跏趺地，遺芳千載成叢林。

我亦忝為智者裔，酷愛天台夙深契。矧復茂林幽且奇，寒喧頓與他山異。

不畏深公笑買山，祇圖贏得與山閒。〔註274〕尋常衣鉢夫何有，派泉片石棲林間。

第慚際此昇平世，三寶福田未時值。欲汲人天小善根，究竟咸歸第一義。

試問人誰是給孤，肯將金藏施潛夫。眼前阿堵財通法，了達三空靖轆轤。〔註275〕

住山比丘傳燈撰

2. 募造鐵佛疏＊〔註276〕

夫天台山高明寺者，地臨瀛海，山應三台。〔註277〕樓臺薄霄漢，依然霧

「充嘉肴」原文作「元嘉肴」，「元」疑為「充」之誤刻。

〔註274〕「深公」是竺道潛（286～347），東晉丞相王導（276～339）之弟，十八歲出家，事中州劉元真為師，時稱竺法深或深公。據傳「支道林因人就深公買印山，深公答曰：『未聞巢由買山而隱。』」見《世說新語》卷下之下，頁8a。「不畏深公笑買山」一句本於此。

〔註275〕「阿堵」是六朝常用詞，同「這」或「這個」，亦即「關鍵在」。如《世說新語》卷上之下（頁16a）：「殷中軍見佛經云：『理亦應阿堵上。』」卷中之下（頁40b）：「王夷甫晨起，見錢閡行，呼婢曰：『舉卻阿堵物。』」卷下之上（頁34b）：「顧長康畫人，或數年不點目精。人問其故，顧曰：『四體妍蚩，本無關於妙處；傳神寫照，正在阿堵中。』」傳燈的意思是眼前這個最關鑑的財施有助於通向佛法之門。

〔註276〕《幽溪文集》卷六所錄此文文題為〈高明寺造鐵佛募緣疏〉。

〔註277〕「瀛海」即大海。〔東漢〕王充（約27～97）《論衡》（上海：上海商務印書館，《四部叢刊初編》本，1929）卷十一，〈談天篇〉（頁3a）：「鄒衍之書言天下有九州……九州之外，更有瀛海。」「三台」星座名，有上、中、下三

棟雲窗；景物自天成，宛爾霞城雪瀑。僧居寂寞，佛界清涼。了無三伏之炎，頻雨六花之瑞。是以莊嚴佛像，須異他山。栴檀易水解，空勞傚像優填；堆塑快泥洹，〔註278〕豈可邀功匠石。遍禮朱門清信士，何當惠我金剛軀。人心似生鐵，遇爐冶都成不壞之身；誰面不黃金，事揩磨便現滿月之相。〔註279〕休分生佛，莫論自他。最宜直下承當，莫教當面錯過。傳燈撰，徒正迹募。

3. 鑄鐘募緣疏*〔註280〕

原夫娑婆世界以音聲為佛事，釋迦文佛立言教成筌蹄。人人有個生緣，阿誰不當作佛；家家有莖燈草，一時也會放光。觸境惟心，豈假登堂說法；逢原是道，何須豎拂傳宗？〔註281〕惟斯鐘也，法門廣大，利益弘深。晨昏百八下，敲破解舞骷髏；驀地兩三聲，喚醒長迷春夢。祇園會上，曾將驗慶喜之常心；地獄界中，還仗息幽囚之苦具。眾生雖即佛，須知佛藉緣修；銅屑可為鐘，要顯鐘因冶鑄。只求施主肯發心，不問瓶盆釵釧，一任將來；惟圖是類堪成器，何妨鍮石赤銅，都歸鎔鍛。智爐爍爍，慧燄騰騰。須臾時齊放寶光，頃刻間便成法器。試聽東廊下無情說法，大千沙界普皈依；直教虎丘山頑石點頭，草木叢林皆合掌。至此時維衛佛海底搖鈴，〔註282〕都成剩語；迦葉波須

台，各有二星。《晉書》卷十一，〈天文志〉（頁293）：「兩兩而居，起文昌，列抵太微。一曰天柱，三公之位也。在人曰三公，在天曰三台，主開德宣符也。西近文昌二星曰上台，為司命，主壽。次二星曰中台，為司中，主宗室。東二星曰下台，為司祿，主兵，所以昭德塞違也。」

〔註278〕「泥洹」就是涅槃。「涅槃」的原意是「寂滅」，也就是滅絕消失之意。此處是說很泥塑木雕之佛像容易被水浸火燒而崩壞。

〔註279〕「都成不壞之身」及「便現滿月之相」《幽溪文集》所錄文各作「都能成不壞之身」及「便能現滿月之相」。

〔註280〕《幽溪文集》卷六所錄此文文題為〈高明寺募鑄鐘疏〉，其後並有「銅鐘重九千觔，崇禎貳年鑄」等字樣。但自「逢原是道」一句後為缺文。

〔註281〕按：禪宗各派門庭設施有所謂「瞬目揚眉、擎拳舉指、行棒行喝、豎拂拈搥、持義張弓、輥毬舞笏、或拽石搬土、打鼓吹毛、一默一言、一吁一笑，乃至種種方便。」見〔明〕曾鳳儀《楞嚴經宗通》卷七，頁887c。「豎拂拈搥」或「拈搥豎拂」一語常見於禪宗典籍。如《雲門匡真禪師廣錄》卷中（頁554b）：「舉僧問資福：『古人拈搥豎拂，意旨如何？』福云：『古人與麼那。』僧云：『拈搥豎拂，又作麼生？』」又，《楞伽阿跋多羅寶經註解》卷二（頁374c～375a）云佛語大慧菩薩摩訶薩曰：「良以諸佛設化，不專聲教。香味觸法，無非經教，皆可顯法入道。如禪家有拈搥、豎拂、揚眉、瞬目以接人者，蓋亦出此。世但以言說為教者，一何局哉！」

〔註282〕維衛佛，又稱毘婆尸佛（Vipaśyin Buddha）是所謂過去七佛中之第一佛。

彌擺鐸，〔註283〕亦是閒辭。此事希有，功德無邊。最宜直下承當，莫教當面錯過。謹疏。住山比丘傳燈撰。

4. 募造栴檀香佛疏＊〔註284〕

天台山高明寺比丘某言，念生居末法，幸得為僧，不覩如來相好光明，良為宿世善根微淺。恭聞《造像功德經》云：「若有人能於我末法中造佛像者，於彌勒初會，皆得解脫。當知此為三十二相之因，能令成佛。」〔註285〕又《優填王經》云：「王白佛言：『作佛像當得何福？』佛言：『此人生生世世不墮惡道，天上人間受福快樂。身體金色，面貌端正，人所愛敬。若生人中，常生帝王、大臣、長者、賢善家子，豪尊富貴。若在帝王，王中特尊。若作天主，天中最勝。過無數劫，當得成佛。』」〔註286〕但今世間造像者，多不如法。我今發心，傚優填王造阿彌陀佛栴檀像一軀，高八尺四寸，表如來具足八萬四千相好光明。復募八萬四千人隨緣布施，多至一分，少至一釐，或二三四五六七八九釐，務在情願，不敢強勉。普勸善男信女，同發歡喜之心，共作如意之福。謹錄尊名，同入佛藏，求生淨土，得不退轉。龍華三會，受記成佛。謹疏。住山比丘傳燈撰。

5. 募造禪堂疏＊〔註287〕

夫為僧以進修為本，入道以坐禪為要。一心湛寂，萬慮消鎔。個是無心道人，便稱出塵羅漢。高明寺者，中興在近，創造有年。金剛上師，已跏趺乎

〔註283〕迦葉波（Kāśyapa）即迦葉佛，是過去七佛中之第六佛。

〔註284〕按：《幽溪文集》雖收錄此文，但前數行缺漏。

〔註285〕按：《佛說大乘造像功德經》原文云：「若復有人能於我法未滅盡，來造佛像者，於彌勒初會，皆得解脫。若有眾生非但為已而求出離，乃為欲得無上菩提，造佛像者，當知此則為三十二相之因，能令其人速致成佛。」

〔註286〕按：《優填王經》無此一段，但〔唐〕道世的《法苑珠林》及《諸經集要》皆引《優填王作佛形像經》之文云：「昔佛在世時，跋耆國王名曰優填，來至佛所，頭面頂禮，合掌白佛言：『世尊，若佛滅後，其有眾生作佛形像，當得何福？』佛告王曰：『若當有人作佛形像，功德無量，不可稱計。世世所生，不墮惡道。天上人中，受福快樂。身體常作紫磨金色，眼目清潔，面貌端正。身體手足，奇絕妙好，常為眾人之所愛敬。若生人中，常生帝王、大臣、長者、賢善家子。所生之處，豪尊富貴，財產珍寶，不可稱數。常為父母兄弟宗親之所愛重。若作帝王，王中特尊。」見《法苑珠林》卷三十三，頁765ac；《諸經要集》卷八，頁76ab。兩者之文大同小異，今引前者。

〔註287〕《幽溪文集》卷六所收錄此文題名為〈高明寺募造禪堂疏〉。

千葉蓮臺；〔註288〕清淨芯蕘，欲箕踞於數椽禪室。由是恭持短疏，〔註289〕募化高門。堂有三十二，法華亦許經營；眾列萬二千，善逝曾垂汲引。〔註290〕既非五味禪，〔註291〕持此一心福祝；願給孤長者，竟生忉悧天宮。謹疏。住山比丘傳燈撰。

6. 募造栴檀香佛成發願文疏*

娑婆世界、南閻浮提大明國、浙江台州府天台縣高明講寺比丘某甲，〔註292〕盥沐焚香，一心皈命本師釋迦牟尼世尊、西方極樂世界阿彌陀世尊、當來下生彌勒世尊、十方三世一切諸佛世尊、大智文殊師利菩薩、大行普賢菩薩、大悲觀世音菩薩、大勢至菩薩、清淨大海眾菩薩、一切菩薩、摩訶薩、護法諸天菩薩，他心道眼，無礙見聞。某言念生居末世，幸得為僧，不覩如來相好光明，良為宿世善根微薄，故致此身。雖值佛法多遭障緣，徒染旨於圓乘，未頓餐於王饍。曾於萬曆二十六年（1598）八月內，於大悲三昧道場，對三寶前發菩薩願，募八萬四千人緣，裝造栴檀香阿彌陀佛一軀，觀音、勢至二菩薩像，高八尺四寸，表八萬四千相好光明。至萬曆三十四年（1606），始發緣簿。於今三十五年，詣溫州府永嘉縣天寧寺，四月初八日就工鏤刻，至九月初旬始

〔註288〕「千葉蓮臺」出自《梵網經》。按《梵網經古跡記》卷二（頁701b～c）釋經語「我今盧舍那方坐蓮華臺周匝千華上復現千釋迦；一華百億國一國一釋迦」，大略謂盧舍那佛坐於蓮華臺上，周匝千葉之上，復現千尊之釋迦，一花有百億國，一國有一尊釋迦，各坐於菩提樹下，皆成佛道。

〔註289〕原文作「恭特」，顯為誤刻，改為「恭持」。《幽溪文集》所收錄此文亦作「恭持」。

〔註290〕「善逝」是佛陀「十號」之一。《菩薩地持經》云：「如來有十種名稱：功德，謂非不如說故。名（如來）得一切義，無上福田。應供養故，名應，如第一義開覺故，曰等正覺止觀具足。名明行足，第一上升，永不復還故。名善逝，如世界眾生界，一切種煩惱及清淨。……」見《釋氏要覽》卷二，頁284a～b。《翻譯名義集》卷一（頁1057b）：「路迦那也（Lokanātha），《大論》云：『翻世尊。』《成論》云：『具上九號。』為物欽重，故曰世尊；天上人間所共尊故。此十號義，若總略釋：『無虛妄』名如來。『良福田』名應供。『知法界』名正遍知。『具三明』名明行足。『不還來』名善逝。」「萬二千」之數，可見於《佛本行經》卷四，頁81a。

〔註291〕「五味禪」五味交雜之禪，相對祖師「一味禪」而言。祖師以一味之禪，斥責五種交雜之如來禪之意。《明覺禪師語錄》卷二（頁238c）：「舉。歸宗問僧：『甚處去。』云：『諸方學五味禪去。』宗云：『我者裏有一味禪，為甚不學？』僧云：『如何是一味禪？』宗便打。」

〔註292〕《幽溪文集》卷六所收錄此文作「比丘傳燈」。

獲畢工。神人協贊，無諸障難，覩希有事，發踊躍心，而白佛言：「我聞真心無相，真佛無形。〔註293〕惟無形而無所不形，惟無相而無所不相。是以普門示現，而萬應全彰；華藏莊嚴，而十身頓足。〔註294〕斯皆體忘眾累，妙絕纖塵；對物現形，了罔陳跡。況夫應佛界機，〔註295〕現佛界相，〔註296〕或現大身，滿虛空中；或現小身丈六八尺。〔註297〕固非情塵之可擬，色相之可求。悉類色裏之膠青，水中之鹹味。〔註298〕應持不見其頂，目連莫究其聲，〔註299〕斯有由矣。佛身既爾，佛像亦然；悉為八識之所現，〔註300〕何非四智之所持。〔註301〕達境惟心，宜即心而即佛；知心具境，乃即佛而即心。三身宛然，〔註302〕四德

〔註293〕「真心無相，真佛無形」一語似出自臨濟義玄所說：「道流！真佛無形、真法無相，爾祇麼幻化上頭作模作樣，設求得者，皆是野狐精魅，並不是真佛，是外道見解。」見《鎮州臨濟慧照禪師語錄》頁500a。

〔註294〕按：《華嚴經》云如來境界有「十頭、十眼、十耳、十鼻、十舌、十身、十手、十足、十地、十智。」「十身」為：平等身，清淨身，無盡身，修集身，法性身，離尋伺身，不思議身，寂靜身，虛空身，妙智身。見實叉難陀譯《華嚴經》卷五十，頁266c。《大般若波羅蜜多經》卷五十六，頁932b。

〔註295〕按：智顗《妙法蓮華經玄義》卷六（頁749b）有所謂「十法界機」，又稱「十界機」，有其麁妙；所謂：「機即判麁妙：九界機為麁，佛界機為妙。」

〔註296〕智顗《妙法蓮華經玄義》卷二（頁695b）云：「六趣相表生死苦，二乘相表涅槃樂，佛界相表非生死、非涅槃，中道常樂我淨，故言佛界最是無上。」

〔註297〕「或現大身，滿虛空中」一語屢見於佛典，用以進入涅槃境界。譬如，《過去現在因果經》卷四（頁650c）：「爾時世尊，知彼心念，即語迦葉：『汝今宜應現諸神變。』於時迦葉，即昇虛空，身上出水，身下出火；身上出火，身下出水；或現大身，滿虛空中；或復現小；或分一身，為無量身；或現入地，還復踊出；於虛空中，行住坐臥。舉眾見已，歎未曾有。」

〔註298〕此語見永明延壽（904～976）《心賦注》卷二（頁115a～b）：「若海中之鹹味，物物圓通；猶色裏之膠青，門門具足。」「膠青」是一種含有膠質成分的黑色顏料，可用以染鬢。傅大士《心王銘》有「水中鹽味，色裏膠青」之語，常為禪師所引用。譬如，《宏智禪師廣錄》卷一（頁4b）：「上堂云：『水中鹽味，色裏膠青。體之有據，取之無形。』」又同書卷四（頁50b）：「大千卷出破塵情，水中鹽味色裏膠青，機前有路妙難名。纔形言像迢然去，又是泥團換眼睛。」

〔註299〕「應持不見其頂，目連莫究其聲」二句見四明知禮《觀無量壽佛經妙宗鈔》卷五，《大正藏》第37冊，頁224b。

〔註300〕「八識」（aṣṭa-vijñānāni）是瑜伽行派與法相和唯識宗五位法中之心法。即眼、耳、鼻、舌、身、意、末那、阿賴耶，共八識。

〔註301〕「四智」（catvāri jñānāni）指四種智慧，佛果之四智。全稱四智心品。為唯識宗所立。即將有漏的第八識、第七識、第六識，及前五識轉變為四種無漏智，即大圓鏡智、平等性智、妙觀察智、成所作智。

〔註302〕「三身」（trikāya）又作三身佛、三佛身、三佛。身即聚集之義，聚集諸法而

無減，〔註303〕一草一木而長放光明，一色一香而恒成妙用。」

「某宿生慶幸，忝預僧倫。覩勝像以興心，悟真乘而創志。即穢趨淨，依像求真。募八萬四千人緣，造八尺四寸香像。此繫小緣而人人樂施，頓成大事而各各欣觀。所願化八萬四千煩惱之儔，成八萬四千菩提之眾；即八萬四千毛竅，放八萬四千光明。摩頂至足而分分皆香，自囪及精而塵塵即佛。或讚或毀，均為解脫之因；若順若違，同獲常樂之果。生階圓信，觀佛三昧現前，當證無生；相好光明，頓顯回身忍土，普利羣生。化此娑婆，成安養國。復願所造尊像，至末法時，乞大龍王請入海藏，待彌勒佛當來下生；湧現其前，施作佛事。佛為宣說造像本因，我於是時現身作證。大眾合掌，讚歎希有。蒙佛授記，當來成佛。八萬四千施財善信，各各發心次第成佛，如阿彌陀、如釋迦文、如慈氏尊、如文殊師利、如觀世音、如普賢王、如大勢至。所有誓願，所有智行，所有身量，所有國土，所有清淨莊嚴，等無有異。謹疏。住山比丘傳燈撰。」

7. 募造藏經疏*〔註304〕

余於天台山重興高明寺，鑄造鐵像、鏤刻栴檀香像，佛寶圓矣。復建禪堂，禪坐三載，僧寶圓矣。議者謂法寶未圓，於是復有藏經之舉。余竊怪邇世造藏，不得其所，多委諸蠹魚之窩，深可痛惜。欲倣古制，無愈宋牋。第無宋人之資，復無宋人之方。為當今計，不若印以竹紙，裹以藤牋，染以黃蘗，裱以法糊，護以緻殼，畫以燄火。竹紙取其堅滑，藤牋取其不裂。黃蘗味苦，不來蠹魚。法糊膠固，不易脫落。緻殼輕重得宜，燄火表試不燒。此折衷古制，參以己意者也。〔註305〕

乞施之法，不計多少；富者全乞，否則半之，又否則三分之一、十分之一，又否則乞以隨喜，每卷計直五分，總謂之乞歡喜緣，入無遮會。請註芳名，書諸經尾，共成功德叢林，同預龍華勝會。謹疏。住山比丘傳燈撰。

<hr>

成身，故理法之聚集稱為法身（dharmakāya），智法之聚集稱為報身（saṃbhogakāya），功德法之聚集稱為應身（nirmāṇakāya）。

〔註303〕「四德」（catvāraḥ guṇa）指如來法身所具有之四德，即：（一）常，謂如來法身其體常住，永遠不變不遷。（二）樂，謂如來法身永離眾苦，住於涅槃寂滅之大樂。（三）我，謂如來法身自在無礙，為遠離有我、無我二妄執之大我。（四）淨，謂如來法身離垢無染，湛然清淨。

〔註304〕《幽溪文集》卷六所收錄此文之題名作〈高明寺募造藏經疏〉。

〔註305〕「己意」之「己」，誤成「巳」，據《幽溪文集》卷六所收錄文補之。

8. 募化大殿磚瓦疏*〔註306〕

夫屋之須瓦猶身之須衣，理固然也。然有屋不須瓦，如北人之穴居。又有屋不堪瓦，如五臺、峨嵋之銅殿、鐵瓦、板屋。唯今天台，處乎可不可之間，雖位東南，山頗高峻，土兼砂石，性不堅牢。為是役者，功雖百倍，利不二三。經霜雪與波澌而鬪堅，遇春風隨陽和而解體；任持惟艱，〔註307〕每興太息。若謀之實地，必姑蘇之官瓦、永嘉之民窰，厥膩如粉，厥堅若石，施之大雄氏，是稱金剛城也。

敝山高明寺，自丙申年（1596）刱殿，泊造山門、僧房、與楞嚴壇屋，種種莊嚴，與人間埒。獨磚瓦不稱，成而壞，壞而成，凡經其幾，志憊力竭；欲罷不能，欲求之姑蘇，奈何途路阻脩。故命法孫受教，敬持短疏，敢告永嘉善信。矧寒山佛事，來之永嘉，已蒙布金為磚，豈吝施金作瓦。伏乞仁人，念佛相堂堂在座，金色歷歷可觀，護一日像，獲一劫福。生生常得為王，相好光明具足；蓋功德不可思議，果報亦不可思議也。謹疏。住山比丘傳燈撰。

9. 妙山鑄鐘募緣疏〔註308〕

妙山鐘者，司合邑之晨昏，關會城之風水；醒幽幽之睡夢，聞擾擾之塵勞。是以長鯨一擊，震吼蒲牢，響答千山，聲揚萬壑。〔註309〕文溪聯泮，水騰踏起

〔註306〕《幽溪文集》所收錄此文之題名作〈高明寺募化大殿磚瓦疏〉。

〔註307〕「波澌」一詞甚少見。蘇軾〈新渡寺席上次趙景貺陳履常韻送歐陽叔弼……〉一詩有「春愁結凌澌，正待一笑泮」之句，見《東坡全集》（臺北：臺灣商務印書館，影印《文淵閣四庫全書》本，1983～1986）「凌澌」或作「冰澌」，即「冰凌」，是下雪處才會見到懸在屋簷下或樹枝間之冰柱，應即是「波澌」之意。「任持」，此處謂「維持」、「保持」或「保護」之意。

〔註308〕此妙山應該是指浙江寧海縣的妙山縣。

〔註309〕〔唐〕慧寶注神清《北山錄》「蒲牢響遍，仰雷霆而佐震」一句有云：「蒲牢海獸也，鯨魚擊之，則聲震川谷。今於鐘上鑄之，以魚形杵擊之，取其聲也。」見《北山錄》卷六，頁 610b。此處之「長鯨一擊」等語，當係採此意象。〔宋〕善卿《祖庭事苑》卷四（頁 373a）「鯨音」條引《物類相感志》云：「海岸有獸曰蒲牢，而性畏鯨魚，食於海畔。鯨或躍，蒲牢則鳴聲如鐘。今人多狀蒲牢獸形施於鐘上，斲撞為鯨而擊之。鯨本無聲，因鯨躍而蒲牢鳴，故曰鯨音。」〔明〕師子比丘述注〔元〕子成《折疑論》釋「然以蒲牢含響，為長鯨扣之，則莫得悶其聲也」一句略謂：「海有大魚名鯨，海島有獸名蒲牢。蒲牢畏鯨，鯨一躍，蒲牢輒大鳴吼。故鐘上鑄蒲牢之形，擊鐘之木以為鯨魚之形。故問者如鯨，答者如蒲牢之應聲也。」見《折疑論》卷四，頁 813a。

久困之潛龍；寶塔對巧，尖鐘鞳振未礲之鐵筆。〔註310〕日出而作，聲八百，蒼煙籠桂爨人家；〔註311〕日入而息，撞六通，青火照螢窗士子。桃花春煖，幾回誤聽雷鳴；〔註312〕桂蕚秋香，每覺恍聞鶴唳。來耳邊、往聲邊，主人翁阿誰參透？為自生、為他生，無生理會有承當。若夫子鳴母應，攻罪銘勳，乃依和而召其和，實以類而格其類。則鐘之為物，所係者大，而古之所制，厥寓也深。

以是而言，則妙山不可一日以無鐘；迹此而觀，則禪林胡當經年而絕響？此仁侯所以孜孜介懷，命僧而經理；即山僧亦以惕惕在念，秉命而修營也。所冀銅陵長者，〔註313〕金谷王孫，〔註314〕曰士曰農，若工若賈，無論瓶盤釵釧，一躍冶而總化黃金，不分斤兩銖錢，既登模而都成法器。何異捨銅鑄佛像，鐘成便是善說法之大覺金仙；亦類輸財葺教饗，鏞就即為廣化原之夫子木鐸。念山僧不昧因果，勸檀越廣種福田。以一鐘易一鐘，不徒一家築墻而兩家好看；用彼響續此響，抑且今世捨鐘而來報雷音。謹疏。

10. 祇園菴買地闢路募緣疏〔註315〕

伏以祇桓精舍，久嚮戰勝太子之嘉名；〔註316〕給孤獨園，每切須達長者

〔註310〕「鐘鞳」指鐘鼓聲。見〔宋〕闕名《附釋文互禮部韻略》卷五，頁 27a。丁度《集韻》卷十，頁數不明。

〔註311〕「桂爨」亦作「爨桂」，指物價昂貴，生活艱困。〔宋〕司馬光〈答劉蒙書〉：「月俸不及數萬，爨桂炊玉，晦朔不相續。」《司馬文正公文集》（上海：上海商務印書館，《四部叢刊初編》本，1929）卷五十九，頁 12a。

〔註312〕「桃花春煖」一語，時見於詩中。〔明〕鄧雅〈謝胡廷琛惠智永千文及藤杖〉一詩有句云：「燕子日長揮翰墨，桃花春暖步郊墟。」見《玉笥集》（臺北：台灣商務印書館，影印《文淵閣四庫全書》本，1983～1986）卷四，頁 21a。〔明〕藍仁〈丙寅歲春送崇邑判簿劉宗文朝京〉一詩有句云：「梧樹秋清初到邑，桃花春暖又朝天。」見《藍山集》（臺北：台灣商務印書館，影印《文淵閣四庫全書》本，1983～1986）卷四，頁 15b。

〔註313〕「銅陵長者」本漢文帝夢鄧通而鑄銅山錢供之故事。據云漢文帝夢墮井為鄧通所接，乃召通至。占者云：「不免餓死。」帝乃令人於蜀銅山鑄錢供之。

〔註314〕「金谷王孫」指西晉石崇及其在洛陽金谷園之故事。智顗《妙法蓮華經文句》卷五（頁 66b）有「位則輔弼丞相，鹽梅阿衡；富則銅陵金谷，豐饒侈靡」之句。故「銅陵長者」、「金谷王孫」皆指富饒之人。

〔註315〕此祇園菴應是傳燈弟子祇園正印在吳中所創者。《幽溪別志》卷八（頁 9b），祇園正印小傳說他「弱冠投幽溪學教三年，後居長壽寺六載。吳中緇素延講《妙宗鈔》，遂創祇園菴于南濠街，立方等懺堂。姚太史希孟為疏文。」

〔註316〕「戰勝太子」指祇陀太子（Jeta）。又作祇多太子、逝多太子、制多太子等。是中印度舍衛國（Śrāvastī）波斯匿王（Prasenajit）之皇太子。〔隋〕吉藏《勝鬘寶窟》卷一（頁 9b）：「昔有賊欲破舍衛，舍衛國主與賊交戰遂使勝賊，因

之盛德。〔註317〕歷千載而遺風不泯，經萬劫而流澤常存。今之倣古，亦猶後之視今；聖之格凡，固假凡之感聖。茲者，金閶門外，已成小小祇園；法界堂中，儼坐巍巍大聖。第布金有地，地半屬於鄰居；掛樹無錢，錢素封於寶藏。門雖不邀車馬，即俠斜而車馬何通；〔註318〕心固常學慈悲，見穢惡而慈悲奚忍。是雖小道，須誠大方。成斯一二因緣，乞我十千刀布。〔註319〕錢非十萬，未必即可通神；符到奉行，頃刻便能遣鬼。鬼遣而神明可致，土淨而心地隨清。可通長者，大白牛車；〔註320〕可張如來，大白傘蓋。功德難思，宣敷豈盡。弗勞擬議，請即承當。謹疏。

11. 北禪寺齋僧募緣疏*〔註321〕

伏以愛河深廣，耽湎者永劫沈淪；彼岸高昇，攀躋者常時解脫。解脫則

戰勝日仍生太子，故字為戰勝。」

〔註317〕須達（Vasudatta），又作須達多、蘇達哆。譯作善授、善與、善施、善給、善溫。為中印度舍衛城之長者，波斯匿王之大臣。其性仁慈，夙憐孤獨，好行布施，人稱之為阿那他擯荼陀（Anāthapiṇḍada）又作阿難邠邸、阿難賓坻、阿那邠地、給孤獨食、給孤獨。他在王舍城（Rājagṛha）之竹林精舍（Veṇuvana）聞佛陀說法後，請佛陀訪舍衛國，得祇陀太子之助，建造祇園精舍（Jetavana）以供養佛陀。

〔註318〕「狹斜」狹窄而斜曲之意。原作「俠斜」，疑為誤刻。〔宋〕郭茂倩《樂府詩集》卷三十五（頁1a）錄〔漢〕無名氏〈長安有狹斜行〉一詩，首二句云：「長安有狹斜，道狹不容車。」〔唐〕盧照鄰〈長安古意〉一詩首二句云：「長安大道連狹斜，青牛白馬七香車。」

〔註319〕「布刀」，古代錢幣。《管子》（上海：上海商務印書館，《四部叢刊初編》本，1929）卷二十二，〈國蓄第七十三〉（頁10b～11a）：「先王為其途之遠，其至之難，故託用於其重：以珠玉為上幣，以黃金為中幣，以刀布為下幣。」《荀子》卷二，〈榮辱篇第四〉（頁17b）：「又蓄牛羊，然而食不敢有酒肉；餘刀布，有囷窌，然而衣不敢有絲帛。」楊倞注：「刀布，皆錢也。刀取其利，布取其廣。」《史記》卷〈平准書論〉：「農工商交易之路通，而龜貝、金錢、刀布之幣興焉。」司馬貞索隱：「布者，言貨流布，故《周禮》有二夫之布。《食貨志》：『貨布首長八分，足支八分。刀者，錢也。』」

〔註320〕「大白牛車」出《法華經》之「火宅喻」。「火宅喻於三界，諸子喻於眾生。火宅門外而設三車，喻昔權說三乘也。末後等賜大白牛車，喻今實說一乘也。破三顯一，誘入大乘。此如來之本致也。」見〔宋〕戒環《法華經要解》卷一，頁279b。

〔註321〕此北禪寺在蘇州，傳燈於萬曆四十二年甲寅（1614），曾應邀至此寺講《法華經》一夏。《幽溪別志》卷五，頁4b。邀請者應是吳門友人徐申。徐申字維嶽，號文江，蘇州長洲人，萬曆五年（1577）丁丑科進士，曾任南京右通政使，故傳燈以徐通政稱之，見〈徐通政為北禪寺請講《法華經》〉，見《幽溪別志》卷九，頁27a。

為人為天、為賢為聖；沈淪則為獄為鬼、為血為刀。此道理之必然，人情之恒見；不須更喻因果，無庸辨析是非。第愛河之水，為六蔽之所漂流；彼岸之鄉，須六度之所津濟。出家閒曠，以持戒而為先；居家逼窄，以布施而為首。惟持戒必求體淨，布施須擇良田。良田遍地，以悲敬而為依；淨戒多門，以止作而為本。戒淨則良田不瘠，施普而佳種非焦。投一粒於春泥，秋來大獲；植一因於斯世，來報豐登。乃人道之所當修，物理之所不謬。

北禪寺者，舊稱天台講寺，今為淨業道場。既築室以焚修，復營齋而接眾。法雲堂六時頂禮，賡頻伽鳥和雅之聲；且過寮十方往來，重鉢多羅鳩鴿之色。無論會歸四海禪德，誠能聳動十方善人。第僧田不及王田，〔註322〕心耕與刀耕有異；福種相齊慧種，業力與道力稍殊。所願富貴者，念前修更事今修，廣輸金而運粟；貧窮者，厭今果以欣當果，量捨帛以捐財。共結無上良緣，同入堅牢庫藏。三輪本自空寂，果報固不可無而思議；十力久證真常，盼蠁實無乖於感應。〔註323〕回頭是岸，請各登先；達妄全真，無容後覺。謹疏。

12. 杭州長明寺募造放生池疏*

長明寺西竺禪師，與大檀越復本寺佛印禪師放生池，〔註324〕復欲四圍築堤，以防竊取，深浚其池，以縱游泳，甚盛事也。天台比丘無盡燈聞之，歡喜而說偈言，以為好生大檀越見聞隨喜，捐資助成者勸。

我聞釋迦因，為流水長者。〔註325〕既作大醫王，醫身心二病。〔註326〕

〔註322〕 原作「王曰」，疑為「王田」之誤

〔註323〕 「盼蠁」音「系響」，亦作「肸蠁」。笑聲散布之意。

〔註324〕 長明寺於晉天福年間建，宋開寶四年（974）吳越忠懿王錢俶改名法燈。宋英宗治平二年（1065）改長明寺。元代毀，明代再次重建。虞淳熙曾於萬曆四十八年庚申（1620）撰〈長明寺後放生池記〉。見《乾隆杭州府志》卷二十八，頁7b；卷六十一，頁28b。《民國杭州府志》（上海：上海書店出版社，1993）卷九十八，頁8a。此疏所云之西竺禪師、大檀越都不詳何人，傳燈亦未說明。佛印禪師應該是在此開講的佛印禪師。見《武林梵志》卷一，頁45。按：國家圖書館藏《虞德園先生文集》（明天啟癸亥三年，〔1623〕）錢塘虞氏務山館刊本）卷八（頁4a～6b）有〈重建長明寺復放生池碑〉，碑中說西竺禪師是燈傳辯融。而佛印似即與蘇軾深交之金山佛印了元。

〔註325〕 按：此偈所言都本《金光明經》卷四〈流水長者子品第六〉。如「流水長者」見《金光明經》卷四〈流水長者子品第六〉（頁352b）：「（0352b16）佛告樹神：『爾時流水長者子，於天自在光王國內，治一切眾生無量苦患已，令其身體平復如本，受諸快樂。』」

〔註326〕 《金光明經》卷四〈流水長者子品第六〉。佛又說：「『以病除故多設福業，修行布施，尊重恭敬是長者子，作如是言：善哉長者！能大增長福德之事，

復作放生因，以為成佛道。遊行大野中，以一大陂池。

為諸網捕人，斷上流諸水。池中諸遊魚，具足十千數。〔註327〕

窟宅既已枯，殆將死不久。顒顒望救濟，如渴思甘露。

長者愍斯苦，乞百頭大象。用皮囊盛水，以濟一時渴。

復施以飲食。〔註328〕

及稱寶勝佛，十號眾功德。因緣生滅相，皆當為說之。

諸魚命終後，得生忉利天。〔註329〕

長者得成佛，號釋迦牟尼。於光明會上，天子獲受記。

故知放生業，乃為長壽因；成佛之根本。

過去諸如來，斯門已成就。天台智者師，及以永明壽。

為佛道因緣，皆遵先佛氏。今此長明寺，古有放生池。

乃佛印禪師，勸眾放生處。年久陂池壞，放生道亦弛。

今有西竺師，募創諸宮殿。率諸大檀越，贖池復放生。

池非浚不深，魚非深不樂。池非防易窺，窺則來竊盜。

浚池及築堤，動以數百金。自非大檀越，頓發菩提心。

以小小因緣，何能即辦之？

我居天台山，無魚可放生。失此佛道因，心常懷慚愧。

能益眾生無量壽命，汝今真是大醫之王，善治眾生。』」

〔註327〕此句原書漏「足」字，據《幽溪文集》卷五所錄同疏補之。「池中諸遊魚」
云云，仍見前書卷四（頁352c）：「時長者子遂便隨逐，見有一池其水枯涸，
於其池中多有諸魚，時長者子，見是魚，已生大悲心。」又「十千數」云云，
亦見前書卷四（352c）。流水長者子問樹神之語：「長者子問樹神言：『此魚
頭數為有幾所？』樹神答言：『其數具足足滿十千。』」

〔註328〕「百頭」，原書作「而頭」，據《幽溪文集》卷五所錄同疏改之。「乞百頭大
象」、「以濟一時渴」云云，見前書卷四（頁352c），流水長者子，返至自在
光王處所言之語：「我為大王國土人民治種種病，漸漸遊行至彼空澤，見有
一池其水枯涸，有十千魚為日所曝。今日困厄將死不久。惟願大王，借二十
大象，令得負水濟彼魚命，如我與諸病人壽命。」又同頁描述皮囊盛水之事
曰：「是時流水及其二子，將二十大象，從治城人借索皮囊，疾至彼河上流
決處，盛水象負，馳疾奔還至空澤池，從象背上下其囊水瀉置池中，水遂彌
滿還復如本。時長者子，於池四邊彷徉而行，是魚爾時亦復隨逐循岸而行。
時長者子，復作是念：『是魚何緣隨我而行？是魚必為飢火所惱，復欲從我
求索飲食，我今當與。』」

〔註329〕「忉利天」（Trāyastriṃśa）即佛教之宇宙觀中之三十三天位於位於須彌山頂，
也是欲界六天之第二天，係帝釋天所居之天界。山頂四方各八天城，加上中
央帝釋天所止住之善見城（喜見城），共有三十三處，故稱三十三天。

今見此勝舉，踊躍喜無量。矢筆說此偈，為諸長者勸。

放生長壽因，放生成佛道。放生無病苦，放生子孫盛。

何況此二舉，護諸所放生。乃諸功德中，為諸功德最。

13. 本寺建關岳二王祠疏＊〔註330〕

夫如來者，天上天下之至人，而楞嚴壇，世出世間之至教。天台山為海內之名區，高明寺為名山之勝地也。以非常之勝地，居非常之名區，供非常之聖人，演非常之至教，苟無非常之神明，何以護非常之妙法哉？

本寺素宗天台智者大師教，而關公之英爽不昧，靈而為荊州玉泉山神，一夕偕子平謁大師於靜夜禪定中。師教以三歸，授以五戒。〔註331〕神為運力造寺，矢願護法，則凡台教護伽藍神祀關王父子者以此。〔註332〕第今建立道場，既去土以為堺，復封土以為壇。塗以十香，象以八正。羅列供其莊嚴香花，諸佛菩薩俯臨其上，金剛密迹擁護其前，儼然淨土中境界，視他道場不同，非有精忠義勇與關王埒者，無足以昭護法之靈，與清淨道場稱。洪惟岳武穆王，武於有宋為南渡一代儀表；汪洋丰度可為治世之文臣，砥礪襟懷真是中原之名將。仁孝素著，智勇過人。兵以少而制多，術以奇而歸正。金人見形而喪膽，兀術聞名而沮氣。不死於敵國，而死於奸相；不困於重壘，而困於狴牢。其忠勇當何如哉？

〔註330〕《幽溪文集》卷六所錄文作〈高明寺建關岳二王祠疏〉。此疏稱關公為關王，岳飛為岳武穆王。而在《天台山方外志》亦稱關公為「關王」及「關王菩薩」，岳飛為岳武穆王。故云「關岳二王」。按「關王」之稱，在宋代已相當流行，關王祠或關王廟之記載已不少。

〔註331〕按：《佛祖統紀》云：「（隋文帝）開皇十二年（592），智者禪師於荊州當陽玉泉山為關王父子授戒。」見《佛祖統紀》卷二十三，頁247c。又云：「（開皇十二年）十二月，智者禪師至荊州玉泉山安禪七日，感關王父子神力開基造寺乞授五戒。師入居玉泉，道俗稟戒聽講者至五千人。」同書卷三十九，頁360b。又云：「智者禪師為關王父子授菩薩戒。」同書卷五十三，頁446a。

〔註332〕關公父子以神力造寺之傳說，〔宋〕曇照的《智者大師別傳註》卷二（頁671a）言之甚詳。大略謂：「一夕雲霧開爽，月明如畫。有二聖者，部從威儀，如王者狀。長者美髯而豐厚，少者裹帽而秀發。師遂顧問聖者何來。曰：『予乃蜀前將軍關羽、兒子日平，以戰功故常鎮是邦。此山號三毒山，自古迄今人跡罕到，唯龍虵虎豹妖精鬼魅之所窟宅。大德聖師何枉神足？』『貧道自天台過，欲於此處建立道場，少酬生成之德。』神曰：『果如是，弟子當為造寺化供，以延十方清眾，何如？此去一舍地，有山狀如覆舡，其土深厚，形勢將旺。弟子於此建寺，願師禪定七日。』言訖而退。」

夫生為骨梗之臣，而死必英烈之氣不散。楊維楨（1296～1370）〔註333〕樂府詩有云：「生兮人之靈，死兮屬之精。萬八千丈兮華之頂，帝命我兮司陰刑。」〔註334〕楊必有所見而然，則王為天台山神者審矣！以故本寺欲祀王為護伽藍神者，自非一日。惟首鼠兩端，勿獲一決。去歲因讀陳公子貫吾先生〈金牌記〉，〔註335〕觀其創意，不徒發明武穆五千載英烈之氣，直欲將一片赤心置人肝膽中。即我決意祀王，亦先生助也。妄意創二王之殿於大佛之東西偏，所以序昭穆、尊先輩也；偕列，同嗅味也。以二公之銅肝鐵膽，事佛之月面金容；以二公之不妄不欺，輔佛之純真妙覺。如來則攝物以慈，二公則折物以威。一折一攝，化行世間，此可以為十方之通規，千載之定論也。

14. 刻《維摩經疏》募緣疏*

《維摩詰所說經》者，不思議解脫之法門也。為佛法之淵藪、文字之總持、神通之大本、成佛之妙門。使經邦濟世者得讀此書，則深達鹽梅調鼎之大本；聰明睿智者得讀此書，則妙悟文字三昧之根源；空宗禪學者得讀此書，則必不執以無文字為究竟；潛心教苑者得讀此書，則能了離指得月之大旨。

昔宋張無盡初時極不信佛，一夜籌燈染毫，欲有所作。夫人問曰：「相公欲作何文？」對曰：「作無佛論。」夫人曰：「既無佛，何論之有？〔註336〕當作有佛論可也。」〔註337〕公奇夫人言而止。一日因公事到一招提，偶於架上

〔註333〕原書誤作「揚維楨」。

〔註334〕此詩見〔清〕樓卜瀍撰《鐵崖古樂府注》（上海：上海古籍出版社，《續修四庫全書》本，2002）卷八（頁9b～10a），楊維楨〈岳鄂王歌〉。原詩全文為：「生兮人之英，死兮屬之靈。國有駏兮，推我國長城。善寡與兮，惡好朋。大霧蔽天兮，天日不我明。嗟爾屬兮，謁上帝兮上征。萬八千丈兮華之頂，帝命我兮司陰刑。刿爾駏兮，赫以就冥。嗟爾屬兮，人之英。」按《宋史》卷三百六十五（頁11395）：「淳熙六年（1179），諡武穆。嘉定四年（1211）追封鄂王。傳燈《天台山方外志》卷十「岳武穆王」條（頁420）：「岳飛，字鵬舉。力戰圖復中原，秦檜主和議，促召班師。其部曲自相攻發，矯詔殺飛父子。飛死為神，居天台第一峯，秦檜受諸苦楚。楊維楨樂府詩云：「生兮人之英，死兮屬之靈。萬八千丈兮華之頂　帝命我兮司陰刑。」

〔註335〕按：〔明〕吳亮《萬曆疏鈔》（上海：上海古籍出版社，《續修四庫全書》本，1995）卷十八（頁22b）：「嵩滅沒之後，好事者編為《金牌記》雜劇以播其惡。」陳公子貫吾先生應該就是此「好事者」。其〈金牌記〉筆者未見，似無可考。

〔註336〕原文作「一夜能證，染毫欲有所作」，此處據《幽溪文集》卷六所錄文改之。

〔註337〕按此出《大慧普覺禪師語錄》卷一（頁952b）：「（張無盡）夜坐書院中，研

得《維摩經》三卷，展而讀之，至〈文殊問疾品〉「文殊問曰：『居士此疾，何因而有？』對曰：『此病非四大，不離四大。』」公大異其言，謂「佛氏教中亦有如是語言文字耶？」因持歸，然燭而讀。夫人復問曰：「相公讀何書？」對曰：「《維摩經》。」夫人曰：「熟讀此經然後可以作無佛論也。」公益異夫人言。後因深通此經，頓悟佛道為宗門一代碩品；因知此經匡廓至大，理致極微，隨機不同，多方援引。

第時當方等，彈斥居多，語或反常，言偏詭異。然而雖反實正，似奇而常。未了者或墮於偏枯，不知者或失於疑似。不有疏解，刊正誠艱。關中舊解，大成乎闊略；〔註338〕天台古疏，又久苦於喪亡。眾皆渴仰，法水若壅塞而弗流。老僧不揣樗櫟，乃援筆而疏決；〔註339〕志存流通大法，疎漏在所不惜也。始於天啟五年（1625）季春，告成於次年（1626）孟夏，蓋首尾一年於茲。〔註340〕以茲衰朽之年，又值老病之餘，孜孜謀之，實為大法；復欲藉此殘喘災木，以廣弘傳。然處窮山，〔註341〕阻遠檀施。今則特修短疏，以告往來長者。念此經以五百長者獻寶蓋而為發起，復以維摩居士而為主人，正以法施、以財施為先。同類之鈎引，因緣非小。伏乞大心長者，有力檀那，捐六十餘金，便可跨六度之先，廣三十萬言，足稱踐智度之首。《經》云：「智度菩薩母，方便以為父。一切眾導師，莫不因是生。」〔註342〕豈淺福德因緣也哉！謹疏。幽溪老僧無盡燈撰。

15. 與友人書節文

昔人居海岸而攻竈鹽，將成而乏薪，無可奈何。客有負汲者，釋水執擔而傍睨焉。竈者告曰：「吾聞君子見義不為無勇也，君胡不以己之所自有而益人之所自無乎？」客曰：「諾！」急趨負水而灌之，盆及鹽皆棄矣。竈者曰：「噫！君之不慧也亦甚矣！且吾之所乏者竈下薪，君之所有手中木。不以此

墨吮筆。憑紙長吟，中夜不眠。向氏呼曰：『官人，夜深何不睡去？』無盡以前意白之：『正此著無佛論。』向應聲曰：『既是無佛，何論之有？當須著有佛論始得。』無盡疑其言遂已，及訪一同列，見佛龕前經卷。乃問曰：『此何書也？』同列曰：《維摩詰所說經》。』無盡信手開卷。」按：「研墨吮筆。憑紙長吟」《佛祖統紀》作「夜坐長思，馮（憑）紙閣筆。」

〔註338〕「大成乎」之後數字皆脫落不明，依《幽溪文集》所錄之同一疏文補之。

〔註339〕《幽溪文集》所錄文作「聊援筆而疏決」。

〔註340〕《幽溪文集》所錄文作「蓋首尾一年於是」。

〔註341〕《幽溪文集》所錄文作「素處窮山」。

〔註342〕此數句見《維摩詰所說經》卷七，維摩詰答普菩薩所說偈。

而益我，反以彼而損我，君之不慧也亦甚矣！客曰：「吾過聽矣！而今而後，敬受命焉。」他日竈者出，客負薪而過門。見竈餘火延及於薪，將焚焉。客計前語，急以所負而掩之。須臾茨及物空如也。竈者，君也；客者，我也。方以嗔而戒嗔，不亦大謬也哉。

16. 答本道張兵憲書

貧道竊食山林，神棲泉石，謝絕人世，以了餘生。客夏傚優填王造像功德，〔註343〕杖笠出山，渡廣陵，謁貴同年袁疏理檀越，極□門下〔註344〕大道心成眾生，〔註345〕應跡示化，吏隱人間。竊思一叩門墻，方外緣慳，末由恭謁，用是懷想而已：反辱門下以瑤篇下示，珍儀賜惠，頓使草茅生色，林壑增輝。合十拜嘉，歡喜無量。

恭惟門下以慈忍力行菩薩行，現宰官身而為說法，即無住而生心，即生心而無住。生心者，生六度萬行之心也；無住者，不住於六度萬行也。如一雲普潤，一雨充洽，軍民咸受其德，山林悉領其渥，同在堯天舜日下，不覺不知，以順其則。彼披毛戴角，〔註346〕杻械枷鎖之流，〔註347〕念門下觀音力，釋然得解脫者，多矣！

今貧道有所請者，為天台一山二十餘歲行偏累之茶，惟僧有之，萬苦無聊。先是朝廷有事於開採，天台巖邑似有實無。有司無以塞宦官之責，權議以廢寺田抵之。而當事者愛有偏黨，用積書言以存作廢，盡括存寺田若干畝，入租二石，共得銀二千餘兩。僧既無聊，奔告三院。〔註348〕當事聞之，愈激其怒，因而鞭笞。非黃二守極諫，幾不免死。又為節其重輕，乃於糧外每畝加餉二分，共銀二百六十兩。此既僧分，民不與，甘收頭解戶，悉推之僧。既而開採停息，稅應不征，而司柄者又將編入檣兵餉。鑛可已，而兵不可已，所謂

〔註343〕「功」後一字脫落不明，諸本皆然，疑為「功德」之「德」。
〔註344〕「極」後一字脫落不明，諸本皆然，疑為「言」字。
〔註345〕按：「大道心成眾生」即菩薩也。智顗，《觀無量壽佛經疏》：「天竺云：『摩訶菩提質帝薩埵』，此云：『大道心成眾生。』」
〔註346〕「被毛戴角」一詞出道世《法苑珠林》卷六，〈述意部第一〉（頁317a）：「所以蜂蠆蘊毒，蛇蝮懷瞋，鴆雀嗜姪，豺狼騁暴，或復被毛戴角，抱翠銜珠。」
〔註347〕「杻械枷鎖」一詞，亦見《法苑珠林》卷四十三，〈育王部第五（頁621c）：「有眾生生地獄者，以熱鐵鉗鉗開其口，以熱鐵丸著其口中。次融銅灌口，復以鐵斧斬截其體。次復杻械枷鎖，撿繫其身……。」
〔註348〕按：唐代御史台設三院，嗣後三院遂為御史台之代稱。明洪武朝改前代御史台為都察院。

「一時栽下黃連種，千載令人苦不休」也。待至癸丑（1613），金壇于公，〔註349〕天鑒在茲，貧道始以杝重均賦之言急請。承以均派百四十兩，猶存一百二十兩，雖輕亦痛。仰叩天慈，其邑中未編之稅抵之，其數非少；再祈門下查之、汰之，以甦僧困。則功德無涯，同再生之恩也。貧道先此饒舌，實非私於一己一寺。應即躬請，適建楞嚴壇法，依經行道。九旬之期未解，不及匍匐詣叩門墻，以聽揮塵。容解制日，敬趨末席，請益大教。先遣侍者受教齎此奉復，臨啓無任悚慄。

17. 金城一隅大道正邪辯○上本道張兵憲書

上本道張兵憲書

竊聞玉與石而難辨者，以其亂真也。涇與渭而易分者，以其殊狀也。豈惟物然，道亦有之。原夫三教之行於世間，猶日月星之麗於天，各有所屬，不可缺一。苟有缺一，則天柱為之崩，地維為之陷。是以儒教三綱五常，生生之道，有所不能化，則必假釋道之無生、長生，與夫天堂地獄、神明鬼怪之說以代之，豈非顯有不足而陰得以補之乎？是以下民之有不知理學，罔修綱常，弗畏刑憲者，一聞釋道性命之理，天堂地獄、神鬼陰間之事，〔註350〕恐懼齋心而拳拳服膺，由是而不敢□□，〔註351〕漸而修持以臻乎聖賢之階者，比比有之。〔註352〕古人云〔註353〕：「人行一善則國息一刑，舉天下之編戶，修五戒十善，可以坐致太平」，〔註354〕豈非二氏之教，〔註355〕大有補於王道哉？然而三教皆不能無□□，正以其亂真也。是以王莽之假行仁義，□□至於傾覆漢祚；賈似道之偽遵禮樂，而□□於誤危南宋。此儒教之亂真者也。張魯之假符籙、輸斗米，而嘯聚黃巾；林靈素之借東華帝君，惑徽宗而僭居黃幄，此道教之亂真者也。若夫東土之有釋教已來，〔註356〕而未聞有此者，以其頂顙無弁髦故也。然而不無涇渭之混淆者；宋則有白雲菜、白蓮教，〔註357〕而

〔註349〕「金壇于公」身分無可考。

〔註350〕「陰」之後二字不明，似為「陰間之」。

〔註351〕「不敢」之後二字損毀，諸本皆然。

〔註352〕「比比有」後一字損毀，諸本皆然。疑為「比比有之」。

〔註353〕「古人云……」之「古」原字毀，此處以文意推之。

〔註354〕按：此說法可見於法琳《辯正論》之〈內教為治本指五〉。見《辯正論》卷六，頁532b。

〔註355〕「編戶」原缺，「二氏」後二字亦缺，此處依各書引文之意推之。

〔註356〕「東土」，原文作「東上」，當為誤刻。

〔註357〕《釋門正統》卷四（頁314c）：「所謂白蓮者，紹興初，吳郡延祥院沙門茅子

國朝則又有所謂無為教。〔註358〕身着白布衣，頭戴六稜帽，不事佛氏之三寶，不宗老氏之三清，設天地君親師牌，而為所事；造五部六冊，而為所宗。天地君親師，則盜儒教以為冠履；五部六冊，其所談者，純以太虛一氣為歸根，所謂頑空是也。此又竊儒理糟粕而為之本，唯誘人為徒，苟不借釋氏投師法名，則無以藉口。其所謂男女混雜，夜聚曉散，白衣高座，設法宣卷，或偏居永巷，或潛住深林，必夜聚曉散，潛傳密授，謂之官法。堂堂佛法，隱藏因之，而亂倫敗德，謀為不軌，皆此輩為之。其先在成祖時，為運糧軍，自稱羅祖。方今之世，遍於海內，以其有各省府州運糧軍為其傳唱，故人心易惑，其教易行，是以一處倡亂，天下顒顒皆欲應之。如台之蔣繼、處之殷繼、南婺之趙天民，往往僭逆，〔註359〕將來亂天下者，不在南蠻北狄，正在此輩邪徒。有司所宜嚴禁杜絕，不為亂階，斷斷乎不可緩也。若夫釋子，非講經訓導，何以明心見性？何以勸化頑民？自漢及今，累代相承，必聲鐘鳴鼓，登堂顯說，與外道異者，正在乎此。又江南之俗有朔望作念八佛會，老農老媼各分其類，每人裹糧一升至其輪流為首之家，同聲念佛萬句，至晚小齋而散。此窮民晚景優游無事，藉此以改往修來，既不宣卷，〔註360〕又非混雜，以三寶為歸依，

元，曾學於北禪梵法主會下。依倣天台，出《圓融四土圖》、《晨朝禮懺文》。偈歌四句，佛念五聲，勸諸男女同修淨業，稱白蓮導師；其徒號白蓮菜，人亦曰茹茅闍黎菜。有論於有司者，加以事魔之罪，蒙流江州。後有小茅闍梨，復收餘黨。但其見解不及子元。又白衣展轉傳授。不無詭謬，唯謹護生一戒耳。所謂白雲者，大觀間。西京寶應寺僧孔清覺，稱魯聖之裔，來居杭之白雲菴，涉獵釋典。立四果、十地，以分大小兩乘；造論數篇，傳於流俗。從者尊之曰白雲和尚，名其徒曰白雲菜。」《佛祖統紀》卷四十七（頁425a）亦錄茅子元及孔清覺事，略本《釋門正統》，並於「稱白蓮導師」之後，補云「芻乳、不殺、不飲酒，號白蓮菜。受其邪教者，謂之傳道；與之通姪者，謂之佛法。相見傲僧慢人，無所不至。愚夫愚婦，轉相誑誘。聚落田里，皆樂其妄。有論於有司者，正以事魔之罪，流於江州。然其餘黨效習至今為盛。」又於「白雲菜」後，補云「其說專斥禪宗。覺海愚禪師力論其偽，坐流恩州。」
〔註358〕明季「無為教」流行民間，稱教主者不乏其人。譬如，南京人劉天續為其一。劉天緒，永城人，僑居臨淮，稱無為教徒，與浙眾入南京，私娶婦岳氏，自號龍華帝主。見談遷《國榷》卷六十二，頁碼不詳。又，福州人王寰初，明季時自稱無為教主。每說法，冬月降蓮花，或有飛劍天書，從空往來。《乾隆福州府志》（上海：上海書店，2000）卷七十六，頁40a。又江西鉛山張普微於天啟十一年倡無為教，聚眾起兵。《光緒江西通志》（北京：北京圖書館出版社，2004）卷九十六，頁40a。
〔註359〕按：蔣繼、殷繼和趙天民之身分，已無可考。
〔註360〕「宣卷」者，僧徒講唱寶卷之意，流行於元、明、清各朝。

以清淨為執持，自是佛教之真流，原非白蓮之妄派，所謂涇清渭濁，極易分別者也。今者上司明禁一出，白捕仗此為奸，〔註361〕涇渭不辨，玉石俱焚。有錢者雖曰白蓮而得免，無財者雖是釋教而獲罪。上官天聽既高，下民無從控訴，百般挫折，冤抑何伸？勸善之道有虧，懲惡之令罔施。本欲揚善，而反抑善；本欲懲惡，而反隱惡。抑其善，是欲驅民以為惡；隱其惡，是欲使民萌其惡。豈有司之本心，將抑揚之罔擇耶？

恭惟大檀越門下，以天地為心，聖賢為事，砥柱一方，綱維三教，四時順序，五穀豐登；足食以安其兵，足兵以弭其盜，萬民樂業，百物遂生。山僧自燥髮以來至今，顛毛種種，〔註362〕未嘗覯此青天白日。且承借以寶座，繼以惠餐，追陪石梁之遊，附驥察嶺之道。〔註363〕泉石生輝，山野被渥，中心感德，至今不忘；故敢邀靈，〔註364〕聊伸欲言。所願視僧民如一子，以三教等一天；曲賜矜憐，洞其明察，是者與之，非者奪之。誠出家者敦其戒行，業高者許其講肄。廣八佛會，使改往修來；禁無為教，俾反邪歸正。此則扇佛風以廣堯風，朗佛日而增舜日，則佛法幸甚，萬民幸甚，山僧又幸甚也。

四、記、銘

1. 天台祖堂小宗題名記*

祖堂小宗題名者，入賢能尊入大宗，〔註365〕由大宗以尊入祖位也。天台名家，傳跡以教，傳本以心，本跡兼暢，斯繼祖以傳燈，否則無聞，僧史不

〔註361〕明代捕快之助手稱「白補」。《警世通言》（臺北：三民書局，1992）卷十五，〈金令史美婢酬秀童〉：「江南人說陰捕，就是北方叫番子手一般。其在官有名者謂之官捕，幫手謂之白捕。」

〔註362〕「顛毛種種」謂衰老。《左傳》卷二十，〈昭公三年〉：「余髮如此種種，余奚能為？」杜預注：「種種，短也。自言衰老，不能復為害。」見〔明〕王道焜等《左傳杜林合注》（臺北：台灣商務印書館，影印《文淵閣四庫全書》，1983～1986）。

〔註363〕按：察嶺在天台縣西二十里與金地嶺接。漢高察所隱之處。《嘉慶重修一統志》卷二九七，頁 12a。

〔註364〕「邀靈」即「徼靈」，祈求神靈保佑之意。曾鞏〈諸寺觀謝雪文〉：「敢徼靈施，仰布愚誠。」曾鞏《元豐類稿》（臺北：台灣商務印書館，影印《文淵閣四庫全書》，1983～1986）卷四十，頁 7a；姚勉〈西澗書院祭魁星〉：「邀靈於星，文刃恢恢。」《雪坡集》（臺北：台灣商務印書館，影印《文淵閣四庫全書》，1983～1986）卷四十一，頁 1ab。

〔註365〕《幽溪文集》卷七所錄文作「錄賢材以入大宗」。

錄。迄乎近世，此道懸絕；問教觀莫知誰何，言本跡將為影響。蓋傳心者無教可憑，一齊於暗證；傳教者無本可據，一流於孟浪。矧出此入彼，如多岐亡羊；離淳合漓，若喪家窮子。落身草莽，孤露可言；縮首叢林，悲悽何已！

我大導師百松尊者，〔註366〕妙慧天挺，兼以博學，一覽性具，有若夙聞。以法智為宗師，迹類慧文；以《妙宗》為心印，事同《中論》。倔起講肆之中，十餘年間，東征西討，召募後學，意念勤矣。屬而和之者，當是時，有象先清師、〔註367〕晦谷某師、紹覺某師。〔註368〕應募而從事法座者，蓋三十二人。燈時預末席，不二、三年而退席者居半，苗而不秀者又居半，與夫秀而不實者又居半焉。自先師示寂，起而弘法者三人：燈與介山傳如、千如傳芳。〔註369〕如居昭慶，芳居南湖，似有鼎足之勢。〔註370〕數十年後，同門者漸以興起，繼後者亦漸以興起；天台講香殆遍海內，修四種三昧者，亦藉藉有人。即興隆教院，輔弼敉化，有功於法門者，亦復不少。苟不為其記錄，將使沒世無聞，何以紀前人之勞，勗後進之勤乎？

第方今草創，宜不能人人大賢。凡稍有功於教門，能始終其事者，亦復錄之，立為八科：曰「師座傳弘」、曰「解行兼暢」、曰「力行三昧」、曰「戒行無虧」、曰「覃精圓解」、曰「輔弼揚化」、曰「樹立教院」、曰「助營齋事」。乃先列其名於小宗之側，〔註371〕注賢能於名下，否則已之，俟其後有景慕而

〔註366〕 百松尊者即妙峰真覺（1537～1589），為天台三十祖。其師為東禪千松月亭（1531～1588）為二十九祖。

〔註367〕 象先清師是象先真清（1537～1593），十九出家依南嶽寶珠（1506～1566）薙染，二十五從寶珠禮補陀。續遊天台，剪茨以居。夙稟台教，仰智者之風，志在巖棲谷飲。始居華頂之深雲菴，繼閱大藏於萬年寺，修《大彌陀懺》於天柱峯，後居天台慈雲寺。為人英卓溫厚，雖親禪觀，尤重毘尼，為四方之所推重。講席頻開，學徒雲集。示滅於嘉禾之龍淵寺，弟子如惺塔師於天台雲居之南隴。袁了凡（1533～1606）為撰塔銘。見《天台山方外志》卷八，頁317。

〔註368〕 紹覺是紹覺廣承（1560～1609），武林潘氏子，號明理。弱冠從大覺圓璫受業，深究天台、賢首諸宗。二十五歲依翠峰受戒、薙髮。雲棲袾宏見其所著〈淨土文〉，呼為義虎，而授首座，傳賢首教觀。住蓮居，雙弘性相，啟迪英賢，為眾講解，歷年不怠。無疾化去。他為賢首宗二十八祖，其師雲棲袾宏為二十七祖。見〔明〕幻輪《釋鑑稽古略續集》卷三，頁952c；〔清〕周克復《法華經持驗記》卷二，頁88a。〔清〕儀潤《百丈清規證義記》卷七，頁498c。

〔註369〕 傳如和傳芳都是傳燈師弟。

〔註370〕 昭慶寺在杭州西湖側，南湖指四明延慶寺。二者與天台位置約略呈三角形，故言有「鼎足之勢」。

〔註371〕 《幽溪文集》卷七所錄此文作「凡先列其名」。

努力於所事者，即續書之；又俟圓寂後，而編入大宗，由大宗以擇入祖位，不亦教釁之盛典哉！捐財而創小宗之堂者，松門半山弟子正靜也。〔註372〕偉其有功，因得附書。住山比丘傳燈撰。

2. 不瞬堂記

堂名不瞬者，不以一義題也。吾堂洞開東方，日輪升天，則有明耀；中夜晦冥，則有明月。日月二明，有所不繼，則又有燈明。古佛因之而立號，吾今以此而名堂。觀象得意，有會吾心，晝夜常然，古今不易，吾堂取義於斯者一也。

像設三聖，左輔觀音，考之往因，名不瞬太子。昔為因人，〔註373〕眼尚不瞬，至今成佛，常在那伽。正以人之六根，主之者心；心中動則眸子瞬焉，心中不動則其不瞬焉。《大集》：無言童子，在襁褓而目恒不瞬，諸天之目亦能不瞬，非以常在於定令目不瞬乎？此又因像設而名吾堂之不瞬也；由是因境因人以會歸吾心。吾所宗者《首楞嚴》，觀音初於聞中入流亡所，所入既寂，動靜二相，了然不生。當爾之時，吾心既寂寂然不動，則目不瞬焉。矧復更有眼根圓通，屈指飛光，驗見不動，照其不動則目不瞬焉。觀河之見，童耄無遷，〔註374〕照其無遷，則目不瞬焉。八還辨見，〔註375〕八皆可還，而吾見不還，照其無還，則目不瞬焉。以至見見之時，見非是見，見猶離見，見不能及見見之時，則目不瞬焉。吾堂又取義於是而命名也。慮吾子孫登是堂迷名而不知義者，因於天啟五年（1625）九月二十一日下浣，天將四鼓，出堂經行，而明月照於此堂之前軒，其明如晝，因書此以為之記云。幽溪老人無盡燈撰。

〔註372〕正靜是傳燈門人大安正靜懺主。台之太邑人，俗姓莫氏。少習武，授欽總。從張總戎出征廣中，見賊因殺者，心甚傷之，即投幽溪剃落。住六載，往松門之半山菴。有季、潘、任三都閫留師，挂錫二十載。後聞楞嚴壇成，求進，年已七十，傳燈恐其色力不佳，或三七日未能隨眾不寐，有違佛制。正靜痛哭跪伏不起，傳燈笑而許入。正靜於眾中益加精進，頗有瑞相。進修三載，仍歸舊隱。年七十九，無疾而化，塔於菴側。見《幽溪別志》卷八，頁10b ～11a。

〔註373〕「因人」即因位之人，「果人」之對稱。為未到佛果以前之修行者的總稱。

〔註374〕按「觀河之見」本佛對波斯匿王所言之語：「汝今自傷髮白面皺，其面必定皺於童年，則汝今時觀此恒河，與昔童時觀河之見有童耄不？」王言：「不也，世尊！」見《首楞嚴經》卷二，頁110b。

〔註375〕又作八還辯見。還者，復之義。世間諸變化相，各還其本所因處，凡有八種，稱為八還。辯，為分別之義；見，即能見之性。八還辯見，即以所見八種可還之境，而辯能見之性不可還。

3. 幽溪道場鐵佛功德紀

夫菩提大道，具二種莊嚴：一、智慧莊嚴，所以軌法身以成大道者也；一、福德莊嚴，所以資法身以成相好者也。智慧莊嚴且未暇舉，福德莊嚴今當舉之。恒思古人於是莊嚴，有不加勉強而易為力者。若天台大師，於天台并諸處造寺三十六所，又造大藏十五處，造栴檀金銅畫像八十萬軀，非不加勉強，易為力乎？若新昌石城十丈彌勒石像，乃以一人經三生而始就，非勉強難為力乎？矧有雖加勉強而竟無功者，又有敗事而不保首領者。嗚呼！莊嚴之為力亦難矣哉！

余於幽溪佛法功德，有始勉強而後易為力者，有始易為力而後反加勉強者。今聊紀鐵像，則餘不能一一而枚舉也。余已建本寺大殿，思得鐵像永為山門不朽。計弟子眾中，當時無有人應為化主者。久之，獨有一人，法名正迹，字本妙，〔註376〕蘇州人。視其身，則孱弱不力；觀其色，則黃瘦無用。乃高聲唱言：弟子某能殫其力，願充斯役。余初亦不以為然，第任緣而遣之行，曾不索一錢以為路費，唯杖懸一疏，身披一衲，腰掛一瓢，而竟往至武林，投仙林寺鐘樓下三乘師為主人。師常接納往來高衲，觀其踪跡，亦以可不可而任之。遇雨雪則供以朝中，若晴明則任其乞食，以行募化。初年得為募緣施主二、三百人，生鐵亦二、三千斤。至次年則領緣者散亡。無幾，向所領疏將化為烏有，正迹則精進之心愈力。有日者為卜其數，謂爾緣當在東北方，秋末冬初間，必得成就。由此晝夜維往其方，以聲募。不十日內，遇老年一居士，沈姓名某、字某者，問曰：「師喫早粥未？」對曰：「未也！」士曰：「且進吾家，進其早粥。」粥畢，乃曰：「師募何緣？來自何處？」對曰：「天台山高明寺，化鐵鑄佛三尊，未有大施主與我開疏。」彼曰：「看爾因緣。吾家老妻有首飾數十兩，每欲作福。若勸發心，餘則吾當助成。」既問其妻，則欣然樂從。居士出笑曰：「中尊事已諧矣，第二尊文殊菩薩，吾同汝至小婿張太學處化之，不知緣法何如？」及至其家，亦欣然樂成。

嗚呼！先之二載，欲成一尊，猶不可得。後之二尊，一旦即成。難易之

〔註376〕此是傳燈弟子本妙正迹（1576～1641）化主。姑蘇人，年三十八病怯，朝禮天台，意求神仙長生訣。遇傳燈，令剃落，行苦行。高明豎建佛殿，挈領簿募鐵佛三尊，高一丈二尺，惟一鉢一衲往杭城，夜宿仙林寺鐘樓下，日搖鈴粘票。九年像成，航海入山，多歷艱辛，一以志誠。佛至，遂禮五臺十餘載。崇禎己巳（1629）仍還山，至辛巳（1641）臘八日無疾中夜吉祥而逝。年八十六，僧臘四十四。塔于太平嶺。見《幽溪別志》卷八，頁11b。

理，固叵測也。然非先難而莫成後易，必後易而始合先難。此必為化主者，志誠無欺，以感施之者，傾囊無吝。第鑄像之難，在於模範，舊用京匠，要須剝蠟，多臃腫無堪。錢塘新法，乃易為剝土，如鑄鼎鐮然。是以今之所鑄，乃用易家新法，鑄成一出土模，則相好劃然，雖土塑木刻，亦未有勝其妙者。合省男女，競來瞻拜，莫不歡喜讚善。像舉高一丈，重逾萬斤，人雖隨喜相好，猶慮恐非天台山高明寺之功德也。余當時聞亦惟任之，成不成天也。然鐵像雖然完就，路費無從乞之。

適余修懺講經於聖果寺，〔註377〕袞其所積信施數十金，雇錢塘淺船，以七月中旬解纜，凡經三大難方登彼岸。一舟至鼇子門，繫船待潮，舟窄倉淺，像之下截俱閣船緣。錢塘潮信一來，巨浪猶如山勢，淺船一側像為輥木所移，像身半出船外，勢如砑石，而乍高乍下，榜人驚惶，慮舟因像覆，遂欲棄像而就舟，否則人與像俱溺。化主則放聲哭叫，寧覆舟之與人，而像不忍棄。言竟，潮平風息，略用數人力以竹篙行像，又憑輥木而像還本所安處，舟人莫不感佛像之威神，天龍之默祐，此一難也。

來至定海，〔註378〕去淺船而易深舟，方達臨海。〔註379〕此去天台，猶隔百里，正值久旱，灘高水淺，雖更易溪船，而卒莫能上，停佛像於靈江南岸者月餘。土人禱雨無效，競相歸過於像，謂：「龍神畏鐵，矧像蠢且大，龍尤畏之，不若沉像於江，救民為急。」呈之府主，府主仁明，謂百姓曰：「祈像能致雨，像豈革雨。若輩既疑，吾不如撥民船而送之去也。」溪行凡十日，始到清溪，此二難也。

從此至高明，唯二十里山路。自清溪至國清，〔註380〕人咸詫曰：「高明人實大愚癡，此至彼寺，路皆陡峻，無論其他，即龍潭額壁立千仞，尋常方軌不通，以百人昇萬斤之像，一有失足，人像俱亡。不知為國清像乎？高明像乎？」去留不可知。洎過龍潭，果然路窄，獨昇像者無一人有畏色，將至間

〔註377〕聖果寺在錢塘。傳燈曾在該寺修法華懺並講法華經，講畢之後歸天台，錢塘虞淳熙以三首七絕送之。其一云：「奪將珍域出魔宮，塔踴蓮開向此中。莫訝諸天投寶丹，一時兵偃大雄風。」其二云：「江映猊床擁萬人，香埃滾滾蕩雕。額珠半現休嫌少，無數牟尼具一塵。」其三云：「投地三年踴佛來，普賢侍佛不須猜。笑看白月圓還缺，潮落潮生望渡杯。」

〔註378〕按：定海是寧波屬縣。

〔註379〕台州環山距海，環山之縣三：曰臨海，附於郡治其西南曰仙居，西北曰天台。見《雍正浙江通志》卷一，頁26b。

〔註380〕清溪在慈溪縣西四十里。見《雍正寧波府志》卷七，頁38b。

關，眾皆高聲稱佛。彈指頃，倏焉而度。計是時，百人之足，半寄空中，謂非天龍護持，山神協助可乎？像登石座，相好倍嚴。飾以黃金，則超邁都會。當是時，山鳴谷應，人喜神歡，莫不讚歎：見所未見，有所未有。紀其功德，在錢塘，則化主正迹有志誠感格之力；施主沈公有慨然樂施之功；三乘師有隨喜贊成之德。在水路，則受使妙用有路費調度之用；入山旱路則映光正報、大緣正資、清涼受月等，有設奇努力之功；到山，則瑞光正祥有巧計陞座之策。〔註381〕餘人碌碌，不能枚舉也。住山老僧傳燈述。

4. 無還臺記*

不瞬堂前之左，依山有石壁，方如圭，高一丈許，徑亦稱之。東北二方，依山而立。西南二方，空無所依。其上稍不平處，則砌以亂石，如冰裂紋，石紋中則塞以膠灰，防生草也；四遭護以朱欄。石之東南，古有栗木一本，圍四五尺，高十餘丈，婆娑覆石，蔭人可愛，且生佳果，秋熟甘美。夏末春初，厥葉密幄，可以駐飛颻，〔註382〕可以避炎懊。至秋冬，葉落而獨存枝杪，疎布其巔，日月過於其上，則疎影橫斜，恍若蘿幌。余常置繩床于其上，或朝暘以縫破衲，或對月以了殘經，或聚眾以談玄，或跏趺而入定。石之下有甘泉，足供煮茗，謂之福泉。深山窮谷之中，茂林修竹之下，去堂不遠，時時登陟。山居有此，信可樂也。

偶於秋夜，月明如畫，與法孫受教、玄孫靈法輩，跏趺其上。二子請命其名，余名之曰「無還」。復請問其義，因為之闡曰：「昔如來於楞嚴會上祇陀林中，為慶喜尊者八還辨見，謂講堂之中所見色像，不出明暗通塞，緣空清濁。吾今若還本所因處，明因日有，是故還日；暗因黑月，故還黑月；通因戶牖，故還戶牖；壅因墻宇，故還墻宇；緣因分別，故還分別；頑虛因空，故還虛空；鬱勃因塵，是故還塵；清朗因霽，是故還霽。則諸世間一切所有，不出

〔註381〕按：除受使妙用身分不明之外，其餘映光正報、大緣正資、清涼受月顯然都是傳燈門下弟子，屬「正」字輩和「受」字輩的行第。受使妙用也可能是「妙用受使」，同樣屬「受」字輩弟子。

〔註382〕「密幄」是密集的篷帳。多喻指樹木茂密的枝葉。〔唐〕李邕〈楚州淮陰縣婆羅樹碑〉有「密幄足以綴飛颻，高蓋足以轉流景。」應是此句之所本。見〔唐〕李邕《李北海集》（臺北：臺灣商務印書館，影印《文淵閣四庫全書》本，1983～1986）卷四，頁8b。「飛颻」，卷中（頁8）謂「扶搖」，即由下而上之暴風。古樂府〈日出東南隅〉有「遺芳結飛颻，浮景映清湍」之句。見《六臣註文選》卷二十八，頁12a。

斯類。汝見八種,見精明性,當欲誰還?諸可還者,自然非汝;不汝還者,非汝而誰?如來於是直捷開示者如此。〔註383〕吾之與汝,登此高臺,誠宜得魚忘筌,以復見性,此臺命名取義於斯者一也。又不惟是也,登是臺而聞種種音聲、遐邇、動靜、通塞、生滅諸塵,雖然可還,而吾之與汝聞性無還,此臺命名其取義於斯者二也。鼻聞種種香氣、香臭通塞等諸塵,雖然可還,而吾之與汝嗅性無還,此臺命名取義於斯者三也。舌嘗種種滋味,甜、苦、鹹、淡諸塵,雖然可還,而吾之與汝嘗性無還,此臺命名取義於斯者四也。身覺種種諸觸,離合、違順諸塵,雖然可還,而吾之與汝覺性無還,此臺命名取義於斯者五也。意知種種諸法,寤寐、生滅諸塵,雖然可還,而吾之與汝知性無還,此臺命名取義於斯者六也。雖然吾與汝方今之時,獨眼之與耳所得者居多。六塵之中,惟色之與聲取義者又復居多。而於色之中,當此月明清秋之夜,則月色、山色、煙色、水聲、風聲、蛩聲六者又復居多。然而如是清景,莫不遍於人間,能取斯樂者,能幾人乎?即使有之,不免牽於榮辱,溺於聲色,雖復有此,歡樂非清。惟吾與汝,方捉塵以談玄,對月而啜茗,雖淨土之樂,不過是也。」二子曰:「臺之取義於斯者,深矣!固不可以無記。即此清樂,猶不可以無記,請記之。」乃就月下援筆以為之記。天啟五年(1625),歲次乙丑,季秋下浣,無盡老人書。

5. 不瞬堂前長松記*

唐人詩云:「僧臘階前樹,禪心江上出」,〔註384〕非以階前之樹日有所長,可以記僧臘歲有所進。江上之山,巍然在水,可以比僧定寂然不動乎?以山

〔註383〕按:此段八還之釋,係根據《首楞嚴經》卷二(頁 111a)佛對阿難所說之語:「阿難!汝咸看此諸變化相,吾今各還本所因處。云何本因?阿難!此諸變化明還日輪。何以故?無日不明,明因屬日,是故還日。暗還黑月、通還戶牖、擁還牆宇、緣還分別、頑虛還空、鬱埠還塵、清明還霽;則諸世間一切所有,不出斯類。汝見八種,見精明性,當欲誰還?何以故?若還於明,則不明時無復見暗,雖明暗等種種差別,見無差別;諸可還者自然非汝,不汝還者非汝而誰?則知汝心本妙明淨。汝自迷悶喪本受輪,於生死中常被漂溺,是故如來名可憐愍。」按:「汝見八種,見精明性」之句讀,依宋,子璿「能觀八種之見,名為見精明性」之疏。見子璿《楞嚴經義疏注經》卷二,頁 848a。

〔註384〕按:此二詩句出唐人韓翃〈題薦福寺衡嶽禪師房〉,全詩云:「春城乞食還,高論此中閑。僧臘堦(同「階」)前樹,禪心江上山。疎簾看雪捲,深戶映花關。晚送門人出,鐘聲杳靄間。」見唐,高仲武編《中興閒氣集》(臺北:臺灣商務印書館,影印《文淵閣四庫全書》本,1983~1986)卷上,頁 16b。

紀禪，姑不暇論；以樹紀臘，復以臘紀樹，因得以言之。余於皇明萬曆十四年
（1586），歲次丙戌，買山於天台之幽溪。寺之周遭，舊有喬木，悉為前僧所
廢，雖有數本，不過後人十餘年來為蔽護風水所樣，世稱「屋衣樹」是也。
〔註385〕叢灌之中，有松一本，凌霄挺幹，余甚愛之。由是刪其傍妬，〔註386〕
疎其枝柯，松因得此而生意日長。

比余不瞬堂成，則喬然森然，現余堂前，遶堂戶牖，〔註387〕洞開東方；
恒坐前軒，日與之對。復築土臺於松之右方，甃以溪之卵石，雜植花卉於其
下，復植凌霄花一本於松傍，〔註388〕今且與之凌霄矣。置一藤龕於松陰之
下，夏秋之間，取東北莽蒼之陰坐其下，以觀清旦之氣。冬春之間，取西南
開敞之陽坐其下，〔註389〕以享曝背之樂。或對佳客煮茗吟詩，或聚徒眾捉塵
談玄，或跏趺藤龕冥心禪觀，山中有此，信可樂也。若夫以松而紀余之臘，
余未來而先有此，十年以長，則松為兄，而余為弟。若以余之俗臘而紀其松，
余年今七十有三矣，廿年以長，則父事之，則松猶當為余之弟子也。嗚呼！
余住此山四十餘年矣，與此松之有緣者如此，後之子孫當視松如視余，視余
如視松，聽其天年，不剪不伐，是為孝子順孫。其不然者，非吾徒也，小子
鳴鼓而攻之可也。皇明天啟六年（1626），歲在丙寅，老僧無盡燈，記於不瞬
堂長松之下。

6. 幽溪三關記*

余弱冠厭塵世間，而遁棲於禪。復厭闐闐叢林禪，而遁於名山天台之幽
溪，將為幽溪無有勝其幽矣，奈之何亦有慕幽溪之幽而過於余者。不知人采
余之幽，而余則喪其幽矣。由是捨幽溪叢林之少幽，獨居幽溪之上松風閣。
然而猶患尋幽之客，陡然闖入，妨余之幽，因設三關以杜之。一、松竹關，在
松風閣後大石之傍，去石五尺許，有松一本，可以當關之右一柱。仍植貓頭

〔註385〕「屋衣樹」之稱，前史未見，可能係天台當地俗稱。
〔註386〕「傍妬」應該是「傍妬物」之簡稱，即刪掉旁邊亂草之意。元稹〈生春〉詩
　　　　二十首之十七有「獨眠傍妬物，偷鏟合歡叢。」見《元氏長慶集》（上海：
　　　　上海商務印書館，《四部叢刊初編》本，1929）卷十五，頁 6a。
〔註387〕《幽溪文集》卷七所錄此文作「堂之戶牖」。
〔註388〕「凌霄花」古稱「苕」或「陵苕」。《爾雅翼》云：「今凌霄花是也，蔓生喬
　　　　木。上極木所至，開花其端。」見〔明〕沈萬鈳《詩經類考》（上海：上海
　　　　古籍出版社，《續修四庫全書》本，1995）卷二十五，頁 31b。
〔註389〕「開敞」，原作「開厰」。

竹一本，〔註390〕以配關之左一柱。竹松上下去七八尺許，各鑿一竅，上橫安栗木，以當門楣；下橫安栗木，以當戶限。楣上安二栗披水板，以當門之小广，〔註391〕略遮雨露，以護柴門。門則竟以柴編或竹編，不加斧鑿，以示草野，此第一關也。二、斷橋關，在水碓下。原累三石為橋，以通圓通洞，形如品字，故名品橋。邇為山上放石，石輥下溪，為輥石所擊，竟斷其中，第餘二石。〔註392〕因以木板以度行者往來，行者事畢，則仍拽去其板，此第二關也。三、梯石關，在溪之中，可至看看雲處。以幽溪多積怪石，阻人登陟，若疊石為陛，又乏天然之趣，因設一木板梯，以通往來。若抽去其梯，遊人但可望而不可即，此第三關也。

余則恒居於松風閣，雅客來訪，則上啟松竹關以迎之，下啟斷橋關以送之，中啟梯石關以延之。否則，閉三關以避之。必欲強入，余則棄三關以遁之。他來我去，他去我來，亦常理也。關內之幽致十：一、松風閣，二、圓通洞，三、看雲，四、紫芙蓉峯，五、青芙蓉峯，六、枕石漱流，七、跏趺聽泉，八、看看雲，九、中觀瀑，十、下觀瀑；此第舉其大都耳。若夫轉步換形，晨昏變幻，四時更易，又不能以筆舌記也。然此三關，已有三閉，又有三啟：一雲啟，梯石關是也；二水啟，斷橋關是也；三雅客啟，松竹關是也。二則不啟自啟，一則因啟而啟。因啟而啟，通於雅客；不啟自啟，惟雅無俗。若夫大雲彌空而經旬迷漫，大浸稽天而拔石崩洪，此又雖啟而恒閉，似俗而實雅也。幽溪老僧傳燈記。

7. 蘭溪買猪放生記*〔註393〕

夫戒殺放生者，仁壽之域、慈悲之基、致和之本、養氣之元。人能修此，

〔註390〕「貓頭竹」今稱孟宗竹，別名毛竹、江南竹等。〔元〕李衎《竹譜》（臺北：台灣商務印書館，影印《文淵閣四庫全書》，1983～1986）：「貓頭竹一名貓彈竹。處處有之。江淮之間生者，高一二丈，徑五六寸。衡湘之間者，徑二尺許。其節下極密，上漸稀，枝葉繁細。」

〔註391〕「广」音演。〔宋〕李誡《營造法式》（臺北：台灣商務印書館，影印《文淵閣四庫全書》，1983～1986）・〈總釋上・宮〉：「因巖成室謂之广。」又《說文・广部》：「广，因广為屋，象對刺高屋之形。」〔清〕徐灝注箋：「因厂為屋，猶言傍巖架屋。此上古初有宮室之為也。」見〔清〕徐灝《說文解字注箋》（上海：上海古籍出版社，《續修四庫全書》本，2002）卷九下，頁16a。

〔註392〕原文作「第二□石」，「第二」後一字雖為「門」之部首，但不詳何字。諸本同。《幽溪文集》卷七所錄文之前後句作「……竟斷其中，第餘二石。」似較通順，今採之。

〔註393〕《幽溪文集》所收此文，從「家歡之與家」之後至「此因緣三也」皆缺。

則天地應其候，陰陽得其儀，四時順其序，百物遂其生也。世儒以為春生、夏長、秋收、冬藏，各行其令，乃天地所司生殺之權，人生稟命而行；是以萬物之中，宜生者生之，宜殺者殺之，所以順天地、應陰陽、按五行、合人事也。然而，不知此說大逆天性，有乖仁心；不過剽竊宋儒膚說，造設此說，以壞人之良心，不足以為至德之論也。曷以言之？蓋天地生生之道，至大者仁，至淳者和。故春生、夏長，發洩章明，仁之著也。秋收、冬藏，去華葆實，仁之藏也。不有其實，而安有其華？不有其藏，而安有其著？草木至秋而落，乃葉落歸根以儲其精。桃柳至春而芳，乃從本榮末以宣其氣。故釋迦之所貴乎道者，返妄以歸真；老聃之所貴乎道者，歸根以復命；孔氏之所貴乎道者，克己以復禮。昔人云：三教為政不同，同歸於治。治者，使民生各返其淳朴，復還天理，俾萬物各遂其生生之道，臻於仁壽之域而已。故知戒殺者，乃養和之本；放生者，為致壽之源。先儒云：「致中和，天地位焉，萬物育焉。」〔註394〕又云：「有大德必得其位，必得其祿，必得其壽，鮮不由是而致也。」〔註395〕若成湯之解網，〔註396〕子產之畜魚，〔註397〕流水之囊泉，〔註398〕迦文之割肉，

〔註394〕 此語出《中庸》（上海：上海商務印書館，《四部叢刊續編》本，1933）第一章：「喜怒哀樂之未發，謂之中；發而皆中節，謂之和。中也者，天下之大本也；和也者，天下之達道也。致中和，天地位焉，萬物育焉。」

〔註395〕 此語出《中庸》第十七章：「舜其大孝也與！德為聖人，尊為天子，富有四海之內。宗廟饗之，子孫保之。故大德，必得其位，必得其祿，必得其名，必得其壽。」

〔註396〕 按：自「成湯解網」至「放蚯蟮」等事，皆可見於袾宏《雲棲法彙》卷十一，頁758c～760b。「成湯解網」本《史記》卷三，〈殷本紀第三〉（頁95）「湯出，見野張網四面，祝曰：『自天下四方，皆入吾網。』湯曰：『嘻，盡之矣！』乃去其三面，祝曰：『欲左，左；欲右，右；不用命，乃入吾網。』諸侯聞之，曰：『湯德至矣，及禽獸！』」此處即指商湯解網之至德及於禽獸。袾宏所謂：「解網著於成湯」之意也。

〔註397〕 「子產畜魚」出《孟子》（上海：上海商務印書館，《四部叢刊初編》本，1929）卷九，〈萬章篇〉（頁4b）：「昔者有饋生魚於鄭子產，子產使校人畜之池。校人烹之，反命曰『始舍之，圉圉焉；少則洋洋焉；攸然而逝。』子產曰：『得其所哉！得其所哉！』校人出，曰：『孰謂子產智？予既烹而食之』，曰『得其所哉！得其所哉！』……。」袾宏所謂「畜魚興於子產」之意也。

〔註398〕 「流水囊泉」出《金光明經》卷四（頁352c～353a）有關流水長者救行將待斃魚命之故事。流水長者見一池水枯涸，有十千魚為日所曝，立請國王借二十大象，從治城人借索皮囊，疾至彼河上流決處，盛水象負，馳疾奔還至空澤池，從象背上下其囊水瀉置池中，使魚得活。此袾宏所謂「聖哉流水，潤枯槁以囊泉」之意也。

〔註399〕智者之鑿池，〔註400〕仙人之護鳥，〔註401〕壽師之贖鱗，〔註402〕孫公之救龍，〔註403〕沙彌、書生之活蟻，〔註404〕毛寶、孔愉之放龜，〔註405〕屈

〔註399〕此是言釋迦前身為尸毗王時，割肉飼鷹以救鴿之故事，見《大智度論》卷四，頁88a～b。袾宏釋曰：「釋迦牟尼佛往昔為菩薩時，遇鷹逐鴿。鴿見菩薩，投身避難。鷹語菩薩：『爾欲救鴿，奈何令我饑餓而死？』菩薩問鷹：『汝須何食？』鷹答：『食肉。』菩薩割臂肉償之，鷹欲肉與鴿等。菩薩割肉，彌割彌輕。至肉將盡，不能等鴿。鷹問：『生悔恨否？』菩薩答言：『吾無一念悔恨，若此語不虛，當令吾肉生長如故。』立誓願已，身肉如故。鷹化天帝身，空中禮拜讚歎。」袾宏繫以標題曰：「悲矣釋迦，代危亡而割肉。」

〔註400〕此是言智者創放生池之故事。《釋門正統》卷三（頁298b）：「智者嘗刱放生池於海涯，當其放之也，則為授歸戒、說大法，然後縱之海中，囿囿洋洋，得其所也，而不知日活幾千萬億乎。」

〔註401〕按：「天台智者鑿放生之池，大樹仙人護棲身之鳥。」可見於袾宏《雲棲法彙》卷十一，頁759a。後者云：「古有仙人，常坐一大樹下，思禪入定。有鳥棲其懷中，恐驚鳥故，跏趺不動。候鳥別棲，然後出定。」

〔註402〕此言永明延壽任餘杭縣庫吏，屢以庫錢買魚蝦等物放生之故事。袾宏題曰：「贖鱗贖鱗蟲而得度，壽禪師之遺愛猶存。」見於《雲棲法彙》卷十一，頁759a。

〔註403〕孫真人指「藥王」孫思邈（581～682？）救龍子之故事。據傳孫思邈真人未得仙時，出遇村童擒一蛇，困憊將死。真人買放水中，後默坐間，一青衣來請，隨而赴之，至一公府，則世所謂水晶宮也。王者延置上座，曰：「小兒昨者出遊，非先生則幾死矣。」設宴畢，出種種珍寶為謝。真人辭不受，曰：「吾聞龍宮多祕方，傳吾救世，賢於金玉多矣。」王遂出玉笈三十六方。故《雲棲法彙》卷十一（頁759a）有「救龍子而傳方，孫真人之慈風未泯」之語，與「贖鱗贖鱗蟲而得度，壽禪師之遺愛猶存」恰成對聯。

〔註404〕「沙彌活蟻」一事，亦見《雲棲法彙》卷十一（頁759b）：「昔有沙彌侍一尊宿，尊宿知沙彌七日命盡，令還家省母。囑云：『七日當返』，欲其終於家也。七日返，師怪之，入三昧勘其事，乃還家時路見群蟻困水，作橋渡之，蟻得不死，繇此高壽。」「書生活蟻」一事，見同頁：「宋郊、宋祁兄弟也，俱應試。郊嘗見群蟻為水所浸，編竹橋渡之。時有胡僧睹其貌，驚曰：『公似曾活數百萬命者。』郊對：『貧儒何力致此？』僧云：『不然，凡有生者皆命也。』郊以活蟻對。僧云：『是已，公弟當大魁多士。然公亦不出弟下。』後唱名，祁果首選。朝廷謂不可以弟先兄，改祁第十，以郊為第一。始信僧言不妄云。」故袾宏曰：「沙彌易短命為長年，書生易卑名為上第。」

〔註405〕毛寶與孔愉放龜事，亦見《雲棲法彙》卷十一（頁759b）：「毛寶微時，路遇人攜一龜，買而放之。後為將，戰敗赴水，覺水中有物承足，遂得不溺。及登岸，則承足者前所放龜也。」「孔愉本一卑官，亦曾放龜，龜浮水中，頻回首望愉，然後長逝。後愉以功當侯，鑄印時，印上龜紐，其首回顧，毀而更鑄，鑄之數四，模直首偏，迴顧如舊。鑄者大怪，以告愉。愉忽憶放龜之時，龜首迴顧，恍然悟封侯者放龜之報也。」故袾宏題曰：「毛寶以臨危而脫難，孔愉以微職而封侯。」

師之縱鯉，〔註406〕隋侯之濟蛇，〔註407〕酒匠之拯蠅，〔註408〕厨婢之捨鱉，〔註409〕張提刑之貿死，〔註410〕李景文之易生，〔註411〕孫良嗣之解繒繳，〔註412〕潘縣令之設湖禁，〔註413〕信老之免牲，〔註414〕曹溪之啟網，〔註415〕楊

〔註406〕「縱鯉」之故事如下：「屈師於元村遇一赤鯉，買放之。後夢龍王延至宮中，謂曰：『君本壽盡，以君救龍，增壽一紀。』」袾宏題曰：「屈師縱鯉於元村，壽增一紀」之形容。見《雲棲法彙》卷十一，頁759c。

〔註407〕「濟蛇」之故事如下：「隋侯往齊國，路見一蛇，困於沙磧，首有血出，以杖挑放水中而去。後回至蛇所，蛇銜一珠向侯，侯意不敢取。夜夢腳踏一蛇，驚覺，乃得雙珠。」袾宏題曰：「隋侯濟蛇於齊野，珠報千金。」見《雲棲法彙》卷十一，頁759c。

〔註408〕「拯蠅」之故事如下：「一酒匠見蒼蠅投酒甕，即取放乾地，以灰擁其體，水從灰拔，蠅命得活。如此日久，救蠅數多。後為盜通，無能自白。獄將成，主刑者援筆欲判決，蠅輒集筆尖，揮去復集，判之莫得，因疑其冤。詳問之，則誣也。呼盜一訊而服，遂得釋歸。」袾宏題曰：「拯已溺之蠅。酒匠之死刑免矣。」《雲棲法彙》卷十一，頁759c。

〔註409〕「捨鱉」故事如下：「程氏夫婦性嗜鱉，一日偶得巨鱉，囑婢修事。時暫出外，婢念手所殺鱉不知其幾，今此巨鱉心欲釋之，吾甘受箠撻耳，遂放池中。主回索鱉，對以走失，遂遭痛打。後感疫疾將死，家人舁至水閣，以俟盡命。夜忽有物從池中出，身負濕泥，塗於婢身，熱得涼解，疾乃甦愈。主怪不死，詰之，具以實對。主不信，至夜潛窺，則向所失鱉也。闔門驚歎，永不食鱉。」袾宏題曰：「捨將烹之鱉，厨婢之篤疾瘳焉。」《雲棲法彙》卷十一，頁759c。

〔註410〕「貿死」故事如下：「張提刑常詣屠肆，以錢贖物放之。後臨終時，語家人言：『吾以放生，積德深厚。今天宮來迎，當上生矣。』安然而逝。」袾宏題曰：「貿死命於屠家，張提刑魂超天界。」《雲棲法彙》卷十一，頁759c。

〔註411〕「釣艇」故事如下：「李景文常就漁人貿其所獲，仍放水中。景文素好服食，常火煉丹砂餌之。積熱成疾，疽發於背，藥莫能療。昏寐之中，似有群魚濡沫其毒，清涼快人，疾遂得瘳。」袾宏題曰：「易餘生於釣艇，李景文毒解丹砂。」《雲棲法彙》卷十一，頁759c。

〔註412〕「解繒繳」之故事如下：「孫良嗣遇禽鳥被獲，輒買縱之。後死欲葬，貧莫能措。有鳥數百，銜泥疊疊。觀者驚歎，以為慈感所致。」袾宏題曰：「孫良嗣解繒繳之危，卜葬而羽蟲交助。」《雲棲法彙》卷十一，頁760a。

〔註413〕「設湖禁」故事如下：「縣令潘公，禁百姓不得入江湖漁捕，犯者加罪。後去任，水中大作號呼之聲，如喪考妣。」袾宏題曰：「潘縣令設江湖之禁，去任而水族悲號。」《雲棲法彙》卷十一，頁760a。

〔註414〕「免牲」故事與禪宗四祖道信（580～651）有關，其事如下：「（道）信大師遇時亢旱，民殺牲請雨。師憫其愚，謂曰：『汝能去牲勿用，吾為汝請。』民允之。師乃精誠以禱，甘雨驟降，遠近多感化者。」袾宏題曰：「信老免愚民之牲，祥符甘雨。」《雲棲法彙》卷十一，頁760a。

〔註415〕「啟網」故事涉及禪宗六祖慧能（638～713），其事如下：「六祖既佩黃梅心印，以俗服隱於獵人。獵人令守網，祖瞰其亡也，獐兔之類，可放者輒放之，

寶之畜雀，〔註416〕樵夫之贖狐，〔註417〕蓮師之救蜈蚣，〔註418〕于氏之放鰍
鱔。〔註419〕若聖若賢，或仙或佛，哲矣；若人不能盡舉。然而仁心義性，著
於典章，千載而下，遺芳傳美，莫不體天經而行道，順地紀以施仁；久臻仁聖
之域，不泯慈育之心者也。第慈雖廣普，事有易難。若野禽之與野獸，家獸之
與家禽，可戒之不可戒，可放之不可放；人心習於見聞，仁施隔於平等，自非
以佛慈而等視，破格以普行。則必曰禽獸野生者之可放，家畜者之不可也。又
必曰禽獸野生者之可戒，家畜者之不可也。是以方今之世，有行方外之教者，
開天下之叢林，活四生之物命；不特不殺、不噉禽獸之野生焉，即家畜之者亦
不殺不噉矣；不特放野生之禽獸焉，即家畜亦放之矣。野生者，則仍放之於野；
家畜者，則放之於家。是故永嘉之有「馬放雞」焉（即馬秀才，名一騰，字季

如是一十六年。後坐曹溪道場，廣度群品，燈分五宗，澤垂萬世焉。」袾宏
題曰：「曹溪守獵人之網。道播神州。」《雲棲法彙》卷十一，頁 760a。

〔註416〕「畜雀」故事如下：「楊寶幼時，見黃雀為鴟搏墜地，復為螻蟻所困，取而
畜諸筍中，給以黃花，瘥乃放去。夜夢黃衣童子拜謝，贈玉環四枚。曰：『我
王母使者，荷君濟命，願君子孫潔白，位列三公，亦如此環矣。』後四世貴
顯。」袾宏題曰：「雀解銜環報恩。」《雲棲法彙》卷十一，頁 760a。

〔註417〕「贖狐」故事如下：「一僧素無賴，聞黃精能駐年，欲試其驗。置黃精於枯
井，誘人入井，覆以磨盤。其人在井，遑迫無計。忽一狐臨井，語其人言：
『君無憂，當教汝術。我狐之通天者，穴於塚上，臥其下，目注穴中，久之
則飛出，《仙經》所謂神能飛形者是也，君其注視磨盤之孔乎。吾昔為獵夫
所獲，賴君贖命，故來報恩耳，幸毋忽也。』人用其計，旬餘從井飛出。僧
大喜，以為黃精之驗。乃別眾，負黃精入井，約一月開視。至期視之，死矣。」
袾宏題曰：「狐能臨井授術。」《雲棲法彙》卷十一，頁 760a。

〔註418〕「救蜈蚣」故事，為袾宏所親歷，故有繫年。其事如下：「有人擒蜈蚣數條，
以竹弓其首尾，予贖放之，餘俱半死，惟一全活，急走而去。後共一友夜
坐，壁有蜈蚣焉。以木尺從傍極力敲振，驅之使去，竟不去。予曰：『昔所
放得非爾耶？爾其來謝予耶？果爾，吾當為爾說法，爾諦聽毋動。』乃告之
曰：『一切有情，惟心所造。心狠者，化為虎狼；心毒者，化為蛇蝎。爾除
毒心，此形可脫也。』言畢令去，則不待驅逐，徐徐出窗外。友人在坐，驚
歎希有。時隆慶四年事也。」袾宏題曰：「殘軀得命，垂白壁以聞經。」《雲
棲法彙》卷十一，頁 760b。

〔註419〕「放鰍鱔」事亦袾宏所親見，其事如下：「杭州湖墅于氏者，有鄰家被盜。
女送鱔魚十尾，為母問安。畜甕中，忘之矣。一夕夢黃衣尖帽者十人，長跪
乞命。覺而疑之，卜諸術人。曰：『當有生求放耳。』遍索室內，則甕有巨
鱔在焉，數之正十。大驚，放之。時萬曆九年事也。」袾宏題曰：「難地求
生，現黃衣而入夢。」《雲棲法彙》卷十一，頁 760b。按：《幽溪文集》卷七
所錄此文作「鰍鱔」。

黃。曾以租雞放之於野，人號之馬放雞也），〔註420〕武林之有「蓮放猪」焉（蓮池大師雲棲寺不獨放猪，諸畜皆放）。馬之放，始則放之於野，今則放之叢林中矣；蓮則竟買而畜之於雲棲，日給以飯僧之糧以養之。此則不獨人畜而等觀，且將佛僧而等供。

　惟余居於天台，號為名山，原非業地，既無殺之可戒，亦無生之可放，其於止善，雖不持而自持。而於行善，亦似闕乎慈悲。是以每建講於四方，若四明、若東甌，或自捐資放生，或勸人放生，以補其闕。今者，建講於蘭溪明真山之玄武宮。〔註421〕此地素為道院，即會首正現亦先為此宮道士。然而今之為道士者，食肉養猪是其故業，是以正現雖反邪歸正，歸依於余，受不殺戒，然其會下弟子，殺生之心雖化，而為利故態未除。余之建講，本為化人修善，尚欲化未入道者戒殺放生，豈於自佛弟子有虧其行乎？尚欲化未入道者不畜雞豚，豈於是名真講席之法屬，使其仍畜之乎？是以勉於法孫受教，捐放生銀三兩，并募當方檀越徐玄中（思孔）、徐自任（思尹）、徐逸和（思惠），〔註422〕各捐銀一兩，暨聽講弟子正識、正本、正印等，各各捐資有差，共銀九兩，贖出所養猪七口。即正現與諸弟子，見此盛舉，亦樂然捐去，誓願永不再畜。余則仍託玄中居士，時以慈眼視之。居士旬再來人也，見一切生靈，憐如赤子；然余之言，則忻然施之以食，每年約穀二千斤，以助正現畜養，毋令夭傷遷變，永為放生之物。俟其天年報終，如法瘞葬。是舉也，有四善因緣。余與教孫暨諸比丘檀越，共得植流水長者成佛之因，此善因緣一也。次令會首正現并其弟子等，永離殺生之業，結成佛之因，此善因緣二也。復令所放之猪，聞法歸依，受戒植因，盡其天年，得生善處，此善因緣三也。又令此方見者聞者，各各生歡喜心，漸修「戒殺放生」之行，亦植成佛之因，此善因緣四也。余覩四緣而生四喜，是以合十讚歎，以為之記。

〔註420〕馬一騰，又叫馬僧摩，法名正眼，永嘉生員，曾書請傳燈赴永嘉講經，已見於上文。

〔註421〕金華明真山有明真山觀，在蘭溪太平鄉二十七都。見《萬曆蘭溪縣志》（臺北：成文出版社，1985）卷六，頁36b。據說傳燈曾作〈松吟〉一卷，係為留觀前古松而作。因金華明真山主僧欲伐殿角古松九株，以其地別建毗盧閣，并以所蓄七豕付屠門。傳燈因作此止之。凡五言古風二十四首，末附其法孫受教和作。今天台高明寺尚藏有原刻殘板。《民國續修臺州府志》卷八十，頁21a。

〔註422〕按：此數人似為同族人或兄弟，但只知徐自任為浙江上虞人，萬曆三十一年（1603）癸卯進士。見《雍正浙江通志》卷一四四，頁26b。

8. 玄帝天下正神記*

玄帝者，北方毘沙門大王部下之大將也。〔註 423〕此洲之北大海之中有須彌山，高八萬四千由旬（由旬西天里數，有三等：上由旬六十里，中由旬四十里，下由旬二十里）。須彌之頂，帝釋居焉（帝釋此云能主，能為諸天作主故也。道教稱為玉皇，儒教稱為上帝，皆此天也）。須彌之半，與日月宮鄰，四天王居焉。東方天王號曰持國，南方天王號曰增長，西方天王號曰廣目，北方天王號曰多聞（梵云毘沙門，此云多聞）。四大天王皆宗帝釋號令，於四天下護國祐民；皆秉如來付囑，於四天下護法衛僧。獨北方毘沙門天王，於佛法國家，猶致意焉。昔在唐朝玄宗皇帝之世，〔註 424〕值北番寇邊，帝命西天不空三藏法師，依佛法而禳衛之。不空立壇誦呪，請北方天王應命降壇，乃謂法師曰：「吾承呪力，明旦當以天兵護國。」言已，隱去。不空因以其事白帝。至於次日，中國之兵皆見天王現於空中，而番兵弓絃皆如鼠囓，一時俱斷。北番兵懼，鼠竄遁去。玄宗因是普令天下城隍之北，皆塑天王之像以奉祀之。〔註 425〕今各州城之北，皆有天王堂者，是當時之遺蹟也。

若夫今之玄帝，乃應蹟於我朝。成祖靖難兵起之時，一日兵至東昌，與南兵戰而敗北，成祖大有憂色，而姚少師廣孝奏曰：「貧道當時在於燕都，曾為陛下言之，餘地無難，獨難兩日耳。〔註 426〕兩日者，昌也，過此無虞。明日

〔註 423〕「將」前一字脫落，諸本皆然。據《幽溪文集》卷七所錄之文補之。

〔註 424〕《幽溪文集》所錄此文誤作「在吾朝」。

〔註 425〕關於北番寇邊，不空立壇誦呪之事，見贊寧《大宋僧史略》卷三（頁 254a～b）：「唐天寶元年（742）壬子歲（按：壬子實壬午之誤），西蕃大石康居五國來寇安西。其年二月十一日，奏請兵解援。玄宗詔發師。計一萬餘里，累月方到。時近臣言：『且可詔問不空三藏。』帝依奏詔入內持念請天王為救。帝秉香爐，不空誦《仁王護國經陀羅尼》二七遍。帝忽見神人可五百員，帶甲荷戈在殿前。帝驚疑問不空，對曰：『此毘沙門第二子獨健領兵，是必副陛下意，往救安西，故來辭耳；請設食發遣。』其年四月，安西奏云：『去二月十一日已後，城東北三十里，雲霧晦冥，中有人眾，可長丈餘，皆被金甲。至酉時，鼓角大鳴，聲振三百里，地動山傾。經二日，大石康居等五國，當時奔潰。諸帳幕間有金毛鼠，齧斷弓弩弦及器仗，悉不堪用。斯須，城樓上有光明，天王現形，無不見者。』」按：此事有神話色彩，《佛祖統紀》頗採之，見《佛祖統紀》卷二十九，頁 295c～296a。新、舊唐書皆不載。

〔註 426〕原作「獨留兩日耳」，此處據《幽溪文集》所錄文改之。按：姚廣孝法名道衍。《皇明通紀》（北京市：北京出版社，《四庫禁毀書叢刊補編》，2005）云：「永樂二年（1404）四月，擢左善世僧道衍為太子少保，始復姓姚，賜名廣孝。上自是稱為姚少師而不名，亦終不蓄髮娶妻，居止多在僧寺。常賜二宮

當有北方天將助戰，南兵必敗，勢如破竹也。」至明日交兵，果見北方有天將，披髮仗劍，足躡龜蛇，身衣玄衣，前襄玄旗，空中助戰。南兵見之，不戰自靡（事載《皇明通紀》）。〔註427〕成祖既創帝業，乃以天下之財建行宮於湖廣之武當山以奉祀之，而封為玄天上帝。以是言之，則成祖之有天下，莫非上合天心。即玄帝之蹟，上考之於佛經，下考之於《通紀》，〔註428〕本真蹟實，以為天下之正神宜矣！奈何後世道士杜撰不經（唐時天台有道士杜光庭，〔註429〕每竊佛經之義，撰為道經，故世間一切偽書，人皆稱為杜撰，蓋此謂也〔註430〕），

〔註427〕人，亦不近，上乃召還之。」此處之南兵指的是明建文帝朱允炆在南京之兵。建文即明惠帝。

〔註427〕《幽溪文集》卷七該文誤作《皇明統記》。按：《皇明通紀》為明嘉靖朝粵籍史家陳建（1497～1567）所撰，為明代第一部私修之明代通史。

〔註428〕原作《統紀》，易被認為是《佛祖統紀》。其實《佛祖統紀》不記元、明各朝事，疑是刻工誤《皇明通紀》與《佛祖統紀》為一書。今上文既已言《通紀》，宜皆作《通紀》。

〔註429〕杜光庭（850～933），字賓聖，號東瀛子，處州縉雲（今中國浙江）人。唐懿宗朝九試不第，奮然入道。後為道門領袖，一時推服，成上清派著名道士，號廣成先生。傳燈在《天台山方外志》卷九（頁383）有其短傳，略曰：「唐懿宗朝，與鄭雲叟賦萬言不遂，入道事天台山應夷節。嘗謂：『道法科教，自漢天師暨陸修靜撰集以來，歲月綿邈，幾將廢墜。』遂考《真誥》，條例始末，故天下羽褐永遠受其賜。鄭畋薦其文於朝，僖宗召見，賜以紫服象簡，充麟德殿文章應制，為道門領袖，當時推服。中和初，從駕興元道，遊西縣。適遇術士陳七子（名休復），灑然異之，披榛穴地，取瓢酒酌之，曰：『以此換子五臟爾。』遊成都，喜青城山白雲溪氣象盤礴，遂結茅居之；溪蓋薛昌真人飛昇之地也。一日忽謂門人曰：『吾昨夢朝上帝，以吾作岷峨主司，恐不久於世。』時後唐莊宗（按：當為明宗）長興四年（933），年八十四歲。一旦，披法服作禮，辭天陛堂，趺坐而化。顏色溫晬，宛若其生。異香滿室，久之乃散。蜀主王建初欲大用之，為張裕所沮。賜號『廣德先生』。又欲優於名秩，以為諫議大夫，封『蔡國公』，進號『廣成先生』。」其說似根據見元道士趙道一著《歷世真仙體道通鑒》（上海：上海古籍出版社，《續修四庫全書》本，2002）卷四十，頁9a～11a。

〔註430〕傳燈在《天台山方外志》卷十二（頁504）已言及此。他說：「蓋道家多有不根之說，除老子、莊、列諸書外，其餘皆後世道士偽造；若王浮之類是也。唐杜光庭其偽述猶多，今人指無根之說為『杜撰』，言始於此。」按：傳燈此說係根據前人所說。根據趙翼《陔餘叢考》（京都：中文出版社印本，1979）卷四十三（頁970）：「呂藍衍《言鯖》謂：『道家經懺俱杜光庭所撰，多設虛誕，故云杜撰。』此亦非也。」趙翼引沈作喆之《寓簡》所云：「漢田何善《易》，言《易》者本田何。何以齊諸田徙杜陵，號杜田生。今之里語謂白撰無所本者為杜田，或曰杜園，蓋本此。豈當時譏何之《易》學無所師承而云然耶云云？」趙翼認為「此乃杜撰二字所由始，蓋本因杜田，又轉而為杜

乃移唐武之世有高僧稱無量壽佛化身者，以誣玄帝（唐武宗皇帝因聽道士譖言，〔註431〕破法滅僧。爾時高僧多為逼之，返僧為道。時廣西全州湘山有僧修行得道，〔註432〕多有神異，預知其事，乃以手捏頂顙，以成肉冠，仍摘其口角以成肉髭。臨終坐化，遺囑弟子，謂是無量壽佛化身。至萬曆間，肉身尚存，以故人稱為無量壽佛。），仍撰行狀，出其始終踪蹟。後之愚僧愚俗，莫不神而崇之。又有知其誣偽，從而毀斥之。夫誣神以佛，玄帝既為正神，此必不受。即毀斥之，如人唾天，玄帝亦不受。惟余宗佛經而本《通紀》〔註433〕以為一洗正之，所以昭玄帝上順佛心天心，〔註434〕以護法衛僧；下協帝心人心，以祐國福民，以為天下正神，此玄帝之必歡喜而受之也。孔子云：「必也正名乎。」帝之所以稱玄武者，五方正神之一也。曷為五？東方之神名曰青龍，南方之神名曰朱雀，西方之神名曰白虎，北方之神名曰玄武，中央之神名曰騰蛇。〔註435〕帝之所以衣玄衣而執玄旗，散玄髮而躡玄龜，皆所以示不忘北方

園。」他又說：「宋時孔文仲對策有『可為痛哭太息』之語，而人誚之曰『杜園賈誼』是也。因而俗語相沿，凡文字之無所本者曰杜撰，工作之不經匠師者曰杜做。後世并以米之不從商販來者曰杜米，笋之自家園出者曰杜園笋。」又〔南宋〕王楙《野客叢書》（上海：上海古籍出版社點校本，1991）卷二十，頁297，「杜撰」條云：「杜默為詩，多不合律，故言事不合格者為『杜撰』。」趙翼以此說為非。王楙又說：「然僕又觀俗有杜田、杜園之說。杜之云者，猶言假耳。如言自釀薄酒，則曰『杜酒』。子美詩有『杜酒偏勞勸』之句。子美之意，蓋指杜康，意與事適相符合有如此者，此正與杜撰之說同。《湘山野錄》（北京：中華書局，鄭世剛點校本，1984）載，盛文蕭公撰《文節神道碑》，石參政中立急問曰：『誰撰』？盛卒曰：『度撰』。滿堂大笑。文蕭在杜默之前，又知杜撰之說，其來久矣。」趙翼認為杜田之說當是其來源。

〔註431〕《幽溪文集》所錄文作「昔唐武宗……」，多一「昔」字。此處所說之道士是趙歸真（？～846）。《舊唐書》（北京：中華書局點校本，1975）卷十八〈武宗紀〉（頁600）：「（會昌四年）三月……以道士趙歸真為左右街道門教授先生。時帝志學神仙，師歸真。歸真乘寵，每對，排毀釋氏，言非中國之教，蠹耗生靈，盡宜除去，帝頗信之。」關於此事，贊寧言之甚痛：「樹木摧風，鷺鷗之巢共覆者，其唯會昌滅虐我法之謂乎！從漢至唐，凡經數厄，鍾厄爰甚，莫甚武宗焉。初有道士趙歸真者，授帝留年之術，寵遇無比。每一對揚，排毀釋氏，宜盡除之。」見《宋高僧傳》卷十七，頁819c。

〔註432〕全州湘山在州西二里，峯巒蓊鬱，巖洞幽邃，有光孝寺，相傳為無量壽佛示寂之所。見嘉靖廣西通志卷十二，頁43a。

〔註433〕原作《統記》，依上例改之。

〔註434〕原文無「天心」二字，據《幽溪文集》所錄文補之，以與下文「帝心人心」相對稱。

〔註435〕《幽溪文集》卷七所錄文作「滕蛇」。按：滕蛇、螣蛇、騰蛇雖出處有異，但現已通用，皆指能飛之蛇。

壬癸水之本也。夫名正則理順，理順則民信。而今而後，民苟有不信，則是逆理。逆理則反名，雖玄帝復出，亦不能正，余其能正之哉？〔註436〕

9. 異夢紀

萬曆壬子（1612）夏，余請藏於古長干里，居三藏殿。〔註437〕秋闈在邇，儀真姚茂才偕李茂才諸公以孟秋下浣至，〔註438〕與堂主有舊，亦寓居焉。行李之餘，實籠三鴨，置芭蕉下，呷呷似有訴。余惻然謂之曰：「汝無毛不修，披毛奚辭？短喙不修，長喙奚辭？」言畢，就寢。仍夢三鴨含啟以訴，開緘讀之，其辭曰：「家住維揚，〔註439〕今來吳地。尋常遨遊於池沼之中，今日乃囚繫於樊籠之內。自惟往業，甘充於秀士錦繡之腸；豈吝今身，香熏於解元栴檀之鼻。〔註440〕永別妻奴，長辭朋類。不想向秋水聽鴻雁之和鳴，不思到春池狎鴛鴦之遊戲。逝則逝矣，去則永去，但恨不得其死，血污伽藍之地。惟願大師曲垂愍濟，果蒙放釋，自當訴之於上天覺帝，祈魁斗文昌神明加被，〔註441〕俾秀士鵬搏北海，載杲日以腋青冥；雷起南山，靄祥雲而澍甘雨。」余曰：「末聯乃余為涮江楊殿元所作，〔註442〕汝何從而得？」鴨對曰：「此啟

〔註436〕此末句《幽溪文集》作「余言其能正之哉。」

〔註437〕按：長干里就是長干里寺，明代為報恩寺，在金陵聚寶門外。有三藏殿，〔明〕李日華和顧起元皆有記錄。見《紅豆樹館書畫記》（上海：上海古籍出版社，《續修四庫全書》本，1995）卷六，頁29b；《客座贅語》（北京：中華書局，譚棣華點校本，1987）卷二，頁45。又《金陵梵剎志》卷三十一（頁1069）：「聚寶山報恩寺」條：「在都城外南城地，離聚寶門一里許，即古長干里。吳赤烏間康僧會致舍利，吳大帝神其事置建。初寺及阿育王塔實江南塔寺之始，後孫皓毀廢，旋復。晉大康間，劉薩訶又掘得舍利于長干里，復建長干寺。」

〔註438〕「茂才」或稱生員、秀才。姚、李二人皆是預備赴省城參加秋試之生員，實際身分不明。「孟秋下浣」七月下旬。秋季之第一個月稱「孟秋」，即農曆七月。「下浣」即是下旬。「秋闈」是鄉試，一般在八月舉行，生員皆可參加。中試者即為舉人。

〔註439〕維揚是揚州，古稱廣陵。

〔註440〕按：明、清之制，鄉試中第者稱舉人或孝廉，其榜首即解元。姚、李二生，尚未通過鄉試，此處稱解元，有抬其身價之意。「栴檀」亦作「旃檀」，是「栴檀那」（candana）或旃檀樹，有香味，稱旃檀香。佛教寺院多用旃檀木雕佛像。此處說「栴檀之鼻」，是誇稱有栴檀香之鼻。

〔註441〕「魁」是北斗七星中的第一至四顆星，亦即斗之首，稱斗魁，或魁斗。魁星之星君被認為是主宰文運之神，尊稱為大魁夫子或大魁星君，又與文昌帝君、朱衣帝君、孚佑帝君、關聖帝君合稱「五文昌」，為文人所敬奉。

〔註442〕「楊殿元」應該是萬曆三十二年甲辰科會元和狀元楊守勤（1566～1620）。

即某求楊殿元作者。偶或借用,非某所知。」言畢驚覺,大奇其夢。計明旦為諸公言之,力請放生。仍於睡中夢其先夢一人謂之曰:「君夢似覺,對人言之,人未必信,不如已之。」余對之曰:「君子自有即夢而覺者,無以為人皆夢也。何也?蓋在夢能覺,夢亦覺也;在覺而夢,覺亦夢也。方其夢而即覺,便能視物為己。覺而即夢,未免迷己為物。古人等三界以同仁,視四生為一子,鮮不從此悟入。」言已而覺,披衣出戶,不覺大明在天,已三竿矣。乃援筆以紀其夢。

10. 太平寺三天祠記* 〔註443〕

祠名三天者何?有兵憲于公、郡伯王公、邑侯胡公之像,〔註444〕傳惠澤於無窮,著民思於不朽。今尸祝者於旦夕間祝三公,世有黎民保其子孫也。三公曷稱天?蓋民以天為命,實以食為天。奪其食是無其天,與其食是有其天。三公與吾曹食、存吾曹生,曷不稱天?曷為奪?又曷為與?先是朝廷有事於開採,天台巖邑似有實無,有司無以塞宦官之責,權議以民間廢寺田抵之,而當事者愛有偏黨,用積書言,以存作廢,盡括所存寺田若干千畝,每畝入租二石,共得銀若干千百兩,謂充鑛稅,實多羨餘。當是時,司柄者利其餘,屬而和之,僧不聊生矣。不知台田且磽瘠,厥租上上,畝惟石餘,矧中下乎?古人以不取罝絲為廉,今既厚歛,孰為廉乎?〔註445〕不知民瘼,孰為民父母乎?雖厚民而薄僧,不知僧竄而害歸於民,是與民而俱薄也,又烏足為父母乎?僧既無聊,奔告三院,三院聞之,為之蹙額,司柄聞之,愈激

楊守勤是浙江慈溪人,故稱湄江楊殿元。《幽溪別志》和《幽溪文集》俱無傳燈與楊守勤來往之記錄。

〔註443〕《幽溪文集》卷七所錄此文,題作〈太平寺前三天記〉。按:此太平寺在天台,陳仁錫有〈天台祠記〉言及傳燈祈三天祠記之事。見《無夢園初集》(上海:上海古籍出版社,《續修四庫全書》本,2002)江一卷,頁15a~18b。關於陳仁錫生平事蹟,見下文。

〔註444〕此「三公」分別為兵憲于公金壇于天鑒,郡伯王公華亭王孫熙(鏡如),邑侯胡公天台縣令胡接輝。于天鑒生平事蹟不詳,但傳燈稱他為兵憲,可見他是兵備官,是明代兵備道下的屬官,多由按察司副使或僉事充任,有兵憲、兵備副使、兵備僉事等稱號。原是因事專設,事畢即罷,後改為常設,品秩視本官官銜而定。于天鑒可能任是以按察副使之職充浙江台州兵備道下之兵備官,故稱兵憲于公。王孫熙曾當過台州知府,曾撰〈重建國清禪寺記〉。傳燈有〈送天台邑侯鏡如王公榮擢大理北上〉一詩,就是為送王孫熙而作。胡接輝任劉天台縣令,曾為幽溪常住田免役事致書於高明寺住持傳燈弟子受教。

〔註445〕《幽溪文集》所錄此文誤作「廉子」。

其怒，因而楚捶僧，且加之罪，非黃貳守為之危言極諫，〔註446〕幾不免死。黃公又為之節其重輕，乃於重糧外每畝加餉二分，共該銀二百六十兩，此既僧分，而不與甘，凡收頭解戶，悉推之僧。催租吏日於丈室中，供億常例一有不得意，即鳴之長吏，略無赦除。〔註447〕開採既息，稅應停征，而司柄者又將編入櫓兵餉，鑛可已而兵不可已，所謂「一時栽下黃連種，萬代令人苦不休」也。

郡伯王公初宰是邑，念病痛苦，以廢寺田為之請貸減六十兩。郡伯洪公，因四明陳太史之言，〔註448〕為免收頭。然甦雖一二，生猶死也。無何，天不我絕，湘山胡公來宰是邑，〔註449〕初下車即以民間所疾苦為問，病在表裏間者，緩攻急治，十愈八九，其功德種種，固非此所能道，而口碑民謠載道載石，雖古良吏不能過也。獨診吾曹病，謂深入膏肓，非請諸司命氏不可治。司命苟存若曹生，吾以三年之艾為若驅二豎於無何有之鄉，雖不能復完人，猶勝死也。蓋是時，金壇于公，兵憲是邦；華亭王公，君牧是邦。二公皆愷悌長者，同民好惡。僧因亟請於二公，二公以不得其情為辭，僧始以析重均賦之言請，其詞有曰：「櫓兵充餉，邊防重計，合境濡澤，僧俗均惠天台田兩，則民田糧輕而役重，官田糧重而役輕。官民俱充，豈不利害相等？第當事者不念官民俱王土，僧俗俱王民；官充而民不充，此猶可忍。僧之官田既充，民之僧田不充；僧之民田既充，民之民田不充，此豈可忍？古也責僧逋役，今也責僧重役。驅僧以民，不以民畜；責僧以牒，不以僧畜。名山多故之僧，不如他處無故之僧。萬苦無聊，籲天哀救，乞將槼縣官民田若干萬畝，每畝均餉，不過釐數。析千斤重擔於千人，尪羸可負；均二百加餉於萬民，僧俗皆安。上不虧乎國課，下實起乎僧生。肝腦塗地，銜感叩請。」二公既得其情，乃然其請，亟以其情下所司胡公曰：「天台名山，應接孔多。區區民田，豈勝加餉？括所有官田足矣！」公所舉者，既無不當，僧亦無間言。共得官田若干萬畝，每畝均派若干釐，僧俗相安，卒無敢議者。

嗟乎！數十年癆瘵不起之疾，一旦起之，是則于公司吾命者也，王公保

〔註446〕「貳守」原作「二守」，實誤。「貳守」為州府長官太守的副貳，任同知之職，較符作者之意。「二守」則指春秋齊國歸父、高傒兩位守國重臣，非作者之意。唯此黃貳守之身分不詳。
〔註447〕《幽溪文集》所錄此文作「赦條」。
〔註448〕四明陳太史應該是前註之陳仁錫。
〔註449〕湘山胡公是胡接輝，又稱東井胡公。

吾命者也，胡公重生吾命者也。古人云：「人有一天，子有二天。」〔註450〕今三天矣，三公曷不稱天？周詩有云：「無偏無黨，王道蕩蕩；無黨無偏，王道平平。」〔註451〕其三公之謂乎！或曰：「有是哉？不可以無記，曷不借重當代名公之言以記之？」曰：「名公之言雖足重，第其間援事情、寫恩怨，慮為當事諸公諱，故已之。」曰：「有是哉？請記之。」因次第其言以為記。

11. 太平寺後三天祠記*

後三天祠者，續前三天祠之所崇事者也。充餉之額，原二百六十兩，前之所減，初六十兩，又減八十兩，餘一百二十兩。舊稱三天者，以此。譬之良醫治膏肓疾病，雖稍已，未獲全効，所存喘息，半人而已。今茲兵憲張公君臨是邦，〔註452〕台之民間疾病，不聞則已，聞之鮮不一為褉之以滌其垢穢；惟以長者之德，而內人臟腑中。若近日台兵猖獗無賴，諭六邑以足其食而兵安，兵安而民信，惟百姓陰受其賜而莫知之也。獨台山之病，若小兒然，而痛在隱微間。天幸遇公貴同年陳春元明卿先生，〔註453〕過予天台幽溪，山僧實以所疾苦而代為之告，先生則亟以是而轉達諸公，曰：「弟得邀兄地主之靈，以為台山煙霞方外史，百無所需，惟以是而為之請，庶不辜山靈之責也。」公聞之感然曰：「僧民均百姓也，天恩久下，獨僧田充礦稅者，而不獲免，烏有是理哉？亟以眾僧之情，下署縣趙別駕公，〔註454〕且囑筆而速為之所。趙公廉

〔註450〕《幽溪文集》所錄此文作「我有二天」。此語出《後漢書》（北京：中華書局點校本，1965）卷三十一〈蘇章傳〉（頁1107）：「（蘇章）順帝時，遷冀州刺史。故人為清河太守，章行部案其奸臧，乃請太守，為設酒肴，陳平生之好甚歡。太守喜曰：『人皆有一天，我獨有二天。』」

〔註451〕此出《尚書》卷七，〈洪範篇〉，頁3b。

〔註452〕「兵憲張公」是張師繹，已見上文。

〔註453〕按：陳春元明卿先生即陳仁錫，明卿為其字。因他此時尚未成進士，僅通過鄉試為孝廉，或稱舉人、春元。他與張師繹都是萬曆二十五年丁酉（1597）科鄉試舉人，雖中進士時間有先後，但為鄉試同年。陳仁錫於其〈天台祠記〉一文說：「辛丑（1601）九月，天台高明釋傳燈與萬年釋真秀、石梁釋性覺持杖來各礜石，乞三天祠記，祀與利除害。兵憲夢澤張公及（按：疑為「乃」之誤刻）捧檄斷行。別駕南昌趙公，予過客也，為張公年友，以齒頻勞與焉。……」可證傳燈之語。見《無夢園初集》江一卷，頁15a～18b。

〔註454〕趙別駕是趙應旗，即陳仁錫〈天台祠記〉一文之南昌趙公。趙應旗曾任常州靖江縣令，頗有治聲，後陞台州府通判，生平事蹟見《同治南昌府志》（南京：江蘇古籍出版社，《中國地方志集成》本，1996）卷四十一，頁63a。按宋代開始以「別駕」為通判雅稱，後世襲之。別駕原為秦漢郡守佐官，與官職與通判相近，故以別駕代稱通判。

聲載道，與公同心，有斷金之契；不數日，以無礙之稅抵之。

　　噫！數十年不起之廢疾，一旦忽起之，以為完人造物之力，一何神速哉。然觀公之大度，不獨此而已也，若先蒞是邦，早經其懷，必全額頓為之免。又若當其有事之初，亦不令台僧偏受其厄如此之慘也。以公之為政，若陽春之充塞乎宇宙間，唯患萬物之無生意爾。苟或有之，孰不芬芳而各遂其性哉？然而非陳春元神漬以灌溉之，趙別駕鋼鑺以鋤植之，則台僧曷遂其生，以被公煦煦熙熙之和風甘雨哉？是則三公皆天也，〔註455〕肖其像以事之，旦旦暮暮以尸祝之，俾台僧凡受其惠者，見像如見公，見公如見天。像固有待，而見之固有間；〔註456〕天固無待，而見之固無間。三天之為祠，在名山中，僧之永思，寧有涯乎？讚詠莫既，聊寄之頌。頌曰：

　　　台山苾蒭，如春園草。日涉成趣，漸就枯槁。

　　　不有春風，曷遂厥性。生之育之，獲復其命。

　　　苟微灌溉，及以栽培。踐之踏之，亦曰殆哉。

　　　見像見天，聿思厥德。千百斯年，孰有其極！

12. 為邑侯胡東井公石梁銅塔施鈴記*〔註457〕

〔註455〕此文所謂之三公，顯為蘭陵張師繹（夢澤）、常洲陳仁錫（明卿）及南昌趙應旟。張師繹已見上文。陳仁錫之〈天台祠記〉即是應傳燈、真秀及性覺等人之請而為，故於文中提及三人乞三天祠記之事，又說：「高明，故智者翻經臺招手定光處。石梁羅漢，鬚眉皆活，清夜自鐘自鼓。萬年寺之九里溪，奇峰秀鬱，品在雁宕上……」其「智者翻經臺」一說，即是根據傳燈所述高明寺歷史而來。

〔註456〕《幽溪文集》所錄此文作「見之曰有間」，與下一句之「見之固無間」之語法同而「固」與「曰」異，顯然其一為誤。按文意，「固」字較通。

〔註457〕胡東井公即是胡接輝。其友人楊廷筠所撰〈贈天台邑侯東井胡公龍淵獻瑞序〉中說「侯江西盧陵人，諱接輝，號東井。」見日本國立公文書館「內閣文庫」所藏《天台山方外志》卷十，頁27b～29a。按：〔明〕劉憲隆〈署縣事胡侯德政碑〉一文有云：「侯初令天台，台景勝而土磽，閭閻窘於庚癸者洊歲。侯拊循備至，每以簡約身先之，民賴以甦……」又云：「侯名接輝，號東井，吉之盧陵人，以治行聞。」見《崇禎寧海縣志》（臺北：成文出版社，1983）卷十，頁17b～20a。另外，胡獻來，〈胡侯視篆德政碑〉說：「……共推鄭父母東井胡侯。侯江西盧陵人，懷德宏才……」《崇禎寧海縣志》卷十，頁41ab。又宋奎光，〈東井胡公署篆德政碑〉說胡接輝「治天台五年，不繳激以立名，不沽煦以示德。振衣挈領，條分縷析，而萬民以說，百廢以舉……。賦性耿介，宅衷愷悌，才大而心小，力敏而神裕，中寬而外朗。」見《崇禎寧海縣志》卷10，頁44b～45b。此可略知其胡接輝之為人及為官之大概。N Standaert在其書中說胡東井公是胡龍淵，將楊廷筠所撰〈贈天台邑侯東井胡公龍淵獻瑞序〉一文之「龍淵獻瑞」一詞，讀成「胡公龍淵」，似未讀其文所致。

我聞袍休如來，〔註458〕塔廟聚於多寶；釋迦舍利，圓塚雜以七珍。〔註459〕身篤既然，支那亦爾。〔註460〕是以，長干之稱報恩也，〔註461〕全體甃以琉璃；鄮峯之為阿育也，〔註462〕四週和以珠玉。豈不福田當敬，世寶貿乎三堅；〔註463〕善果宜修，檀施該乎六度。〔註464〕所以獼猴彷匠，感妙報於天宮；童子聚沙，成佛道於後劫。感應之道，如聲答響；因果之理，類種抽芽。

茲石梁橋者，山號支提，寺稱方廣。顯為龍聖之神宮，隱作應真之勝境。〔註465〕粵自太平興國，〔註466〕今值天啟、崇禎，金錢賚施於當年，元寶瑞徵於今日。不有勝緣，焉臻巨應。緣非銅塔，〔註467〕妙在易鈴。權變通神，

〔註458〕 「袍休」是袍休蘭羅（Bahularatna）。漢言大寶，即多寶佛。見《翻譯名義集》卷一，頁1058b。

〔註459〕 「圓塚」即是「窣堵婆」（stūpa），浮圖。或云偷婆、私偷簸、塔婆、塔、方墳等。見《重治毗尼事義集要》，頁462a。

〔註460〕 「身篤」是「身毒」之諧音，漢以來稱印度為「身毒」，讀成「狷篤」，後稱天竺，印度。「支那」則是古印度對中國之稱呼，亦稱至那、脂那、真那、震旦、摩訶支那等。

〔註461〕 長干寺為報恩寺，已見上。

〔註462〕 四明鄮峰是阿育王寺的所在。

〔註463〕 身、命、財謂之三堅。釋氏有所謂「三堅之福」、「三堅法」和「三堅法報」。《釋氏六帖》卷三（頁50a）：「《薩遮尼乾子經》云：『於身命財修三堅法，福不可壞也。』」《維摩詰所說經》卷一（頁543c）：「於身命財，起三堅法。」僧肇註云：「堅法（者），三堅法，身命財寶也。若忘身命、棄財寶、去封累而修道者。必獲無極之身，無窮之命，無盡之財也。」

〔註464〕 「六度」，指布施、持戒、忍辱、精進、禪定、智慧等「六波羅蜜」（six pāramitās）。

〔註465〕 傳燈於《天台山方外志》之「山名考第一」說：「清涼國師謂『支提』；梵語，此云『可供養處』，即塔之異稱。惟東南方有赤城，其形如塔，且其巔又有舍利寶塔，應是支提。據此則石橋方廣為五百應真住處。」他在同書的「形勝考第四」說：「石橋山在縣北五十里十五都。兩山相並，連亘一百里，舊傳五百應真之境，有石梁架兩崖間……」又在「山寺考第五」說：「石橋寺在縣北五十里十五都，舊傳五百應真之境，又有方廣寺隱其中。」在《幽溪別志》的「泉石考第七」的〈圓通洞記〉，他也說：「五百應真藏於方廣。」故屠隆在《〈天台山方外志〉序》云：「又，五百應真行化此山，方廣寺在有無縹緲間，上人時聞鐘磬梵唄聲隱隱從地中出……」

〔註466〕 「太平興國」是宋太宗年號之一。他在開寶九年（976）十二月即位之後，即改年號為太平興國元年。太平興國名義上有九年（984），其實不足九年。

〔註467〕 按：銅塔之立，不詳從何時開始。〔唐〕段成式《酉陽雜俎續集》（上海：上海商務印書館，《四部叢刊初編》本，1929）卷六（頁4b～5a）：「萬菩薩堂內有寶塔，以小金銅塔數百飾之。大曆中，將作劉監有子，合手出胎。七歲

靈應叵測。不寶難得之貨，奪民為盜之心，上格聖禎，斯有由矣。

　　恭惟胡侯，澹菴後裔，文信鄉人。〔註468〕顧清名而有耀，乃碩德以多賢。補袞長才，試製錦於台邑；調羹巨手，奏烹鮮於海邦。丁年暵旱而神格甘霖，〔註469〕各邑無秋而單獲豐稔。速完橋而利涉，急建塔以興賢。振風裁而嚴操守，神聽斷而行撫循。農桑課而市廛肅，蠹弊剔而邪道消。寬征，為國愛民；弭盜，省刑恤罪。浮冗汰，則下不擾；案牘清，則上不煩。僚佐從風，遐邇嚮德。澤及緇流，則僧會析其重，供億判其平；恩周教苑，則山門復其舊，盜塔服其辜。煦如春日，潔比寒冰，凜似秋霜，明同皎月。固宜天人之交格，致斯冥顯之攸通。〔註470〕治化初成，禎祥速應。募塔者，尼僧性蓮；助營者，海慧寂智。緣自廣陵，事關太史：倪武雙撰之疏，〔註471〕眾檀越助其成。邑有

念《法華經》。及卒焚之，得舍利數十粒，分藏於金銅塔中。」不過，塔上施鈴，在西晉時已見。《高僧傳》（卷九，頁383a）說：「〔佛圖澄（232～348）〕又聽鈴音以言事，無不劾驗。」故《釋氏六帖》有「圖澄辯鈴」條說：「佛圖澄聞塔上鈴音，言其凶吉事，無不應。」見《釋氏六帖》卷二十，頁414a。不過《釋氏六帖》將《高僧傳》誤為《續高僧傳》。

〔註468〕澹菴是南宋胡銓（1102～1180），文信是文天祥（1236～1283），都是江西廬陵人。與歐陽修、楊邦乂、周必大、楊萬里合稱廬陵「五忠一節」，雖然歐陽修根本不生於廬陵長於廬陵，但是其父本籍廬陵，死後也歸葬廬陵，故常被視為廬陵人。

〔註469〕「丁年」是長為成人之年，即二十歲之年。「暵旱」是天旱、乾旱。

〔註470〕「冥顯」是佛教詞，指冥、顯兩界，即死后世界與娑婆世界。《大明三藏法數》卷二十九（頁598a）：「冥即冥密，顯即顯現。謂觀世音真身被物，冥作利益，以眾生不見不知，稱之為冥。普門應身，對機說法，顯作利益，以眾生有見有知，稱之為顯。」〔南朝梁〕陶弘景〈與梁武帝啟〉：「惟愿細書如〈樂毅論〉、〈太師箴〉例，依做以寫經傳，永存冥顯中精要而已。」〔清〕嚴可均輯《全上古三代秦漢三國六朝文》卷四十六，頁4a。

〔註471〕「緣自廣陵，事關太史」指的是倪啟祚，字允昌，號芬陀居士，係揚州江都（即廣陵）人，陝西咸寧籍，萬曆四十七年（1619）進士。改庶吉士，授編修。同館姚希孟（1579～1636）、顧錫疇（昆山人，萬曆四十七年〔1619〕進士）皆重之。見《雍正揚州府志》卷二十九，頁49a。他曾為傳燈作〈募造楞嚴壇佛像疏〉，略述楞嚴壇之所由作，並表示欲「宣告於十方宰官檀越，以期共助勝緣。我固知名山有靈，當雲集而響酬矣，焉用余贅之辭？此第為燈公師弟表其願力云爾。」見《幽溪別志》卷五，頁25b～26a。也曾作〈天樂吟〉宣揚傳燈在南明山聞天樂之奇蹟。略云：「余居火宅，不與青蓮。師開覺路，寶筏度川。探真際理，示了義玄。轉妙法輪，甘露等沾。指生無生，克紹馬鳴。無住而住，芳繼龍樹。遙遙得聞，夢想驚顧。敢用饗效，以廣流布。」見《幽溪別志》卷十五，頁21b～22a。此處傳燈又說倪啟祚也為石橋銅塔鈴寫過疏。

仁侯，名山為之生色；神欽德政，異寶為之呈祥。適當厝塔，恭遇湧錢。圍八面而七層，篷三丈而六尺。周匝懸鈴，中嚴相好。鐵鐸風飄，聲傲神龍之窟宅；金錢水湧，瑞徵邑主之仁明。圓徑如頒於宋帑，錙銖不異於丁君。昔現亭旁，今浮塔下。仰荷仁侯之德化，獲逢刀布之奇珍。自媿無文，實難宣於至德；聊述梗槩，謹布告於來茲。

13. 福泉銘有序*

余於楞嚴壇東偏營靜居，〔註472〕鑿牆之次，長鑱所及，白水溢湧。命治以井，深廣纔盈咫，水治而滿，厥色藍，厥味醴，兼金山、惠山之美。雖冬不冰，久旱不涸，足供齋居者十人，湢浴弗與焉。工畢，匠石請題名，命之曰「福泉」。或問立名之所自？對曰：世人目酒為福水，余則目茶為福水。然茶無美惡，莫不以水為勝。此泉之甘，為佳茗之助多矣；且去吾竹爐遠不逾丈，無負汲之勞，水之福我又多矣，名曰「福泉」亦可乎！因繫之銘：

　　酒為福水，效在於忘。形神都捐，杳杳茫茫。
　　茶為福水，功在於記。清清靜靜，生我智慧。
　　我心忘世，家在名山。目洗巉巖，耳洗潺湲。
　　洗心之餘，益以洗舌。住清涼界，五內俱雪。

老僧無盡燈述

14. 無生龕銘有序*〔註473〕

今之言慎終者，為之函曰「壽函」，為之藏曰「壽藏」，其於諱死亦已甚矣。余既不能免俗，亦不能偕俗，因命其龕曰「無生」。夫生，世人之所共尚者也，於吾教所未必尚。無生，世之所共諱者也，於吾教所不必諱。吾將寄俗以談真，因以無生而命名，爰著之銘。

　　（左銘）

〔註472〕正北之東者，稱為「東偏」。
〔註473〕「龕」，一般指以石塊、木材製成，供奉神、佛之像或祖先牌位的石室或櫥櫃。僧人示寂後，有小侍者負責洗浴、著衣、淨髮、入龕之禮。此種放置死屍之龕稱棺龕、龕子、龕柩、龕船、靈龕等。《釋氏要覽》卷下（頁307c）：「今釋氏之周身，其形如塔，故名龕。」都可稱「佛龕」。收殮屍體入棺木，稱為進龕，或入龕；注以香油而鎖之，稱為鎖龕或封龕；將龕棺移至葬場，稱為移龕。另有鑿岩崖為室，以安置佛像所作之龕。不一而足。此處云「無生龕」，是指其示寂後之棺龕。「無生」是「無再生」（no rebirth）之意，是涅槃之別名。

於戲！無明之依乎法性久矣。〔註474〕一衣之以為識，再衣之以為行，三衣之以為想，四衣之以為受，五衣之以為色。〔註475〕夫四固未舍受者也，色固恒舍受者也。余其舍色耶？色其舍余耶？相與之莫逆者六、七十年所，爾既衣余而來矣，〔註476〕余忍不為爾衣之而去乎？爾之衣余者，以地、以水、以火、以風；余之衣爾者，獨以之木。非報之薄也，生、無生異，寂、不寂殊也。

（右銘）

夫法性，無明之函也；無明，宇宙之函也；宇宙，形骸之函也；形骸，又幽室見之函也。今復為此計者，無乃為形骸而掩惡，代宇宙之為功？以是質諸庸庶人可，質諸賢聖人可，獨質之古皇先生而莫之可。〔註477〕噫！余其為古皇之罪人耶？而今而後，余又將質諸於子孫可耶、非可耶？可與非可，百年之後，余又孰知之？余已委之矣，亦惟任之而已矣！

老僧燈自撰

五、論、說、雜文

1. 忠孝愛敬論上

夫孝之所以施於家，忠之所以施於國，其來尚矣。獨不可移孝之所以孝，而孝於君，忠之所以忠，而忠於親乎？蓋推而廣之，有一家之父子焉，一國之父子焉，天下之父子焉。引而歸之，有天下之君臣焉，一國之君臣焉，一家之君臣焉。苟能推吾愛敬之道以貫之，則天下無不孝順之子，不忠藎之臣，亦無不聖明之君，不慈嚴之父矣。何也？以親愛莫近於父子，畏敬莫近於君臣。第

〔註474〕此是言「無明依法性」。〔唐〕湛然《止觀輔行傳弘決》卷五（頁318b）：「無明依法性，法性無所依。何者？法性無體，全是無明，故云空無所依。」

〔註475〕此段銘文是以譬喻方法用五蘊（色、受、想、行、識）來言「五衣」。色離不開受想行識而獨存，而受想行識亦非賴色之存而變完整。

〔註476〕此段應是以擬人化的譬喻方式表達色與受想行識之對話。地、風、水、火之四大法性而促成受想行識而衣傳燈之色身，而傳燈只能用木雕之龕來衣受想行識。這不是回報之薄，而是生死寂滅有異之故。

〔註477〕「古皇先生」指佛。其名出道教經典《老子西昇經》。〔唐〕法琳《辯正論》卷五（頁524a）：「案：道經《元皇曆》云：『吾聞大道太上正真出於自然，是謂為佛無為之君。』檢道經中，喚佛為大道為太上、為自然、為正真、為太極、為無上者，皆是佛也。又云：『天竺國有古皇先生（言佛是太古元皇之先生），善入泥洹。』古先生者。是吾師也。」又〔唐〕彥琮《唐護法沙門法琳別傳》卷三（頁210b）：「《老子西昇經》又云：『乾竺有古皇先生者，是吾師也。』」

愛之不得其中，則淪乎媟；〔註478〕敬之不得其中，則過於憚。媟之久，則階乎亂；憚之久，則階乎離。世之亂臣賊子，非以是而致之乎？故曰：「子之弒父，臣之弒君，非一朝一夕之故，其來久矣。」〔註479〕旨哉言乎！旨哉言乎！

　　吾意為父子者，內主乎親親之道，外益以尊尊之禮。親親之道存，則父子交相愛；尊尊之禮存，則父子交相敬。敬則不媟，愛則不離；內不失乎父子之情，而外具乎君臣之度。謂之慈父可也，嚴君亦可也，孝子可也，忠臣亦可也。家傳戶習，一惟是道，豈有不慈嚴之父，不孝順之子乎？吾意為君臣者，內主乎尊尊之道，外益以親親之義。尊尊之道存，則君臣交相敬；親親之義存，則君臣交相愛。愛則不離，敬則不媟；外不失乎君臣之禮，內不失乎父子之親。謂之嚴君可也，慈父亦可也，忠臣可也，孝子亦可也。家傳戶習，一惟是道，豈有不聖明之君，不忠藎之臣乎？又由是而廣之夫婦焉、兄弟焉、朋友焉、師資焉，一惟推以愛敬之道，率天之下而行之，率土之濱而化之，不復太古之淳風，不致太平之至治，吾不信也。

2. 忠孝愛敬論下

　　夫忠孝，臣子之職也；聖慈，君父之分也；愛敬，通乎君臣父子上下者也。雖曰為上者主乎愛，而為下者主乎敬，若愛而不敬，則親無實效；敬而不愛，則禮為空文。要當二者並行而互為表裏，則吾之所謂愛者，由敬而愛也；吾之所謂敬者，由愛而敬也。敬而後愛，則不循私情，故其愛也公；愛而後敬，則不襲虛套，故其敬也篤。故凡為人父者，以敬而後愛之愛而撫其子，子被其恩，而親親之道修；復畏其嚴，而尊尊之禮立；則孝子者，嚴父所成之孝子也。為人君者，以敬而後愛之愛以愛其臣，臣畏其威，而尊尊之禮備；復蒙其澤，而親親之道成；則忠臣者，聖君所成之忠臣也。為人子者，以愛而後敬之敬而敬其親，親居其敬，而尊尊之禮備；安享其愛，而親親之義完；則慈父者，孝子所成之慈父也。為人臣者，以愛而後敬之敬以敬其君，君居其敬，而尊尊之禮周；安享其愛，而親親之道全；則聖君者忠臣所成之聖君也。如此，

〔註478〕「媟」，音謝，輕侮貌。賈誼《新書》卷八（頁6a）：「接遇慎容謂之恭，反恭為媟。接遇肅正謂之敬，反敬為慢。」

〔註479〕此語見王弼註《周易》（上海：上海商務印書館，《四部叢刊初編》本，1929）卷一〈坤卦・文言〉（頁6b～7a）云：「坤至柔而動也剛，至靜而德方，后得主而有常，含萬物而化光。坤道其順乎？承天而時行。積善之家，必有餘慶。積不善之家，必有餘殃。臣弒其君，子弒其父，非一朝一夕之故，其所由來者漸矣，由辯之不早辯。」

君臣交相勸，而父子交相化；常使為人君者視民如視子，為人父者視子如視臣，為人臣者事君如事親，為人子者視親如事君，則民用和睦，上下無怨，非先王之至德要道也歟！

余念法門以法為親，師徒授受之際，雅有君臣父子之道。第今叔世，人情澆漓，不溺於愛則憚於敬，至於始師資而末路敵國者有之。因著〈忠孝愛敬論〉二篇以為道俗不知者勸。其或生具鴟梟之性，〔註480〕終為破鏡之怨，此又非愛敬之所能勸，忠孝之所能責也。

3. 食論

或問食孰補？對曰：「穀食上，肉食次之。」曰：「余問肉食，請言肉孰勝？」對曰：「虎肉上，人肉次之。」曰：「願聞其詳。」對曰：「豕食糠粃與米瀋，〔註481〕犬食人穀道之遺，〔註482〕牛與麋鹿鷹羊之屬食草木，雞鴨之屬食五穀之殘餘，兼食蟲豸。人食五穀精，又兼肉食，豈不愈於肉乎？虎又不然，既專肉食矣，又兼人而有之，是以為上也。」或者色動而尤言曰：「胡言之不遜，惑聽之若是乎？」對曰：「余謙言也，非不遜也。醒語也，非惑聽也。願與子誠商其厓略。夫天生萬物，惟人最靈。此其中固有不繫乎天者乎？不繫乎天者，而實寓乎天。寓乎天者，形骸也。此山中又有精華焉？渣滓焉？天之養乎人者，有穀米焉。佐穀食而養者，又有果核園蔬焉。古先聖人，知茹毛飲血之可恥，傷生害性之不祥，既教民以鑽燧熟食，又教民以播種百穀。故穀食之為養也，有精麤與之俱進者，粥焉、飯焉、餈焉、餅焉。有去麤浮而獨取其精華者，醴焉、飴焉。人知其甘醴飴之甘，而忽於穀之精華，不亦莽乎？故穀食之初進於口也，穀食而已矣。細唼其味，〔註483〕固有甘於醴飴者；蓋精者在而未遭其變也。方是時，咽與精會，神與神通，豈莽人所能知哉？先儒有云：「人莫不飲食，鮮能知味焉。」〔註484〕旨乎其言之也！蓋穀食之

〔註480〕「鴟梟之性」見《三國志》（北京：中華書局點校本，1959）《吳書》卷一，裴松之註（頁1104）：「知（袁）術鴟梟之性，遂其無道，修治王宮，署置公卿，郊天祀地，殘民害物，為禍深酷。」

〔註481〕按：「瀋」同「瀋」，俱為米汁。

〔註482〕「穀道」指「後竅」，即人體內直腸至肛門部分。

〔註483〕「唼」音「歃」，泛指吃、咬。《楚辭》（上海：上海商務印書館，《四部叢刊初編》本，1929）卷八，〈九辯〉（頁9a）：「鳧雁皆唼夫粱藻兮」。

〔註484〕此語出《中庸》第一章孔子之語：「道之不行也，我知之矣。知者過之；愚者不及也。道之不明也，我知之矣。賢者過之；不肖者不及也。人莫不飲食也，鮮能知味也。」

甘，受天之甘露，有自上而下者，雨露霜雪為之資；自下而上者，地水火風為之資。君不歟諸甘泉乎？甘泉之甘，乃甘露之異地。要知穀食俱具五味，五味俱含甘露。傷古之人，知取甘露於仙掌，得一勺即神而異之，謂神在是；見甘露降於庭及草木，嘗小滴即寶而頂之，謂仙在是。不知天生五穀，微甘露而不生，微甘露而不滋。是物也，無時而不生，無地而不降。有此謂之熙世豐年，無此謂之饑饉荒歲。人得而食之，隨天之運數消長而固永。固永者，謂之順天，順天者昌。苟釋此而妄冀乎延年，謂之『逆天』，『逆天』者亡，胡長生久視之有哉？吾故謂世之養生，莫先於穀食，次之五穀之變，菓實之生。五味全、五臟調、四大不及，精神得其所藉之以立身行道，資之以修心繕性，此謂受之於天而歸乎天。肉食傷生，傷生不仁，亦復不祥哉。余言謙言也、醒言也，冀子有以釋焉。」或人雖理屈而詞訥，猶寓辨於謔曰：「子言人肉補，子稍肥而肉必勝耶？」對曰：「余年二十而蔬食，精而神者，固受穀氣於天之所養。今且六旬有二，猶未殆於昏忘。若稍肥者，此又稟遺體於二天，初不關乎穀與肉之勝否。是則余肉與癯鶴等，胡補之有哉？」或者色乎，唯唯而退。

4. 律宗正訛

4.1. 正「在家二眾披福田衣」之訛

出家二眾，身所披衣，西天梵語名曰「袈裟」，此方漢音譯云「壞色衣」，以其不參五方正色故也。其色有五：一、青色，二、黑色，三、木蘭色；而有三種，一曰「僧伽梨」，即二十五條等大衣，二曰「鬱多羅僧」，即七條衣，三曰「安陀會」，即五條衣。此之三衣，皆有條相，猶如稻田，畦畔分明，名「福田衣」。正以比丘、比丘尼修行戒定慧，息滅貪嗔癡，堪為人天福田，故佛制出家者，應搭此衣。其餘在家男女二眾，曾受菩薩戒者，許搭戒衣無條相者。昔慈雲大師曾考其制，〔註485〕不許在家男女二眾披搭福田衣，以其未堪作人天福田故也，文載《緇門警訓》，班班可考。〔註486〕近日持律人無有師承，毫無規矩，不論在家出家，一槩付與福田之衣，使男女二眾紛紛競搭，仍付鉢盂，沿街募化，敗壞法門，莫此為甚。凡我法屬，悉宜改革，若有效彼胡行，不但非我弟子，亦非三寶之法屬也。

〔註485〕慈雲大師是慈雲遵式（964～1032），他有〈三衣辨惑篇〉一文，說「佛制法衣但三，一曰『安陀會』，二曰『鬱多羅僧』，三曰『僧伽梨』。三法衣定是出家之服，非在家者所被。」見《金園集》卷三，頁19b。

〔註486〕《緇門警訓》確收有〈慈雲式懺主三衣辯惑篇〉全文，見該書卷五，頁1068b。

4.2. 正「不着褊衫搭衣」之訛

佛制比丘當遵二種律儀，一「如來律儀」，二「隨方律儀」。若依「如來律儀」，西天之制，比丘所搭三衣有二種法：一、登座說法，與受供降魔，則大衣通披肩不偏袒，表福田端正故。二、禮誦懺摩及以作務，則七條、五條，皆偏袒而搭，表事師侍師便故。衣裏則襯以僧祇支。〔註487〕如男女二眾所搭無條相者，此如來所制西天之律儀也。二「隨方律儀者」，昔北魏帝主深信三寶，恒延眾僧內宮供養。內宮以為僧袒一肩，觀瞻不便，更賜僧祇支以覆右肩。後因二衣穿着不便，遂合二衣以為一衣，謂之「褊衫」。〔註488〕此衣之制，初本於此。是則上着褊衫，下着圖裙，然後外搭袈裟，方表表可觀（圖，貯米器也，裙形似之，謂之圖裙）。今云「禪裙」者非。即圖衣之字，亦須從此；云禪衣者亦非。後人又見僧家有褊衫者而無裙，有裙者或無褊衫，遂合二衣以為一衣，謂之「直裰」，即今僧所穿長衫博袖，實名直裰，非褊衫也。是則今之搭衣者，或從舊制，則袈裟之內，宜先着褊衫及裙，然後方可搭衣。若從新制，則先着直裰，然後搭以袈裟。蓋為福田之衣，至尊至重，不可猥褻，容易披搭，故禪宗大老，尚不許人褊衫之內穿小袖衣。故偈有云：「世間一等無羞恥，直裰中間小袖兒。」乃見今之受戒者搭衣，或直身，或小袖白布衫，或總不穿衣，即便披搭袈裟，何其無有羞恥一至是乎！今已正訛，凡是吾家子孫，若不遵佛制，不依約束，非吾徒也，小子鳴鼓而攻之可也。

4.3. 正「應赴僧不搭袈裟惟着禪衣」之訛

僧之所搭袈裟，三衣之外，更無餘制。青、黑、木蘭之外，更無餘色。古有朝廷賜紫謂之紫方袍者，此從欽賜，權宜披之，諒無大過。即今應赴所披五色袈裟，乃襲此而製。若條相，各各依佛所製三衣之式，或披之以作法事，是猶可忍。胡乃今之應赴僧，紛紛競披五色禪衣，既無敬佛之儀，又獲違制

〔註487〕「僧祇支」（saṃkakṣikā），一名僧却崎，一名僧迦鵄，譯名掩腋衣。律云：「時比丘尼，露胸膊而行。居士見之譏嫌，白佛。」佛制作僧祇支覆肩衣。故尼受戒時，付三衣之外，加付此二衣式。又摩那（śikṣamāṇā）·沙彌尼（śrāmaṇerī）亦得受。見〔明〕釋元賢《律學發軔》卷三，頁569a。

〔註488〕褊衫，或作偏衫。〔宋〕釋元照云：「褊衫即是祇支覆肩二物，故復於其上重更覆耳。當知褊衫右邊即是覆肩。但順此方縫合兩袖，裁領開裾，猶存本相。」見《四分律行事鈔資持記》卷三，〈釋二衣篇〉，頁360a。又〔宋〕釋允堪云：「蓋此土元魏宮人見僧袒膊不善，遂施右邊綴左邊祇支，上通為兩袖，號曰褊衫。所以今開背縫裁領而作者，存本衣相故。」見《衣鉢名義章》，頁600c。

之罪。不知此輩何以超亡靈？何以稱福田？奉勸惜福者速速改革，共復古風，則福莫大焉。豈不施主之福獲增，亡靈之魂可超乎？

4.4. 正「律師坐臘」之訛

僧家之有「坐臘」者，坐一臘則方受一歲故也。蓋為僧者，不以父母所生之年為歲，乃以從師受大比丘戒為首之年為歲。臘者年載之別稱也。《風俗通》曰：「夏曰清祀，殷曰嘉平，周曰大蜡，漢曰臘。臘者，獵也，獵取獸以祭。」〔註489〕今人稱十二月為臘月者，正以一歲將終，獵獸以祭之時。出家仍此，乃以坐夏九十月為期，謂之「坐臘」。故知臘者，僧家受歲之時。可笑今之持律者訛傳謬習，謂之「坐蠟」，〔註490〕乃將黃蠟刻一蠟人，待四月十五日結制之時，埋於床下。坐夏九十日畢，七月十五日解制之時，掘起蠟人，驗其戒之破否。若蠟人眼壞，即謂「眼根破戒」。餘五根破與不破，皆以蠟驗之。人人傳習，處處效尤，余每聞之不覺失笑。此之師僧，不惟邪僻訛謬，兼之不識一丁。夫臘，年歲之稱，字從臘，不從虫，明矣！今謂之「坐蠟」，〔註491〕則以蠟為臘，豈不可笑！大抵世間人品，去古既遠，聰明學識之士，不流入於教，則流入於禪。而持律之人多分，不經學識，流於鹵莽。若古之持律者而入於教、入於禪，則無此鄙也。有識之士速宜誠之、革之。

4.5. 正「律師不許弟子聽經」訛

夫學有初後，教不躐等。故教門有三學，謂戒而後定，定而後慧。法門有三慧，謂聞教而後思義，思義而後修行。如造重閣相似，必先固其基址，未聞有徒慕重樓而不先其基者，亦未聞有但固其基而不營上二級者。觀今慧學之士，不先持戒而遽云定慧，此固佛不許可者也。即觀今持律之人，拘拘執於持戒，自不「學、問、聞、思」，即以持戒為之修行。及乎收足蒲團，則兀然癡坐。問觀心，了無止觀之方；詰參禪，毫無推檢之用。高心空腹，妄稱人師。自障已墮愚癡，又復障諸弟子。禁人不許聽經，障人不許思義，乃謂出家

〔註489〕按《風俗通》（上海：上海商務印書館，《四部叢刊初編》本，1929）原文云：「夏曰嘉平，殷曰清祀，周曰大臘，漢改曰臘。臘者，獵也，田獵取獸祭先祖也。」

〔註490〕原「坐臘」，今改為「坐蠟」。因傳燈為指出一般「律師」將「坐臘」誤為「坐蠟」，故有「將黃蠟刻一蠟人」之舉。

〔註491〕原「坐臘」，今改為「坐蠟」。因傳燈為指出一般「律師」將「坐臘」誤為「坐蠟」，故有「將黃蠟刻一蠟人」之舉。傳燈仍在論誤「坐臘」為「坐蠟」之事，並強調其字應從「月」而不從「虫」。

要以持戒為先，修行為急。不知修從思義，方不陟於殊途；思從聞教，方不墮於異路。古人所謂「聞而後能解，解而後能修，修而後能證」。又曰「見道而後修道，修道而後證果。」〔註492〕《因果經》言：「障人聞法，生生墮入『愚癡報』中。先為畜道，聾騃無知，後得為人，頑嚚暗鈍。」〔註493〕可不畏諸！可不畏諸！

5. 荼毘放生小鹿法語

佛子，汝雖異類，與佛同源。長林豐草，是汝家鄉；逐母呼羣，為汝樂事。何因失足，橫罹羈縻？豈緣惑業之所纏，致此癡騃而罔覺。逆推物理，必有元因。想生前負斯人四百青蚨，〔註494〕致此世了自家千生黑業。〔註495〕吾贖汝命，自有感於悲田；汝受我法，當有成於佛種。聞大戒而經行俛仰，已

〔註492〕此是傳燈在《楞嚴經圓通疏》所強調之語：「竊原《楞嚴》一經，文義雖多，究其旨歸，無非為阿難尊者殷勤啟請楞嚴大定而設。但行因解進，而解藉行成。解行相資，方能證入果位。故經有『見道而後修道，修道而後證果』之序。」見《楞嚴經圓通疏》卷六，頁829b。

〔註493〕此處所謂《因果經》，似為《佛說善惡因果經》，經中有云：「為人愚癡不解道理者，死墮象、豬、牛、羊、水牛、蚤、虱、蚊、蝱、蟻子等形。若得人身，聾盲瘖瘂、瘲殘背瘻，諸根不具足，不能受法。」傳燈顯然並非直接引文，而是略述其意，故云「先為畜道」。《大明三藏法數》卷二十三（頁347b）引《成實論》之「慳法七報」，其第二報即「愚癡報」，謂於諸法中迷惑不了，名為愚癡。由其宿世慳悋法，故於現生中而得此報也。」

〔註494〕「青蚨」，原為傳說中之蟲名，別稱蚨蟬、蟱蝸、蒲虻、魚父、魚伯等，據傳青蚨生子，母與子分離，得其子則母必飛來。又傳塗青蚨母子之血於錢上，塗母血之錢或塗子血之錢經使用後必會飛回，此為「青蚨還錢」之說，故「青蚨」亦成錢之代稱。

〔註495〕佛家之「三業」有白業、黑業、不白不黑業。而「人天名白，四趣名黑，無漏名為不白不黑。」見〔唐〕李師政《法門名義集》卷一，頁203a。又《翻譯名義集》卷六（頁1151a）：「黑業者是不善業，果報地獄等受苦惱處，是中眾生以大苦惱悶極，故名為黑。」

墮僧海一籌；〔註496〕飲法水而委蛻逍遙，必覩蓮華四色。〔註497〕今則為汝依僧津送，〔註498〕如法荼毘，〔註499〕煉磨有待之軀，悟入無為之理。伏願烈燄光中觀自在，不起前塵；咄嗟聲裏悟圓通，永超後有。〔註500〕向七珍林適性，〔註501〕吉祥草安生。〔註502〕與頻伽鳥同宣妙法，〔註503〕不作呦呦之

〔註496〕「一籌」當指「一紀」。《禪林疏語考證》卷一（頁686a）：「海上之籌」條：「昔有人隱海上。聞海中有人語曰。每逢一紀則添一籌，今不覺滿屋矣。註：一紀十年也，籌已滿屋，不知幾多年。」按：唐、宋以來皆以十二年為一紀。〔唐〕澄觀《大方廣佛華嚴經疏》卷五十六（頁925a）：「言十二年者，一紀已周。」〔宋〕釋微顯編《律宗新學名句》卷一（頁671a）：「一紀，十二年。」。〔宋〕元照《四分律行事鈔資持記》卷三（頁388a）：「十二年者，極一紀故。」〔宋〕子璿《楞嚴經義疏注經》卷二（頁844b）：「十二月為一年，十二年為一紀。」

〔註497〕「蓮花四色」即「四色蓮花」，有青、黃、赤、白等四色。《淨土紺珠》卷一（頁695c）：「極樂國土有七寶池，八功德水充滿其中；池底純以金沙布地。四邊階道，金銀琉璃玻瓅合成。池中蓮華，大如車輪。青色青光，黃色黃光，赤色赤光，白色白光，微妙香潔。青色名優鉢羅，黃色名拘勿頭，赤色名鉢頭摩，白色名芬陀利。色必有光，蓋由淨業所感。」

〔註498〕「津送」是佛教語，「送亡」之意。《敕修清規》：「尊宿遷化云。遺戒，一切佛事並免，但舉無常偈，同亡僧津送。」幻住菴清規「津送」云：「其餘袈裟鉢盂，并種種行李，抄劄既定，待出龕日，估唱錢物，入板帳支收，以為津送。」見《禪林象器箋》卷十九，頁564b。又〔宋〕吳自牧《夢粱錄》·卷十八（頁293）·〈恩霈軍民〉：「軍妻老幼，月支贍家米糧，隨軍日支券糧，功成則轉資給犒，如陣亡，官給津送。」是「辦理喪事」之意。

〔註499〕「荼毘」（jhāpita），意譯為燒燃、燒身、焚燒、火化。即火葬之意。又作闍維、闍毘、耶維、耶旬。

〔註500〕此處之「後有」即佛經裏常說之「不受後有」。《長阿含經》多處有「不受後有」一詞，如卷二（頁12a）：「生死已盡，梵行已立，所作已辦，不受後有。」又卷十六（頁104c）：「生死已盡，梵行已立，所作已辦，不受後有，即成阿羅漢。」又卷十九（頁127a）說及閻羅王語：「我若命終生人中者，若遇如來，當於正法中剃除鬚髮，服三法衣，出家修道，以清淨信修淨梵行；所作已辦，斷除生死，於現法中自身作證，不受後有。」

〔註501〕《釋氏六帖》卷十八（頁337a）：「《無量壽經》云：『有七寶行樹』，故曰『七珍林』。」

〔註502〕「吉祥草」，梵語kuśa，音譯作矩尸、俱舒、姑奢、姑尸。意譯作上茅、香茅、吉祥茅、茆草、犧牲草。略稱祥草。佛經云釋尊於菩提樹下成道時，即坐於此草上。《本生經》卷二十二（頁175a）亦云佛陀之生母因食帝釋所賜之吉祥草而懷孕生子，命名為「姑尸王子」。

〔註503〕「頻伽鳥」即「迦陵頻伽鳥」，譯名「妙聲鳥」。見《翻譯名義集》卷二，頁1089c。據云：「此鳥本出雪山，在㲉中能鳴，其音和雅，聽者無厭也。」見《一切經音譯》卷二十三，頁456c。

聲；〔註504〕偕師子王共伏魔冤，〔註505〕無復濯濯之態。〔註506〕

6. 青蓮齋說

　　天台苾蒭游化來甌，〔註507〕於白鹿城循方分衛，〔註508〕至雁池東側九曲渠，次青蓮居士門遲。苾蒭居予青蓮之齋，坐予竹方之床，散予蒼葍之華，飯予桑門之供飯。食訖，洗瓦鉢、嚼楊枝已，復座而坐，乃指青蓮之齋，說青蓮之法。告居士曰：「於意云何？若以何為青蓮耶？佛耶？居處耶？身耶？心耶？居士曰：「佛固青蓮也，宣灑慕佛，〔註509〕故樹青蓮之齋，奉青蓮之相。身事心憶，冀學青蓮。若予居處，若予身心，則何敢當？」苾蒭曰：「佛本是無，心淨故有；以非青蓮，曷致青蓮，若將為名乎？夫名者實之賓也，若將為賓乎？」居士曰：「誠如師言，宣灑宜無先竊斯稱矣。」苾蒭曰：「不也！若固青蓮也，由若已屈，故非青蓮。予將導若，固必以實斯稱矣。居士，若亦知夫「冰水之喻」乎？〔註510〕夫水之游於江湖也，當是時，清潔澄瑩，流止無恒；逐器方圓，隨波動靜。功成不居，終朝渤澥。〔註511〕泊水之為冰

〔註504〕「呦呦」是形容鹿鳴的聲音。《毛詩》卷九（頁 1ab）：「呦呦鹿鳴，食野之苹。……呦呦鹿鳴食野之蒿。」

〔註505〕《翻譯名義集》卷二（頁1088a）引《大論》云：「如師子王，清淨種中生。深山大谷中住，方頰大骨，身肉肥滿。頭大眼長，光澤明淨。眉高而廣，牙利白淨。口鼻方大、厚實……。」按：「伏魔冤」是「降伏魔冤」之意。

〔註506〕《毛詩》卷十六（頁16b）：「麀鹿濯濯，白鳥翯翯。」注云：「娛遊也。鳥獸肥盛喜樂，言得其所。」傳燈此處之「濯濯」應是貶意，當指不再肥壯而無所事事之意。

〔註507〕「苾蒭」或作「苾芻」，西天草名，具五德，故將喻出家人。見《釋氏要覽》卷一，頁259b。「甌」是浙江溫州。溫州府城古稱白鹿城，以出現「白鹿銜花」之瑞故。見《嘉靖溫州府志》（上海：上海古籍出版社，《天一閣明代方志選刊》本，1981）卷一，頁2b。

〔註508〕「分衛」（piṇḍapāta）是乞食之意。《僧祇律》曰：「乞食分施僧尼，衛護令修道業，故云分衛。」

〔註509〕「宣灑」，自稱弟子之意。

〔註510〕「冰水之喻」本《楞嚴經》佛對阿難所說「如水成冰還成水」之意。傳燈於《楞嚴經圓通疏》卷三（頁747ab）有云：「若性之與相，實和合者。則相有生滅，而性亦隨之。生生死死，無有休息。斯則真如有隨相之污，眾生無息妄之年矣。非和合既不可，和合又不可。此理幽微，卒難開示。故先之以譬喻云：『如水成冰。冰還成水。』此喻真如不變隨緣，隨緣不變也。蓋水之成冰，嚴寒使之然也；冰之成水，陽春使之然也。若非和合者，水何因而成冰？冰何因而成水？若和合者，水何和而成冰？冰何和而成水？不變隨緣，隨緣不變，如斯而已。」

〔註511〕「渤澥」，海之別名。《列子》諸書都謂海為渤澥。見《說文解字注繫傳》（上

也，〔註512〕兀然大塊，蠢爾波斯。雖存潔白之容，已失隨方之妙。水非若，真乎？冰非若，妄乎？以為真不即妄，水何和而成冰？妄不即真，冰何和而成水？真果即妄，水奚意而不堅？妄果即真，冰奚意而不流。「離即離非，是即非即」，〔註513〕青蓮妙目，彷彿在茲。居士青蓮似此，若欲去妄而求真乎？去妄求真，是猶背冰求水，未若揭我性天之慧日，爍彼愛水之層冰。水既復矣，冰將奚在？真苟得矣，妄亦奚存？由此觀之，水未復時，秖可執言是冰，不得封言無水；真未復時，秖可執言是妄，不得封言無真。以故，我曰居士之身青蓮相也，居士之心青蓮性也，居士之房青蓮齋也。以青蓮之居，處居青蓮之身心；以青蓮之身心，事青蓮之善逝；〔註514〕秉青蓮之至教，飯青蓮之苾蒭；命青蓮之苾蒭，說青蓮之妙法，夫誰曰不可，而必欲去青蓮之假名，失青蓮之實義哉？居士曰：「誠如師言，何獨宣灑青蓮之蕁香滿閻浮？乃師青蓮之舌亦遍周剎海！宣灑不敏，請事斯語，以為畢世青蓮之踐矣。苾蒭曰：「諾！」遂次第其言，為青蓮齋說云。

7. 樂善說贈磚塘楊氏

幽溪潛子曰：「人間世有至樂，雖尊官美爵、錦衣玉食所不能勝者，其惟為善乎！蓋彼之為樂，既得之患失之，榮未已辱隨之。此之為樂，天之所與，人之所美，聖賢之所取，吾心之所正。無得、無失、無榮、無辱，熙熙然、煦煦然，樂斯至矣。」

紹邑〔註515〕磚塘楊氏子曰廷芳、廷茂、廷英者，三世為善，而儒釋並師。無論其十口之家，父父、子子、夫夫、婦婦，孝悌愛敬而綱常不紊。即尋常之所守，持佛之不殺戒，以廣儒之所謂仁，仁斯至矣。持佛之不盜戒，以廣儒之所謂義，義斯盡矣。持佛之不婬戒，以廣儒之所謂禮，禮斯全矣。持佛之不妄

海：上海商務印書館，《四部叢刊初編》本，1929）卷二十一，頁12a。或專指東海或渤海。見《初學記》（臺北：臺灣商務印書館，影印《文淵閣四庫全書》本，1983～1986）卷六（頁6a）：「東海之別有渤澥，故東海共稱渤海，又通謂之滄海。」

〔註512〕原作「氷」。為求前後一致，皆改為「冰」。

〔註513〕《楞嚴經》卷四（頁121a）：「即如來藏妙明心元，離即離非，是即非即。」〔宋〕子璿《首楞嚴義疏注經》卷四（頁880a）：「『即如來藏妙明心元，離即離非，是即非即。』此約二門不二，唯是一心。雙遮真俗，故曰『離即離非』；雙照真俗，故云『是即非即』。」

〔註514〕善逝（sugata）是佛陀十號之一。

〔註515〕紹邑應指縉雲縣，在今浙江麗水。磚塘楊氏子三人，生平事蹟無可考。

語戒，以廣儒之所謂信，信斯備矣。持佛之不飲酒戒，以廣儒之所謂智，智斯昭矣。〔註516〕五戒持而五常立；三皈行而三綱正。世之為善，孰善於是乎？伊尊人以是道而教諸子，子以是道而教諸孫，三年無改於父之道，可謂孝矣。矧世守其道而拳拳服膺乎？

　　昔人有言曰：「人行一善，而國措一刑。」〔註517〕苟以是道而家傳戶習，十善行而十惡息，十惡息而國刑措，可以坐致太平。」旨哉言也！若斯人者，稱為葛天氏之民可也。陶陶然坐於春風和氣之中，樂且無央。馮太史以「樂善」稱之，〔註518〕宜矣！

8. 廣養濟院說〔註519〕

　　雲間陳眉公有言曰〔註520〕：「佛教者，朝廷之一大養濟院也。」〔註521〕謂無佛教，則天下之無依無怙者將何以歸？意以世之盲聾瘖瘂、鰥寡孤獨者視乎僧，而吾儕有氣不平者，聞是說則勃然變乎色；氣平者，聞是說則甘心以當其稱。幽溪瞎子居於然不然之間，〔註522〕而為之作曰：「噫！惜眉公之不聞乎道而不能廣其說也。苟能聞乎道，則養濟之說將與天地為終始，範圍

〔註516〕　按：此是沿襲宋僧契嵩以佛之五戒十善通儒之五常仁義。其所說之「儒所謂仁義禮智信者，與吾佛曰慈悲、曰布施、曰恭敬、曰無我慢、曰智慧、曰不妄言綺語，其為目雖不同，而其所以立誠修行善世教人豈異乎哉？」見契嵩《鐔津文集》卷一，〈原教篇〉，及卷二〈廣原教篇〉。

〔註517〕　按：此語本於《弘明集》卷十一（頁69a～69c），〈何令尚之答宋文皇帝讚揚佛教事〉一文中所謂：「夫能行一善則去一惡，一惡既去，則息一刑；一刑息於家，則萬刑息於國。四百之獄何足難措？雅頌之興理宜倍速。即陛下所謂坐致太平者也。」其後，屢為僧家所引。如道宣引於其《廣弘明集》，法琳引於其《辯正論》，神清引於其《北山錄》，延壽引於其《萬善同歸集》，契嵩引於其《輔教編》等等。

〔註518〕　馮太史是馮夢禎。

〔註519〕　按：養濟院之名及其設立，不知從何時開始。最早之記載是南宋孝宗朝宰相趙汝愚（1140～1196）漕江西時，斥資置養濟院於南昌。

〔註520〕　陳眉公是陳繼儒（1558～1639），字仲醇，號眉公、麋公。華亭（今上海松江）人。明代文學家、書畫家。

〔註521〕　按：此見陳繼儒《陳眉公集》（上海：上海古籍出版社，《續修四庫全書》本，2002）卷十（頁3a）〈佛氏〉一文。原文略云：「佛氏者，朝廷之大養濟院也。我明設養濟院以養無告也。然州縣不過一、二百疲癃殘疾止矣，其外少壯而貧，終身不能溫飽婚娶者，不知幾千萬人，幸佛教一門收拾此輩耳。……」

〔註522〕　按：虞淳熙自稱「瞎子」，在《幽溪別志》裏，有他的〈《楞嚴玄義》序〉，就是以瞎子自稱，並以之署名。傳燈從未自稱「幽溪瞎子」，此處以此自稱，不知何意？

為庭院，豈區區以招提為之論哉？請先言其道，而後廣其養。曷為道？道者至極之道，非所謂教道之道也。若教道之道，不能不藉乎養，豈所謂至極之道哉？曷為至極之道？即含生本有大覺真心，此之真心範圍天地，亘徹今古，不生不滅，無去無來。不繫眾相，而亦無所而不相；不屬生滅，而亦能生滅。是故大道之為用也，能天、能地、能陰、能陽、能為萬象主，不逐四時凋，亦惟覺道而已矣。《楞嚴經》云：『性覺妙明，本覺明妙。』〔註523〕此言大道之始，體其寂照，性本無生者也。又云：『晦昧為空，空晦暗中。結暗為色，色雜妄想，想相為身。』〔註524〕此言覺道最初不覺，一念成乎晦昧以生天，故曰『晦昧為空』；天與晦昧復成交結以生地，故曰『空晦暗中，結暗為色。』天地既成，則陰陽備，陰陽備，則情與無情分。有情者又搏取無情以生乎人，故曰『色雜妄想，想相為身。』此言覺道失覺，生天地，生人身，成三才之大略也。詳而言之，有界外之三才，界內之三才也。界外三才又分乎三：有常寂光土之三才、實報莊嚴土之三才、方便有餘土之三才，此三皆謂之雙易土，以其無分段生，非無變麤形為細質生。〔註525〕若夫界內三才，又有乎二：一曰淨土分段。《觀經》稱極樂國土，《淨名》稱眾香國土是也。此五種土，皆不能無養，為其皆有身心故也。變易三土身之與心皆合而為一，身即心也，心即身也。故其養也不假人間，分段飲食，惟資禪悅法喜；謂無他務，惟以入禪為悅，得法為喜耳。此之二食，莫不皆以定慧為之果，止觀為之因，明靜為之體，破惑為之用。若夫三界內之三才也，如眾香極樂，雖居分段者與穢殊，一飯而體同法界，一食而資性養神。將身與心而俱和，依與正而不二，第此娑

〔註523〕按：此句出《楞嚴經》卷四（頁120a）：「佛言：『富樓那！如汝所言，清淨本然，云何忽生山河大地？汝常不聞如來宣說性覺妙明、本覺明妙？』」〔宋〕釋戒環《楞嚴經要解》卷七（頁810c）：「性覺妙明、本覺明妙者，萬法體用異稱也。能性一切曰『性覺』。性覺之妙顯乎明，即自體而出見於萬法者也。性之所本曰『本覺』。本覺之明藏乎妙，即自用而反冥於一真者也。了斯二義，則體用一覺。物我一妙。無復諸相之異矣。」

〔註524〕按：此句出《楞嚴經》卷二（頁110c）佛興慈悲哀愍阿難及諸大眾，發海潮音遍告同會之語：「諸善男子！我常說言：『色心諸緣及心所使諸所緣法，唯心所現。』汝身汝心，皆是妙明真精妙心中所現物，云何汝等遺失本妙圓妙明心寶明妙性，認悟中迷晦昧為空；空晦暗中，結暗為色，色雜妄想，想相為身，聚緣內搖，趣外奔逸。昏擾擾相，以為心性。一迷為心，決定惑為色身之內，不知色身外，洎山河虛空大地，咸是妙明真心中物。」

〔註525〕傳燈在《楞嚴經圓通疏》卷八（頁908c～911c）言：「但於法性身變麤形為細質，易短壽為長齡，故其壽命無有邊量。」

婆分段穢土，不能不資之以分段之養。然而又有人天之殊，麤妙之異。如無色界天，各得空處、識處、無所有處、非非想處之定。色界天，各得初禪、二禪、三禪、四禪定力之所養，雖無出世間之大慧，亦可謂之餐禪悅之食，不必假人間分段飲食矣。惟欲界諸天，雖假分段而感報，自然思食得食，而食已化去，既無渣滓之餘，了無便利之穢，故稱之為天，正以其所受用者，一切天然故也。惟人間地居，既假陰陽和合，而有生父母交遘之所出種子，先為不淨形骸，寧無資養？雖曰『色雜妄想，想相為身』，必生存則氣和，死去則氣解。故人之有身，必假飲食；人之有心，必資昏動。故日往月來，晝夜相代，風雨以時，寒暑以節，皆所以為人間分段飲食之大資，出作入息之妄用。苟微乎此，則形無以生，心恒於勞矣。然而因之生煩惱、長生死，此也；因之成大道、出三界，此也。故祖師有曰：『明靜性也，覺道有之；昏動病也，人生有之；止觀藥也，〔註526〕行人有之；定慧果也，聖人有之。』以故三乘聖人，高超萬累之表，深居法空之座者，蓋實得乎此也。以是言之，則二種三界，四等三才，皆不能無養。惟淨穢有殊，苦樂咸異耳。」

「是則常寂光土者，如來之一大養濟院也，釋迦主之。實報莊嚴土者，菩薩之一大養濟院也，文殊、普賢等主之。方便有餘土者，聲聞緣覺之一大養濟院也，舍利弗、目犍連等主之。無色界、色界天者，諸天之一大養濟院也，梵王天主之。欲界天者，下界諸天之一大養濟院也，天帝四王主之。六合之內者，朝廷之一大養濟院也，天子主之。省郡州邑者，粟散之養濟院，也宰執百僚主之。黌門泮宮者，諸生之養濟院也，外翰主之。寺院菴觀者，僧道之養濟院也，住持主之。釋迦文殊等苟不主之，吾恐二種三界裂。梵王苟不主之，吾恐界內三才缺。天帝四王苟不主之，吾恐陰陽五行、雷電風雨，無以應其節。天子百官苟不主之，吾恐四夷八蠻侵其國，百姓萬民無以安其執。外翰苟不主之，吾恐諸生無以肆其業。住持苟不主之，吾恐眾僧無以安其列。第其間有敬悲之殊，上下之異，若以下事上，謂之『敬田』。以上濟下，謂之『悲田』；古稱養濟院為悲田院是也。然而施之於空言，未若求之於實事。若曰『隨眾生求，無不感應』，則釋迦、觀音可以為一大養濟院主也。若曰『吾聞西伯善養老，盍歸之』，〔註527〕則文王可以為一大養濟院主也。若曰『老者安之，少者懷之，朋友信

〔註526〕傳燈在《楞嚴經圓通疏》卷八（頁878b）亦云：「夫昏動病也，止觀藥也。服藥身安，醫則奏効。苟不得所，而藥反為病。」

〔註527〕此見趙岐注《孟子》（上海：上海商務印書館，《四部叢刊初編》本，1929）：

之』，〔註528〕則孔子可以為一大養濟院主也。若曰『上老老而民興孝，上長長而民興悌，上恤孤而民不倍』，〔註529〕則曾子可以為一大養濟院主也。若曰『老吾老以及人之老，幼吾幼以及人之幼』，〔註530〕則孟子可以為一大養濟院主也。然而施之於實事，又不若求之於空言。若佛氏之經律論三藏，老氏之五千言，孔氏之五經四書，苟熟乎此，不惟可以濟形骸，又可以濟神明，此皆千古不易，百王同遵之聖謨。第其間有世間法焉，出世間法焉。肄其業者有專焉、雜焉。僧居蘭若，則專其出世之業，又豈區區以形骸而為養者之足比哉。故為叔世之文章軌範者，道宜知乎大，而不可隘乎小，義宜精乎醇，而不可駁乎浮。而眉公方曰『佛教者，朝廷之一大養濟院也』，吾故曰惜眉公之不知乎道而不能廣其說也。苟知乎道廣其說，則應曰：『二種三界之三才，總以覺道為一大養濟院，而釋迦統之；其間不無昇沉、聖凡、上下之異，則各分其職以主之。若夫僧居蘭若，又如來之一小養濟院，以為養育材器、陶鑄聖凡之所。』而眉公乃以無依無怙者擬之，何其隘哉，何其隘哉！」

9. 大道正邪辯〔註531〕

夫天地分為兩間，其猶盛物之器也。所盛之物無他，惟合算而已。含靈之類，其分十界，四則出於生死，離於世間；所謂四聖：佛、菩薩、緣覺、聲聞是也。六則纏縛生死，居於世間；所謂六凡：天人、阿修羅、地獄、餓鬼、畜生是也。然而四聖雖曰出生死、離世間，豈果離此天地世間之外，而別有所居之世間乎？但是雖居世間而無世間相，故得離煩惱心、出生死苦也。夫四聖出於世間，皆為聖人，固不必論。惟大凡法界，居於世間，由用心之各異，故有邪正之不同。用心正者，謂之正人；用心邪者，謂之邪魔。故制魔字從鬼者，有以也夫。故此不正之氣鍾於天，謂之天魔；鍾於修羅，謂之非天；

「孟子曰：伯夷辟紂，居北海之濱，聞文王作興曰：『盍歸乎來！吾聞西伯善養老者。』注：伯夷讓國，遭紂之世，辟之，隱遁北海之濱。聞文王起，興王道、盍歸乎來，歸周也。」

〔註528〕此見朱熹《四書章句集注》（臺北：世界書局，1956）之《論語章句》：「子路曰：『願聞子之志』，子曰：『老者安之，朋友信之，少者懷之。』」

〔註529〕此見朱熹《四書章句集注》之《大學章句》：「所謂平天下在治其國者，上老老而民興孝，上長長而民興弟，上恤孤而民不倍，是以君子有絜矩之道也。」

〔註530〕此見朱熹《四書章句集注》之《孟子章句》：「老吾老以及人之老，幼吾幼以及人之幼，天下可運於掌。」

〔註531〕按：此文之大部分應載於《四庫全書存目叢書》本之45和46頁，但此二頁皆不存，茲據柏林普魯士圖書館本及他本補之。

鍾於人，男子謂之魔民，女人謂之魔女；鍾於鬼，謂之魔鬼；鍾於畜，謂之妖狸狐魅。惟地獄道中，方受苦之不暇，不能興邪作祟。觀其不正之念，亦常根之於心而未始離也。至於三教流行於世間，亦不無邪正之殊致。苟貌乎儒而心非其儒，謂之儒魔可也。貌乎道而心非其道，謂之道魔可也。貌其佛而心非其佛，謂之佛魔可也。以至文章詩賦、百工技藝，一有不正皆歸魔道。然有以邪干正，自陷於不義者；有以邪干正，陷己而兼陷於人者；有以邪干正而波及於人者；其類遍於世間，不可枚舉。

若於方今之世，直指其人，則無為教稱白蓮社者，正所謂魔民也。蓋此輩雖竊名無為，而實有為。居於儒釋疑似之間，卒難分別。著白衣而稱教主，畜妻孥而厭塵欲；不供家堂，不祭祖先；不皈三寶，飲茹葷酒；惟事天地君親師，則冒乎儒；宣揚五部六冊，〔註532〕而稱唱佛號，則盜乎佛經，而冒乎釋。至於聚集人眾，夜聚曉散，男女混雜，常謀為不軌，此又反乎天地君親師，又非儒矣。呵佛罵祖，毀壞經像，貶斥沙門，又非釋矣。故此不正之人，常懷不正之心，謀為不軌之事，既陷己於不義，而又每波及於釋教；非有所干連也，有司罔分乎黑白也。正以居於疑似之間，邪正易乎混淆，涇渭難乎分別。如言高座說法，則濫後世佛弟子習高座和尚之軌制也；言白蓮，則濫後世佛弟子習廬山遠公之故事也；男女混雜，則濫後世佛弟子習如來說法時四眾人等雲集之儀範也。然於中間極易分別者，佛之弟子所說之法，則《法華》、《楞嚴》、《圓覺》、《維摩》等經，非五部六冊也。佛之弟子四眾雲集，白日顯說，非男女混雜，夜聚曉散，潛傳密授也。導民為善，陰翊皇度，祝延聖壽，報國福民，非結連為黨，導民作惡，謀為不軌也。有司苟於是而加察焉，則不濫及

〔註532〕〔清〕梁清遠《雕丘雜錄》（上海：上海古籍出版社，《續修四庫全書》本，2002）卷六（頁9b）：「白蓮教妖言惑眾，萬曆時最勝。自稱佛院主或白蓮教主。其惑人之言，云能知過去未來，又能開天門、破地獄、註生註死、定陰間；後世五代兒孫，臨死給一執照，託生某子下第幾代第幾子。有經七大本，名五部六冊。」又〔明〕釋德清《憨山老人夢遊集》卷四十六（頁779a）：「今世間五部六冊之說，乃外道邪人，妄稱師長，偷竊佛祖言句，雜集世俗鄙俚之言，以惑愚民；所謂邪道亂真者。」又袾宏說五部六冊是羅姓人所造：「有羅姓人，造五部六冊，號《無為卷》，愚者多從之；此訛也。彼所云無為者，不過將萬行門悉皆廢置，而不知萬行即空。終日為而未嘗為者，真無為也。彼口談清虛，而心圖利養。名無為，而實有為耳。人見其雜引佛經，便謂亦是正道。不知假正助邪，誑嚇聾瞽。凡我釋子，宜力攘之。《雲棲法彙選錄》卷十五，頁78a。所云羅姓人即是羅清。故其所創之教稱羅教，別稱無為教、大乘教，為中國明清兩代流行的民間宗教教派，以《苦功悟道卷》等「五部六冊」為主要經書。

於無辜，使玉石俱焚矣。

　或有誡之者曰：「沙門多為其濫及者，事在講經聚會也。蓋為一涉講經，必聚集人眾，其所謂多聚人眾，男女混雜之波及，皆為乎此果。惟清淨焚修，有司其如予何？」予對之曰：「至哉！訓也！果如所言，則予之獲罪也深矣。然而此固一說也，不知更有一說也。夫三教之流行於世間，其猶日月星辰之麗乎人，一不可缺。然教者所以教人也；教人者所以勸民而為善，同歸於治也。夫勸民為善以行其教，三教之主，業有成式。自佛出興於世間，凡有說法，必人天擁護，四眾皈依。自此教流行東震旦國中，漢明訖今，歷代祖仍以行其法。既曰師嚴而道尊，必高座而宣演，否則不惟音聲不宏遠，而四眾不普聞。即所說之法，亦為之褻且易矣。至於一音演說，得解隨機。〔註 533〕出家二眾，則比丘先教以二百五十戒，比丘尼則先教以五百大戒，令其依戒而修定，依定而發慧。求出世間生死之不暇，即有微過，對首懺悔，改惡遷善之不暇，豈容行猥褻而包藏禍心乎？在家二眾，則優婆塞、優婆夷，教以五戒，奉行十善，孜孜力踐，不殺盜婬、不妄言、綺語、兩舌、惡口、不貪嗔癡之不暇，豈容行猥褻而包藏禍心乎？故知其所謂白蓮聚會，男女混雜，夜聚曉散之禁宜深。禁今之所稱無為教、白蓮社，無令潛傳密授於人間，教壞人心，陰懷不善可也。蓋人心初念，欲歸其教，未始不善。特因眼不識丁，心不解義，不能識其真偽，不能別其邪正；素絲易染，濁水難清，如麵入油，堅不可拔。苟有司果能如是分真贗、別涇渭，必使無為之教，絕行於世間，一切善人皆歸於正道。不獨正其人，亦當火其書，兼之焚其五部六冊之板，不留一字於人間，絕其根而杜其患，然後三教各得歸於正轍，大道一統於天下也。

10. 駁《物不遷論正量評》〔註 534〕

　清涼月川澄師駁〈物不遷論〉之正量也，〔註 535〕可謂醫門知病、識藥、

〔註 533〕按：傳燈《永嘉禪宗集註》卷上之三：「三乘漸次渡河，天台判在通教。若
　　　　約時說，乃在生熟二酥。約化儀說，乃屬於漸。約不定，則如來不思議力，
　　　　一音演說，得解隨機……。」

〔註 534〕按：《物不遷論》是僧肇法師的著作。僧肇著有四論，《物不遷論》為其第一。
　　　　其餘三論為：、《不真空論》第二、《般若無知論》第三和《涅槃無名論》第四。
　　　　四者通稱《宗本義》。「正量」（Sāṃmitīya-nikāya school）指小乘二十部或十八
　　　　部之一。正量部主張大凡事物之生滅有主、客二因。主因係生、住、異、滅等
　　　　四相中之生與滅，客因即種種因緣。而生時，須要主客二因，滅時則不同。

〔註 535〕清涼月川澄師或月川鎮澄，亦號空印鎮澄（1547～1617），是華嚴宗講師。《釋
　　　　鑑稽古略續集》卷三（頁 952b）：「月川法師，諱鎮澄。住持五臺，時赴京師

應病與藥。善得乎神聖工巧者也。良以古今學人之述病，有在膏肓者，有在膝理者，〔註536〕膏肓之病難除，而膝理之病易治。肇公之病不在膏肓，而在膝理。若般若無知等論，復有何病哉？其所病者，在於六朝內典參同老莊之氣習不除，故至論物不遷也，自然之說，雜糅於神襟，〔註537〕常見之宗，濫同於聖教。究其病根，在於物之不化。夫欲物之不化，以論不遷，雖釋迦再世，龍樹重生，亦難逞辯；矧肇公區區之論，欲服古今具眼諸師與夫川師哉？雖然，川師之藥，固可稱神聖矣，能散其表邪與？夫解其內熱，若夫熱毒結於臟腑者，猶然未下，而欲望其沉痾必起，亦難之矣。其表邪內熱者，何為不知物性之本空也？故一遭川師性空之駁，宜其自然之氣，常見之習，釋然自解。

方今海內諸師，尊其所長而護其所短，重其所聖而輕其所賢，不能合喙而紛紛為之救援，〔註538〕正以其服性空而未服相空也；非不服也；以川師談

大弘法化。所曾遊諸講肆，參窮性相宗旨，融貫《華嚴》圓頓法門。又從小山、笑巖究西來密意。萬曆十年（1582），居紫霞蘭若，壁觀三年，大有開悟。曾同憨山德清、妙峰建無遮法會，著有《楞嚴正觀疏》，《永嘉集註》行世。」他也著有《物不遷正量論》一冊，其序言說其旨在「條陳（僧肇〈物不遷論〉）所滯，證正聖言，間出吾佛不遷本旨，以正其說。」又說其論「非駁肇公也，將以駁天下之所也。肇師其心空而無物者矣，得與失於彼何加損焉？天下後世如其言而取之，使一大藏教『實相常住』之旨，淪於『物各性住』之談，不辨可乎？」見《物不遷正量論》自序，頁912c。按：鎮澄此論一出，引起不少反響。明慧日永明寺僧道衡曾說：「澄師駁論以來，海內尊宿、大老駁其駁者亡慮數十家。何以皆不能杜澄師之口？每一議發，徒資其電辨之風，以益肇師之過。」見《物不遷正量論證》，頁909b～911a。憨山德清（1546～1623）及雲棲袾宏（1535～1615）都在所謂的十幾家海內尊宿、大老之內。關於鎮澄之《物不遷正量論證》，參見簡凱廷教授之博士論文〈晚明五臺僧空印鎮澄及其思想研究〉（新竹：國立清華大學中文系博士論文，2017）第四章及其論文〈空印鎮澄（1547～1617）的學思根本方法析論：以《物不遷正量論》為中心〉《佛光學報》新四卷第二期，2018年7月，頁421～474。

〔註536〕「膝理」中醫指皮膚的紋理和皮下肌肉之間的空隙。《史記》卷一〇五，〈扁鵲倉公列傳〉（頁2793）：「君有疾在膝理，不治將深。」

〔註537〕「神襟」，胸懷之意。謝朓〈齊敬皇后哀策文〉：「睿問川流，神襟蘭郁。」呂延濟注：「襟，胸懷也。」意指聖德之胸懷。見《六臣註文選》卷五十八，頁11a。〔南朝陳〕徐陵〈新亭送別應令〉詩：「神襟愛遠別，流睇極清漳。」《徐孝穆集箋注》（上海：上海商務印書館，《四部叢刊初編》本，1929）卷一，頁16a。

〔註538〕「合喙」，閉口不言之意。按：《莊子》，〈外篇天地第十二〉：「合喙鳴；喙鳴合。與天地為合」之句。注：「合喙鳴：無心於言而自言者，合於喙鳴。」疏云：「喙，鳥口也。心既虛空，迹復冥物，故其說合彼鳥鳴。鳥鳴既無心

性空處多，而彰相空處少。諸師記同肇公，有物之不化結於腸胃，無怪其廣援相住以救之；至於曲列《法華》世相常住，謂《法華》之世相既常，肇公之物安得非住？不知《法華》之言相常，先得性相皆空之本，是以未言常住，先言法位。故曰：「是法住法位，世間相常住。」〔註539〕此義同於般若相常，故《大智度論》亦先以法。〔註540〕法住於真如法位，是故世相皆常。〔註541〕釋之夫以法，法住於真如法位，豈有性相二執之不空哉？甚至世人邪解相常，謂天在上、地在下、火性熱、水性冷、牛能耕、馬可騎、不可喚天作地、喚地作天，乃至不可喚牛作馬、喚馬作牛，如是道理，是不遷，是相常。僻解至此，一何可笑！然而無他，總歸之，執有物在而不化也。《楞嚴》不云乎：「十方如來與諸大菩薩，於其自住三摩地中，見與見緣，并所想相；如虛空花，本無所有。」〔註542〕夫諸法既如虛空之花，則何性相之有哉？惟其性相皆空，而真常自現。〔註543〕故又曰：「此見及緣，元是菩提妙淨明體。」〔註544〕了此一文，則不惟古今諸師物之不化者化，即《法華》「法住相常」之旨亦復曉然。〔註545〕此即傷寒五六日便實，〔註546〕宜下大承氣湯之聖藥。然而川師

於是非，聖言豈有情於憎愛？」又注：「喙鳴合，與天地為合：天地亦無心而自動。」疏云：「言既合於鳥鳴，德亦合於天地。天地無心於覆載，聖人無心於言說，故與天地合也。」見郭慶藩《莊子集釋》卷五上，頁11b。〔唐〕柳宗元〈閔生賦〉：「合喙而隱志分，幽默以待盡。」見〔宋〕童宗說注釋、張敦頤音辯、潘緯音義《增廣註釋音辯唐柳先生集》（上海：上海商務印書館，《四部叢刊初編》本，1929）卷二，頁6a。

〔註539〕此語見於《妙法蓮華經》卷一末，世尊對舍利佛所說偈。

〔註540〕此是指《大智度論》所云：「是一切菩薩念過去、未來、現在諸佛及聲聞、辟支佛諸善根，從初發意乃至法住，於其中間所有善根；并餘一切眾生所有善根——所謂布施、持戒、忍辱、精進、一心、智慧，檀波羅蜜乃至般若波羅蜜，戒眾、定眾、慧眾、解脫眾、解脫知見眾——如是等諸餘無量佛法，一切和合隨喜……。」見《大智度論》卷六十一，頁494b。《大智度論》屢強調此意。

〔註541〕按《大智度論》卷六十五（頁515c）：「諸法相常住不異，法相、法住、法位常住，不謬不失故。」又卷七十七（頁599c）：「諸法相常住，法相、法住、法位如實際，是名菩薩行。」

〔註542〕此數句見於《楞嚴經》卷二，佛告文殊及諸大眾語。

〔註543〕按：《大智度論》卷九十（頁697c）：「性空無實住處，無所從來、去無所至，是名常住法相。常住法相是性空之異名，亦名諸法實相，是相中無生無滅、無增無減、無垢無淨。」

〔註544〕此句承上句佛告文殊及諸大眾語。

〔註545〕柏林前普魯士圖書館藏本「復曉」兩字脫落不明，其後諸頁至本卷末皆缺漏。

〔註546〕按：《醫學綱目》（北京：北京大學圖書館藏，明嘉靖四十四年刻本，1565）

非不用也，惜用之少也。余即表而出之，以補其闕略。若欲於此明乎正量，則仍萬物為有法，不遷為宗。因曰性相二空，故同喻如虛空花，本無所有，則宗因喻□□□，〔註547〕三皆無過矣。幽溪無盡傳燈撰。

六、偈、贊

1. 觀空、壁觀二石偈有小序

辛亥（1611）一陽日，偶經行於樹龍崗，得景二。其一背負紅巖，面臨巨壑，惟餘五尺許，正平可作跏趺，題曰「觀空」。其二去數丈許，怪石插薄萬仞餘，望之壁立，可壁觀，題曰「面壁」。乃矢口而說偈言：

空處使實，實處使空。〔註548〕二景相近，二義相通。

取之不盡，用之不窮。〔註549〕誰能悟此，水月松風。

老僧燈述

2. 題四儀彌勒像四偈〔註550〕

2.1. 拈起布袋便行，〔註551〕般若應無所住。〔註552〕

卷三十一〈傷寒部少陽病〉云：「傷寒五六日，中風，往來寒熱，胸脅苦滿，默默不欲飲食」，又云：傷寒五六日，已發汗而復下之，胸脅滿，微結，小便不利，渴而不嘔，但頭汗出，往來寒熱，心煩……」此當為「傷寒五六日便實」之意。

〔註547〕「因喻」二字後有三字脫落，諸本同。

〔註548〕此處之「實」代表「有」。傳燈應該在表達《法華經》「空有不二」之道理。也就是北齊尊者慧文所謂：「空有不二，名為中道。」見《幽溪別志》卷六，頁7b。《天台山方外志》卷六，頁213。也就是智顗所說的「空非斷無，故言空有；有即是空，空即是有，故言不二。」見《妙法蓮華經玄義》卷一，頁682c。

〔註549〕「不盡」原作「不近」，與後句「用之不窮」不協調，改為「不盡」。

〔註550〕「四儀」指行、住（立）、坐、臥。見《釋氏六帖》卷三，頁51a。佛教常言「三業不調，四儀不肅」。《大智度論》卷六十八（頁538a）云：「身四儀中，坐為第一；食易消化，氣息調和。求道者大事未辦，諸煩惱賊常伺其便，不宜安臥。若行，若立，則心動難攝，亦不可久。故受常坐法，若欲睡時，脅不著席。」

〔註551〕此是形容布袋和尚之句。按：《禪宗頌古聯珠》卷四（頁493b）：「（布袋和尚）或拄杖、或數珠，與兒戲。有僧問：『如何是祖師西來意？』遂放下布袋，又手而立。僧曰：『祇此別更有在。』師拈起布袋肩負而去。」

〔註552〕按：此是根據《金剛經》所云：「菩薩於法，應無所住，行於布施。所謂不住色布施。不住聲香味觸法布施。菩薩應如是布施。不住於相。」見《大藏一覽》卷二，頁473a。

忘却都史天官，遙指白雲深處。

2.2. 立定腳跟且住，覓個三身調御。〔註553〕
竪起拳頭會麼，莫為佛法慢去。

2.3. 大千都曾走過，放却四大便坐。〔註554〕
等閒隳裂虛空，〔註555〕元來還是遮個。

2.4. 尋常鎮自醒醒，倦來也去睡睡。
云何不同世人，別有隨眠三昧。〔註556〕

3. 枯木偈有序

余於幽溪山中得枯木一本，蓋山檀之類也。〔註557〕三足二鬛，龍嵸巑岏，
睨而視之，宛有道骨。置之座隅，為枯木堂中一宗公案。適臨海王方伯公過
余齋頭，〔註558〕見而詫曰：「是何物？闍黎於此灰頭土面，何不向紅塵中度
眾生去？」余莞爾對曰：「是物，法界住亦無住；去度眾生，去亦無去。既無
所住，何住不住？既無所去，何去不去？然三世諸佛，被伊一口吞盡時，即
居士腳根亦須立穩。」方伯公曰：「法師莫作魔羅語。」〔註559〕余曰：「佛之
與魔，相去幾何，切忌作魔佛見。」因作十偈遺之：

〔註553〕按：「調御」是「化物不暴」之意，即控制身、口、意三業。佛經一般言「十
身調御」，〔元〕如瑛編《高峰龍泉院因師集賢語錄》卷二、三皆有「三身調
御，四智能仁」之語，應都指佛陀而言。

〔註554〕地、水、火、風謂之「四大」。根據《圓覺經》之說，四大和合而成之人身。
四大不調，人即生病。

〔註555〕按：《楞嚴經》有佛對阿難語曰：「阿難，汝觀世間解結之人，不見所結，云
何知解，不聞虛空被汝隳裂？何以故？空無相形，無結解故。」釋可度箋云：
「妄法，便有可解可結。若真空之體，即無解結。隳猶壞也，裂破裂也。言
真體不可破壞破壞。傳燈在《楞嚴經圓通疏》卷四（頁778a）疏曰：『不聞
虛空被汝隳裂』等者，蓋有結即有相，有相即應解。若果無相又何須解？故
曰：『空無相形，無結解故。』」

〔註556〕「隨」後一字諸本皆不明，但似為「眠」字。「隨眠」一詞多見於佛經，譬
如《大般若波羅蜜多經》內屢見：卷一有「長夜恒為貪、瞋、癡等隨眠、纏
垢之所擾亂……」；又有「如是般若波羅蜜多，能滅一切障蓋、隨眠、纏垢、
結縛，增彼對治」之文。其他各卷亦甚多，皆負面義。如卷三十六有「菩薩
摩訶薩欲永斷一切纏結、隨眠，當學般若波羅蜜多」之文。

〔註557〕山檀應是檀香木之屬。

〔註558〕臨海王方伯是王士琦（1551～1618），自稱赤城無礙居士。與其弟王士昌（1561
～1626）皆傳燈外護。王士琦是臨海人，王宗沐子。萬曆十一年癸未（1583）
科進士。歷官至右副都御史、巡撫大同。

〔註559〕「魔羅」為 Māra 之譯名。《釋氏要覽》卷二引《智度論》云：「梵語魔羅，
秦言奪命。」

3.1. 枯木栴檀無異因，絕言思處見天真。〔註560〕
　　 不妨拈起此莖草，化作黃金丈六身。〔註561〕

3.2. 價直三千及大千，六銖千兩總同然。
　　 藥王開士焚身後，〔註562〕穩向毘盧頂上眠。〔註563〕

3.3. 本是天台枯木椿，對君跌坐把心降。
　　 一朝高奏太平凱，妙矣光明大法幢。

3.4. 不求象鼎成三足，且學神仙紐二鬟。
　　 脫體俱成紇哩字，〔註564〕請君參透祖師關。

3.5. 問君佛法君不會，喚作一物又不中。
　　 且將貶向無生國，成佛當來號大通。〔註565〕

3.6. 我亦信君君信我，君能師我我師君。
　　 我當假汝神通力，回作山河大地春。

〔註560〕〔宋〕知禮《觀音玄義記》卷貳（頁907b）：「故荊溪云：『三德三諦三千，皆絕言思是為妙境。』」

〔註561〕天目中峰明本〈懷淨土詩〉一〇八首之一有「為存愛見起貪瞋，埋沒黃金丈六身。今日幸然歸淨土，不應仍舊惹風塵。」此應是最早用「黃金丈六身」形容佛陀者。另一首也在〈懷淨土詩〉內，但改身為軀，略云：「六藝俱全美丈夫，畫堂終日醉相呼。要知不陷輪迴穽，莫負黃金丈六軀。」見《天目明本禪師雜錄》卷一，頁719a，746a。又前一首亦見南宋宗曉《樂邦文類》卷五，頁230b。按：中峰明本（1263～1323）是元人，而其詩收於南宋宗曉（1151～1214）所編之《樂邦文類》，當是後人所增補。又〔明〕王同軌（約明光宗時人）曾以「黃金丈六身」入詩，形容觀音。其詩云：「香煙濛翳幾千春，不損黃金丈六身。洗出琉璃多寶潤，拭來翡翠六銖新……」見《耳談類增》卷二十六，〈古觀音〉，頁10a。

〔註562〕「藥王開士焚身」一事，見《妙法蓮華經》卷六，〈藥王菩薩本事品第二十三〉，頁53a～53b。佛告宿王華菩薩諸佛「其身火燃千二百歲，過是已後，其身乃盡。」

〔註563〕按：禪宗典籍有「毘盧頂上行」之語。如《景德傳燈錄》卷五（頁244c）南陽慧忠國師答唐肅宗「如何是無諍三昧」之問，曰：「檀越蹋毘盧頂上行。」至於「頂上眠」，則見於「須彌頂上眠」或「孤峰頂上眠」之句。如《建中靖國續燈錄》卷四（頁665b）：臨江軍慧力院慧南禪師答「師唱誰家曲，宗風嗣阿誰」之問，曰：「鐵牛不喫欄邊草，直上須彌頂上眠。」又同書卷十八（頁758c）：潭州玉池光教寺沖儼禪師答僧「和尚向何處安身立命」之問，曰：「直向孤峰頂上眠。」傳燈似是第一用「毘盧頂上眠」之句者，他在〈宿秘藏聞復齋〉一詩有「百千三昧渾閒事，且向毘盧頂上眠」之句。

〔註564〕「紇哩」（hrīḥ）是阿彌陀和觀音之字根。

〔註565〕「大通」指大通智勝（Mahâbhijñā Jñānābhibhū）或大通眾慧如來、大通慧如來。即出現於過去三千塵點劫以前，演說法華經之佛名。見《佛光大辭典》頁854。

3.7. 路傍已樹黃金□，〔註566〕碓觜今開優鉢花。〔註567〕
　　　拈起一毛君會否，可非實鑒驗龍蛇。

3.8. 此心自信堅如石，壽量誰論劫似沙。
　　　本是一塵俱不受，喚香喚臭總由他。

3.9. 自分一生居截薜，習成山野性嵯岈。〔註568〕
　　　分明頭角真龍象，不是張騫犯漢槎。〔註569〕

3.10. 昔年樹向無何有，今日歸來鬧市場。
　　　　動靜二邊俱掣過，到家一句絕商量。

4. 贈悟空四偈

4.1. 始以空空五陰，復令此空亦空。
　　　優鉢花開碓觜，菩提果結青松。〔註570〕

4.2. 住空不作空解，涉有不染世緣。〔註571〕

〔註566〕「金」後一字脫落，諸本皆然。

〔註567〕「碓觜」即「碓嘴」，是舂米的杵。優鉢花或稱優鉢羅花（utpala），即睡蓮，是一種青蓮花。「花開碓觜」一詞，首見中峰明本〈喜箴〉：「至哉之喜，微法源底。曰如意輪，契解脫體。愛見不住，情欲何倚？劫外春回，花開碓觜。」見《天目中峰廣錄》（京都：中文出版社本，1985）卷二十三，頁974。

〔註568〕「嵯岈」是錯綜雜亂不齊貌。通常指「亂石嵯岈」或「古木嵯岈」。

〔註569〕按：「犯」為「泛」之誤，當作「張騫泛漢槎」。此一語出「張騫槎」或「張騫泛槎」之說。按：《史記》、《漢書》皆有載張騫出使西域窮河原之說。而《博物志》又記述有海邊居民泛槎天河之事，後人將此二事牽合一起，遂有張騫泛槎至天河之傳說，世人常以此典喻至神仙之境。「張騫泛槎」之故事，固為傳說，世人頗疑之。故周密在《癸辛雜識》說：「乘槎之事，自唐諸詩人以來，皆以為張騫，雖老杜用事不苟，亦不免有『乘槎消息近，無處問張騫』之句。」他又說：「按騫本傳止曰漢使窮河源而已。張華《博物志》云：『舊說天河與海通，有人賫糧乘槎而去，十餘月至一處，有織女及丈夫飲牛於渚，因問此是何處？』答曰：『君還至蜀問嚴君平則知之。』還問：『君平曰某年月日有客星犯牽牛宿。』然亦未嘗指為張騫也。及梁宗懍作《荊楚歲時記》乃言『武帝使張騫使大夏尋河源，乘槎見所謂織女牽牛。』不知懍何所據而云。」見《癸辛雜識前集》（北京：中華書局點校本，1988），頁29。

〔註570〕「菩提果」是修行之結果，或稱「佛果」。智顗《摩訶止觀》卷一（頁6b）：「究竟即菩提者，等覺一轉，入於妙覺。智光圓滿，不復可增，名菩提果。大涅槃斷更無可斷，名果果。」

〔註571〕「不染世緣」者，不沾染人世間之俗事之意。唐，白居易詩常表達世緣之難脫，如〈早梳頭〉一詩有「年事漸蹉跎，世緣方繳繞。不學空門法，老病何由了」等句。〈游悟貞寺回山下別張殷衡〉首二句：「世緣未了治不得，孤負青山心共知。」見《白氏長慶集》（上海：上海商務印書館，《四部叢刊初編》本，1929）卷九，頁6a；卷十四，頁16b。佛典有所謂「不染世緣，常修梵行」之戒，或「不染世緣，方成法器」之說。見〔宋〕延壽《三時繫念儀範》

　　　暫請慶喜合掌，且令飲光放拳。〔註572〕

4.3. 心似遊空寶月，身如出水青蓮。
　　　便是脫塵羅漢，堪作人間福田。

4.4. 君自顧名思義，有何一法當情。〔註573〕
　　　拳擊虛空粉碎，掌擎大地飛行。

5. 答復禮法師真妄偈

　　　真法性本淨，妄念從真起。

　　　從真有妄生，此妄大可止。

　　　但息無明風，便見真如水。

　　　波相有初末，水性無終始。

　　　初末皆一性，真妄本相似。

　　　煩惱即菩提，悟之無生死。

（復禮法師真妄偈附）

　　　真法性本淨，妄念何由起。

　　　從真有妄生，此妄安可止。

　　　無初亦無末，有終應有始。

　　　無始而有終，長懷懵茲理。

　　　願為開秘密，祈之出生死。

6. 宿秘藏聞復齋為說二偈〔註574〕

6.1. 本自無出欲何復，圓通法鼓成塗毒。〔註575〕

　　　頁67c；〔宋〕宗賾《（重雕補註）禪苑清規》卷九，頁546c。

〔註572〕慶喜指佛弟子阿難。飲光即迦葉。按：慈受懷深禪師頌古：「頭陀飲光，多
　　　　聞慶喜，合掌擎拳，難兄難弟。一朝狹路兩相逢，裂轉雙睛無處避。便向門
　　　　前倒剎竿，丈夫自有衝天志。」此應是傳燈此兩句之來源，跟末兩句「拳擊
　　　　虛空粉碎，掌擎大地飛行」前後呼應。

〔註573〕《法演禪師語錄》卷二（頁660b）：「上堂舉：『達磨大師云誰得吾正宗，出
　　　　來與汝證明。』尼總持云：『據某見處，如慶喜見阿閦佛國。一見更不再見。』
　　　　達磨云：『汝得吾皮。』道育云：『據某見處。實無一法當情。』磨云：『汝
　　　　得吾肉。』」此處「有何一法當情」之問，顯然是反詰式修飾語法，既然悟
　　　　空，自無「一法當情」之念。

〔註574〕「秘藏」是秘藏正理，傳燈師弟無漏瓶（1555～1614）禪師法嗣，也曾學於
　　　　傳燈，算是他的弟子。他是《阿育王山志》原稿的作者，傳燈曾受郭子章之
　　　　邀訂正其書。參見前引筆者《孤明獨照無盡燈》。

〔註575〕此是成「塗毒鼓」，能治癒一切病之意。按《祖庭事苑》卷三（頁355b）：

一擊直教兩耳聾，自家觀音常在屋。

6.2. 夜半枝頭聞杜鵑，阿誰消息倩人傳。

百千三昧渾閒事，且向毘盧頂上眠。

7. 答天台明府王公問偈 〔註576〕

心本靈明，強分賓主。迷時是客，覓之何處？

過未無蹤，現在不住。空洞廓然，萬德畢具。

此主人翁，是為參同。〔註577〕能禦三毒，不懼八風。〔註578〕

希希夷夷，冲冲融融。〔註579〕從體起用，應之不窮。

（天台明府王公問偈附）

每時坐下，客念紛如。若無把柄，焉能掃除。示我要訣，從此皈依。

「《泥洹經》云：『佛告迦葉，譬如良醫合和諸藥，以塗其鼓。若有眾，鬭戰被瘡，聞彼鼓聲，一切悉愈；唯除命盡及應死者。此摩訶衍法鼓音聲，亦復如是。一切眾生聞其音聲，婬怒癡箭不樂。菩提未發意者，犯四墮法及無間罪，一切除愈；唯除一闡提輩。』」

〔註576〕 天台明府王公是台州知縣王孫熙（生卒年不詳），松江府華亭人，字君文。萬曆二十三年（1595）進士。萬曆二十九年出為台州知縣，後升台州知府。歷官大理寺評事。見《雍正浙江通志》卷一五四，頁 25b。他任天台知縣時，曾為傳燈之《天台山方外志》作序。

〔註577〕 「參同」或指以己之「現量」參同佛之「聖量」。聞龍〈楞嚴玄義〉序〉云傳燈「稱智者之雲仍，為百松之家嫡。以己現量參同聖量，撰茲玄義，懸譚此經。」按：現量（pratyakṣa）係因明用語，直接有效之認知或經驗也。有「真現量」和「似現量」二種。是對依佛語、佛經所得之「聖量」而言。

〔註578〕 「三毒」指貪欲、瞋恚、愚癡，又稱「貪、瞋、癡」。是所謂的三種煩惱。「八風」即：利（利益）、衰（衰減）、毀（毀謗）、譽（讚譽）、稱（稱道）、譏（譏誹）、苦（逼迫）、樂（歡悅）等。《大乘無生方便門》（頁 1274c）：「身體及手足，寂然安不動，八風吹不動。」又寒山詩：「寒山無漏巖，其巖甚濟要。八風吹不動，萬古人傳妙。」見《天台三聖詩集》。

〔註579〕 「希夷」是虛寂玄妙之意。〔梁〕蕭統〈謝敕參解講啓〉有句云：「至理希夷，微言淵奧，非所能鑽仰。」見《昭明文選》卷三，頁 2a。〔唐〕白居易〈病中宴坐〉詩有句云：「外安支離體，中養希夷心。」見《白氏長慶集》卷六十九，頁 7b。永明延壽《永明智覺禪師唯心訣》（頁 995a）：「妙理玄邈，大旨希夷。」「冲融」，充溢彌漫貌。〔宋〕道亭《華嚴一乘教義分齊章義苑疏》卷一（頁 186a）：「夫性海冲融，眇然寥廓。」〔唐〕歐陽詹〈珍祥論〉：「天道冲融，變化無窮。」《歐陽行周文集》（上海：上海商務印書館，《四部叢刊初編》本，1929）卷六，頁 9a。

8. 宗鏡堂禮永明大師十偈 〔註580〕

8.1. 西湖盜放好生魚，東市臨刑色自如。〔註581〕
　　鼓鬣揚鬐騰踏去，誰云霸主異湯虞。

8.2. 吾師發軔自天台，石上靈圖取次開。〔註582〕
　　萬善莊嚴功德聚，至今雲繡縵金苔。

8.3. 入定曾居天柱峯，東南砥柱與師同。〔註583〕
　　任教斥鷃巢衣裓，萬古今人仰道風。〔註584〕

8.4. 繼祖傳燈韶國師，〔註585〕西來大意竟何之？
　　天台禪即天台教，漫道東南橫一枝。〔註586〕

〔註580〕 宋建隆初永明延壽禪師撰《宗鏡錄》一百卷於南山淨慈寺，遂作宗鏡堂。成為宋代及以後淨慈寺方丈名，內藏有永明延壽禪師之詩偈賦詠凡千萬言，播於海外。見《古今圖書集成・方輿彙編職方典下》九百四十八卷，〈杭州府部彙考十四，杭州府祠廟考〉二之29a；《釋氏稽古略》卷三，頁857b。

〔註581〕 此二句描寫延壽出家之前，嘗為餘杭庫吏。後遷華亭鎮將，督納軍需，屢以庫錢買魚蝦等物放之，事發，坐死。領赴市曹。據〔宋〕大壑集《永明道蹟》（頁56a）：「吳越王（按：錢元瓘）遊於江上，夢老人引魚蝦數萬至。云：『此皆稅務官所放者，願王免其辜。』王寤而使人探之，師臨死地，面無感容。典刑者怪而詰之。師曰：『吾於庫錢，毫無私用，為贖生命耳。今死當徑生西方極樂上品，又何感焉。』探者覆命，王釋之。」明畫家宋旭（1525～1606）曾作贊曰：「慷慨臨刑思灑然，不妨多費放生錢。君王感宥重加敬，遂得傳燈繼祖筵。」

〔註582〕 按：《永明道蹟》（頁56b）云：延壽入天台從德韶國師後，「一日於國清中夜旋繞，見普賢所執蓮花忽然在手。因思宿有二願，進退未決，遂登智者禪院，作二紙鬮，一曰『一心禪定。』一曰『萬善生淨土。』冥心禱曰：『於此二途，功易成者，須七拈著。』信手拈之，乃至七度，一無間隔。由是一意專修淨業。」

〔註583〕 《永明道蹟》又云：延壽嘗振錫金華天柱峰，誦《法華經》三載。一夜，禪定中見觀音乘空而來，以甘露灌其口。從此遂發無礙辯才，下筆盈卷。

〔註584〕 「衣裓」是衣襟。按：《釋氏稽古略》卷三（頁857a）云延壽入「天台山天柱峰，九旬習定，斥鷃巢衣褔中。」「衣褔」是「衣褶」。此事《永明道蹟》云：「師嘗習靜於天台智者嚴，跏趺不起者九旬。有鳥似斥鷃巢衣中育雛，定起乃去。」明人金學曾（隆慶二年〔1568〕進士）曾評此事曰：「壽師在天台斥鷃巢衣一事，此聖師定中不思議境界，與如來鵲巢其頂相似。非機忘議盡，心同木石者，未易臻此。即如鴿就如來影中，頓無驚怖。豈莊生沙鷗之喻耶？余未達其境，不能贊一詞。惟不能贊一詞，然後見禪定不可思議之妙也。」

〔註585〕 《永明道蹟》（頁56b）云：「（師）往天台山德韶國師執弟子禮，北面師事之。時國師眼目天人，一見而深器焉，密授心印。」

〔註586〕 「橫一枝」是「橫出一枝佛法」之謂。原是禪宗五祖弘忍答四祖道信之語。

8.5. 日行三昧一百八，〔註587〕豈是執藥成病哉。〔註588〕
　　 總將大地山河影，融入光明玉鏡臺。

8.6. 優曇何異白蓮花，〔註589〕散貫從來共一家。〔註590〕
　　 非是阿師通一線，至今散漫更無涯。〔註591〕

8.7. 吾師舍利在宗鏡，八萬四千不較多。
　　 在在令人得悟入，全身寶塔遍婆婆。

8.8. 千經萬論總明心，叔世惟師可寄金。
　　 不得一呈宗鏡手，幾乎絃絕伯牙琴。

8.9. 東南霸主力扛山，三寶弘通豈等閒。
　　 賴有師資弘化力，支提八萬遍人間。〔註592〕

　　　　《景德傳燈錄》卷三（頁222b）：「（道信）一日告眾曰：『吾武德中遊廬山，
　　　　登絕頂望破頭山，見紫雲如蓋，下有白氣，橫分六道。汝等會否？』眾皆默
　　　　然。忍曰：『莫是和尚他後橫出一枝佛法否？』師曰：『善！』」云「東南橫
　　　　一枝」是因為吳越在東南之故。

〔註587〕《永明道蹟》（頁57b）：「師居永明，日課一百八事，未嘗暫怠。至暮，每獨
　　　　往別峰行道念佛，然密從之者，常數百人。」

〔註588〕「執藥成病」是過於執著於用藥，病去仍用之，以是致病。此處是說日行三
　　　　昧一百八，不能算是執藥成病。延壽在《宗鏡錄》卷四十六（頁688c）云：
　　　　「或住本性清淨，而執藥成病。」亦見《永明智覺禪師唯心訣》頁996a。似
　　　　說本性清淨，本無須用藥，用藥反致病，是為執藥成病。按：傳燈註《天台
　　　　傳佛心印》（頁358b）云：「須知情可破，法不可破，執法成病亦須破」一語
　　　　時曾說：「破惑者但破三千之情，不破三千之法。今家不順迷情，但顯本具
　　　　法，法皆妙相，相皆實，故題稱妙法。而經曰實相，良有以也。釋疑顯妙，
　　　　其是是矣。然有今云『執法成病』者，執修惡即性惡，而廣行修惡，《止觀》
　　　　所謂無禁捉蛇是也。如是修惡，正須破之。」其語似說「執藥」同於「修惡」，
　　　　其結果即是「成病」。

〔註589〕「優曇」即優曇跋羅華（udumbara）或優曇鉢花、優曇鉢華、優曇鉢羅，簡
　　　　稱優曇花，又稱瑞應華或靈應花。《宗鏡錄》卷二（頁422a）：「譬如優曇華，
　　　　一切皆愛樂。天人所希有，時時乃一出。聞法歡喜讚，乃至發一言。則為已
　　　　供養，一切三世佛。是人甚希有，過於優曇華。」《妙法蓮華經》卷一（頁
　　　　7a）：「佛告舍利弗：『如是妙法，諸佛如來時乃說之，如優曇鉢華，時一現
　　　　耳。』」〔元〕普度《廬山蓮宗寶鑑》卷二（頁317a）：「了得箇中玄妙意，優
　　　　曇元是白蓮花。」

〔註590〕「散貫」指散開與貫綞。《善見律毘婆沙》卷五（頁708a）：「先諸大德猶為
　　　　不善，況我等輩各不護法藏，故令佛正法而速滅耶？不用綞貫穿者，風吹即
　　　　散，貫者言縛；譬如種種花不以綞貫之，風吹即散，佛法亦如是。」

〔註591〕此二句指延壽將佛法禪教之分，貫穿為一，使不至於散漫而無涯涘。

〔註592〕《釋氏要覽》卷一（頁262c）「支提」（caitya）條：「梵云脂帝浮都，或云制
　　　　底制多，皆譯名靈廟。《雜心論》云：『無舍利名支提。』」又《翻譯名義集》

8.10. 四明亦有一枝橫，駕御羣雄氣□英。〔註593〕

　　　不是當年宗教一，〔註594〕梵臻焉得住南屏。〔註595〕

9. 答葉敬君學憲偈〔註596〕

　　照宗闍黎歸三衢省親，〔註597〕而葉學憲以偈贈之，天台幽溪老人而代為之答。

　　　卷七（頁1168a）：「支提，或名難提、脂帝、制底、制多。此翻可供養處，或翻滅惡生善處。《雜心論》云：『有舍利名塔，無舍利名支提。』文句云：『支提無骨身者也。』」

〔註593〕「氣」後一字脫落，諸本皆然。「一枝橫」原指的是「剡浮樹」。因生於剡浮提地北邊故名。又名波利夜多、拘毘陀羅。據說在泥民陀羅河南岸，正洲中央。從樹株中央，取東西角，並一千由旬。其樹形容可愛，枝葉相覆，密厚多葉。久住不凋，一切風雨不能侵入。譬如裝花鬘師，裝飾花鬘及耳上莊嚴。其樹形相可愛，上如華蓋，次第相覆。高百由旬，下本洪直，都無瘤節。五十由旬方有枝條，樹身徑刺，廣五由旬。圍十五由旬，其一一枝，橫出五十由旬。見《佛說立世阿毘曇論》卷一，頁175a；卷三，頁188b。此處「一枝橫」即前文所云「橫出一枝」，指的是四明知禮。志磐之〈法智尊者贊〉說：「（法智）判實判權，說修說性，凡章安、荊溪未暇結顯諸深法門，悉表而出之，以為駕御羣雄之策，付託諸子之術，自荊溪而來，九世二百年矣。」見《佛祖統紀》卷八，頁194b。傳燈於《幽溪別志》〈十七祖法智尊者〉一傳全引之，見卷六，頁18a；在《天台山方外志》亦引之，見卷二十五，頁881～882。

〔註594〕此是指延壽和會禪教為一。

〔註595〕按：法師梵臻，錢唐人，具戒之後，即問道四明。聞講妙玄文句大有啟發。及還鄉邑。以不親授止觀為之恨。乃焚香禮像。閱讀二十過。以表師承。皇祐三年初居上竺，明年有旨遷金山。熙寧五年，杭守吳侍讀聞師名以南屏興教延之。每當講次，綜括名理，貫穿始終。……」見《佛祖統紀》卷十二，頁214c。《釋氏稽古略》卷四（頁872c）：「實相法師梵臻，是歲（按：熙寧五年）居杭州南屏興教寺。」此處是說若不是當初延壽和會禪宗與天台教乘為一家，梵臻怎會被邀去住持禪宗的南屏興教寺呢？

〔註596〕按：葉敬君，名葉秉敬（1562～1627），號寅陽，敬君為其字。萬曆二十九年（1601）進士。亦三衢太末人，與傳燈同族。歷官工部主事、開封守、提學副使、江西布政使司右參政，其生平履歷見其同年鄭以偉所撰之〈明葉敬君墓碑銘〉。見《天啟衢州府志》（臺北：成文出版社，1983）卷九，頁13a。因曾任提學官，故傳燈以「學憲」稱之。又精通內典，故時與傳燈探討。見《民國衢縣志》（臺北：成文出版社影印本，1983）卷十九，頁55a～67a；卷十四，頁36b。

〔註597〕照宗闍黎即傳燈弟子三衢照宗正寂（生卒年不詳）。始從衢州鹿田寺住靜習佛，因閱《法華玄義》與《摩訶止觀》疑難不決，入幽溪參學，十載不離傳燈座側。後弘法永嘉。著有《生無生論註》、《圓覺、楞嚴綱要》等書行世。他也是傳燈周邊詩僧之一，有〈南明天樂賦〉記萬曆三十二年甲辰（1604），傳燈在剡之南明寶相寺說經時天樂忽降之經過。見《幽溪別志》卷十五，頁15a。

先有法性身，後有虛空身。空生世界身，方有色界身。

光音天人身，元無男女身。一味種化身，神通游戲身。

因食地肥身，乃有不淨身。為遺穢污身，方生男女身。

因有男女身，後有婬欲身。因有婬欲身，方受胞胎身。

又有婬欲身，因有婬欲身。我無婬欲身，不來受是身。

種子不淨身，穢污我法身。因此繫縛身，而無般若身。

以無般若身，失彼解脫身。此是生死身，此是業繫身。

此是無明身，為此三惡身。失我三德身，既無四聖身。

亦無天人身，老子大患身。莊生附贅身，以苦捨苦身。

嬰此三途身，幸有靈根身。父母生我身，依此生死身。

得遇如來身，說此文字身。知有大覺身，覺含虛空身。

空含世界身，界舍父母身。此身眾器身，量彼虛空身。

大覺生空身，如海一漚身。何況世界身，反以蕞爾身。

若得正報身，是自受用身。報身冥法身，法身冥報身。

能起應用身，一為無量身。無量為一身，小中現大身。

大中現小身，是名菩提身。是名誓願身，是名化用身。

是名大力身，是名莊嚴身。是名威勢身，是名意生身。

是名福德身，是名為法身。是名為智身，亦名聲聞身。

亦名緣覺身，亦名菩薩身。亦名如來身，亦名法性身。

亦名智慧身，亦名國土身。亦名業報身，亦名眾生身。

亦名虛空身，隨色摩尼身。〔註598〕種種示現身，此非父母身。

此非生死身，亦因生死身。證此涅槃身，亦因父母身。

修此無待身，從流逝此身。十月懷擔身，三年乳哺身。

兒童敕誨身，今以比丘身。來報父母身，奉勸父母身。

悟此法性身，悟此幻妄身。修此真實身，念彼彌陀身。

臨終捨此身，托彼化生身。三十二相身，八十妙好身。〔註599〕

瓔珞莊嚴身，親覲彌陀身。摩頂記我身，深證無生身。

〔註598〕《華嚴經》卷二十二（頁115c）：「百萬億摩尼身，殊妙嚴飾。」

〔註599〕佛有三十二相故云。《七佛經》卷一（頁153c）：「爾時，世尊說此偈已，告
苾芻眾言：『汝今諦聽！彼菩薩摩訶薩右脅生時，具三十二相，身色端嚴，
眼根清淨，見十由旬。」

此揭三界身，受無生死身。以此報親身，方盡出家身。

君為宰官身，為我說儒身。我是比丘身，答君佛法身。

儒釋共一身，一身無二身。我以報佛身，今成報親身。

君以報親身，應當學佛身。共以生死身，直證法性身。

永離三界身，更不來受身。

10. 勸人莫食蛙偈有序

夫蛙之為物誰眇，而四支百骸與人不甚異，〔註600〕亦所謂具體而微者也。自其退藏遠害言之，衣綠衣而翳深草，為計不可謂不深，第其多言賈禍，因食喪生密機，君子為之惋惜。胥是物也，蘖生於山澤陂池之中，而越人多嗜其味，以故好利之徒，用餌往捕，歸即斷首裂皮，無異乎赤體失首之嬰兒也。嗚呼！毒哉！然此既為慘矣，而東甌人氏又則戴首生剝，使不即死。原其設機，其酷猶甚。余常乞食於市，見即俛首為之涕流，乃述數偈寓意，以勸夫好生君子云。

10.1. 痛蛙

衣綠深潛野草池，豈防饞口嗜伊脂。煎熬不畏油烹骨，痛苦難堪活剝皮。

跳躑意猶求解脫，呼哇聲實訴傷悲。貪生既與人無異，食者何因不自思。

10.2. 剝蛙

活剝青蛙不斬頭，愛他生血遍身流。呷時分外湯鮮美，嚼處分明肉脆柔。

滋味暫饜三寸舌，根心遠結百生仇。償之越數還徵剩，海竭山枯未肯休。〔註601〕

〔註600〕按：「四肢百骸」古作「四支百骸」。如〔唐〕李翱〈正位〉：「耳目鼻口，四支百骸，與聖人不殊也。」見〔唐〕李翱《李文公集》（上海：上海商務印書館，《四部叢刊初編》本，1929）卷四，頁8a；〈國馬說〉：「耳目鼻口亦人也，四支百骸亦人也。」卷五，頁2b。又如〔宋〕蘇轍〈沐老圖贊一首〉：「其人苟亡，其天則全。四支百骸，孰為吾纏？」《欒城集後集》（上海：上海商務印書館，《四部叢刊初編》本，1929）卷五，頁5b。

〔註601〕「越數」指「分越之數」指其所償宿債超過應償之數。〔明〕真鑑《楞嚴經正脈疏》卷八（頁430b）：「分越者，所償過於本債也。微剩者，索還所過之數也。」〔清〕濟時述《楞嚴經正見》卷八（頁727c）之如下解可知其意：「身為畜生，酬其宿債，便謂畜生可殺可食，甚至槌楚不知其死，役力不知其疲。人尊畜賤，過分難為。不知物命雖微，業有定限。設若分越所酬，彼

10.3. 訟蛙

不謀叛逆不欺君，第彼無知是畜生。濟餒時貪蚯蚓食，行藏恒肖虎
狼情。

自惟往業難容死，豈恡微形即與烹。皮剝尚能輕躑竄，忍人若見亦
心驚。

10.4. 青蛙

我固憐伊亦怪伊，汝心奚事大無知。既迷己性如天大，又惜蛙軀愛
物微。

青草池邊何限樂，滾油鐺內不勝悲。〔註602〕自家罪業須甘受，咽苦
吞聲欲恨誰。

10.5. 薦蛙

煙散沉檀映晚霞，慇懃薦汝念無涯。十聲佳號彌陀佛，四句伽陀妙
法花。〔註603〕

惟願永離青草蕩，從今只托善人家。〔註604〕休忘老衲臨行囑，來世
齋心莫食蛙。〔註605〕

10.6. 放蛙

豈計陰功實有無，惟憐伊輩死無辜。能推惻隱真君子，善濟顛危即
丈夫。

亦為人，反徼其剩矣。」

〔註602〕「鐺」是古代一種有足之鍋。

〔註603〕「四句伽陀」即是「四句偈」。指佛經所載四句偈頌。按佛典中之偈頌多由
四句組成，稱「四句偈」，字數多寡不拘。「四句偈」往往能涵蓋經論佛法之
要義，故佛典多云，以四句偈教人，或持受某四句偈，皆有甚大功德。如《妙
法蓮華經》卷七（頁58b）云：「佛言：『若善男子、善女人，能於是經，乃
至受持一四句偈，讀誦、解義、如說修行，功德甚多。』」《諸經要集》卷二
（頁9a）：「又《五分律》云：『除其貪心，不自輕心，不輕大眾心、慈心、
喜心、利益心、不動心。立此等心，乃至宣說一四句偈，令前人如實解者，
長夜安樂，利益無量。』」

〔註604〕「蕩」是積水長草的窪地、淺水池或湖。如「藕蕩」、「魚蕩」、「蘆花蕩」等。
「青草蕩」即是青草池地。

〔註605〕「齋心」，滌慮清心，專一其志之意。〔晉〕張湛注，〔唐〕殷敬順釋文《列
子》（臺北：台灣商務印書館，影印《文淵閣四庫全書》本，1983～1986）
卷二，〈黃帝〉頁1b：「居大庭之館，齋心服形，三月不親政事。」又同卷
（頁2b）：「三人，黃帝相也。告之曰：『朕閒居三月，齋心服形，思有以養
身治物之道。』」

既說妙經俾覺悟，仍將法水潤焦枯。從今只合逍遙去，莫報微軀入
市屠。

11. 再勸人莫食蛙十偈

11.1. 蛙似人兮人似蛙，剝皮截手兩無差。若能自把形骸看，定不貪饕
再食蛙。

11.2. 青蛙不食人間食，何事將來生剝皮。一死自今無兩死，風刀解體
亦堪悲。〔註606〕

11.3. 喫他半斤還八兩，試問青蛙重幾何。一命定然填一命，細嘗滋味
苦無多。

11.4. 己命蛙命本無異，好生惡死事皆同。勸君返照回光看，惻隱慈悲
闡慧風。〔註607〕

11.5. 漫道物微無報應，世間瘋癩定何人。〔註608〕手足拘攣不速死，
剝皮活跳是前因。〔註609〕

11.6. 數聲蛙鼓良宵夜，青草池塘是故鄉。牡牝相呼自成樂，豈防今日
受煎惶。

11.7. 自家身肉多方護，只愛肥甘不顧蛙。試自將刀割身肉，恐君無處
下狼牙。

11.8. 每謂青蛙青似草，草中藏沒亦何妨。豈意人心太機巧，盡令弱食
屬強郎。

11.9. 人心盡恃己身大，眇視青蛙體至卑。除卻臭皮囊一看，無聲無臭

〔註606〕「風刀」亦作「刀風」，是佛教語。謂人臨死時，地、水、火、風「四大」
解體，體內有風鼓動，如刀刺身。《大智度論》卷十三（頁153c）：「持戒之
人，壽終之時，刀風解身，筋脈斷絕，自知持戒清淨心不怖畏。」《雲笈七
籤》卷四（頁15a）：「己身被風刀之考，自然失經，終不得仙。」

〔註607〕永明延壽〈供六道讚〉云：「四生六道滿河沙，只為當初一念差。返照回光
來受度，超生淨土托蓮花。」《三時繫念儀範》卷一，頁65a。「慧風」即智
慧、般若之風。傳燈在《楞嚴經圓通疏》卷九（頁923a）說：「況諸世界在
於虛空，若浮雲之末，其易銷殞，從可知也。次悟理動魔中，言汝等一人，
發真歸元，十方虛空，悉皆銷殞。正猶慧風一扇而殊雲自消，惟一真空，迥
無所有。」

〔註608〕風癩又稱作風疹或蕁麻疹。

〔註609〕「拘攣」見於〔唐〕王冰注，〔宋〕林億等校正《重廣補注黃帝內經素問》
（上海：上海商務印書館，《四部叢刊初編》本，1929）卷十八（頁5a）：「邪
客於足太陽之絡，令人拘攣背急，引脇而痛。」註云：「以其經從踝內左右
別下，貫腨合膕中故病，令人拘攣背急，引脇而痛。」也就是筋骨拘急攣縮，
肢節屈伸不利，類似抽筋、麻痺或中風。

共靈知。〔註610〕

11.10. 常思己肉遭傷損，蹙額攢眉痛不禁。活剝青蟲令戰楚，如何慘
憺不生心。〔註611〕

12. 為四明范了因居士說偈〔註612〕

我知了因居士，人間表表真儒。胸中抱負非小，包羅經濟工夫。

欲了功名事業，欲了道學匡圖。自以了因為字，其中寓意非徒。

其如世途逆旅，兼之宦路於菟。〔註613〕一官染指知味，拂袖歸吾故
居。

鄞江可網可釣，赤堇可耕可鋤。〔註614〕世情窄□難了，林泉閒曠堪
娛。〔註615〕

只有難了公案，煩惱生死未除。精進皈依大覺，拾得一顆寶珠。

圓滿光明皎潔，雨寶穰穰不虛。〔註616〕名曰了因佛性，一真妙體如
如。〔註617〕

〔註610〕 此是「物之與人同稟靈知之性」之概念，宋儒張載所謂「民胞物與」之意。
天如惟則曾引申其說，見本書導論。

〔註611〕 此處「青蟲」仍指青蛙。「戰楚」應即「顫楚」，顫慄痛苦之意。「慘憺」，
悲慘憂傷之意。〔明〕屠隆〈弔李太白〉詩有句云：「臨風惟慘憺，俯景一
酸辛。」又〈哭君典太史〉詩有句云：「士林成慘憺，大地失崢嶸。」見
《白榆集》（上海：上海古籍出版社，《續修四庫全書》本，2002）卷四，
頁 17a、18b。

〔註612〕 了因居士是范汝梓，他字君材，浙江鄞縣人，萬曆三十二年（1064）進士，
授工部主事。他自號甬東靈夢居士，又號甬東八還居士，為傳燈之友，其名
屢見於《幽溪別志》中。因曾在刑部任職曾為傳燈作《《般若融心論》序》、
〈楞嚴壇表法讚〉。又屬和傳燈之〈題石丈人居四顏〉四首，並作有〈興公
賦評〉。

〔註613〕 「於菟」是虎的別稱。此處當指仕途如虎。

〔註614〕 「赤堇」指赤堇山，據《嘉靖寧波府志》卷五（頁 8ab）和卷六（頁 21b）
稱在今奉化古鄞之地，在鄞城山下。或傳在今浙江寧波東南，有草曰赤堇，
因而得名。相傳為春秋時歐冶子為越王鑄劍之處，一名鑄浦山。《康熙浙江
通志》（上海：上海古籍出版社，清康熙二十三年刻本，1684）卷六，頁 62a；
卷七，頁 6b。

〔註615〕 「窄」後一字脫落，諸本皆然。疑為「隘」或「狹」。

〔註616〕 「穰穰」，豐熟貌。《詩經·商頌·烈祖》：「自天降康，豐年穰穰。」見《毛
詩》卷二十，頁 12a。《史記》卷一二六（頁 3198），〈滑稽列傳〉淳于髡云：
「五穀蕃熟，穰穰滿家。」

〔註617〕 「一真妙體」是佛告阿難之語。〔宋〕子璿《首楞嚴經義疏注經》卷九（頁
947c）：「佛告阿難及諸大眾：『汝等當知，有漏世界十二類生，本覺妙明覺

此中空洞無物，纖毫情欲俱無。猶如洪爐大冶，一切嬰此皆枯。

悟此靈明本體，是為復我故吾。此因名為般若，亦稱萬法之都。

此心即中即假，四通八達京衢。〔註618〕了此可斷生死，了此可度三途。〔註619〕

了此可超父母，了此家國堪扶。了此即成佛道，明明朗月獨孤。

須是一了百了，慎弗也者之乎。〔註620〕

13. 贈宗遠偈〔註621〕

當年曾到法雲房，法雲長老貌古蒼。〔註622〕今年來居法雲地，法雲長老已去亡。

可憐所遇無故物，安得不老生恐惶。所賴妙性不老者，可與賢孫同商量。

賢孫阿誰字宗遠，宗遠須是念西方。吾祖天台與四明，皆宗遠公何洋洋。〔註623〕

圓心體。與十方佛無二無別，一真妙體，本無二相。』」「了因佛性」一詞，見智顗《妙法蓮華經玄義》卷二（頁 700a）：「菩提通達無復煩惱，煩惱既無，即究竟淨，了因佛性也。」又卷十（頁802a）：「故知法性實相，即是正因佛性；般若觀照，即是了因佛性。」又：「為令眾生開佛知見，即了因佛性。」又《摩訶止觀》卷九（頁126c）：「通觀十二緣真如實理，是正因佛性。觀十二因緣智慧，是了因佛性。」

〔註618〕〔宋〕彥琪《證道歌註》（頁276a）：「智者云：『空也者，泯一切法也。假也者，立一切法也。中也者，妙一切法也。空不定空，空處當體，即中即假；假不定假，假處當體，即空即中；中不定中，中處當體即空即假。』」此處「即中即假」其實是在言天台三諦圓融之說。

〔註619〕「三途」同「三塗」，火、刀、血三途之謂。《四解脫經》：「以三塗對三毒。一‧火塗嗔忿。二‧刀塗慳貪。三‧血塗愚癡。」《（大唐）西域記》曰：「儒書《春秋》有三塗危險之處，借此名也。塗，道也，謂惡道也。」

〔註620〕此處似說一旦達成佛道，就如同朗朗孤月，獨明於天。此時已經一了百了，毋須再念「之乎也者」外典之書了。方孝孺〈慎言〉：「汝今欲言，先質乎理。於理或乖，慎弗啟齒。」末句之「慎弗」，意同「慎勿」，是「莫要」之意。見《遜志齋集》（上海：上海商務印書館，《四部叢刊初編》本，1929）卷一，頁36b。

〔註621〕宗遠疑是明詩僧明統（生卒年不詳）。他字宗遠，號石瀾，明岩寺僧，見《天台勝蹟錄》卷一，頁84。

〔註622〕此法雲長老身分不詳。傳燈曾去四明講《楞嚴經》，根據屠隆之記載，四明來聽講之沙門知名者有十二人，其中有法雲就，偈中提及宗遠出天台在四明之法系，或即法雲長老之裔孫。不過資料太缺，尚無法確定。

〔註623〕此處傳燈將宗遠之名釋為「宗法遠公」，語意雙關，有鼓勵宗遠之意。

今來敷演妙宗鈔，此是君家祖道香。聞香須當生穎悟，香嚴童子同
參詳。

不生於火不生木，來無所從去無央。〔註624〕無滅無生無所住，是則
名為大道場。

西方可生道可悟，戴角之虎非尋常。〔註625〕勸君遠宗如此道，宗遠
之字常流芳。

君年今已登不惑，應當稱此色力強。古云少年不努力，徒令老大成
悲傷。

繼祖揚宗明大道，堪於苦海作舟航。

14. 題憨山法師像贊〔註626〕

謂師僧耶？頂顙有髮。〔註627〕謂師俗耶，常宣妙法。

是僧是俗，總無交涉。眼中瞳子骨稜稜，手裏枯藤活潑潑。

〔註624〕 「無央」是無窮盡之意。〔宋〕樓鑰《樓鑰集》（杭州：浙江古籍出版社，2010）
卷一〇六，〈端明殿學士致仕贈資政殿學士黃公墓誌銘〉（頁1834）：「此時稻
芋蓊然，豆飷藜羹，山中之樂，真無央也。」

〔註625〕 「戴角之虎」出永明延壽之〈四料揀偈〉：「有禪有淨土，猶如戴角虎。今世
為人師，來生作佛祖。」〔明〕大佑《淨土指歸集》（頁379b）：「其示參禪念
佛〈四料揀偈〉……一曰：『有禪無淨土，十人九蹉路。……』二曰：『無禪
有淨土。萬修萬人去。……』三曰：『有禪有淨土。猶如戴角虎。現世為人
師。來生作佛祖……』」

〔註626〕 憨山法師自然是憨山德清（1546～1623）。傳燈與憨山德清似無很深之關係。
但其《楞嚴經圓通疏》曾參考德清之《楞嚴經懸鏡》和《楞嚴經通議》。

〔註627〕 此像贊疑寫於萬曆二十三年乙未（1595）冬十月，德清出獄之後所寫。因剛出
獄，故頂顙有髮。是年德清年五十，因涉朝廷政爭，為東廠番役所害，受牢獄
之災，於三月下獄，至十月而放出。以私創寺院之罪名，遣戍雷州。見《憨山
老人夢遊集》卷五十四附〈憨山老人自序年譜實錄下〉，頁840a～c。〔明〕通
容《五燈嚴統》卷十六（頁163a～b）言下獄原因稍詳：「慈聖李皇太后禮意殷
重，親賜大藏紫衣。嗣遭無妄之謗，假道士奏論于神廟，朝中宰輔多深惜之。
由是蒙矜察，坐以私創寺院，遣戍雷州。」錢謙益所撰憨山塔銘，更析德清
下獄原委如下：「先是，慈聖崇信佛乘，敕使四出，中人讒搆，動以煩費為言。
上弗問也，而其語頗聞於外庭。所司遂以師為奇貨，欲因以株連慈聖左右，并
按前後檀施，帑金以數十萬計，拷掠備至。師一無所言，已乃從容仰對曰：『公
欲某誣服易耳。獄成，將置聖母何地乎？公所按數十萬在縣官錙銖耳。主上純
孝，度不以錙銖故，傷聖母心。獄成之後，懼無以謝聖母。公窮竟此獄，將安
歸乎？』主者舌吐不能收，乃具獄上。所列惟賑饑三千金，有內庫籍可考，慈
聖及上皆大喜。坐私造寺院，遣戍雷州。」《憨山老人夢遊集》卷五十五，〈大
明海印憨山大師廬山五乳峰塔銘〉，頁850b～852a。

徵引文獻

一、古籍

（依朝代及姓氏筆畫排列。佛典除特別標明外，皆採用 CBETA 中華電子佛典所用版本。）

1. 〔先秦〕莊子，《莊子》（晉郭象注），（上海：上海商務印書館，《四部叢刊初編》本，1929）。

2. 〔先秦〕荀子，《荀子》（上海：上海商務印書館，《四部叢刊初編》本，1929）。

3. 〔先秦〕管子，《管子》（上海：上海商務印書館，《四部叢刊初編》本，1929）。

4. 〔西漢〕毛亨傳，東漢鄭玄箋，《毛詩》（上海：上海商務印書館，《四部叢刊初編》本，1929）。

5. 〔西漢〕王逸等注，《楚辭》（上海：上海商務印書館，《四部叢刊初編》本，1929）。

6. 〔西漢〕孔安國傳，《尚書》（上海：上海商務印書館，《四部叢刊初編》本，1929）。

7. 〔西漢〕司馬遷，《史記》（北京：中華書局點校本，1959）。

8. 〔西漢〕劉安，《淮南子》（上海：上海商務印書館，《四部叢刊初編》本，1929）。

9. 〔東漢〕王充，《論衡》（上海：上海商務印書館，《四部叢刊初編》本，

1929）。

10. 〔東漢〕班固,《漢武故事》（臺北：台灣商務印書館,影印《文淵閣四庫全書》本,1983～1986）。

11. 〔東漢〕應劭,《風俗通》（上海：上海商務印書館,《四部叢刊初編》本,1929）。

12. 〔東漢〕趙岐注,《孟子》（上海：上海商務印書館,《四部叢刊初編》本,1929）。

13. 〔東漢〕鄭玄,《纂圖互註禮記》（上海：上海商務印書館,《四部叢刊初編》本,1929）。

14. 〔三國（魏）〕王弼注,《周易》（上海：上海商務印書館,《四部叢刊初編》本,1929）。

15. 〔三國（魏）〕曹植,《曹子建集》（上海：上海古籍出版社,《續修四庫全書》本,2002）。

16. 〔三國（吳）〕韋昭,《國語》（上海：上海商務印書館,《四部叢刊初編》本,1929）。

17. 〔三國（東吳）〕釋支謙等譯,《法句經》（臺北：新文豐出版公司,《大正藏》本第 85 冊,1986）。

18. 〔後魏〕酈道元《水經注》（臺北：臺灣商務印書館,影印《文淵閣四庫全書》,1983～1986）。

19. 〔西晉〕杜預,《春秋經傳集解》（上海：上海商務印書館,《四部叢刊初編》本,1929）。

20. 〔西晉〕陳壽,《三國志》（北京：中華書局點校本,1959）。

21. 〔西晉〕釋安法欽譯,《阿育王傳》（臺北：新文豐出版公司,《大正藏》本第 50 冊,1986）。

22. 〔後秦〕釋鳩摩羅什譯,《妙法蓮華經》（臺北：新文豐出版公司,《大正藏》本第 9 冊,1986）。

23. 〔後秦〕釋鳩摩羅什譯,《大智度論》（臺北：新文豐出版公司,《大正藏》本第 25 冊,1986）。

24. 〔後秦〕釋鳩摩羅什譯,《金剛般若波羅蜜經》（臺北：新文豐出版公司,《大正藏》本第 25 冊,1986）。

25. 〔後秦〕釋鳩摩羅什譯,《維摩詰所說經》(臺北:新文豐出版公司,《大正藏》本第 13 冊,1986)。

26. 〔北涼〕釋曇無讖譯,《菩薩地持經》(臺北:新文豐出版公司,《大正藏》本第 30 冊,1986)。

27. 〔北涼〕釋曇無讖譯,《金光明經》(臺北:新文豐出版公司,《大正藏》本第 16 冊,1986)。

28. 〔東晉〕張湛注,〔唐〕殷敬順釋文,《列子》(臺北:台灣商務印書館,影印《文淵閣四庫全書》本,1983～1986)。

29. 〔東晉〕郭璞注,《爾雅註疏》(上海:上海商務印書館,《四部叢刊初編》本,1929)。

30. 〔東晉〕釋僧伽提婆譯,《中阿含經》(臺北:新文豐出版公司,《大正藏》本第 1 冊,1986)。

31. 〔東晉〕釋佛馱跋陀羅譯,《華嚴經》(臺北:新文豐出版公司,《大正藏》本第 9 冊,1986)。

32. 〔東晉〕釋佛馱跋陀羅譯,《摩訶僧祇律》(臺北:新文豐出版公司,《大正藏》本第 22 冊,1986)。

33. 〔東晉〕失譯者名,《菩薩本行經》(臺北:新文豐出版公司,《大正藏》本第 3 冊,1986)。

34. 〔劉宋〕范曄,《後漢書》(北京:中華書局點校本,1965)。

35. 〔劉宋〕鮑照,《鮑氏集》(上海:上海商務印書館,《四部叢刊初編》本,1929)。

36. 〔劉宋〕劉義慶,《世說新語》(上海:上海商務印書館,《四部叢刊初編》本,1929)。

37. 〔劉宋〕釋求那跋陀羅譯,《雜阿含經》(臺北:新文豐出版公司,《大正藏》本第 2 冊,1986)。

38. 〔劉宋〕釋求那跋陀羅譯,《過去現在因果經》(臺北:新文豐出版公司,《大正藏》本第 3 冊,1986)。

39. 〔劉宋〕釋畺良耶舍譯,《佛說觀無量壽佛經》(臺北:新文豐出版公司,《大正藏》本第 12 冊,1986)。

40. 〔劉宋〕釋寶雲,《佛本行經》(臺北:新文豐出版公司,《大正藏》本第

4 冊，1986）。

41. 〔蕭梁〕蕭統編，《六臣註文選》（臺北：臺灣商務印書館，影印《文淵閣四庫全書》，1983～1986）。

42. 〔蕭梁〕釋僧祐《弘明集》、《雜阿含經》（臺北：新文豐出版公司，《大正藏》本第 50 冊，1986）。

43. 〔蕭梁〕釋慧皎，《高僧傳》（臺北：新文豐出版公司，《大正藏》本第 50 冊，1986）。

44. 〔南陳〕徐陵，《徐孝穆集箋注》（上海：上海商務印書館，《四部叢刊初編》本，1929）。

45. 〔南陳，釋真諦，《佛說立世阿毘曇論》（臺北：新文豐出版公司，《大正藏》本第 32 冊，1986）。

46. 〔北周〕庾信，《庾子山集》（上海：上海商務印書館，《四部叢刊初編》本，1929）。

47. 〔隋〕釋智顗，《妙法蓮華經玄義》（臺北：新文豐出版公司，《大正藏》本第 33 冊，1986）。

48. 〔隋〕釋智顗，《修習止觀坐禪法要》（臺北：新文豐出版公司，《大正藏》本第 46 冊，1986）。

49. 〔隋〕釋智顗，《摩訶止觀》（臺北：新文豐出版公司，《大正藏》本第 46 冊，1986）。

50. 〔隋〕釋智顗，《妙法蓮華經文句》（臺北：新文豐出版公司，《大正藏》本第 34 冊，1986）。

51. 〔隋〕釋灌頂，《隋天台智者大師別傳》（臺北：新文豐出版公司，《大正藏》本第 50 冊，1986）。

52. 〔隋〕釋闍那崛多譯，《佛本行集經》（臺北：新文豐出版公司，《大正藏》本第 3 冊，1986）。

53. 〔隋〕失譯者名，《佛說善惡因果經》（臺北：新文豐出版公司，《大正藏》本第 85 冊，1986）（按：譯者及朝代名皆不知，暫作隋代）。

54. 〔唐〕王勃，《王子安集》（上海：上海商務印書館，《四部叢刊初編》本，1929）。

55. 〔唐〕王冰注，〔宋〕林億等校正，《重廣補注黃帝內經素問》（上海：上

海商務印書館,《四部叢刊初編》本,1929)。

56. 〔唐〕元稹,《元氏長慶集》(上海:上海商務印書館,《四部叢刊初編》本,1929)。

57. 〔唐〕白居易,《白氏長慶集》(上海:上海商務印書館,《四部叢刊初編》本,1929)。

58. 〔唐〕李白,《李太白全集》(臺北:河洛圖書公司,1975)。

59. 〔唐〕李邕,《李北海集》(臺北:臺灣商務印書館,影印《文淵閣四庫全書》本,1983～1986)。

60. 〔唐〕李翱,《李文公集》(上海:上海商務印書館,《四部叢刊初編》本,1929)。

61. 〔唐〕李師政,《法門名義集》(臺北:新文豐出版公司,《大正藏》本第54冊,1986)。

62. 〔唐〕房玄齡等,《晉書》(北京:中華書局點校本,1974)。

63. 〔唐〕段成式,《酉陽雜俎續集》(上海:上海商務印書館,《四部叢刊初編》本,1929)。

64. 〔唐〕徐堅,《初學記》(臺北:臺灣商務印書館,影印《文淵閣四庫全書》本,1983～1986)。

65. 〔唐〕徐鍇,《說文解字注繫傳》(上海:上海商務印書館,《四部叢刊初編》本,1929)。

66. 〔唐,高仲武編,《中興閒氣集》(臺北:臺灣商務印書館,影印《文淵閣四庫全書》本,1983～1986)。

67. 〔唐〕劉勰,《文心雕龍》(上海:上海商務印書館,《四部叢刊初編》本,1929)。

68. 〔唐〕歐陽詹,《歐陽行周文集》(上海:上海商務印書館,《四部叢刊初編》本,1929)。

69. 〔唐〕樓穎,《善慧大士語錄》(臺北:CBETA,《卍新續藏經》本,1998～2008)。

70. 〔唐〕釋玄奘,《大般若波羅蜜多經》(臺北:新文豐出版公司,《大正藏》第5冊,1986)。

71. 〔唐〕釋玄奘,《(大唐)西域記》(臺北:新文豐出版公司,《大正藏》

第 51 冊，1986）。

72. 〔唐〕釋宗密，《大方廣圓覺修多羅了義經略疏》（臺北：新文豐出版公司，《大正藏》第 39 冊，1986）。

73. 〔唐〕釋宗密，《禪源諸詮集都序》（臺北：新文豐出版公司，《大正藏》第 48 冊，1986）。

74. 〔唐〕釋佛陀耶舍等譯，《四分比丘尼戒本註釋》（臺北：華宇出版社，1985）。

75. 〔唐〕釋法琳，《辯正論》（臺北：新文豐出版公司，《大正藏》第 52 冊，1986）。

76. 〔唐〕釋神會〔元〕宗寶編），《六祖（大師法寶）壇經》（臺北：新文豐出版公司，《大正藏》第 48 冊，1986）。

77. 〔唐〕釋提雲般若譯，《佛說大乘造像功德經》（臺北：新文豐出版公司，《大正藏》第 16 冊，1986）。

78. 〔唐〕釋湛然，《法華玄義釋籤》（臺北：新文豐出版公司，《大正藏》第 33 冊，1986）。

79. 〔唐〕釋道宣，《續高僧傳》（臺北：新文豐出版公司，《大正藏》第 50 冊，1986）。

80. 〔唐〕釋慧琳，《一切經音義》（臺北：新文豐出版公司，《大正藏》第 54 冊，1986）。

81. 〔唐〕釋道世，《法苑珠林》（臺北：新文豐出版公司，《大正藏》第 52 冊，1986）。

82. 〔唐〕釋道世，《諸經要集》（臺北：新文豐出版公司，《大正藏》第 54 冊，1986）。

83. 〔唐〕釋般剌蜜諦譯，《楞嚴經》（臺北：新文豐出版公司，《大正藏》第 19 冊，1986）。

84. 〔唐〕釋澄觀，《大方廣佛華嚴經疏》（臺北：新文豐出版公司，《大正藏》第 35 冊，1986）。

85. 〔唐〕釋慧然集，《鎮州臨濟慧照禪師語錄》、《楞嚴經》（臺北：新文豐出版公司，《大正藏》第 47 冊，1986）。

86. 〔唐〕釋慧寶注，神清《北山錄》（臺北：新文豐出版公司，《大正藏》

第 42 冊，1986）。

87. 〔唐〕失譯者名，《大乘無生方便門》（臺北：新文豐出版公司，《大正藏》
第 85 冊，1986）。

88. 〔新羅〕釋太賢，《梵網經古跡記》（臺北：新文豐出版公司，《大正藏》
第 40 冊，1986）。

89. 〔後晉〕劉昫，《舊唐書》（北京：中華書局點校本，1975）。

90. 〔五代〕釋義楚，《釋氏六帖》（臺北：CBETA，《大藏經補編》本，1985）。

91. 〔後唐〕釋景霄，《四分律行事鈔簡正記》（臺北：CBETA，《卍新續藏經》
本，1998～2008）。

92. 〔北宋〕丁度，《集韻》（上海：上海商務印書館，《四部叢刊續編》本，
1933）。

93. 〔北宋〕司馬光，《司馬文正公文集》（上海：上海商務印書館，《四部叢
刊初編》本，1929）。

94. 〔北宋〕李誡，《營造法式》〈（臺北：台灣商務印書館，影印《文淵閣四
庫全書》，1983～1986）。

95. 〔北宋〕邵雍，《伊川擊壤集》（上海：上海商務印書館，《四部叢刊初編》
本，1929）。

96. 〔北宋〕郭茂倩，《樂府詩集》（臺北：台灣商務印書館，影印《文淵閣
四庫全書》，1983～1986）。

97. 〔北宋〕曾鞏，《元豐類稿》（臺北：台灣商務印書館，影印《文淵閣四
庫全書》，1983～1986）。

98. 〔北宋〕黃庭堅，《豫章黃先生文集》（上海：上海商務印書館，《四部叢
刊初編》本，1929）。

99. 〔北宋〕黃朝英，《靖康緗素雜記》（臺北：台灣商務印書館，影印《文
淵閣四庫全書》本，1983～1986）。

100. 〔北宋〕張載，《張子全書》（朱熹註本）（上海：上海商務印書館，《四
部叢刊續編》本，1933）。

101. 〔北宋，張君房，《雲笈七籤》（上海：上海商務印書館，《四部叢刊初編》
本，1929）。

102. 〔北宋〕蘇軾，《蘇軾文集》（北京：中華書局，孔凡禮點校本，1986）。

103. 〔北宋〕蘇軾，《經進東坡文集事略》（上海：上海商務印書館，《四部叢刊初編》本，1929）。

104. 〔北宋〕蘇軾，《東坡七集》（臺北：臺灣中華書局，1965）。

105. 〔北宋〕蘇軾，《東坡全集》（臺北：臺灣商務印書館，影印《文淵閣四庫全書》本，1983～1986）。

106. 〔北宋〕蘇轍，《欒城集後集》（上海：上海商務印書館，《四部叢刊初編》本，1929）。

107. 〔北宋〕釋大壑集，《永明道蹟》（臺北：CBETA，《卍新續藏經》本，1998～2008）。

108. 〔北宋〕釋子璿，《首楞嚴義疏注經》（臺北：新文豐出版公司，《大正藏》第 39 冊，1986）。

109. 〔北宋〕釋子璿，《起信論疏筆削記》（臺北：新文豐出版公司，《大正藏》第 44 冊，1986）。

110. 〔北宋〕釋才良等，《法演禪師語錄》（臺北：新文豐出版公司，《大正藏》第 47 冊，1986）。

111. 〔北宋〕釋文瑩，《湘山野錄》（北京：中華書局，鄭世剛點校本，1984）。

112. 〔北宋〕釋元照，《四分律行事鈔資持記》》（臺北：新文豐出版公司，《大正藏》第 40 冊，1986）。

113. 〔北宋〕釋允堪，《衣缽名義章》（臺北：CBETA，《卍新續藏經》本，1998～2008）。

114. 〔北宋〕釋可度，《楞嚴經箋》（臺北：CBETA，《卍新續藏經》本，1998～2008）。

115. 〔北宋〕釋可度，《十不二門指要鈔詳解》（臺北：CBETA，《卍新續藏經》本，1998～2008）。

116. 〔北宋〕釋守堅，《雲門匡真禪師廣錄》（臺北：新文豐出版公司，《大正藏》第 47 冊，1986）。

117. 〔北宋〕釋法天譯，《七佛經》（臺北：新文豐出版公司，《大正藏》第 1 冊，1986）。

118. 〔北宋〕釋彥琪，《證道歌註》（臺北：CBETA，《卍新續藏經》本，1998～2008）。

119. 〔北宋〕釋宗賾,《重雕補註禪苑清規》(臺北:CBETA,《卍新續藏經》本,1998～2008)。

120. 〔北宋〕釋戒環,《楞嚴經要解》》(臺北:CBETA,《卍新續藏經》本,1998～2008)。

121. 〔北宋〕釋知禮,《金光明經文句記》(臺北:CBETA,《卍新續藏經》本,1998～2008)。

122. 〔北宋〕釋知禮,《觀音玄義記》(臺北:CBETA,《卍新續藏經》本,1998～2008)。

123. 〔北宋〕釋知禮,《觀無量壽佛經妙宗鈔》(臺北:新文豐出版公司,《大正藏》第 37 冊,1986)。

124. 〔北宋〕釋延壽,《宗鏡錄》(臺北:CBETA,《卍新續藏經》本,1998～2008)。

125. 〔北宋〕釋延壽,《心賦注》(臺北:CBETA,《卍新續藏經》本,1998～2008)。

126. 〔北宋〕釋延壽,《三時繫念儀範》(臺北:CBETA,《卍新續藏經》本,1998～2008)。

127. 〔北宋〕釋延壽,《萬善同歸集》(臺北:新文豐出版公司,《大正藏》第 48 冊,1986)。

128. 〔北宋〕釋延壽,《永明智覺禪師唯心訣》(臺北:新文豐出版公司,《大正藏》第 48 冊,1986)。

129. 〔北宋〕釋契嵩,《鐔津文集》(臺北:台灣商務印書館,影印文淵閣四庫全書,1983～1986)。

130. 〔北宋〕釋惟白,《建中靖國續燈錄》(臺北:CBETA,《卍新續藏經》本,1998～2008)。

131. 〔北宋〕釋惟蓋竺編,《明覺禪師語錄》(臺北:新文豐出版公司,《大正藏》第 47 冊,1986)。

132. 〔北宋〕釋善卿,《祖庭事苑》(臺北:CBETA,《卍新續藏經》本,1998～2008)。

133. 〔北宋〕釋懷顯編(或作惟顯),《律宗新學名句》(臺北:CBETA,《卍新續藏經》本,1998～2008)。

134. 〔北宋〕釋懷遠,《淨土晨鐘》(臺北:CBETA,《卍新續藏經》本,1998～2008)。

135. 〔北宋〕釋道亭,《華嚴一乘教義分齊章義苑疏》(臺北:新文豐出版公司,《大正藏》第 45 冊,1986)。

136. 〔北宋〕釋道原,《景德傳燈錄》(臺北:新文豐出版公司,《大正藏》第 51 冊,1986)。

137. 〔北宋〕釋道誠,《釋氏要覽》(臺北:新文豐出版公司,《大正藏》第 54 冊,1986)。

138. 〔北宋〕釋遵式,《金園集》(臺北:CBETA,《卍新續藏經》本,1998～2008)。

139. 〔北宋〕釋慧洪,《禪林僧寶傳》(臺北:CBETA,《卍新續藏經》本,1998～2008)。

140. 〔北宋〕釋慧南編,《石霜楚圓語錄》(臺北:CBETA,《卍新續藏經》本,1998～2008)。

141. 〔北宋〕釋贊寧,《大宋僧史略》(臺北:新文豐出版公司,《大正藏》第 54 冊,1986)。

142. 〔北宋〕釋雲照,《智者大師別傳註》(臺北:CBETA,《卍新續藏經》本,1998～2008)。

143. 〔北宋〕闕名集註,《分門集註杜工部詩》(上海:上海商務印書館,《四部叢刊初編》本,1929)。

144. 〔北宋〕闕名,《附釋文互禮部韻略》(上海:上海商務印書館,《四部叢刊續編》本,1933)。

145. 〔南宋〕王楙,《野客叢書》(上海:上海古籍出版社點校本,1991)。

146. 〔南宋〕朱熹註,《中庸》(上海:上海商務印書館,《四部叢刊續編》本,1933)。

147. 〔南宋〕朱熹,《四書章句集注》(臺北:世界書局,1956)。

148. 〔南宋〕吳自牧,《夢梁錄》(臺北:大立出版社,《東京夢華錄外四種》,1980)。

149. 〔南宋〕呂祖謙,《皇朝文鑒》(上海:上海商務印書館,《四部叢刊初編》本,1929)。

150. 〔南宋〕周密,《癸辛雜識前集》(北京:中華書局,吳企明點校本,1988)。

151. 〔南宋〕姚勉,《雪坡集》(臺北:台灣商務印書館,影印《文淵閣四庫全書》,1983～1986)。

152. 〔南宋〕郭知達,《九家集杜詩》(臺北:台灣商務印書館,影印《文淵閣四庫全書》,1983～1986)。

153. 〔南宋〕童宗說注釋、張敦頤音辯、潘緯音義《增廣註釋音辯唐柳先生集》(上海:上海商務印書館,《四部叢刊初編》本,1929)。

154. 〔南宋〕戴侗,《六書故‧六書通釋》(臺北:台灣商務印書館,影印《文淵閣四庫全書》,1983～1986)。

155. 〔南宋〕樓鑰,《樓鑰集》(杭州:浙江古籍出版社,2010)。

156. 〔南宋〕謝維新,《古今合璧事類備要》(臺北:台灣商務印書館,影印《文淵閣四庫全書》,1983～1986)。

157. 〔南宋〕釋志磐,《佛祖統紀》(臺北市:新文豐出版公司,《大正藏》第49冊,1986)。

158. 〔南宋〕釋法應,《禪宗頌古聯珠通集》(臺北:CBETA,《卍新續藏經》本,1998～2008)。

159. 〔南宋〕釋法雲,《翻譯名義集》(臺北市:新文豐出版公司,《大正藏》第54冊,1986)。

160. 〔南宋〕釋宗曉,《樂邦文類》(臺北市:新文豐出版公司,《大正藏》第47冊,1986)。

161. 〔南宋〕釋宗鑑,《釋門正統》(臺北:CBETA,《卍新續藏經》本,1998～2008)。

162. 〔南宋〕釋思坦,《楞嚴經集註》(臺北:CBETA,《卍新續藏經》本,1998～2008)。

163. 〔南宋〕釋蘊聞編,《大慧普覺禪師語錄》(臺北市:新文豐出版公司,《大正藏》第47冊,1986。

164. 〔元〕孔齊,《靜齋至正直記》(上海:上海古籍出版社,《續修四庫全書》本,1995)。

165. 〔元〕李衎,《竹譜》(臺北:台灣商務印書館,影印《文淵閣四庫全書》,1983～1986)。

166. 〔元〕趙道一，《歷世真仙體道通鑑》（上海：上海古籍出版社，《續修四庫全書》本，2002）。

167. 〔元〕釋子成，《折疑論》（臺北市：新文豐出版公司，《大正藏》第 52 冊，1986）。

168. 〔元〕釋如瑛，《高峰龍泉院因師集賢語錄》（臺北：CBETA，《卍新續藏經》本，1998～2008）。

169. 〔元〕釋明本，《天目中峰廣錄》（京都：中文出版社本，1985）。

170. 〔元〕釋原妙，《高峰原妙禪師語錄》（臺北：CBETA，《卍新續藏經》本，1998～2008）。

171. 〔元〕釋廷俊重刊，南宋普濟著，《五燈會元》（臺北：CBETA，《卍新續藏經》本，1998～2008）。

172. 〔元〕釋梵琦等，《天台三聖詩集》（臺北：CBETA，《大藏經補編》本，1985）。

173. 〔元〕釋普度，《廬山蓮宗寶鑑》（臺北市：新文豐出版公司，《大正藏》第 47 冊，1986）。

174. 〔元〕釋惟則，《楞嚴經會解》（臺北：CBETA，《永樂北藏》本，1998～2008）。

175. 〔元〕釋覺岸，《釋氏稽古略》（臺北市：新文豐出版公司，《大正藏》第 49 冊，1986）。

176. 〔明〕王同軌，《耳談類增》（上海：上海古籍出版社，《續修四庫全書》本，2002）。

177. 〔明〕王道焜等，《左傳杜林合注》（臺北：台灣商務印書館，影印《文淵閣四庫全書》，1983～1986）。

178. 〔明〕方孝孺，《遜志齋集》（上海：上海商務印書館，《四部叢刊初編》本，1929）。

179. 〔明〕宋奎光，《崇禎寧海縣志》（臺北：成文出版社，1983）。

180. 〔明〕吳之鯨，《武林梵志》（臺北：台灣商務印書館，影印《文淵閣四庫全書》，1983～1986）。

181. 〔明〕吳亮，《萬曆疏鈔》（上海：上海古籍出版社，《續修四庫全書》本，1995）。

182. 〔明〕沈萬鈳，《詩經類考》（上海：上海古籍出版社，《續修四庫全書》本，1995）。

183. 〔明〕周應賓，《舊京詞林志》（臺北：莊嚴文化事業有限公司，《四庫存目叢書》本，1996）。

184. 〔明〕周應賓，《普陀山志》（臺北市：新文豐出版公司，2013）。

185. 〔明〕林庭棉等，《嘉靖江西通志》（臺北：成文出版社，1989）。

186. 〔明〕林應翔等，《天啟衢州府志》（臺北：成文出版社，1983）。

187. 〔明〕胡震亨，《唐音統籤》（上海：上海古籍出版社，《續修四庫全書》本，2002）。

188. 〔明〕徐用檢等，《萬曆蘭溪縣志》（臺北：成文出版社，1985）。

189. 〔明〕徐象梅，《兩浙名賢錄》（上海：上海古籍出版社，《續修四庫全書》本，2002）。

190. 〔明〕郭子章，《明州阿育王山志》（臺北：明文書局，1980）。

191. 〔明〕陳建，《皇明通紀》（北京市：北京出版社，《四庫禁毀書叢刊補編》，2005）。

192. 〔明〕陳仁錫，《無夢園初集》（上海：上海古籍出版社，《續修四庫全書》本，2002）。

193. 〔明〕陳繼儒，《陳眉公集》（上海：上海古籍出版社，《續修四庫全書》本，2002）。

194. 〔明〕張朝瑞，《皇明貢舉考》（臺北：中研院傅斯年圖書館藏，明萬曆元年刊本，1574）。

195. 〔明〕張孚敬，《嘉靖溫州府志》（上海：上海古籍出版社，《天一閣明代方志選刊》本，1981）。

196. 〔明〕馮夢龍，《警世通言》（臺北：三民書局，1992）。

197. 〔明〕曾鳳儀，《楞嚴經宗通》（臺北：CBETA，《卍新續藏經》本，1998～2008）。

198. 〔明〕焦竑，《澹園集》（北京：中華書局，李劍雄點校本，1999）。

199. 〔明〕焦竑，《焦太史編輯國朝獻徵錄》（臺北：莊嚴文化事業有限公司，《四庫存目叢書》本，1996）。

200. 〔明〕焦竑，《澹園集》（北京：中華書局李劍雄點校本，1999）。

201. 〔明〕焦竑,《焦氏澹園集》（臺北：國立臺灣大學圖書館藏，2000）。

202. 〔明〕陸采,《明珠記》（北京：中華書局，2000）。

203. 〔明〕湯顯祖,《玉茗堂全集》（上海：上海古籍出版社,《續修四庫全書》本，2008）。

204. 〔明〕傅冠等,《明熹宗悊皇帝實錄》（臺北：中央研究院歷史語言研究所輯校，1964～1966）。

205. 〔明〕黃宗羲,《明儒學案》（北京：中華書局，沈芝盈點校本，1986）。

206. 〔明〕黃宗羲,《南雷文定》（臺北：臺灣商務印書館，人人文庫本，1970）。

207. 〔明〕萬斯同,《明史（稿）》（上海：上海古籍出版社,《續修四庫全書》本，2002）。

208. 〔明〕屠隆,《栖真館集》（上海：上海古籍出版社,《續修四庫全書》本，2002）。

209. 〔明〕屠隆,《白榆集》（上海：上海古籍出版社,《續修四庫全書》本，2002）。

210. 〔明〕葛寅亮,《金陵梵剎志》（臺北：明文書局，1980）。

211. 〔明〕虞淳熙,《虞德園先生文集》（臺北：國家圖書館藏明天啟三年癸亥，錢塘虞氏館刊本，1623）。

212. 〔明〕潘珹,《天台勝蹟錄》（臺北：明文書局，1980）。

213. 〔明〕鄧雅,《玉笥集》（臺北：台灣商務印書館，影印《文淵閣四庫全書》本，1983～1986）。

214. 〔明〕藍仁,《藍山集》（臺北：台灣商務印書館，影印《文淵閣四庫全書》本，1983～1986）。

215. 〔明〕樓英,《醫學綱目》（北京：北京大學圖書館藏，明嘉靖四十四年刻本，1565）。

216. 〔明〕羅炌等,《崇禎嘉興縣志》（北京市：書目文獻出版社，1991）。

217. 〔明〕釋一如等,《大明三藏法數》（臺北：CBETA,《永樂北藏》本，2000）。

218. 〔明〕釋大佑,《阿彌陀經略解》（臺北：CBETA,《卍新續藏經》本，1998～2008）。

219. 〔明〕釋大惠,《儀註備簡》（臺北：國家圖書館藏善本，1636）。

220. 〔明〕釋元賢,《禪林疏語考證》(臺北:CBETA,《卍新續藏經》本,1998
～2008)。

221. 〔明〕釋元賢,《律學發軔》(臺北:CBETA,《卍新續藏經》本,1998～
2008)。《

222. 〔明〕釋幻輪,《釋鑑稽古略續集》(臺北:新文豐出版公司,《大正藏》
本第 49 冊,1986)。

223. 〔明〕釋弘贊,《溈山警策句釋科文》(臺北:CBETA,《卍新續藏經》本,
1998～2008)。

224. 〔明〕釋如卺,《緇門警訓》(臺北:新文豐出版公司,《大正藏》本第 48
冊,1986)。

225. 〔明〕釋宗泐等,《楞伽阿跋多羅寶經註解》(臺北:新文豐出版公司,
《大正藏》本第 39 冊,1986)。

226. 〔明〕釋袾宏,《雲棲法彙選錄》(臺北:CBETA,《大藏經補編》本,
1985)。

227. 〔明〕釋通容,《五燈嚴統》(臺北:CBETA,《卍新續藏經》本,1998～
2008)。

228. 〔明〕釋圓信,《五家語錄》(臺北:CBETA,《卍新續藏經》本,1998～
2008)。

229. 〔明〕釋智旭,《靈峰蕅益大師宗論》(臺北:CBETA,《嘉興藏》本,
2010)。

230. 〔明〕釋智誾,《雪關和尚語錄》(臺北:CBETA,《嘉興藏》本,2010)。

231. 〔明〕釋智旭,《重治毗尼事義集要》(臺北:CBETA,《嘉興藏》本,
2010)。

232. 〔明〕釋福善等,《憨山大師年譜疏註》(臺北:CBETA,《卍新續藏經》
本,1998～2008)。

233. 〔明〕釋傳燈,《幽溪文集》(黃靈庚、諸葛慧艷主編《衢州文獻集成》
第 177 冊,2015;國家圖書館藏德國柏林國家圖書館之影本。)

234. 〔明〕釋傳燈,《天台山方外志》(臺北:丹青圖書公司,1985;日本國
立公文書館「內閣文庫」藏本)。

235. 〔明〕釋傳燈,《楞嚴經圓通疏》(臺北:CBETA,《卍新續藏經》本,1998

～2008）。

236. 〔明〕釋傳燈，《楞嚴經玄義》（臺北：CBETA，《卍新續藏經》本，1998
～2008）。

237. 〔明〕釋傳燈，《淨土生無生論》（臺北：新文豐出版公司，《大正藏》本
第 47 冊，1986）。

238. 〔明〕釋傳燈，《性善惡論》（臺北：CBETA，《卍新續藏經》本，1998～
2008）。

239. 〔明〕釋傳燈，《永嘉禪宗集註》（臺北：CBETA，《卍新續藏經》本，1998
～2008）。

240. 〔明〕釋傳燈，《天台傳佛心印記註》（臺北：CBETA，《卍新續藏經》本，
1998～2008）。

241. 〔明〕釋傳燈，《維摩經無我疏》（臺北：CBETA，《卍新續藏經》本，1998
～2008）。

242. 〔明〕釋傳善輯，《雪關禪師語錄》（臺北：CBETA，《嘉興藏》本，2010）。

243. 〔明〕釋德清，《憨山老人夢遊集》（臺北：CBETA，《卍新續藏經》本，
1998～2008）。

244. 〔明〕釋鎮澄，《清涼山志》（臺北：明文書局影印民國二十二年〔1933〕
釋印光重修排印本，1980）。

245. 〔明〕釋鎮澄，《物不遷論正量論》（臺北：CBETA，《卍新續藏經》本，
1998～2008）。

246. 〔明〕釋觀衡，《楞嚴經四依解》（臺北：CBETA，《國家圖書館善本》，
1998～2008）。

247. 〔明〕顧起元，《客座贅語》（北京：中華書局，譚棣華點校本，1987）。

248. 〔明〕闕名，《續佛祖統紀》（臺北：CBETA，《卍新續藏經》本，1998～
2008）。

249. 〔明〕闕名，《萬曆三十五年丁未科進士履歷便覽》（上海：上海圖書館
藏，1607）。

250. 〔清〕丁廷楗等，《康熙徽州府志》（臺北：成文出版社，1975）。

251. 〔清〕于琨修等，《康熙常州府志》（南京：江蘇古籍出版社，《中國地方
志集成》本，1991）。

252. 〔清〕王昶,《湖海詩傳》(上海:上海古籍出版社,《續修四庫全書》本, 2002)。

253. 〔清〕王定安,《兩淮鹽法志》(上海:上海古籍出版社,《續修四庫全書》 本,2002)。

254. 〔清〕王祖肅等,《乾隆武進縣志》(北京:中國書店景印本,1992)。

255. 〔清〕王國安等,《康熙浙江通志》(上海:上海古籍出版社,清康熙二 十三年刻本,1684)。

256. 〔清〕尹會一等,《雍正揚州府志》(臺北:成文出版社,1975)。

257. 〔清〕牛鈕等,《日講易經解義》(臺北:台灣商務印書館,影印《文淵 閣四庫全書》本,1983～1986)。

258. 〔清〕卞寶第等,《湖南通志》(上海:上海古籍出版社,《續修四庫全書》 本,2002)。

259. 〔清〕五格等,《乾隆江都縣志》(南京:江蘇古籍出版社,《中國地方志 集成》本,1991)。

260. 〔清〕全祖望,《續耆舊》(上海:上海古籍出版社,《續修四庫全書》本, 1995)。

261. 〔清〕朱彝尊,《靜志居詩話》(上海:上海古籍出版社,《續修四庫全書》 本,2002)。

262. 〔清〕李琬等,《乾隆溫州府志》(臺北:成文出版社影印民國三年補刻 板,1914)。

263. 〔清〕李銘皖等,《同治蘇州府志》(臺北:成文出版社影印本,1983)。

264. 〔清〕李登雲等,《光緒樂清縣志》(臺北:成文出版社影印本,1983)。

265. 〔清〕汪祖綬等,《光緒青浦縣志》(臺北:成文出版社影印本,1970)。

266. 〔清〕英啟修等,《光緒黃州府志》(南京:江蘇古籍出版社,《中國地方 志集成》本,2001)。

267. 〔清〕沈彤,《果堂集》(臺北:台灣商務印書館,影印《文淵閣四庫全 書》本,1983～1986)

268. 〔清〕沈鹿鳴等,《乾隆縉雲縣志》(臺北:成文出版社影印本,1983)。

269. 〔清〕阮升基等,《宜興縣志》(臺北:成文出版社,1970)。

270. 〔清〕宗源瀚等,《同治湖州府志》(臺北:成文出版社,1970)。

271. 〔清〕周作楫等，《道光貴陽府志》（臺北：成文出版社，1983）。

272. 〔清〕周克復，《淨土晨鐘》（臺北：CBETA，《卍新續藏經》本，1998～2008）。

273. 〔清〕周克復，《法華經持驗記》（臺北：CBETA，《卍新續藏經》本，1998～2008）。

274. 〔清〕胡敬，《紅豆樹館書畫記》（上海：上海古籍出版社，《續修四庫全書》本，1995）。

275. 〔清〕洪若皋等，《康熙臨海縣志》（臺北：成文出版社影印本，1975）。

276. 〔清〕紀蔭，《宗統編年》（臺北：CBETA，《卍新續藏經》本，1998～2008）。

277. 〔清〕郎遂，《杏花邨志》（上海：上海古籍出版社，《續修四庫全書》本，2002）。

278. 〔清〕梁清遠，《雕丘雜錄》（上海：上海古籍出版社，《續修四庫全書》本，2002）。

279. 〔清〕徐沁，《明畫錄》（上海：上海古籍出版社，《續修四庫全書》本，2002）。

280. 〔清〕徐崧等輯，《百城煙水》（南京：江蘇古籍出版社，1999）。

281. 〔清〕徐灝，《說文解字注箋》（上海：上海古籍出版社，《續修四庫全書》本，2002）。

282. 〔清〕孫治，《靈隱寺志》（臺北：明文書局，1980）。

283. 〔清〕孫雄輯，《道咸同光四朝詩史乙集》（上海：上海古籍出版社，《續修四庫全書》本，2002）。

284. 〔清〕孫詒讓，《溫州經籍志》（上海：上海古籍出版社，《續修四庫全書》本，2002）。

285. 〔清〕曹秉仁等，《雍正寧波府志》（臺北：成文出版社影印本，1974）。

286. 〔清〕許應鑅等，《同治南昌府志》（南京：江蘇古籍出版社，《中國地方志集成》本，1996）。

287. 〔清〕郭慶藩，《莊子集釋》（上海：上海古籍出版社，《續修四庫全書》本，2009）。

288. 〔清〕陳國儒等，《康熙漢陽府志》（武漢：湖北人民出版社，2014）。

289. 〔清〕陳作霖,《光緒金陵瑣志五種》(臺北:華文書局,1968～1969)。

290. 〔清〕陳壽祺等,《道光福建通志》(臺北:成文出版社影印本,1983)。

291. 〔清〕陳夢雷,《古今圖書集成》(臺北:中研院愛如生版網路版,2019)。

292. 〔清〕黃虞稷,《千頃堂書目》(臺北:臺灣商務印書館,影印《文淵閣四庫全書》本,1983～1986)。

293. 〔清〕惲世臨等,《道光武陵縣志》(臺北:成文出版社影印本,2010)。

294. 〔清〕厲鶚,《宋詩紀事》(臺北:臺灣商務印書館,影印《文淵閣四庫全書》本,1983～1986)。

295. 〔清〕張行簡等,《光緒漢陽縣志》(臺北:成文出版社影印本,1975)。

296. 〔清〕張廷玉,《明史》(北京:中華書局點校本,1974)。

297. 〔清〕張寶琳等,《光緒永嘉縣志》(上海:上海古籍出版社,1995)。

298. 〔清〕彭希涑,《淨土聖賢錄》(臺北:CBETA,《卍新續藏經》本,1998～2008)。

299. 〔清〕彭際清,《居士傳》(臺北:CBETA,《卍新續藏經》本,1998～2008)。

300. 〔清〕趙宏恩,《乾隆江南通志》(北京:商務印書館,2005)。

301. 〔清〕潘耒,《遂初堂集》(上海:上海古籍出版社,《續修四庫全書》本,2002)。

302. 〔清〕楊長傑等,《同治貴溪縣志》(南京:江蘇古籍出版社,1996)。

303. 〔清〕嵇曾筠等,《雍正浙江通志》(臺北:臺灣商務印書館,影印《文淵閣四庫全書》本,1983～1986)。

304. 〔清〕鄂爾泰等,《乾隆貴州通志》(臺北:臺灣商務印書館,影印《文淵閣四庫全書》本,1983～1986)。

305. 〔清〕趙翼,《陔餘叢考》(京都:中文出版社印本,1979)。

306. 〔清〕劉坤一等,《光緒江西通志》(北京:北京圖書館出版社,2004)。

307. 〔清〕德馨等,《同治臨江府志》(臺北:成文出版社,1970)。

308. 〔清〕魯曾煜等,《乾隆福州府志》(上海:上海書店,2000)。

309. 〔清〕談遷,《國榷》(上海:上海古籍出版社,《續修四庫全書》本,2002)。

310. 〔清〕錢謙益,《錢牧齋全集》(上海:上海古籍出版社,2003)。

311. 〔清〕嚴可均,《全上古三代秦漢三國六朝文》(臺北:臺灣中華書局,

1958）。

312. 〔清〕儲元伸等,《乾隆東明縣志》（臺北：成文出版社,1976）。

313. 〔清〕覺羅石麟、儲大文等,《雍正山西通志》（臺北：臺灣商務印書館,影印《文淵閣四庫全書》本,1983～1986）。

314. 〔清〕雙全修等,《同治廣豐縣志》（臺北：成文出版社,1975）。

315. 〔清〕樓卜瀍,《鐵崖古樂府注》（上海：上海古籍出版社,《續修四庫全書》本,2002）。

316. 〔清〕鄭澐等,《乾隆杭州府志》（上海：上海古籍出版社,《續修四庫全書》本,2002）。

317. 〔清〕顧炎武,《日知錄》（臺北：台灣商務印書館,影印《文淵閣四庫全書》,1983～1986）

318. 〔清〕釋行敏,《金剛經註講》（臺北：CBETA,《卍新續藏經》本,1998～2008）。

319. 〔清〕釋淨昇,《法華經大成音義》（臺北：CBETA,《卍新續藏經》本,1998～2008）。

320. 〔清〕釋超乾,《杭州鳳凰山聖果寺志》（臺北：明文書局,1980）。

321. 〔清〕釋達默,《淨土生無生論親聞記》（臺北：CBETA,《卍新續藏經》本,1998～2008）。

322. 〔清〕釋儀潤,《百丈清規證義記》（臺北：CBETA,《卍新續藏經》本,1998～2008）。

323. 〔清〕釋德真,《淨土紺珠》（臺北：CBETA,《卍新續藏經》本,1998～2008）。

324. 〔清〕闕名,《清德宗景皇帝實錄》（臺北：華文書局,1964）。

325. 〔民國〕曹允源等,《民國吳縣志》（臺北：成文出版社影印本,1970）。

326. 〔民國〕吳慶坻等,《民國杭州府志》（上海：上海書店出版社,1993）。

327. 〔民國〕喻長霖,《民國續修臺州府志》（臺北：成文出版社影印本,1970）。

328. 〔民國〕張寅等,《民國臨海縣志》（臺北：成文出版社影印本,1975）。

329. 〔民國〕鄭康侯等,《民國淮陽縣志》（臺北：成文出版社影印本,1976）。

330. 〔民國〕鄭永禧等,《民國衢縣志》（臺北：成文出版社影印本,1983）。

二、當代

1. 朱封鰲，《高明寺志》（杭州：當代中國出版社，1995）。

2. 簡凱廷，〈晚明五臺僧空印鎮澄及其思想研究〉（新竹：國立清華大學中文系博士論文，2017）。

3. 簡凱廷，〈空印鎮澄（1547～1617）的學思根本方法析論：以《物不遷正量論》為中心〉《佛光學報》新四卷第二期，2018 年 7 月，頁 421～474。

4. 曾棗莊等，《全宋文》（上海：上海辭書出版社，2006）。

三、外語著作

1. 無著道忠，《禪林象器箋》（臺北：CBETA，《大藏經補編》本，1985）。

2. Ch'ien, Edward., *Chiao Hung and the Restructuring of Neo-Confucianism in the Late Ming.* (New York: Columbia University Press, 1986).

3. Huang, Chi-chiang., "The Gaoming Monastery in the Tiantai Mountains," in T.Jülch (ed.), *Buddhism and Daoism on the Holy Mountains of China* (Leuven Belgium: Peeters Publishers, forthcoming).

4. Hawley, Samuel, *The Imjin War* (Lexington, KY?: Conquistador Press; 2nd edition, 2014).

5. Swope, Kenneth., *A Dragon's Head and a Serpent's Tail* (Norman : University of Oklahoma Press, 2014).

6. ——."Ming Grand Strategy and the Intervention in Korea," in James B Lewis ed. *The East Asian War, 1592-1598: International Relations, Violence, and Memory.* (London: Routledge, 2017).